SCHAUBÜHNE AM HALLESCHEN UFER AM LEHNINER PLATZ 1962–1987

PROPYLÄEN

Redaktion
Schaubühne am Lehniner Platz
Karl-Ernst Herrmann
Peter Krumme
Ruth Walz
Unter Mitarbeit von
Sabine Ganz
Jürgen Schitthelm
Irene Stein
Peter Stein
Dieter Sturm

Lektorat
Andreas A. Catsch

Herstellung
Karin Greinert

Umschlagentwurf
Karl-Ernst Herrmann

Umschlagfotos
Ruth Walz

Originalausgabe

Propyläen Verlag

Printed in Germany 1987
Reproduktion: O.R.T. Kirchner & Graser GmbH, Berlin
Satz: Utesch Satztechnik GmbH, Hamburg
Druck und Verarbeitung: Passavia, Passau
ISBN 3 549 05766 0

INHALT

VORBEMERKUNG

Il a tout oublié. Qu'allons-nous faire?
(Maurice Maeterlinck)

Der vorliegende Band enthält in strikt zeitlicher Folge alle Aufführungen der Schaubühne, die seit ihrer Gründung im Jahre 1962 während eines Vierteljahrhunderts entstanden sind und ihren mitunter schwierigen Weg zu den Zuschauern gesucht und oft auch gefunden haben. Der Anlaß, die im Dunst der Jahre unvermeidlich verblassende Erinnerung mit einem Buch der Bilder reizen zu wollen, ist zwar durch das bloße Datum eines fünfundzwanzigjährigen Bestehens gegeben, liefert indes auch den (natürlich bestreitbaren) Grund, die vergangene Zeit noch einmal in Bild und Text erstehen zu lassen. Ob allerdings damit ein Unterfangen schon entschuldigt ist, das sich so sträflich von der lebendigen Darbietung entfernt, von allem, was Eigenart und Einzigartigkeit des Theaterspielens ausmacht, muß freilich so unentscheidbar und ungreifbar bleiben wie der Wirkraum selbst, in dem sich ein Theater behaupten und gleichermaßen auf Gegenliebe wie Ablehnung stoßen kann.

Es lag außerhalb jeglicher Absicht, etwa die Geschichte der Schaubühne schreiben oder auch nur mit mehr oder minder gefälligen Selbstdarstellungen aufwarten zu wollen. Die Argumentation *pro domo* erfolgt ausschließlich mit Hilfe dessen, was vom Flüchtigen und Leibhaften der theatralischen Bewegung übriggeblieben ist. Von diesen noch sichtbaren Resten soll daher Rede und Ansicht sein, von Bildern, die ihre eigene Geschichte erzählen und sich den Einschränkungen einer nachträglichen Lesbarkeit, die haltlos oder gefaßt dem Erinnern und Vergessen Raum bietet, überantworten.

Dem Gebrauch, den der Betrachter von der hier vorgelegten Dokumentation macht, soll nicht im geringsten vorgegriffen werden, darum müssen ein paar Hinweise zum dreiteiligen Aufbau des Bandes genügen. Zunächst einmal sind es die Photographien, die in markanten Ausschnitten den Charakter der jeweiligen Aufführung belegen. Ausflüge und Ortswechsel der Schaubühne sind in der Regel durch ein Photo der Spielstätte dokumentiert; es ist auf dem Blatt zu finden, das alle am Stück Beteiligten verzeichnet. Dort sind auch hin und wieder Plakate, Skizzen, Bühnenbild- oder Kostümzeichnungen zur jeweiligen Aufführung abgedruckt. Zum Stück zu lesen sind ferner Kritiken, die für den Widerhall der Stücke gesorgt haben. Es wurde versucht, jeweils ein aussagekräftiges Für und Wider zu finden. Daß aus Platzgründen zuweilen ungeniert gekürzt werden mußte, um Tendenzen deutlicher hervorzuheben, spricht weder gegen die geäußerte Meinung noch Kompetenz der Kritiker.

Wir danken allen, die am Zustandekommen des Bandes mitgewirkt haben, vor allem aber Sabine Ganz, die uns vor manchem Irrtum bewahrt hat, sowie Karin Greinert, die mit großer Geduld die Herstellung des Bandes betreut hat.

Gewidmet sei der Band den Schauspielern, die einst oder jetzt mit ihrem Einsatz dafür gesorgt haben, daß Liebe zum Theater kein leerer Wahn ist.

Erster Teil

SCHAUBÜHNE AM HALLESCHEN UFER 1962–1970

Ariano Suassuna

DAS TESTAMENT DES HUNDES ODER DIE GESCHICHTE DER BARMHERZIGEN

Ein Volksstück aus dem brasilianischen Norden
Deutsch von Willy Keller

Hanswurst CLAUS HOBE HENNEBERG-ZIMMER Grilo INGO OSTERLOH Chico JOCHEN SEHRNDT Pater Joao VALENTIN KLAUS Major Antonio Morais HELMUT KLUGE Frau des Bäckers EVELYN MEYKA Bäcker GERHART IMLAU Küster WILLI SAUERWALD Bischof HANS MAHLAU Mönch ERNST WALITZKUS Severino ERHARD GÜNTHER Räuber JÖRG-DIETER HAAS Tod ERNST WALITZKUS Dämon ERIKA SCHULZE Teufel HEINZ KAMMER Manuel ALFRED COGHO Mitleidvolle UTA RADECKE

Inszenierung KONRAD SWINARSKI Bühnenbild KLAUS WEIFFENBACH Kostüme WALTRAUT MAU Musik ANDREAS GUTZWILLER Musiker FRANCIS C. CHARLES (Bongos) INGO WETZKER (Guitarre) ANDREAS GUTZWILLER (Flöte) Technische Leitung ALFRED STEDTLER

PREMIERE 21. 9. 1962, Deutsche Erstaufführung

Alfred Cogho, Ingo Osterloh, Uta Radecke, Jörg-Dieter Haas, Erhard Günther, Gerhart Imlau

Das Testament des Hundes

Kritischer Trommelwirbel für ein neues Theater in Berlin und eine auf ihre Art vortreffliche Aufführung darin!

Ein Eulenspiegelvorgang. Grilo, eine brasilianisch gewitzte Kasperlefigur, foppt die arge Umwelt weidlich. Grilo bringt die arg weltliche Klerisei des Dorfes dazu, Hunde zu segnen und liturgisch ausführlich zu Grabe zu bringen. Grilo verkauft Katzen, die Dukaten sch... Grilo erlegt die armen, bösen Räuber. Grilo stellt dem ausbeuterischen Latifundienbesitzer ein Bein. Grilo rückt, listig, die Ungerechtigkeiten der Welt zurecht.

Beim Pausenvorhang liegen nur noch Leichen auf der Bühne. Des Volksstücks zweiter Teil vollzieht sich in einem brasilianischen Bauernhimmel. Und jetzt wird's auf raffiniert naivische Weise metaphysisch und überlustig. Der Teufel und ein Christo negro, der schwarzhäutige Heiland, rechnen um die Seelen der verschiedenen Verschiedenen. Die Gottesmutter, die »Jungfrau von Guadalupe«, tritt in den Himmelskreis und bringt Gnade und Gerechtigkeit in das Himmelsgericht. Alle finden Strafe oder Erlösung. Nur Grilo darf zurück auf die Erde. Seine Eulenspiegelerscheinung erwirbt die Aura einer hiesigen Unsterblichkeit.

Ein gutes Stück, weil ebenso naivisch echt wie intelligent, fest gebaut und realistisch kräftig.

So ein angenehmes neues Theater! So ein lustig-listiges Stück! So eine zutreffende, überraschend schlagfertige Aufführung! Diese Truppe und ihr Theater sollten lange leben!

Friedrich Luft, Die Welt

Der Dreiakter ist epigonal und beschränkt, dabei auf Massenaffekte spekulierend.

Man staunt, was das Effekt-Theater heute in sich unterbringen kann. Denn alles liegt hier nebeneinander. Man erlebt eine Urwelt-Metaphysik und zugleich Kindergottesdienst für erwachsene Katholiken. Eine Mischung von Rummelplatz und Tausendundeinernacht.

Womit gesagt sein soll: das Ganze hat den Zug des Kitsches.

Das Ganze ist annehmbar nur für oberflächliche Snobs, nicht annehmbar für Menschen, die im Glauben eine Kraft sehen oder für die Freigeister, die in der Religion einen Funken oder den Entwurf der humanitären Ratio sehen.

Der Bischof ist ein Verwaltungsbeamter, nicht mehr. Das stimmt. Aber der höhere, der entlarvende Humor fehlte. Man klatschte. Ein Erfolg für die Spießer und die Naiven.

Herbert Pfeiffer, Berliner Morgenpost

Der Rebell, der keiner war

O'Caseys Text und Stücktextur sind vertrackt. Hier muß dauernd Atmosphäre mitgespielt werden. Hier sind die Pausen zwischen den flirrenden Worten ebenso wichtig wie die Worte selber. Hier ist nicht ein Grundton zu finden und zu halten. Hier wechselt die Tonart dauernd und absolut. Stimmungsschwankungen in einem einzigen Satz, Kontraste in einer einzigen Geste. Fast jeder Ausdruck ist ambivalent. Das verlangt durchweg Hohe Schule.

Die kann hier nicht geritten werden. Bis zur Pause fügt sich die O'Casey-Welt noch keineswegs. Die Komik hakt. Die Bedrohtheit wird nicht erkennbar. Das Volkstheaterhafte kommt nicht nach vorn, und die tragischen Obertöne klingen nicht. Die schmutzige Poesie wird kaum getroffen.

Später dann, wenn Aktion auf die Bühne kommt, wenn der Figurenfundus wächst, wenn O'Casey seine schwierige Melodie viel eindeutiger werden läßt, wird's auch in der berühmten Inszenierung von Joachim Fontheim sofort dichter, deutlicher, bühnenrichtiger. Dann stellt sich immerhin ein Geschmack von bitterer Süße, von befleckter Wehmut ein. Man ahnt, erkennt fast O'Casey.

Langsam fügt sich, was sich zuerst kaum fügen wollte. Man kriegt eine Ahnung von O'Caseys krauser, komischer, tragischer Welt. Hier ist, merkt man, mit Verstand und Besessenheit gearbeitet worden. Die Aufführung, zuerst zerlaufend und ungereimt, holt am Ende doch so etwas wie einen originalen Geschmack der verteufelt schwierigen Sache herein.

Friedrich Luft, Die Welt

Sean O’Casey

DER REBELL, DER KEINER WAR

Die Geschichte einer Opfertat
Deutsch von Hagen Mueller-Stahl, in der Bearbeitung von Peter Zadek

Donal Davoran WALTER PFEIL Seumas Shields, ein Hausierer PETER SCHIFF Tommy Owens WOLFGANG DRAEGER Adolphus Grigson ARTUR BINDER Mrs. Grigson ANNEMARIE HASE Minnie Powell INGEBORG LAMPE Mulligan, der Hausbesitzer FRANZ ARZDORF Maguire, Soldat in der IRA (Irische Republikanische Armee) ERNST WALITZKUS Mrs. Henderson CHARLOTTE BRUMMERHOFF James Gallicker HANS MAHLAU Ein Freikorpsmann HEINZ KAMMER

Inszenierung JOACHIM FONTHEIM Bühnenbild KLAUS WEIFFENBACH Kostüme MONIKA HASSE Musik ANDREAS GUTZWILLER Regieassistenz WOLFGANG M. SCHWIEDRZIK Inspizienz JÖRG-DIETER HAAS Ton ANDREAS GUTZWILLER Technische Leitung ALFRED STEDTLER

PREMIERE 26. 11. 1962

Annemarie Hase, Peter Schiff, Artur Binder, Walter Pfeil

Carl Sternheim

DER NEBBICH

Ein Lustspiel

Rita Marchetti, Kammersängerin MARIA AXT Fritz Tritz, Commis voyageur WALTER PFEIL Meyer HANS GUIDO WEBER Marlowski ARTUR BINDER von Schmettow GÜNTER KIESLICH Dr. Zinn HEINZ KAMMER Graf Pfeil ALBRECHT SCHIEMANN Luise Krüger INGEBORG LAMPE Der Minister ARNOLD VOSS Der Gesandte FRANZ ARZDORF Modes, Zeitungsbesitzer ERICH GOETZE Rommel, Filmproduzent FRITZ ANDERGAST Der Wirt EGON PREUSSLER

Regie DIETRICH VON OERTZEN Bühnenbild KLAUS WEIFFENBACH Kostüme INGRID TSCHAMPKE Regieassistenz WOLFGANG M. SCHWIEDRZIK Inspizienz EGON PREUSSLER Ton ANDREAS GUTZWILLER Technische Leitung ALFRED STEDTLER

PREMIERE 28. 1. 1963

Günter Kieslich, Artur Binder, Walter Pfeil

Der Nebbich

Bewährt hat sich wieder die Schaubühne am Halleschen Ufer. Sie wagt seltene Stücke und schafft dabei Grundlagen für ein Ensemble.

»Der Nebbich« gehört gewiß nicht zu Sternheims stärksten Lustspielen. Trotzdem reißt es immer wieder mit, wie hier die Figur eines mittelmäßigen Kleinbürgers, eines Nebbich durch Privaterlebnisse mit einer berühmten Kammersängerin und die rasant hochschießende Publicity emporgerissen wird und wieder absinkt.

Das Stück ist heute, könnte man fast sagen, noch aktueller als Anfang der Zwanziger Jahre. Der ganze Wirbel der illustrierten Magazine und ihrer Reklame durch Sensationen und Indiskretionen ist hier vorausgenommen. Fritz Tritz, ein Commis voyageur wird Filmdirektor, Chefredakteur und Diplomat nur, weil er mit einer Primadonna, die ihn fast gegen seinen Willen in Liebesabenteuer stürzte, gesehen und fotografiert wurde. Als sie in ihm den Nebbich erkennt, ist es aus. Ein happy end gibt es nicht.

Herbert Ihering, Die Andere Zeitung

Das ist oft wunderbar ätzend im kalt hochgestochenen Dialog. Gemüt und Gemütlichkeit werden so böse und inbrünstig getreten, daß ihre Vernichtung, wie immer bei Sternheim, eisiges Vergnügen bereitet. Man unterhält sich schon.

Aber triftig satirisch aufgeklärt wird man nicht. Bürger, Prolet und Herrenmenscherscheinung werden ihrer falschen Würde sofort und vorsätzlich entkleidet. Sie werden satirisch diffamiert, folgerichtig entblößt werden sie ihres Nimbus' eigentlich nicht. Sternheims Kurz-Schalt-Verfahren hat, wenn, wie hier, immer nur auf die Spitze getrieben, auch seine Nöcken. Der fertige Beweis wird jeweils statuiert. Die eigentliche Beweisführung wird übersprungen.

Die Aufführung (Dietrich von Oertzen) bemüht sich um den Stil einer (sozusagen) kompakten Dürrnis. Linear ist alles über Sternheims kurzen Kamm geschoren. Oft fehlt es noch an böser Genauigkeit der Diktion, Heinz Kammer hatte sie, Walter Pfeil, der als Nebbich durch die Sozialetagen turnt, hat sie zuweilen auch, Artur Binder, als der fette Gesinnungsproletarier, hatte sie vor allem.

Sonst hapert's oft an der dialogischen Artistik, derer Sternheim dringend bedarf. Aber die ganze Richtung stimmte so sympathisch.

Friedrich Luft, Die Welt

Der Lügner

Die Schaubühne am Halleschen Ufer hat sich erfolgreich in Berlin mit aggressiven Stücken durchgesetzt, zuletzt mit dem »Nebbich« von Carl Sternheim. Als sie jetzt Goldonis »Lügner« herausbrachte, war man skeptisch. Aber Dietrich von Oertzen, der Regisseur des »Nebbich« inszenierte auch Goldoni ohne Aufmöbelung, ohne Sucht nach Farce, ja fast zu sorgfältig. Es sollte auch hier der Hintergrund der Zeit deutlich werden, mit Recht. Der Fortschritt des wissenschaftlichen Zeitalters ist im achtzehnten Jahrhundert fast im Abklingen, aber die sozialen Gegensätze kündigen sich an. Dietrich von Oertzen verflüchtigte diesen Hintergrund weder noch betonte er ihn. Er ließ den Lügner sich entfalten und gleichzeitig diskret spielen. Gerhard Borris gab ihn fast bescheiden und doch immer listig und wirksam. Heinz Kammer war ein in seiner List und Besorgtheit typischer Dottore. Wieweit die Begabungen Henriette Gonnermanns und Evelyn Meykas als seine Töchter Beatrice und Rosaura reichen, kann ich nach dieser einen Rolle nicht beurteilen. Sie zerlegten die Szenen zu sehr. Und hier lag auch eine Schwäche der Inszenierung, der die dramaturgische Straffung fehlte. Hier muß noch korrigiert werden. Striche! Striche!! Trotzdem bewährten sich als schüchterner Liebhaber Florindo Günter Kieslich, als Brighella Gerhard Wollner, als Pantalone Kurt Weidner, als Arlecchino Artur Binder. Am Halleschen Ufer wird wesentlich gearbeitet. Der begabte Bühnenbildner heißt Klaus Weiffenbach.

Herbert Ihering, Die Andere Zeitung

Hier haben wir es mit einem gar nicht zu dämmenden Schwall von Lügnerei zu tun. Die drei Akte des Lustspiels quellen davon über, und die Sache will gar kein Ende nehmen. Was kann da der Regisseur tun? Es gibt nur zweierlei: entweder radikal kürzen oder das Stück herunterwirbeln lassen mit der virtuosen Zungenfertigkeit der Neapolitaner. Der junge Dietrich von Oertzen tut keines von beiden. Wir haben hier eine schrecklich deutsche Wiedergabe italienischer Komödienart. So liebevoll auch die Bemühung, die südliche Atmosphäre zu treffen (reizend das Bühnenbild von Klaus Weiffenbach), so lastend ist aber auch die Wirkung. Diese Dialogpausen, als wenn Ibsen zu spielen wäre! Selbst das so dankbare Publikum, das sich über jede vergnügliche Wendung freute, schien gegen Ende müde zu werden (was nicht hinderte, daß es zu guter Letzt noch langen und ausgiebigen Beifall gab).

Florian Kienzl, Der Tag

Tag für Tag

Diese Aufführung ist sehenswert. Sie bringt einen Autor nach Berlin, den man, kleinmütig, bisher ausgelassen hat. Sie erreicht (Regie: Hagen Mueller-Stahl) eine schöne demonstrative Gelassenheit; sie ist natürlich, ohne in falsche Naturalismen zu verfallen. Man sieht einige ausgezeichnete Darstellungen. Man findet Anlaß, oft und mit gutem Gewissen zu lachen. Und man trägt eine beträchtliche Nachdenklichkeit von hinnen. Der Abend lohnt sehr.

Was sieht man? Zustandszeichnung eines englischen Standes. Landarbeiter im Alltag. Man blickt in Wohnküchen. Es wird gewaschen, gekocht, gebadet, Radio gehört, achtlos gegessen, palavert, geflucht, unlustig gefeiert, geklönt. Es wird lustlos existiert.

Arnold Wesker, der Autor, steht nicht eifernd neben der Szene. Er ist kein Lehrstückschneider nach der alten Schule. Er findet vieles im tristen Gleichmaß des Landarbeiterlebens schlecht, unwürdig und verdrießlich. Das läßt er merken. Aber er predigt nicht. Er zeigt vorerst nur vor.

Friedrich Luft, Die Welt

Weskers Humor ist deftig und dann wieder von einer tödlichen Ironie. Doch wie da ausführlich Wäsche gewaschen, Geschirr gespült, aufgeräumt, Brot und Kuchen gebacken, ausgiebig hinter dem Küchenvorhang gebadet, gegessen und immer wieder gesessen, wie da getratscht wird, wie sich der Alltagsmief ausbreitet – das ist gar schlimm. Nicht daß es dies nicht gäbe; nur der Abklatsch (selbst der konzentrierteste) ergibt nun einmal noch nicht ein Theaterstück. Auch kennen wir das alles.

Diese alte verstimmte soziale Leier aus der Landarbeiterküche des Mister Wesker hätte man uns ruhig ersparen können.

Walter Karsch, Der Tagesspiegel

Carlo Goldoni

DER LÜGNER

Lustspiel in drei Akten
Deutsch von Lola Lorme unter Mitarbeit von Margarete Schell-von Noe

Dottore Balanzoni HEINZ KAMMER Seine Töchter: Rosaura EVELYN MEYKA Beatrice HENRIETTE GONNERMANN Colombina, Kammermädchen ROSEMARIE BITTER Ottavio GÜNTHER MEYER Florindo GÜNTER KIESLICH Brighella, sein Vertrauter GERHARD WOLLNER/WOLFGANG E. PARG (alternativ) Pantalone, Kaufmann KURT WEIDNER Lelio, sein Sohn, der Lügner GERHARD BORRIS Arlechino, Lelios Diener ARTUR BINDER Kutscher EGON PREUSSLER Ladendiener ALFRED WITTSTOCK Postbote ALBRECHT SCHIEMANN Sängerin, Musikanten, Volk

Inszenierung DIETRICH VON OERTZEN Bühnenbild KLAUS WEIFFENBACH Kostüme MACK-DOBIOSCH Musik ANDREAS GUTZWILLER Regieassistenz WOLFGANG M. SCHWIEDRZIK Ton ANDREAS GUTZWILLER Technische Leitung ALFRED STEDTLER

PREMIERE 28. 3. 1963

Alfred Wittstock, Evelyn Meyka, Henriette Gonnermann, Gerhard Borris, Artur Binder

Arnold Wesker

TAG FÜR TAG

Ein Stück in drei Akten
Deutsch von Willy H. Thiem

Beatie Bryant, eine junge Frau REGINE LUTZ   Jenny Beales, ihre Schwester RENATE GROSSER   Jimmy Beales, deren Mann PETER SCHIFF   Mrs. Bryant, ihre Mutter ANNEMARIE HASE   Mr. Bryant, ihr Vater ARTHUR BINDER   Frankie Bryant, ihr Bruder MAX GIESE   Pearl Bryant, dessen Frau VERA KLUTH   Stan Mann, ein Nachbar HARRY GILLMANN   Mr. Healey, Verwalter GERHARD KAFKA

Inszenierung HAGEN MUELLER-STAHL   Bühnenbild KLAUS WEIFFENBACH   Kostüme MACK-DOBIOSCH   Regieassistenz JÖRG-DIETER HAAS   Musikalische Einrichtung ANDREAS GUTZWILLER   Inspizienz EGON PREUSSLER

PREMIERE 24. 5. 1963

Gastspiel in Erlangen

Regine Lutz, Annemarie Hase

Armand Gatti

DAS IMAGINÄRE LEBEN DES STRASSENKEHRERS AUGUSTE G.

Nach der Übertragung von Eugen Helmlé und auf Grund der Bearbeitung für das Théâtre de la Cité neu eingerichtet von der Schaubühne am Halleschen Ufer

Auguste G., 9 Jahre HANS-GEORG PANCZAK Auguste G., 21 Jahre KARL JOSEF CRAMER Auguste G., 30 Jahre ROLF DORNBACHER Auguste G., 46 Jahre HEINRICH GIES Auguste G., ohne Alter EMIL FELDMAR Laurence, Frau des 30jähr. Auguste BARBARA MORAWIECZ Christian, Sohn Auguste G's. PETER HERZOG Pauline, Freundin d. 21jähr. Auguste GERDA KATHARINA KRAMER Roger Estribot, Jugendfreund v. Auguste NIKOLAUS DUTSCH Victor Estribot, Rogers Vater HERMANN LADEWIG La Chamelle, Rogers Stiefmutter GERTY REITH Der Großvater von Auguste HARRY GILLMANN Perds-Nous, Polizei-Inspektor HERMANN WAGNER Angelina, Nachbarin ANNEMARIE HASE Jackie, Zuhälter ERNST WALITZKUS Sasseroni, Vater von Laurence E. W. STICKEL Julian, Vater von Pauline HEINZ SCHULZ Der schwarze Baron, Clochard WALTER FEIN Der weiße Baron, Chef d. Müllabfuhr ERIK VON LOEWIS Gamasche, Vorarbeiter HERBERT BANETH Ostil, Arbeiter KARL LUCE Pendille, Arbeiter RUDOLF BOBBER Bobelin, Arbeiter, Gewerkschaftsmitglied WOLFGANG GÜNTHER Mesaise, Nachtwächter d. Müllabfuhr EGON VOGEL Schwester der Krankenstation UTA RADEKE Madame Poulette, Kartenlegerin CHARLOTTE BRUMMERHOFF Tänzerin beim Marathon ANGELA GROSSE Polizeioffizier WOLFGANG PRIEWE 1. Polizist JÜRG MAHNER 2. Polizist BERND KAFTAN 3. Polizist MARC GOUMAS Jobe, Arbeiter DIETER STEPHAN

Inszenierung JACQUES ROSNER Bühnenbild u. Kostüme HUBERT MONLOUP Musik CLAUDE LOCHY Regieassistenz WOLFGANG M. SCHWIEDRZIK/DANIEL SCHMIDT Musikalische Leitung ANDREAS GUTZWILLER Inspizient MICHAEL JANITZKI

PREMIERE 2. 10. 1963, Deutsche Erstaufführung

Harry Gillmann, Annemarie Hase, Heinrich Gies, Herbert Baneth, Hermann Wagner

Das imaginäre Leben des Straßenkehrers Auguste G.

Die Aufführung wurde ein Ereignis. Eine Versuchsbühne, ein zeitgenössisches Theater, wie sich die Schaubühne am Halleschen Ufer selbst nennt, wagt ein Stück, dessen Handlung zwischen Gorki, dem Expressionismus und Brecht zu liegen scheint, aber niemals Nachahmung ist, sondern das Theater der zwanziger Jahre in neuer, wesentlicher Weise belebt. Der Straßenkehrer Auguste G. ist im revolutionären Straßenkampf schwer verwundet worden. Im Sterben sieht er sein Leben von seiner Kindheit an und wie es hätte werden sollen, vorüberziehen. Diese Szenen sind »Das imaginäre Leben des Straßenkehrers Auguste G.« Niemals verliert sich Gatti in billige Tendenzen. Immer wird der tragische Untergrund spürbar. Sein Vater selbst war Straßenkehrer und ist bei einer politischen Demonstration ums Leben gekommen. Das Werk beweist, wie das politische Theater Dichtung werden kann und die surrealistische Form durch realistischen Inhalt an Glaubwürdigkeit und dichterischer Aussagekraft gewinnt.

Ein besonderes Wort der Inszenierung, die Jacques Rosner vom Théâtre de la cité de Villeurbanne leitete. Wieder eine Bestätigung für den Weg des Welttheaters. Auch hier ergreifend der Realismus, phantasievoll aufgeschlüsselt.

Herbert Ihering, Die Andere Zeitung

Wenn die Müllabfuhr-Gewerkschaft von der Polizei zusammengeprügelt wird, hat das Stück Höhepunkte. Im übrigen wertet es alles ab, woran junge Menschen noch glauben dürfen, und zieht alles das in den Schmutz, was unser Leben menschenwürdig macht. Noch im Überlegen, ob diese Aufführung diesseits oder jenseits der Mauer gespielt wurde, entscheidet man sich jedenfalls, daß sie ideales kommunistisches Agitationstheater mit modernsten Mitteln ist.

Sn., Petrusblatt

Arden von Feversham

Gerade das, was zufällig an dieser Tragödie ist, kam den Leuten von der Schaubühne zupaß. Sie versuchen, es als Typisches zu werten. In der neuen Konzeption soll nicht das »unersättliche Begehren schmutziger Lust« die Triebkraft verbrecherischer Handlung sein, sondern der Ehrgeiz eines Plebejers, der nach oben strebt. Der ehemalige Schneider Mosbie, den Michael Chevalier im Adelsgewand darzustellen hat, liebt Alice (Gisela Trowe) nicht. Er fürchtet sich vor ihr. Aber er trachtet nach dem Platz an ihrer Seite, um ihres gesellschaftlichen Ansehens teilhaftig zu werden. Arden (Paul Edwin Roth) erscheint hier vor allem als ruchloser Frühkapitalist. Seine Schuldhaftigkeit zu zeigen, wird ein Rache-Motiv in den Vordergrund gerückt. Greene, einer der kleinen Gutsbesitzer, die Arden betrogen hat, reiht sich in die Gruppe der Mordlustigen ein. Vom Standpunkt der Bearbeiter müßte sein Rachebegehren eigentlich moralisch gerechtfertigt sein. Doch hier wendet sich das Original deutlich gegen den Interpretationsversuch.

Ähnlich wie in der Schaubühne seinerzeit Goldonis brillante Komödie »Der Lügner« als bürgerliches Schauspiel sozial interpretiert wurde, soll hier die Tragödie in ein »bürgerliches Mord-Stück« umgewandelt werden. Der neue Versuch überzeugt allerdings weit weniger. Denn die dem Original eher eingepreßte als aus ihm entwickelte Konzeption kompliziert, was sie interpretieren will. Dennoch sind Swinarskis Bemühungen, sie gegen das Stück durchzusetzen, aller Beachtung wert. Swinarski spürt die Wucht des Gegenstands. Er versucht, ihn ins Lot zu richten, indem er die sich selbst karikierende große Geste pflegt und die ursprünglichen Effekte des Stücks parodierend verfremdet. So nimmt er in die Vorbereitung der Mordanschläge jeweils schon das Mißlingen mit hinein. Ob Arden den Löffel voll vergifteter Suppe zum Munde führt, ob die Halunken sich anschicken, seine (verriegelte) Herberge zu stürmen, oder ob sie durchs tarnende Schilf auf ihn zielen, immer weiß der Zuschauer: das kann nicht klappen.

Zunächst belustigt die Methode, bald aber ermüdet sie. Denn was ehedem Spannung erzeugte, dient nun lediglich der Verzögerung. Die von marxistischen Theorien beeinflußte Hineininterpretation erweist sich als szenisch nicht recht praktikabel. Aber Swinarski ist viel zu sehr Theatermann, um das nicht selbst zu merken. Oft greift er durch das theoretische Gespinst auf den Urstoff zurück, um ihm neue Pointen abzulocken. Köstlich zum Beispiel, wenn die begehrliche Alice, kaum mit Mosbie alleingelassen, eilfertig-penetrant den Vorhang des Alkovens zurückzieht.

Und noch eins ist dieser Inszenierung nachzurühmen: ihr hoher optischer Reiz. Swinarski versteht sich meisterlich auf Gruppenkompositionen, und der Bühnenbildner Klaus Weiffenbach unterstützt seine ästhetischen Bemühungen vortrefflich. Alle Szenen spielen vor einer schwarzen Vorhang-Kulisse, aber man wird das nie gewahr. Mit wenigen, sehr sorgsam gewählten Requisiten zaubert Weiffenbach in den breiten, aber nicht sehr tiefen Bühnenschlund atmosphärische Schauplätze, in denen sich die Akteure ganz zugehörig bewegen.

Wolfgang Werth, Deutsche Zeitung

ARDEN VON FEVERSHAM

Ein bürgerliches Mord-Stück in fünf Akten
Nach den Übertragungen von Hans Flesch und Carl M. Weber neu bearbeitet von der Schaubühne am Halleschen Ufer

Arden von Feversham, ein Neu-Geadelter PAUL EDWIN ROTH Alice, seine Frau GISELA TROWE Franklin, sein Freund GERD MARTIENZEN Michael, sein Knecht KARL JOSEF CRAMER Susanne, Magd im Hause BARBARA MORAWIECZ Mosbie, ehemals ein Schneider MICHAEL CHEVALIER Greene, ein kleiner Gutsbesitzer KURT WEIDNER Clarke, ein Maler NIKOLAUS DUTSCH Bradshaw, ein unschuldiger Mann WOLFGANG GÜNTHER Zwei Berufsverbrecher: Black Will JOCHEN SEHRNDT Shakebag MAX WITTMANN Lord Cheyney, ein großer Herr WOLF M. SCHWIED Dick Reede RUDOLF BOBBER Bürgermeister von Feversham WOLFGANG E. PARGE Adam vom Gasthaus »Fleur de Lys«/Fährmann JOACHIM KEMMER Lehrling/Seemann WOLFGANG PRIEWE

Regie KONRAD SWINARSKI Bühnenbild KLAUS WEIFFENBACH Kostüme MACK-DOBIOSCH Musikal. Einrichtung ANDREAS GUTZWILLER Regieassistenz MICHAEL JANITZKI Bühnenbildassistenz SUSANNE RASCHIG Pantomimische Einstudierung JOACHIM KEMMER

PREMIERE 10. und 11. 11. 1963, Deutsche Erstaufführung

Kurt Weidner, Barbara Morawiecz, Wolfgang E. Parge, Gisela Trowe, Michael Chevalier, Joachim Kemmer, Gerd Martienzen, Karl Josef Cramer

Michel de Ghelderode

DIE BALLADE VOM GROSSEN MAKABREN

Deutsch von Leopold Voelker

Nekrozotar WALTER LADENGAST Porprenaz MICHAEL CHEVALIER Goulave, König von Bruegelland HELMUT AHNER Videbolle, sein Astronom und Chronist EMANUEL SCHMIED Salivaine, Videbolles Frau ANNEMARIE HASE Minister von Bruegelland: Aspiquet GERT MARTIENZEN Basiliquet JOCHEN SEHRNDT Adrian GOTTFRIED JOHN Jusemina BRIT VON THIESENHAUSEN Drei Haudegen: Schobiak WOLFGANG PRIEWE Ruffiak NIKOLAUS DUTSCH Schabernak JOACHIM KEMMER Eine Krämerin URSEL GLÖCKNER Eine Nonne JUTTA WESTPHAL Ein Kaufmann NIKOLAUS DUTSCH Ein Landsknecht WOLFGANG PRIEWE Ein Bürger/Ein Schäfer JOACHIM KEMMER

Inszenierung HAGEN MUELLER-STAHL Bühnenbild KLAUS WEIFFENBACH Kostüme MACK-DOBIOSCH Musik ANDREAS GUTZWILLER Regieassistenz JÖRG-DIETER HAAS Bühnenbildassistenz SUSANNE RASCHIG Beleuchtung MICHAEL JANITZKI Schlagzeug PAUL BLANKENBURG

PREMIERE 23. 12. 1963

Gastspiel in Erlangen

Walter Ladengast, Emanuel Schmied, Michael Chevalier, Annemarie Hase

Die Ballade vom großen Makabren

Es sind zweifellos immer wieder kleine literarische Kostbarkeiten, die die Schaubühne am Halleschen Ufer anzubieten hat. Allerdings besitzen diese dramatischen Seltenheiten auch eine Gefahr: die Schaubühne entwickelt sich durch sie immer mehr zu einer artifiziellen Studiobühne. Und wer da nicht mitkommt oder wem das nicht gefällt – der geht in der Pause. Ein nur halb besetztes Theater müßte darüber hinaus den Schaubühnenleuten schon vom kommerziellen Standpunkt aus zu denken geben. Macht man hier nicht vielleicht schon zu sehr Theater für das Theater – l'art pour l'art?

Die Handlung ist nebensächlich. Nur die augenblickliche Aktion der Darsteller auf der Bühne ist maßgeblich. Eine Moritat des menschlichen Lebens wird gezeigt – ein Stück mittelalterliches Wirtschaftswunder mit totalem Zusammenbruch ersteht auf den Brettern.

Aber so ehrlich das Bemühen der Regie (Hagen Mueller-Stahl) auch war, diesen literarischen Außenseiter publikumswirksam zu polieren – dieser Versuch gelang nur zum Teil. Kleine Gags konnten über langweilige Passagen nicht hinwegtäuschen. Man greift im Augenblick in der Schaubühne ein bißchen zu hoch nach den literarischen Sternen.

E.-O. Draeger, Spandauer Volksblatt

Kasimir und Karoline

Gerade weil Horváth – im Gegensatz zu den Parteidichtern jeder Couleur – das zur Masse verbildete Volk weder verherrlicht noch kritisiert, weil er es mit einer erstaunlich sensiblen Sicherheit so zeigt, wie es ist, ermöglicht sein Stück immer noch gültige Erkenntnisse. Die Personen, die hier auf zeitlich bedingte und private Umstände reagieren, offenbaren dem Zuschauer ihre ihnen selbst unbekannte innere Realität. Sie zeigen ihren latenten Hang zum Totalitarismus, ihre Anfälligkeit für Verführungen, ihr Fürwahrnehmen der Lebenslüge. Diese innere Realität wird erst dann historisch, will sagen überholt, wenn es keine Masse mehr gibt. Bis dahin aber bleibt »Kasimir und Karoline« aktuell.

In diesem Sinne hat Mueller-Stahl das Stück mit dem Ensemble der Schaubühne erarbeitet. Seine Inszenierung trifft (von einigen unzureichend besetzten kleinen Nebenrollen abgesehen) die für die lebenswahre Spiegelung unbedingt erforderliche Atmosphäre und das lokale Kolorit des Stückes recht gut. Überzeichnungen und Kommentierungen werden sorgfältig vermieden. Die Darsteller – allen voran Veronika Fitz als abenteuerlustige Karoline, Ilse Stöckls wichtigtuerisch-klugredende Ganovenbraut Erna und Axel Bauers in Selbstmitleid ertrinkender Kasimir – bemühen sich um vollständige Identifikation mit ihren Rollen. Weil sie sich als Figuren des Spiels in jedem Augenblick bitter ernst nehmen, erzielt ihr Gerede den richtigen Effekt: das Publikum lacht oft und beweist so seine Überlegenheit und seine tadelnde Sympathie mit den unschuldig Schuldigen.

Wolfgang Werth, Theater heute

Der Tanz des Sergeanten Musgrave

John Arden wird oft Unentschiedenheit vorgeworfen, weil in seinen Stücken zu viele ideologische Standpunkte nebeneinander vorgeführt würden, weil seine Personen nicht mit ihren Ideen deckungsgleich seien, weil sie ihre moralischen und politischen Ansichten durch ihr Verhalten Lügen straften – so daß der Zuschauer am Ende nicht wisse, an wen und an was er sich halten soll. Nein, das ist kein Manko. Nicht daher rührt die Verwirrung: sie liegt, jedenfalls in diesem Stück, in der unentschiedenen stilistischen Grundkonzeption, die sich zwangsläufig den dargebotenen verwackelten Einsichten mitteilt. Darum wird man stellenweise mitgerissen, bleibt aber aufs ganze desinteressiert.

Volker Klotz, Frankfurter Rundschau

Arden ist begabt, aber verwirrt. Und der Tanz des Sergeanten Musgrave, der Tanz der Bergarbeiter – nein, das alles grenzt an Peinlichkeiten. Möglich, daß das Stück in England, wo man die Zeit der Königin Victoria am Ende des neunzehnten Jahrhunderts noch kennt, anders wirkt und kritisch beurteilt werden kann. Ich verstehe es nicht. John Arden ist ein polternder Wirrkopf. Er braucht Kritik und Dramaturgie. Das Hallesche Ufer brachte mutige Aufführungen. Es muß sich wieder besinnen.

Herbert Ihering, Die Andere Zeitung

Tarellkins Tod

Die Schaubühne am Halleschen Ufer, das zeitgenössische Experimentiertheater, brachte die deutschsprachige Erstaufführung einer Farce, die ein russischer Dichter aus der Mitte des neunzehnten Jahrhunderts geschrieben hat. Alexander Ssuchowo-Kobylin ist in Deutschland fast unbekannt geblieben. Kritischer Justiz-Humor des alten Rußland. Kobylin hat selbst wegen Mordverdachts im Gefängnis gesessen. Seine Farce »Tarellkins Tod« nimmt das ganze surrealistische und absurde Theater der Gegenwart voraus. Das Stück wurde vor über hundert Jahren geschrieben. Tarellkin täuscht seinen Tod vor, weil er sich von seinen Schulden befreien will. Der ganze Wirbel der Widersprüche, Heimlichkeiten und Entdeckungen – diese Farce ist besser als manche heute, denn immer bleibt erkennbar der Hintergrund einer realen Satire. Konrad Swinarski konnte nach dem »Marat« von Peter Weiß einen neuen Regieerfolg erreichen. Wie er hier Hans Putz in seiner Doppelrolle als Tarellkin und falschen Kopylow, Jochen Brockmann als Revieraufseher Rassplujeff und das ganze Ensemble realistisch und zugleich sarkastisch spielerisch bis ins Absurde hinein leitete, das war vorbildlich.

Herbert Ihering, Die Andere Zeitung

Der Stoff hätte eine makaber-antiterroristische Komödie werden können. Kobylin aber besitzt nicht einmal die ideelle und psychologische Gleichrangigkeit mit Ostrowski. Die grausige Groteske wendet sich ins monologische Idyll. Selbst der Mechanismus der penetranten russischen Polizeistation hat keine satirische Schlagkraft. Tarellkin als Rolle ist schon nach dem ersten Akt uninteressant. Und Übersetzer Sigismund von Radecki fand nicht die Sprache von heute.

Der berühmte Meyerhold hat mit diesem Stück einmal in Moskau das Parkett außer Rand und Band gebracht. Konrad Swinarski gibt mit seiner Inszenierung, die nur wie eine Vorstudie zum »Marat« wirkt, breite Typenmalerei. Er bekommt den absurden Effekt des Stückes nicht in den Griff. Drei Stunden sitzt ein müde werdendes Publikum vor einer simplen Prozeßführung (gegen Tarellkin), die schließlich im Theaterdonner und Gebrüll der Schauspieler jedes menschliche Interesse verliert. Statt die Farce in einem blitzartigen Tempo, mit turbulenten Gags und entlarvender Grimassierung herunterzuspielen, bot Swinarski sie mit ausführlichem naturalistischem Leerlauf. Die Fehleinschätzung rächte sich – das Publikum langweilte sich.

Hermann Wanderscheck, Weser-Kurier

Ödön von Horváth

KASIMIR UND KAROLINE

Ein Volksstück

Kasimir AXEL BAUER   Karoline VERONIKA FITZ   Schürzinger EMANUEL SCHMID   Der Merkl Franz NIKOLAUS DUTSCH   Dem Merkl Franz seine Erna ILSE STÖCKL   Rauch WERNER PLEDATH   Speer ARNOLD VOSS   Maria GERDA BLISSE   Elli EVELYN MEYKA   Der Sanitäter GERHARD SOOR   Der Arzt EGON PREUSSLER   Der Ausrufer HARRY GILLMANN   Juanita MARTHA GERBURG   Renate, die Riesendame DORIS HALPERT   Der Mann mit dem Bulldoggenkopf WOLFGANG PRIEWE   Der Liliputaner PAUL SCHOLTZ

Inszenierung HAGEN MUELLER-STAHL   Bühnenbild SUSANNE RASCHIG   Kostüme JOHANNA DOBIOSCH/BRUNO MACK   Musikal. Einrichtung ANDREAS GUTZWILLER   Regieassistenz WOLFGANG M. SCHWIEDRZIK   Beleuchtung HOLGER FRANKE

PREMIERE 6. 3. 1964

Axel Bauer, Ilse Stöckl, Nikolaus Dutsch

John Arden

DER TANZ DES SERGEANTEN MUSGRAVE

Eine unhistorische Parabel
Deutsch von Erich Fried

Sparky PETER HERZOG Hurst FRIEDRICH GEORG BECKHAUS Attercliffe E.W. ZIPSER Bludgeon, ein Kahnführer MARTIN ROSEN Sergeant Musgrave GERT-GÜNTHER HOFFMANN Der Pastor GERD MARTIENZEN Mrs. Hitchcock CHARLOTTE BRUMMERHOFF Annie GERDA KATHARINA KRAMER Der Konstabler EMANUEL SCHMIED Der Bürgermeister ARNOLD VOSS Ein langsamer Bergarbeiter KARL LUCE Ein rauflustiger Bergarbeiter NIKOLAUS DUTSCH Walsh, ein ernsthafter Bergarbeiter TONI HERBERT Ein Offizier WOLFGANG PRIEWE

Inszenierung GEORGE BRANDT/HAGEN MUELLER-STAHL Bühnenbild KLAUS WEIFFENBACH Kostüme JOHANNA DOBIOSCH/BRUNO MACK Musik ANDREAS GUTZWILLER Regieassistenz WOLFGANG M. SCHWIEDRZIK Bühnenbildassistenz ULRIKE LOOS Beleuchtung HANS-GERHARD MARG

PREMIERE 2.5.1964

Karl Luce, Nikolaus Dutsch, Peter Herzog, Toni Herbert, Gerda Katharina Kramer, Gert-Günther Hoffmann, Friedrich Georg Beckhaus

Alexander Ssuchowo-Kobylin

TARELLKINS TOD

Farce in drei Akten
Deutsch von Sigismund von Radecki

Maxim Kusmitsch Warrawin, hoher Beamter im Generalsrang/Major Polutatarinow ALEXANDER ENGEL Kandid Kastorowitsch Tarellkin/Ssila Ssilitsch Kopylow HANS PUTZ Iwan Antonowitsch Rasspljujeff, Revieraufseher JOCHEN BROCKMANN Antioch Elpidiforowitsch Och, Polizeikommissär HEINZ KAMMER Wanitschka, Rasspljujeffs Sohn FRANK NELSON Gerichtssoldaten: Katschala MAX BUCHSBAUM Schatala WILL HOLLERS Ludmilla Spiridonowna Brandachlystowa, Wäscherin CHARLOTTE BRUMMERHOFF Flegon Jegorytsch Popugaitschikow, Kaufmann GERHARD SCHINSCHKE Tschwankin, Gutsbesitzer MICHAEL CHEVALIER Krestjan Krestjanowitsch Unmeglichkait, Polizeiarzt WALTER FEIN Pachomoff, Hausknecht EMANUEL SCHMIED Mawruscha, Köchin NORA BRAND Beamte: Tschibissow EMANUEL SCHMIED Ibissow GERHARD SCHINSCHKE Omega WALTER FEIN 4. und 5. Beamter HELFRIED SCHMIDT/FRANK NELSON Fünf Gläubiger PETER BAUER/MICHAEL CHEVALIER/WALTER FEIN/FRANK NELSON/GERHARD SCHINSCHKE Zwei Gefangene GERHARD KROMM/WERNER PFEIFER Kinder der Ludmilla ANGELA RAUCH/HORST RAUCH

Inszenierung KONRAD SWINARSKI Bühnenbild KLAUS WEIFFENBACH Kostüme ANNE BECKER Musik ANDREAS GUTZWILLER Regieassistenz JÖRG-DIETER HAAS Bühnenbildassistenz SUSANNE RASCHIG Pantomimische Einstudierung JOACHIM KEMMER Inspizienz WOLFGANG PRIEWE Masken IRMENTRAUT KOCH/KARST-HEINZ HENSEL

PREMIERE 6. 9. 1964, Deutsche Erstaufführung

Jochen Brockmann, Konrad Swinarski, Hans Putz

Arnold Wesker

NÄCHSTES JAHR IN JERUSALEM

Ein Stück in drei Akten (fünf Bildern)
Deutsch von Pinkas Braun

Ronnie Kahn PETER THOM Ada Simmonds, seine Schwester ILSE STÖCKL Sarah Kahn, die Mutter der beiden EDITH SCHULTZE-WESTRUM Dave Simmonds, Adas Mann GÜNTHER BRINER 1. Möbelmann HARRY GILLMANN 2. Möbelmann MANFRED MEURER Libby Dobson, Daves Kriegskamerad MICHAEL CHEVALIER Oberst Dewhurst, Daves Arbeitgeber WERNER PLEDATH Sammy, Daves Lehrling ULRICH HERRLITZ Danny Simmonds REINHARD STURM Esther Kahn CHARLOTTE BRUMMERHOFF Cissie Kahn ELFE SCHNEIDER

Inszenierung HAGEN MUELLER-STAHL Bühnenbild RAINER TERWEG Kostüme WALTRAUT MAU Musikal. Einrichtung ANDREAS GUTZWILLER Regieassistenz WOLFGANG M. SCHWIEDRZIK

PREMIERE 28. 10. 1964

Peter Thom, Ilse Stöckl, Harry Gillmann, Manfred Meurer, Edith Schultze-Westrum, Günther Briner

Nächstes Jahr in Jerusalem

In der Schaubühne am Halleschen Ufer, in Weskers »Nächstes Jahr in Jerusalem«, entfernt sich das junge Ehepaar Simmonds aus der Stadt. Allerdings nicht so endgültig: sie sind weder tot noch kehren sie London unwiderruflich den Rücken – am Ende kommen sie wieder zurück. Was trieb sie zur Stadtflucht? Eine Idee. Beide stammen aus Londoner jüdischem Proletariat, sind in der zweiten Generation schon Sozialisten – sie, Ada, kommt aus der Familie Kahn, von der zwei andere Stücke Weskers handeln – und wollen einen romantischen Seitenast des Sozialismus erklettern, nach dem wildwüchsigen Programm des Kunsttheoretikers William Morris.

Ihnen geht es weniger um das menschliche Zusammenleben als um die Rückgewinnung des Glücks, das der einzelne in der arbeitsteiligen Gesellschaft verloren hat. Dave Simmonds will als Schreiner in der Einsamkeit die Schönheit handwerklichen Schaffens und Erschaffens erleben; die Befriedigung dessen, der ganz allein ein Gerät vom ersten bis zum letzten Handgriff herstellt, der nicht zur Nummer am Fließband verkümmert ist. Tapfer werden die Unbequemlichkeiten des einfachen Lebens durchgestanden, auch der Spott der Verwandten, und am Ende muß alles scheitern. Keiner kauft die guten, aber teuren Möbel.

Der Weg aus London raus führte nicht nach »Jerusalem«. Die naheliegende Resignation, meint Wesker, ist zu überwinden. Die Anregung war verkehrt, die Regung jedoch war richtig und wichtig. Das Scheitern einer Anstrengung, die einer falschen, regressiven Idee sich verschrieb, verurteilt nicht jegliche Anstrengung, den derzeitigen Gesellschaftszustand zu verändern.

Wieder ist Gelegenheit, wenigstens punktuell Weskers sehr genaue und unsentimentale Zeichnung eines aggressiven Kleine-Leute-Milieus zu bewundern. Insgesamt ist es ihm hier jedoch weder gelungen, die interessante Problematik im und am Stück anschaulich zu machen – sie wird viel zu sehr nur beredet –, noch den beiden Hauptfiguren die triftige Wirklichkeit einzuhauchen, die einige Nebenpersonen haben. Auch die klare Regie von Hagen Mueller-Stahl und die Spieler Edith Schultze-Westrum und Günther Briner brachten das nicht zustand. Das aufregende Thema regte, durchgeführt, nicht auf, es ermüdete.

Volker Klotz, Frankfurter Rundschau

Wesker stellt seine Menschen dar wie ein englischer Gorki oder Gerhart Hauptmann um 1900 und läßt ihr Inneres sprechen, als ob er gleichzeitig Hofmannsthal oder Paul Kornfeld wäre. Er überwindet nicht den Naturalismus. Er malt ihn breit aus. Es wird gewerkelt, geklatscht, abgewaschen, geräumt. Und während die Umwelt Gedanken, Empfindungen, soziale Ideen zu erdrücken scheint, beginnt es, innen zu leuchten. Die Menschen leben in einer anderen Welt als in der, die sie umgibt, in einer anderen Arbeit als in der, die sie tun. Sie wollen die Änderung der Welt, aber sie nehmen, fast könnte man sagen: Phantasien voraus. So ist ihr Sozialismus keine Gemeinschaftsbewegung, sondern ein Einzeltraum. »Nächstes Jahr in Jerusalem« – sie wollen in eine andere Welt. Aber diese andere Welt ist nicht die Veränderung dieser Welt, sondern die Flucht aus ihr.

Hagen Mueller-Stahl inszenierte nach »Tag für Tag« auch »Nächstes Jahr in Jerusalem«. Vielleicht wurde die Realität der Umgebung und der Handhabungen zu breit ausgemalt, so daß die Phantasieschicht der inneren Vorgänge zu lang verborgen blieb. Trotzdem – es entstand mit Edith Schultze-Westrum, Ilse Stöckl, Peter Thom, Harry Gillmann, Michael Chevalier und Werner Pledath eine gute Ensemblearbeit.

Herbert Ihering, Die Andere Zeitung

Ruzante

Diesmal soll eine frühe Erscheinung des italienischen Sozial-Theaters vorgezeigt und für die Berliner Bühne eigentlich erst entdeckt werden: Angelo Beolco, genannt Ruzante, ein gelehrter Paduaner aus dem 16. Jahrhundert, der, sozusagen mit der linken Hand, deftige und sozialbezügliche Komödien für das frühe Volkstheater schrieb. Wirklich eine Entdeckung.

Das erste kleine Stück, »Des Ruzante Rede, so er vom Schlachtfeld kommen«, ist ein Miles-Gloriosus-Dialog, tragisch umgekehrt. Wie ein Bauer, zum Reisläufer geworden und nun aus der Schlacht heimkehrend, Jämmerlichkeit und Not des Kriegshandwerks immer nur beweist, während er mit vollem (und erschöpftem) Munde das Gegenteil seinen Gesprächspartnern weismachen will.

Leider geht das hier und in dieser Darstellung nicht ganz auf. Günther Briner ist zwar komisch und jämmerlich genug. Aber szenisch prägsam wird es in dieser Fassung nicht. Der Prologsprecher setzt den Ton zu unsicher, zu lasch. Der grausig-komische Anlaß kommt nicht in seine beste Form.

Die eigentliche Darbietung, die Gehörnten-Komödie von der »Paduanerin«, die folgt, gelingt sehr viel besser. Das ist italienischer Hans Sachs. Aber schon szenisch raffinierter, sprachlich und psychologisch fortgeschrittener, oft von einer vehementen, bösen Erfindungsgabe.

Die Figuren werden komisch gekerbt: die ehelich und außerehelich leichtfertige Bäuerin; der listige Gevatter und Nachbar, emsig über den Zaun fremder Ehen blickend und greifend; der in der Liebe räuberische Soldat; und natürlich die komisch leidende Gestalt des zwiefach gehörnten Ehemannes, der, während er sich der Nebenbuhler erwehrt, ungewollt und unbewußt die Lampe bei seiner eigenen Hörnung hält.

Das ist hübsch arrangiert (Regie Dietrich von Oertzen). Ein bäuerisches Bohlenpodest über Tonnen und rauh gerüsteten Brettern. Lineare Andeutung dreier Häuser. Viel Licht. Weite Spielfläche (Bühnenbild Rainer Terweg). Sehr gut.

Darauf die oft hanebüchen direkten Späße mit der doppelt gebrochenen Ehe. Axel Bauer spielt den übertölpelten Stubben von Bauerngatten mit viel komischer Phantasie. Das ist, wie es sein soll, roh und kantig. Aber es hat Geschmack, kriegt in seiner geprügelten Komik immer wieder heimliche Züge des Mitleids, fast der Tragik. Bauer macht die Tölpelrolle unversehens raffiniert, farbig und interessant.

Veronika Fitz, eine heitere Schönheit, zieht die Rolle der fröhlichen Seitenspringerin mit erotischer Delikatesse an. Sie ist lecker, aber nicht zu locker und gewinnt, obgleich heftig Unmoralisches spielend, doch am Ende ihre Moral. Wieder sehr hübsch und sehenswert. Günther Briner spielt mit saftiger Eleganz den kriegerischen Richard Haller, breit und geil, den zivilen Kostgänger ihrer angeknacksten Tugend.

Friedrich Luft, Die Welt

Am Halleschen Ufer werden diese Possen in derber, unverschroteter Sprache zu Gesinnungsstücken umgedeutet. Das ist ethisch löblich und vortrefflich, ästhetisch aber abträglich. Das Beispiel zeigt, daß in Sachen Kunst die Moral an zweiter Stelle steht. Die Bühne ist dagegen vorzüglich angerichtet: das Brett auf zwei Bierfässern. Das stimmt genau für das Jahrmarktspiel. Das Brett ist also da, nun spielt auf und tanzt! Es wird aber sehr einfarbig gespielt und dazu in einem zähen Tempo, das unter der Regie von Dietrich von Oertzen etwas mühsam die gelehrige Allegorie abspult. Wo sind Saft und Sinnenlust der Szene geblieben?

H. F., Berliner Stimme

Angelo Beolco genannt

RUZANTE

Zwei Komödien aus Zeiten des Kriegs
Deutsch von Heinz Riedt

Des Ruzante Rede, so er vom Schlachtfeld kommen

Prologsprecher EMANUEL SCHMIED Ruzante GÜNTHER BRINER Menato EMANUEL SCHMIED Gnua ILSE STÖCKL Ein Bravo RICHARD HALLER

Die Paduanerin

Prologsprecher EMANUEL SCHMIED Ruzante AXEL BAUER Betia VERONIKA FITZ Menato RICHARD HALLER Tonin GÜNTHER BRINER Eine Nonne ILSE STÖCKL

Inszenierung DIETRICH VON OERTZEN Bühnenbild RAINER TERWEG Kostüme und Masken ANNE BECKER Musik ANDREAS GUTZWILLER Regieassistenz WOLFGANG M. SCHWIEDRZIK Inspizienz EGON PREUSSLER Technische Leitung MANFRED BAATZ Beleuchtung HANS-GERHARD MARG

PREMIERE 29. 12. 1964

Richard Haller, Günther Briner, Veronika Fitz

Bertolt Brecht

MANN IST MANN

Die Verwandlung des Packers Galy Gay in den Militärbaracken von Kilkoa
im Jahre neunzehnhundertfünfundzwanzig
Lustspiel
Musik von Paul Dessau

Vier Soldaten einer MG-Abteilung der brit. Armee in Indien: Uria Shelley PETER THOM Jesse Mahoney GÜNTHER BRINER Polly Baker MANFRED GROTE Jeraiah Jip RAINER BASEDOW Charles Fairchild, genannt der Blutige Fünfer, Sergeant GERT SCHÄFER Galy Gay, ein irischer Packer AXEL BAUER Galy Gays Frau LYDIA BERG Herr Wang, Bonze einer Pagode HARRY GILLMANN Leokadja Begbick, Kantinenbesitzerin GRETL ELB Soldaten ULRICH HERRLITZ/JOACHIM KEMMER/HORST SCHULTHEIS/GEORG R. WENKHAUS

Regie HAGEN MUELLER-STAHL Bühnenbild ANNE BECKER Kostüme WALTRAUT MAU / KLAUS WEIFFENBACH Masken WALTRAUT MAU Einstudierung der Lieder ANDREAS GUTZWILLER Regieassistenz WOLFGANG M. SCHWIEDRZIK Inspizienz NORBERT EISBRENNER Beleuchtung HANS-GERHARD MARG Technische Leitung MANFRED BAATZ

PREMIERE 29. 3. 1965

Gastspiele in Hamburg, Soest, Viersen

Joachim Kemmer, Ulrich Herrlitz, Peter Thom, Georg R. Wenkhaus, Axel Bauer, Günther Briner, Manfred Grote

Mann ist Mann

Die Aufführung, die Hagen Müller-Stahl inszeniert hatte, schlug den Weg frei für deutsche Stücke. Das deutsche Theater ist nicht arm. Selbstverständlich sollen ausländische Werke gespielt, aber niemals die deutschen vernachlässigt werden. Brecht gab vor mehr als vierzig Jahren den Anstoß zum deutschen Welttheater. Auch der Schauspieler wird heute immer wieder von ihm belebt. Axel Bauer spielte in Berlin den Galy Gay. Ein sehr guter Schauspieler, der den Galy Gay mit einer realistischen Phantasie hinlegte, die vom ersten Satz an überzeugte. Er gab den belasteten Packer und den schüchternen, fast fliehenden, zuletzt aber begeistert krakeelenden und mörderischen Soldaten. Manche mögen die Inszenierung am Halleschen Ufer in einigen Rollen etwas überzeichnet finden, so den Sergeanten »Blutiger Fünfer« – ich fand die Vorstellung überzeugend als eine Tat, die den künstlerischen Mut dieser jungen Bühne wieder bestätigte. Ich fand auch Gert Schäfer als »Blutigen Fünfer« bei aller Chargierung hinreißend, denn er brachte Wort und Geste in treffendem Ausdruck. Nur die Kantinenbesitzerin Leokadja Begbick, schon in Essen nicht die Beste, wurde in Berlin von Gretl Elb zu neckisch gegeben. Früher spielte die Rolle Helene Weigel und in einer Stuttgarter Aufführung vor einigen Jahren Mila Kopp. Beide Besetzungen zeigen, daß die Rolle nicht nach der Seite des Sexfilms gespielt werden muß.

Herbert Ihering, Die Andere Zeitung

Die ideologisch verpflichtete zeitgenössische Schaubühne am Halleschen Ufer mühte sich nun, »Mann ist Mann« an den Mann zu bringen.

Der Eindruck blieb zwiespältig. Nach soviel Jahren Kampfbekenntnis tritt man eben Brecht nicht mehr naiv gegenüber, weder Darsteller, noch Regisseur, noch Zuschauer. Man verlangt Rechtfertigung für die Parteinahme und vergleicht sofort mit dem Stil, wie ihn das Berliner Ensemble am Schiffbauerdamm längst verbreitet hat.

Ein Zuschauerraum voller Beckmesser, die sich dabei noch fortschrittlich dünken. Die Schauspieler kennen die Erwartung und ducken sich. Was vermöchten auch sechs oder acht Wochen eiliger Probenarbeit gegen 17 Jahre eiserner Ensemblearbeit? Aber selbst zur Kopie reichten die Kräfte nicht.

Der junge Regisseur Hagen Mueller-Stahl behalf sich immerhin mit hervorragenden Masken. Auch lockerte er die vertrauten Standbilder durch ironischen Unterton. Aber die Sprache des ungleichen Ensembles verfing sich in allen nur möglichen Fallen: Imitation und Gespreiztheit, Nonchalance und schwer erträgliche Deklamation.

»Mann ist Mann« gibt Auskunft über die Doppelseele des Menschen: aus einem gutmütigen irischen Packer, »der nicht nein sagen kann«, wird durch das bösartige Verwandlungsspiel englischer Kolonialsoldaten eine Kriegsbestie, die »darauf brennt, die Zähne in den Hals des Feindes zu graben«. Über seine Mechanik – »wenn er einmal läuft, ist er nicht mehr aufzuhalten«; über die Austauschbarkeit und Gesichtslosigkeit im Krieg.

Eine Weile vermag das noch durch Befremden zu erheitern – aber dann…?

Henrich von Nußbaum, Münchner Merkur

Lügen-Billy

Das Stück hat Ansätze. Es steckt voll Spaßmöglichkeiten und beinhaltet ganz ernsten Ernst. Leider bringt es beide nicht genügend zur Evidenz. Man sieht Spaß und Konfliktmöglichkeit dauernd. Richtig szenendingfest werden sie nicht. Vorbedingungen für ein gutes Stück sind gegeben. Aber das gute Stück wurde nicht geschrieben. Die prima Fabel festigt sich nicht, kriegt kein Bühnenfleisch, wird nicht, wie sie werden müßte, richtig komisch und gleichzeitig böse. Die Spielvorlage bleibt dürr.

Schade, daß Hagen Mueller-Stahl sie dann auch noch auf dürre Weise darbot. Er läßt Lineares auch noch linear spielen, macht Theater und Enthaltsamkeit, wo, um die Sache selbst zu Kräften zu bringen, auf die Pauke hätte geschlagen werden müssen. Dünnes soll man nicht auf dünne Weise verbrauchen. Hier täte dreist ein Schlag Millowitsch not. Aber der kommt nicht.

Friedrich Luft, Die Welt

»Lügen-Billy« in der Schaubühne am Halleschen Ufer. Das erfolgreich verfilmte Stück stammt von Keith Waterhouse und Willis Hall – aus der Gruppe der jüngeren englischen Gesellschaftskritiker –, die wie einst Beaumont und Fletscher ihr Bestes in poetischer Paarung sich versprechen. Billys kleinbürgerliche Familie, bestehend aus sturem Vater, aufdringlich sorgsamer Mutter und mümmelnder Großmutter, lebt in einem kleinen Siedlungshaus einer nordenglischen Industriestadt. Öd, muffig und fad ist der Alltag aus Zank und Teetrinken, Werbefernsehen, Gerede über Krankheiten, Geschäft und den mißratenen Billy, der nur faul dahinlümmelt. Billy lügt sich, um dem stickigen Einerlei zu entrinnen, eine Gegenwelt zurecht. Das beginnt mit Schwangerschaften, Schiffbrüchen und Amputationen, die er seinen Freunden und Verwandten anflunkert, und endet mit berühmten Leuten, die sich um seine Mitarbeit reißen, und eigenem begehrtem Dichtertum.

Die Lügen schenken ihm vorübergehend zugleich Machtgefühl und Asyl. Doch er ist ein Versager. Als ihm Gelegenheit gegeben wird, realiter auszubrechen, bringt er's nicht fertig. Ein psychischer Fall, bedingt von sozialen Umständen. Da versuchte Hagen Mueller-Stahl mit seiner geschickten und reibungslosen Inszenierung einzuhaken – Peter Thom spielt den Billy, wie sich's gehört: fläzend, aufgekratzt und bedrückt –, doch sie kommt nicht darüber hinweg, daß das kritische Element nur ein Element unter vielen ist in einer Dramaturgie, die allzu versiert auf die Mittel des lustigen Milieustücks setzt. Die Lügen sind zu hübsch in Situationskomik verpackt, als daß ihre gemeinsame Wurzel hinreichend sichtbar würde.

Volker Klotz, Frankfurter Rundschau

Keith Waterhouse und Willis Hall

LÜGEN-BILLY

Ein Stück in drei Akten nach dem gleichnamigen Roman von Keith Waterhouse
Deutsch von Fritz und Dorothea Gotfurt

Florence Boothroyd ANNEMARIE HASE   Geoffrey Fisher ARTUR BINDER   Alice Fisher ILSE TRAUTSCHOLD   Billy Fisher PETER THOM   Arthur Crabtree RAINER BASEDOW   Barbara ILSE STÖCKL   Rita EVELYN MEYKA   Lizzy EVA GELB

Regie HAGEN MUELLER-STAHL   Bühnenbild RAINER TERWEG   Kostüme WALTRAUT MAU   Musikalische Einrichtung ANDREAS GUTZWILLER   Regieassistenz JÖRG-DIETER HAAS   Inspizienz NORBERT EISBRENNER   Technische Leitung MANFRED BAATZ   Beleuchtung HANS-GERHARD MARG

PREMIERE 4. 6. 1965

Peter Thom, Evelyn Meyka, Ilse Trautschold, Ilse Stöckl

Bertolt Brecht

DIE ANTIGONE DES SOPHOKLES

Nach der Hölderlinschen Übertragung für die Bühne bearbeitet

Antigone INGE BRÜCKLMEIER Kreon RICHARD LAUFFEN Ismene RENATE GROSSER Hämon WILFRIED JAN HEYN Tiresias ADOLF REBEL Die Alten von Theben PETER THOM / RAINER BASEDOW / MANFRED GROTE / ULRICH HERRLITZ Wächter AXEL BAUER Bote GÜNTHER BRINER Botin INGE HERBRECHT Mägde GISELA DOBRUSSKIN / MARIANNE LÜDCKE Leibwächter KARL SCHULZ

Regie CLAUS PEYMANN Bühnenbild SUSANNE RASCHIG Kostüme WALTRAUT MAU Musik ANDREAS GUTZWILLER Mitarbeiter der Regie ANDREAS GUTZWILLER / WOLFGANG M. SCHWIEDRZIK Bühnenbildassistenz ILSE TRÄBING Inspizienz NORBERT EISBRENNER Beleuchtung HANS-GERHARD MARG Technische Leitung MANFRED BAATZ

PREMIERE 28. 9. 1965

Peter Thom, Rainer Basedow, Ulrich Herrlitz, Manfred Grote, Inge Brücklmeier

Die Antigone des Sophokles

So ein Jammer! Diese Aufführung der Brechtschen Bearbeitung der Hölderlinschen Fassung der Sophokleischen »Antigone« (also der dreifachen Filterung des gewaltigen Stoffes) – sie brauchte gar nicht so ärgerlich zu sein, wie sie am Ende wirken muß.

Wie sie da läuft, macht sie nervös, beweist sie nichts, bleibt sie unverständlich. Claus Peymann und die Schaubühnenleute haben sich kopfüber in die Brecht-Wissenschaft gestürzt.

Immerhin: diese »vorzeigende« Art, den alten Menschheitstext ins Spiel zu bringen, hat eine betont einfältige Faszination. Werden Requisiten gebraucht, reicht man sie sichtbar zu. Hat ein Bote aufzutreten, macht er emsig Sparringsrunden um den Ring, um dann wirklich atemlos auf der Spielfläche einzutreffen, dann erst den erschöpften Renner vorzustellen.

Das alles ist, wie bei Brecht oft, getüftelt. Aber es ist vorbedacht, und es gibt der Darbietung karge Klarheit und ein eigenes Raffinement des Simplen. Beide sind einleuchtend, klärend und sind, bei aller fast schreckhaften Vermeidung des »Schönen«, unversehens wieder ästhetisch und schön.

Aber welcher Teufel hat den Regisseur geritten, den optisch schon mehrfach bewerkstelligten »Verfremdungseffekt« nun sprachlich bis ins völlig Absurde zu treiben?

Hier kippt Brechts Intention in die pure Parodie. Alle sprechen, als sollte jeder Satz vorsätzlich hingemacht werden. Sie skandieren allen Sinn aus dem ohnehin vertrackten Wortlaut dieses Brecht-Hölderlin-Sophokles-Textes hinaus. Man sitzt nur immer da und rätselt: Was hat der eben gesagt? Was kann gemeint sein?

Dann setzt man sich die Worte mühsam wieder zusammen und kapiert, hat man Glück, was in Wahrheit gesagt werden sollte. Inzwischen hat der Spieler, wie ein aufgedrehter Metronom, aber schon eine halbe Seite Text weiterskandiert. Der Anschluß ist verpaßt. Man gibt's auf.

Schier unerträglich wird's, wenn dann der Chor noch unisono denselben Unfug praktiziert. Sprechchor ist ohnehin ein Ausdrucksmittel, dem barbarische, dem (für mich) ausgesprochen faschistische Elemente innewohnen. Man kann gemeinsam singen. Gemeinsam das gleiche sprechen, ohne die Individualität aufzuheben und zu schänden, kann man nicht. Hier aber wird Sprechchor noch mit dem sprachlichen Hackebeil betätigt. Das ist ganz schlimm. Fast wird man rachsüchtig.

Warum merkte das alles das Publikum am Halleschen Ufer offenbar gar nicht? Es gibt Beifall. Niemand lacht Hohn. Niemand setzt sich zur Wehr. Keine Zurechtweisung. Kritischer Reflex – keiner. Ist Brecht selber, zum Klassiker geworden, inzwischen schon der Einschüchterung durch seine vermeintliche Klassizität zum Opfer gefallen? Die Brechtomanen kuschen, auch wo der Meister sprachlich geschändet wird. Sonderbar!

Friedrich Luft, Die Welt

Der starke Stamm

Nun gut – Frau Fleißer beschönigt nichts. Sie stellt glaubhafte Figuren auf die Bühne. Sie baut das Denkmal vom gesund volksempfindenden Menschen ab, indem sie nachdrücklich auf seinen Geldnerv aufmerksam macht. Die vom Volksstück geforderte Vordergründigkeit müßte sich jedoch vor einem erkannten und durchschauten Hintergrund abspielen. Soll der vorgeführte Befund gesellschaftlich relevant werden, muß dem Publikum klargemacht werden, wie und warum diese geschäftsgeilen Kleinbürger, die souverän zu handeln glauben, in Wahrheit von der allgemeinen kapitalistischen Freibeutersituation gehandelt werden. Das geschieht leider nicht.

Ein weiteres beträchtliches Manko: die Sprache beteiligt sich nicht an der Satire, die in den Personen und der Handlung, vordergründig wenigstens, gegeben ist. Der Dialog läuft gleichsam getrennt nebenher, er macht eigene harmlose Sache, mit saftigen bayrischen Redensarten und Bildern, die spaßig anzuhören sind, doch völlig intakt mit sich selber spielen. Keine Spur der bewußt falsch gesetzten Töne, der sprachlichen Dummheitsentlarvung, die Horváth mit giftiger Virtuosität beherrschte. Auch dieser Ansatz, das alte Volksstück umzustülpen, wurde versäumt.

Hagen Mueller-Stahls Inszenierung, in einer zünftigen, farblich hart zwischen Dunkelbraun und Weiß kontrastierenden Stube (Susanne Raschig), verbindet angemessen Schwank mit Satire. Axel Bauer als Bitterwolf und Ruth Drexel als Balbina fühlen sich im Bayrischen so heimisch wie in ihren Rollen. Er: ein Mordskerl und dabei ein Schwächling, der seine schmale Verstandsration in bauernschlaues Gehabe und auftrumpfende Männlichkeit investiert. Sie: pfiffig und die eigene Pfiffigkeit bewundernd: immer bereit, ihre hemdsärmelige Laszivität als Companion bei ihren geschäftlichen Unternehmungen mitarbeiten zu lassen.

Volker Klotz, Frankfurter Rundschau

Es beginnt mit einem Leichenschmaus beim ganz gut bestallten dörflichen Sattlermeister Bitterwolf, dessen Frau soeben gestorben ist. Und was die Fleißer hier in den ersten zehn Minuten an drallbösartiger Disposition leistet, wie sie einen sogleich hineinreißt in die Jauchegrube dieses grobfingrigen, freudlosen Kleinbürgeregoismus, das zeigt eine Kunstfertigkeit, das Unscheinbare kühl zu schärfen, kritisch einen weniger psychologischen als typologischen Befund hinzufetzen: ein wenig drischt man noch – die Schwägerin, der Schwager, ein Vetter – wehleidig die eingelernten Sprüchlein der Trauer; und gleich darauf mampfen sie die Knödel, lassen sich das Bier in den Bauch laufen, gieren zwischen zwei Bissen unumwunden nach dem Pelzmantel, der »warmen Unterhos«, der Nähmaschine der Toten, und wenn der Witwer (die Ehe war glücklich!) sich wehrt, so nicht aus schmerzlicher Wut, sondern aus Geiz. Arm sind sie alle nicht direkt – aber armselig sind sie und unverschämt direkt: Wie mach i's, daß sei Sach mei Sach wird? So grübeln sie zwar auch in den Stadtvillen und Betonbüros – nur da etwas eleganter. Das Fehlen jeglicher Anmut im Gemeinen, die gemütliche Gemütlosigkeit (man kann es auch umgedreht sagen) macht diesen ersten Akt und seine Komik ungemütlich.

Aber dann bleichen diese Figuren schnell aus, sie tapsen – gerissen, doch nicht gerissen genug – sich in kümmerlich-unglückselige Situationen hinein, die ganz erheiternd konstruiert sind, indessen statt »Zerstörung« im Gegenteil knackende Robustheit vorweisen und kaum jene bewußtlose, jene unerlöste Eingezwängtheit in die »Verhältnisse«.

Karena Niehoff, Süddeutsche Zeitung

Marieluise Fleißer

DER STARKE STAMM

Komödie in vier Akten

Leonhardt Bitterwolf, Sattlermeister AXEL BAUER Hubert, sein Sohn NIKOL VOIGTLÄNDER Balbina Puhlheller, seine Schwägerin RUTH DREXEL Sein Schwager HANS STADTMÜLLER Annerl, Magd bei Bitterwolf REGINE FELDEN Schindler, Annerls Vater FRANZ LOSKARN Der Onkel von Rotteneck HANS FITZ Metzgerjackl WILLI ANDERS Frau Gruber, Hebamme ELLEN AVENARIUS Gerichtsvollzieher FRANZ LOSKARN Ein Vetter LUDWIG WÜHR Ein Schutzmann / Ein Pfarrer GERHARD SOOR Drei Frauen REGINE BARG / CLAIRE KLUTHE / JUTTA VON REMSKY

Regie HAGEN MUELLER-STAHL Bühnenbild SUSANNE RASCHIG Kostüme ILSE TRÄBING Musik ANDREAS GUTZWILLER Regieassistenz JÖRG-DIETER HAAS Inspizienz NORBERT EISBRENNER Beleuchtung HANS-GERHARD MARG Technische Leitung MANFRED BAATZ

PREMIERE 5. 2. 1966

Hans Stadtmüller, Ruth Drexel, Regine Felden, Axel Bauer, Gerhard Soor, Nikol Voigtländer, Franz Loskarn

Arnold Wesker

HÜHNERSUPPE MIT GRAUPEN

Ein Stück in drei Akten (sechs Bildern)
Deutsch von Willy H. Thiem

Sarah Kahn ANGELIKA HURWICZ   Harry Kahn ANTON DUSCHEK   Dave Simmonds PETER THOM   Monty Blatt NIKOL VOIGTLÄNDER   Prince Silver WIL RABENBAUER   Hymie Kossop MANFRED GROTE   Cissie INGE HERBRECHT   Ada Kahn SELA ROX   Ronnie Kahn ADALBERT STAMBORSKI   Bessie Blatt ILSE STÖCKL

Inszenierung CARL M. WEBER   Bühnenbild KLAUS WEIFFENBACH   Kostüme WALTRAUT MAU   Musikalische Einrichtung ANDREAS GUTZWILLER   Regieassistenz WOLFGANG M. SCHWIEDRZIK   Bühnenbildassistenz ILSE TRÄBING   Inspizienz EGON PREUSSLER   Beleuchtung HANS-GERHARD MARG   Technische Leitung MANFRED BAATZ

PREMIERE 28. 3. 1966

Peter Thom, Anton Duschek, Nikol Voigtländer, Wil Rabenbauer, Angelika Hurwicz

Hühnersuppe mit Graupen

Mag sein, daß »Hühnersuppe mit Graupen« in der Originalsprache dialogische Meriten hat. Was auf deutsch dabei herauskommt, ist so armselig, sentimental und auf gänzlich unprovokante Weise muffig wie das Verhalten derer, die sich da äußern: liebe, belanglose Leutchen. Nicht nur ihre ästhetische Belanglosigkeit, sondern auch die politische Belanglosigkeit ihrer realen Vorbilder hätten den Autor mehr als »kümmern« müssen, wenn er erwartet, daß man sein Stück ernst nimmt.

Er begnügt sich jedoch mit einem Neu-Naturalismus, der Hauptmanns gemütvoll polternde schlesische Handwerker durch gemütvoll polternde englisch-jüdische Proletarier ersetzt und dabei dem Publikum das gleiche bietet wie der alte: die unproduktive Lust an feuchter Allzumenschlichkeit. Carl M. Weber hat die Geschichte ordentlich und etwas betulich inszeniert. Angelika Hurwicz glaubte man, wie immer, wenn sie handfeste Frauen »von unten« spielt, jedes Wort und Ton.

Volker Klotz, Frankfurter Rundschau

Die Inszenierung von Carl M. Weber holt das Bestmögliche aus dem Stück heraus, er arrangiert Auftritte, Gruppierungen, Dialoge. Eine Fabel kann er nicht erzählen, es gibt ja nur das äußere historische Geschehen. Weber baut also möglichst nachprüfbare Biographien der Figuren auf. Aber die Veränderungen der Figuren können auch nicht vorgezeigt, sie können nur bestätigt werden. Nicht der Regisseur, sondern der Maskenbildner hat diese Arbeit zu leisten. Weber kann nur die Illustrierung schon äußerlich sichtbarer Veränderung nachvollziehen lassen.

Klaus Völker, Theater heute

Jagdszenen aus Niederbayern

Sperr hat in diesem Stück eine Kindheit, die offenbar nicht allzu glücklich gewesen sein kann, eine Kindheit in Niederbayern, verarbeitet. Aber dabei ist keine psychoanalytische Studie herausgekommen, oder irgend etwas Absurdes, das seinen Sinn nicht preisgeben will, weil's vielleicht gar keinen hat, sondern ein handfestes Theaterstück. In knappen Szenen, deren jede mit einem Minimum an Aufwand die Handlung weitertreibt, wird das Schicksal eines Homosexuellen in einem Dorf mit ach so fest gefügter Moral dargestellt. Es kann nur letal enden: der arme Ausgestoßene ermordet das Mädchen, mit dem er sich einmal probeweise eingelassen hat, um zu werden wie alle; der tumbe Junge, der als einziger ihn freundlich findet, begeht Selbstmord, und die gerettete Dorfgemeinschaft kann guten Gewissens ihr Erntefest feiern, die Jagd war erfolgreich. Natürlich kennt man die soziologischen und psychologischen Gemeinplätze, die solcher Handlung zugrundeliegen, natürlich knarrt es noch im Spielgerüst, natürlich will Sperr am Ende zuviel und setzt einen Schluß auf den anderen, anstatt es bei einem zu belassen, – und dennoch: dies ist nicht nur ein deutlicher Talentbeweis, sondern angesichts einer Dramatik, die jede Art von Handlung, von Fortschritt der Menschen auf der Bühne, von Direktheit verachtet, eine Wohltat. Sperr hat vom Naturalismus die Sozialkritik, vom Aktionsdrama die Schnelligkeit des Ablaufs, vom großen Büchner die Knappheit übernommen; an eigenem hat er einen Kunstwillen hinzugetan, der aufs Einfache und Übersichtliche sich richtet. Die Schaubühne am Halleschen Ufer, von manchen für Westberlins interessantestes Theater gehalten, hat das sehr didaktisch, vorzeigend aufgeführt, man merkt die lange Beschäftigung mit Brecht. Dem Stück ist das gut bekommen. Man verstand den Introvertierten, man verstand die bösartige Unschuld und das barbarische Jagdfieber der biederen Landleute, man verstand, daß es auch hierzulande an Themen nicht mangelt.

Roland H. Wiegenstein, Frankfurter Hefte

Von den Eigenbeiträgen der Berliner Theater konnte sich die Inszenierung der Schaubühne sehen lassen, die neue Fassung von Martin Sperrs »Jagdszenen aus Niederbayern«.

Nicht einmal so sehr durch Sperrs konzentriertere Fassung, zu der ihm auch wieder neue Abschweifungen eingefallen sind, als durch die Inszenierung von Hagen Mueller-Stahl und Wolfgang Schwiedrzik. Bert Kistner, von den ganz jungen Bühnenbildnern wohl eine der interessantesten Begabungen, hat die nicht sehr geräumige Bühne am Halleschen Ufer nach hinten mit einer weißen, nackten Leinwand abgeschlossen, die Requisiten und kargen Versatzstücke stehen plastisch davor wie Demonstrationsobjekte. Flächige Arrangements, gestische Vereinfachungen, Vorzeigen dessen, worauf ein Vorgang mit Akribie reduziert worden ist, und hinterhältige Verkürzungen der Psychologie.

Aber hat nun diese Aufführung schon den rechten »Raum« für Sperrs Stück gefunden und seinen ganzen Reichtum aufgefaltet? Denkbar wäre wohl eine Inszenierung, die auch noch das Dumpfe herausstellte, das Beschränkte jener Gesellschaft, die den homosexuellen Abram aufbringt: die Trägheit vom Lande. Hagen Mueller-Stahl geht manchmal zu sehr dem Witz der Wortverknappungen nach und genrehafter Komik – zum Beispiel in einer lang ausgesponnenen Beerdigungsszene –, oder er trocknet die Szenen aus zu schierer Demonstration sozialen Verhaltens. Was in einigen von Sperrs Figuren an Widerspruch und an verknickten Möglichkeiten des Menschlichen enthalten ist, sollte nun vielleicht einmal von einer größeren Bühne, die reichere Besetzungsmöglichkeiten hat, ausprobiert werden.

Ernst Wendt, Theater heute

Martin Sperr

JAGDSZENEN AUS NIEDERBAYERN

Barbara, Tagelöhnerin OLGA VON TOGNI   Abram, ihr Sohn DIETER KIRCHLECHNER   Tonka SELA ROX   Maria, Bäuerin, bei der Abram wohnt RUTH DREXEL   Rovo, ihr Sohn MARTIN SPERR   Volker, Marias Knecht AXEL BAUER   Der Bürgermeister, Großbauer HELLMUT GRUBE   Georg, sein Knecht NIKOLAUS DUTSCH   Zenta, Tagelöhnerin beim Bürgermeister ENZI FUCHS   Die Metzgerin FRANZISKA LIEBING   Knocherl, Gemeindearbeiter ALFRED PONGRATZ   Paula, Bürogehilfin ILSE STÖCKL   Max, ein Kleinbauer WILLY ANDERS   Christine, seine Frau VERONIKA FITZ   Die Flüchtlingsfrau ALEXA VON POREMBSKY   Anton, ihr Mann HORST THOMAS   Konrad, ihr Sohn REINHARD STURM   Der Pfarrer/Der Kriminalinspektor GERHARD SOOR

Regie HAGEN MUELLER-STAHL/WOLFGANG M. SCHWIEDRZIK   Bühnenbild BERT KISTNER   Kostüme WALTRAUT MAU   Regieassistenz ANDREAS GUTZWILLER   Bühnenbildassistenz ILSE TRÄBING   Inspizienz NORBERT EISBRENNER   Beleuchtung HANS-GERHARD MARG   Technische Leitung MANFRED BLÖSSER

PREMIERE 27. 9. 1966

Franziska Liebing, Enzi Fuchs, Olga von Togni, Nikolaus Dutsch, Ruth Drexel

Peter Hacks

DIE SCHLACHT BEI LOBOSITZ

Komödie in drei Akten

Keith, Generalfeldmarschall MANFRED GROTE Itzenplitz, Obrist HANS SCHOELERMANN Daniel Ehrentreich, Feldprediger im Regiment Itzenplitz GERHARD SOOR Lüderitz, Major in demselben HEINZ KAMMER Johann Markoni, Premierleutnant in der Kompagnie Lüderitz KONSTANTIN PALOFF Thadden, Secondeleutnant in derselben VIKTOR WEISS Karl Mengke, Korporal in derselben ARTUR BINDER Tambour in derselben HORST THOMAS Musketiers in derselben: Christian Zittemann MANFRED GROTE Theobul Kosegarten KURT CONRADI Ambros Drudik GÜNTER BRINER Friderich Kracht, Fähnrich in einer anderen Kompagnie KURT CONRADI Musketiers in derselben: Ulrich Braeker RENÉ SCHEIBLI Laurenz Schärer PETER HERZOG Joggli Bachmann THOMAS DANNEBERG Katzorke WOLFDIETRICH SPRENGER Libussa Kelein INGE HERBRECHT Regina, ihre Tochter SELA ROX Wirtin in Tetschen ENZI FUCHS Krieger der kaiserlichen Armee: Servaz Bilmoser AXEL BAUER Rupert Ross KLAUS SONNENSCHEIN Mathies Mayr NIKOL VOIGTLÄNDER Obrist Riedesel HANS SCHOELERMANN Fourageoffizier ARTUR BINDER Zahlmeister HEINZ KAMMER Ein Invalide AXEL BAUER Soldaten JÖRG FRIEDRICH / PETER REISTENHOFER / WOLFDIETRICH SPRENGER / DIETRICH STEPHAN / WOLFGANG WERMELSKIRCH

Regie WOLFGANG SCHWIEDRZIK / HARTMUT LANGE Bühnenbild KLAUS WEIFFENBACH Kostüme WALTRAUT MAU / ILSE TRÄBING Musik ANDREAS GUTZWILLER Mitarbeiter der Regie ANDREAS GUTZWILLER / JÖRG-DIETER HAAS Inspizienz NORBERT EISBRENNER Beleuchtung HANS-GERHARD MARG Ton HANS-JÜRGEN MIKOLAJCZAK Technische Leitung MANFRED BLÖSSER

PREMIERE 21. 11. 1966

Horst Thomas, Wolfdietrich Sprenger

Die Schlacht bei Lobositz

Die Schaubühne am Halleschen Ufer in West-Berlin bewährte sich wieder als zeitgenössisches Theater. Sie spielte die dreiaktige Komödie »Die Schlacht bei Lobositz« von Peter Hacks, die vor zehn Jahren auch am Deutschen Theater uraufgeführt wurde. Wolfgang Langhoff führte damals Regie. Was ich früher meinte, bestätigt sich heute. Die Komödie kann an die Grenzen der Tragik gehen, ja sie kann durch den Gegensatz die Tragödie erst herausfordern.

Und nur so ist die Komödie der »Schlacht bei Lobositz« zu verstehen, die den armen Mann Ulrich Braeker aus Toggenburg in der Schweiz als Musketier der preußischen Armee Friedrichs des Zweiten darstellt, verführt zum Soldatentum durch die Werbemethoden des Premierleutnants Markoni, betrogen, gekauft. Ein gefährliches Unterfangen, angesichts des Todes in der Schlacht satirischen Humor aufzuziehen.

Peter Hacks durfte es wagen, weil er der Versuchung entgeht, in billigen Soldatenhumor zu verfallen, der wieder ausgleicht und versöhnt. Nein, sein Humor ist scharf, seine Sprache aggressiv. Kein Witz schwächt die Tatsache ab, daß die Söldner von den Offizieren ausgenutzt werden. Peter Hacks hat von Brecht gelernt, wie Humor und Ironie, Witz und Sarkasmus sich vereinen können, um ein konventionell gewordenes Geschichtsbild zu vernichten, nicht um ein Vakuum zu schaffen, sondern um die Umrisse eines neuen Bildes aufflackern zu lassen.

Es bleibt ein Verdienst der Schaubühne am Halleschen Ufer, dieses Stück gegen Krieg und Militarismus nun zum ersten Male auch in West-Berlin gespielt zu haben. Gewiß war es störend, daß nach jedem kurzen Bild – dies auch eine dramaturgische Schwäche des Stückes – die weiße Vorhanggardine zugezogen wurde. Aber die Schaubühne hat keine vollkommene Bühnentechnik. Man muß ihr noch einmal danken, daß sie trotz dieser Schwierigkeiten ein so an den Grenzen der Möglichkeiten liegendes Stück wagt.

Der Bühnenbildner Klaus Weiffenbach schuf die Szenen wie Bilder einer naiv kindlichen, aber aggressiven Kriegsfibel. Meisterhaft. Die Regisseure Wolfgang Schwiedrzik und Hartmut Lange hätten etwas schärfer konzentrieren müssen. Trotzdem wurde es eine gute, hintergründige Aufführung. René Scheibli war glaubwürdig als Ulrich Braeker. Ebenso einfach und gerade dadurch wieder wirksam war Konstantin Paloff als Leutnant Markoni. Und Axel Bauer gehört zu den besten Volksdarstellern des deutschen Theaters. Wieder war er hinreißend, diesmal sogar in zwei Rollen, als Invalide, der auf der Drehorgel gegen den Krieg spielt und singt und als Servaz Bilmoser, Soldat der feindlichen kaiserlich-österreichischen Armee. Ich lobe das Hallesche Ufer, auch wenn viele Kritiken die Aufführung verrissen haben. Die Zuschauer verstanden den Sinn des Stückes und warfen Beifall zwischen jedes Bild.

Herbert Ihering, Die Andere Zeitung

Die Inszenierung von Schwiedrzik und Hartmut Lange, dem von Ost nach West übergesiedelten Hacks-Schüler, ist dogmatisch, didaktisch, puristisch. Sie versagt sich, bis zur Selbstverleugnung, jeden Aufwand der Mittel und alle ans Publikum gerichteten Aggressionen, auf die die beiden andern nicht verzichten möchten. Die Musik, übern Lautsprecher kommend, spielt in dieser Inszenierung kaum noch eine Rolle, die Lieder sind bis auf zwei gestrichen. Beschränkung der Mittel? Oder geringes Zutrauen zur poetischen Kraft der Hacksschen Verse, die ja tatsächlich immer ein bißchen rokokohafte Zierlichkeit undistanziert ins Spiel bringen, Empfindsamkeit und Naivität, welche plötzlich nicht mehr kritisch reflektiert, sondern »genossen« werden?

Davon läßt die Aufführung nichts ein. Aber weil sie andererseits, wo der Hacks kichert und witzelt, wo er sich an Verspieltheiten verliert, nur seine Pointen und sein Räsonnement, nicht Fülle inszenieren kann, bleibt sie inkonsequent. Wo es keine sozialen Haltungen mehr vorzuführen gibt, sondern nur Karikaturen, da tun die Regisseure das mit grimmer Bösartigkeit – in der Tischszene im Feldlager etwa und bei Krachts Flötenspiel –, aber immer scheint es, als genierten sie sich ein wenig und griffen darum zu so rabiaten Übersteigerungen, die die Figuren nun wirklich zu Kasperlpuppen machen.

Ernst Wendt, Theater heute

Die Erlösung des Gelehrten Ch'ien Wan-hsüan

»Die Erlösung des Gelehrten Ch'ien Wan-hsüan« von Hartmut Lange nach chinesischen Einaktern und unter Benutzung der Bearbeitung »Der Tag des Großen Gelehrten Wu« von Peter Palitzsch und Carl M. Weber. So steht's zu lesen auf dem Zettel der Schaubühne am Halleschen Ufer. Diese Anstalt ist sowohl Brecht und seinem politischen Aufklärungstheater verpflichtet wie auch der schönen Tugend der Philologie – was die in West-Berlin einzigartig gründlichen Programmhefte belegen. Was Wunder, wenn sie, beides kombinierend, eine wichtige Quelle für seinen Zeigestil aufsuchen: das chinesische Theater.

Freilich ist es dann mit der Philologie der Bearbeitungsbearbeitung nicht so weit her. Die Quelle wird durch die Mündung getrübt. Was auf der Bühne zu sehen ist, sind chinesische Stücke, die von Brecht beeinflußt sind und nicht umgekehrt. Eine sketchartige Anekdotenkette um den hungernden, abgerissenen, schlitzohrigen Gelehrten, der durch verschiedene Gesellschaftsklassen des alten Chinas sich durcharbeitet, durchbettelt, durchbetrügt. Es geht immer nur um eine Melone oder ein Süppchen. Die Verhältnisse sind halt so. Kunst geht nach Reis.

Es gibt viel zu lachen, besonders durch die geballten Sentenzen und Lebensregeln, die der Gelehrte (Axel Bauer, ein sehr deftiger, unchinesischer Süddeutscher) jeder Situation anzuheften weiß. Doch die immer gleichen Schlußfolgerungen, die putzigen Selbstvorstellungen, der ganze Apparat des epischen Theaters in gekünsteltem Rohzustand nutzen sich bald ab, zumal die Bemühung um den real-irrealen zeremoniell tänzerischen Darstellungsstil auf halbem Weg steckenbleibt.

Volker Klotz, Frankfurter Rundschau

Die Inszenierung von Hartmut Lange und Wolfgang Schwiedrzik bringt in schneller Folge die einzelnen Episoden. Auf eine sehr glückliche Weise werden in der Spielweise formale Eigenarten chinesischer Theaterkunst und mittelalterlicher Schwänke miteinander verbunden. Axel Bauer in der Rolle des Gelehrten steht mit Glanz das Tempo der Inszenierung durch. Er muß sich seine Zunge aus dem Hals reden und sich vor seinen Verfolgern in Sicherheit bringen und dazu in den Pausen, die ihm bleiben, die erfinderischsten Lügen eindrucksvoll auftischen. Die wenige Nahrung, die er dabei erwischt, muß er auch noch roh und hastig hinunterschlingen, um dann auf die Winde, die ihm zwangsläufig entfahren, wieder lustige Sprüche zu klopfen. Axel Bauer zeigt in verschiedenen Situationen, wie anstrengend und zeitraubend es ist, Weisheit zu produzieren, die er dann nur unter Niveau veräußern kann. Der Schauspieler setzt nicht nur seine komödiantische Begabung in Szene, er macht auch deutlich, daß viele seiner Späße echte Notlösungen sind. Seine Weisheit wird nicht gebraucht, er muß sie aber an den Mann bringen, um zu leben. Axel Bauers Ch'ien ist eine Mischung aus Eulenspiegel und Brechts Ziffel.

Klaus Völker, National-Zeitung, Basel

Hartmut Lange

DIE ERLÖSUNG DES GELEHRTEN CH'IEN WAN-HSÜAN

Nach chinesischen Einaktern und unter Benutzung der Bearbeitung »Der Tag des großen Gelehrten Wu« von Peter Palitzsch und Carl M. Weber

Der Gelehrte Ch'ien Wan-hsüan AXEL BAUER   Der Bauer Li Chih-yung GÜNTER BRINER   Der Rübenaufseher Hao Liang-hsien MANFRED GROTE   Der Maler Hu Ti WOLFGANG WERMELSKIRCH   Der Seidenhändler Ku-tung KLAUS SONNENSCHEIN   Seine Diener PETER HERZOG / DIETRICH STEPHAN   Der Lagerhausbesitzer Jen Erh NIKOL VOIGTLÄNDER   Seine Braut Frau Yüng-hua ENZI FUCHS   Sein Diener PETER HERZOG   Der Mandarin Hu Chung-fu FRANZ-OTTO KRÜGER   Der Henker Hao Ta-ju GÜNTER BRINER   Der Gerichtsdiener DIETRICH STEPHAN

Regie WOLFGANG SCHWIEDRZIK / HARTMUT LANGE   Bild und Kostüme JOHANNA KIELING   Musik ANDREAS GUTZWILLER   Mitarbeiter der Regie ANDREAS GUTZWILLER / DIETER STURM   Regiesassistenz WIEBKE LANGE   Bühnenbildassistenz GUNTER SCHADE   Inspizienz NORBERT EISBRENNER   Technische Leitung MANFRED BLÖSSER   Beleuchtung HANS-GERHARD MARG   Ton HANS-JÜRGEN MIKOLAJCZAK

PREMIERE 2. 2. 1967

Nikol Voigtländer, Peter Herzog, Axel Bauer

Titus Maccius Plautus

DER MAULHELD

Textfassung der Schaubühne unter Benutzung der Übertragungen von Wilhelm Binder, Walter Hofmann, Walther Ludwig und Ludwig Gurlitt

Pyrgopolinices (Mauerstürmer), Offizier KURT CONRADI Palaestrio, Sklave des Pleusicles, zur Zeit im Dienste des Pyrgopolinices PETER ESCHBERG Periplectomenus, reicher Bürger von Ephesus AXEL BAUER Sklaven des Pyrgopolinices: Sceledrus PETER HERZOG Lucrio KLAUS SONNENSCHEIN Philocomasium, Hetäre, Geliebte des Pleusicles, Konkubine des Pyrgopolinices VERENA KELLER Pleusicles, junger Athener GÜNTER BRINER Acroteleutium, Hetäre, Klientin des Periplectomenus TRUDE HAJEK Milphidippa, ihre Sklavin MARIANNE LOCHERT Cario, Koch des Periplectomenus KLAUS SONNENSCHEIN Sklaven des Periplectomenus HANS-JÜRGEN MIKOLAJCZAK/WOLFGANG WERMELSKIRCH

Regie HAGEN MUELLER-STAHL/HARTMUT LANGE Bühnenbild JOHANNA KIELING Kostüme und Masken WALTRAUT MAU Musik ANDREAS GUTZWILLER Mitarbeiter der Regie WOLFGANG SCHWIEDRZIK Regieassistenz LENI LANGENSCHEIDT Bühnenbildassistenz GUNTER SCHADE Inspizienz NORBERT EISBRENNER Technische Leitung MANFRED BLÖSSER Beleuchtung HANS-GERHARD MARG Ausführung der Masken und Kaschierarbeiten RICARDA POPPY-DRESSLER

PREMIERE 6. 5. 1967

Peter Herzog, Axel Bauer, Kurt Conradi, Klaus Sonnenschein

Der Maulheld

Mit Plautus gelang der West-Berliner Schaubühne am Halleschen Ufer ein Kunststück, bei dem sie noch jüngst – anläßlich altchinesischer Szenensketches – gestolpert ist; geschichtlich und geographisch gebundenen Volksmimus gleichermaßen zu zitieren und gegenwärtig zu entbinden. Was sich auf der Bühne abspielt, hat derben Charme, ist heiter, übersichtlich und plausibel. Total vordergründiges Theater ohne Götterhimmel, ohne seelischen Feinschliff, ohne gestanzte Botschaft: Menschen, die nur wollen, was sie greifen können; Handlungen, die allein dann Umwege einschlagen, wenn sie gradaus nicht ans Ziel kommen; Ereignisse, die drauflosprasseln. Angesichts des psychisch angeknacksten oder symbolisch vollgepumpten Personals, das heutige Bühnen besetzt, nimmt man es als ein Labsal.

Volker Klotz, Frankfurter Rundschau

Wie man aus einem Lustspiel für die Darsteller ein Lust-Spiel und für den Zuschauer ein Unlust-Spiel machen kann, führt derzeit die Berliner Schaubühne am Halleschen Ufer am Beispiel des »Maulhelden« (Miles gloriosus) von Plautus vor. Die Regisseure Hagen Mueller-Stahl und Hartmut Lange haben die derbe Komödie des römischen Possenschreibers mit der Dezenz einer Toiletteninschrift in Szene gesetzt; mit gürtelähnlich umgehängten Symbolen der Männlichkeit steht und fällt auch der Witz des Abends. Warum dazu das Programmheft einen ideologischen Rahmen setzt (Friedrich Engels über Sklaventum sowie eine Menge marxistischer Plautus-Deutung), wird nicht ersichtlich; Soziales wird szenisch überhaupt nicht erkundet, Psychologie, da oberhalb der Gürtellinie, ist ebenfalls verpönt, aber zum Zeichen einer gewissen Artistik tragen die Schauspieler Masken, ohne daß einer von ihnen sie eigentlich zu tragen verstünde. Unter diesen Masken placken und plagen sich die Alltagsmienen, röten sich die Hälse, krampfen sich die Adamsäpfel. Das bisher deutlichste Laienspiel dieser so entlegenen wie sonst hochgeschätzten jungen Bühne.

Dieter Hildebrandt, Frankfurter Allgemeine Zeitung

Gesang vom lusitanischen Popanz

Wollte man allein danach urteilen, wie hier gearbeitet wurde und mit welchem sichtbaren Erfolg, diese Inszenierung wäre einige Preise wert. Dabei war des Regisseurs Rezept denkbar einfach: er ließ jede Partikel des Textes, jede Verszeile, jede Aussage wirklich »spielen«, mimisch verdeutlichen, er forderte von den Spielern genaueste Einfühlung in jedem Augenblick. Manches, vor allem die Massenszenen, gerieten dabei vorzüglich, eine schaurige Direktheit stellte sich ein, Agitation wurde über die Nervenenden der Zuschauer ins Zentrum der Gefühle geleitet. Paryla putschte auf. Die Denkprozesse allerdings, die Weiss doch in Gang setzen will, kamen langsamer voran. Es passierte zu viel auf der Bühne, zu vielen verzerrten und gespannten Gesichtern, zu vielen eindringlichen Posen mußte nachgeschaut werden, der Zuschauer wurde überrollt. Aber mit welcher Brillanz! Solch eine jede Langeweile ausschließender Wirbel ist in dieser Stadt schon lange nicht veranstaltet worden. Und dennoch, so eindrucksvoll vieles gelang, so sehr Herz und Gemüt in Wallung gerieten, so hat es Weiss wahrscheinlich nicht gemeint. Er schreibt nach Brecht, jede Zeile verrät es, Paryla aber inszenierte an Brecht vorbei, trieb Ausdruckstheater auf die Spitze. Er zeigte, was ein Regisseur leisten kann, der Einfallsreichtum mit Probenfanatismus und Demagogenkünsten zu verbinden weiß, aber manchmal wäre mir eine schlichtere, kühlere, mehr auf die Großhirnrinde als aufs Gemüt zielende Aufführung lieber gewesen, der Stil also, den die »Schaubühne« sonst seit Jahren immer perfekter vorzeigt.

Roland H. Wiegenstein, WDR

Das Szenische hat den Charakter von Einlagen innerhalb des Gesangs. Eine Fabel gibt es nicht; dafür soll als Fabel die Realgeschichte dienen. Was dabei herauskommt, ist ein Agitprop-Stück ohne Straße; auch in den dialogischen, szenischen Einlagen erscheint als der Zweck der Übung immer der Informationsgehalt.

Hierin aber ist Weiss nicht konsequent, kann es auch gar nicht sein, weil das Medium Theater ihm einen traditionellen Strich durch die Agitprop-Rechnung macht. Dieser Strich besteht zum Beispiel schon in der Abendrobe und dem Theaterbillet: man geht also ins Theater, um in Gesellschaft feierlich »ja« sagen zu können. Damit aber verträgt sich auf keinen Fall Agitation und Propaganda – jedenfalls hierzulande nicht. Um diesen Bruch zwischen der politischen, publizistischen Absicht von Weiss und überkommenen elementaren Grundvoraussetzungen des Theaters zu überbrücken, schließt Weiss peinliche Kompromisse zwischen Information und Kunst. Diese Kompromisse bestehen darin, daß er Portugal meint und »Lusitanien« sagt, nebenher aber von Angola spricht; daß er einen von Polizisten gehetzten Arbeiter als »Antilopenmann« und »Kaninchenmann« auftreten läßt. So wimmelt es von Lyrismen, die einem das Fehlen einer Fabel durch ein Gemisch von informativer Poesie und poetischer Information schmackhaft zu machen versuchen. Und so muß es natürlich dazu kommen, daß Weiss alles mindestens fünfmal sagen muß, als Lyrik, als Protokoll, als Szene, mit Musik, ohne Musik sowie alles mit allem verquickt.

Die Fähigkeit der Regie, die Schwächen des Stücks besonders zu betonen, darf nicht unterschätzt werden. Was bei Weiss dick ist, erscheint bei Paryla fett, was dünn ist mager. Informationen über blutige Unterdrückung werden mit vollblütiger Verve vorgeführt.

Paryla versucht, entfesseltes Theater zu machen, ohne die Fesseln des Textes zu beachten. Wenn es schon keine Fabel gibt, soll doch das Ganze wenigstens fabelhaft dastehen, daß die Versammlung kolonialistischer Charaktermasken wirklich zu einem dämonischen Popanz wird und die Versammlung der kolonisierten Charaktere zum Idyll mit verteilten Rollen. Mehr als Folklore kann dabei natürlich nicht herauskommen.

Jürgen Werth, Stuttgarter Zeitung

Das laute Spektakel ließ uns kalt. Man fühlte sich als Teilnehmer an der angestrengtesten Totgeburt seit langem; obwohl es doch am Schluß kräftig Ovationen für die Schauspieler (vor allem Siegrid Hackenberg), für Weiss und den hervorgerufenen Regisseur Paryla gab. – Im Grunde ist Weiss daran gescheitert, daß man in einer freien Gesellschaft nicht zweieinhalb Stunden lang gegen ein anderes fremdes autoritäres System polemisieren kann, das er selber durch nichts anderes als durch einen Blechkoloß und radioverstärkte Verlautbarungen auf der Bühne als »Macht« sichtbar macht. Den Popanz, den er angreift, baut er sich selber auf, kann ihn aber nur ungenügend (nämlich mit abgebrauchten Kabarettmitteln) beleben. Es hilft keine Anspielung auf deutsche Rechtfertigungen und Hilfsmaßnahmen für diesen Popanz, um diesen Stoff für uns »sprechend« zu machen. Salazar ist ähnlich populär.

Günther Rühle, Frankfurter Allgemeine Zeitung

Peter Weiss

GESANG VOM LUSITANISCHEN POPANZ

Stück mit Musik in zwei Akten
Musik Bengt-Arne Wallin

LORE CALVIES URSULA GOMPF SIEGRID HACKENBERG PETER HERZOG O. A. BUCK ALEXANDER WELBAT GERD MARTIENZEN HEINZ KAMMER WOLFGANG CONDRUS WOFGANG UNTERZAUCHER HORST SCHULTHEISS ULRICH HERRLITZ HERMANN VAN HARTEN IRMGARD WEHNER-MADIN URSULA ALEXA EVELYN MEYKA DAISY BYRCK WOLFGANG WERMELSKIRCH HANS-JÜRGEN MIKOLAJCZAK

Inszenierung KARL PARYLA Bühnenbild und Kostüme WALTRAUT MAU/ILSE TRÄBING/KLAUS WEIFFENBACH Masken IRMGARD POPPY-DRESSLER Regieassistenz ANDREAS GUTZWILLER Bühnenbildassistenz GUNTER SCHADE Technische Leitung KLAUS EMMELMANN Inspizienz NORBERT EISBRENNER Beleuchtung HANS-GERHARD MARG Requisite MANFRED VON PAPEN Musikalische Bearbeitung FRITZ PAUER Musiker »The Citizens« FRITZ PAUER (p) JAMES »CHIC« CARTER (ts, fl) J. A. RETTENBACHER (b) FRANK ST. PETER (as, cl) JOE NAY (dr)

PREMIERE 6. 10. 1967, Deutsche Erstaufführung

Ensemble

Heinz Kahlau

DER GESTIEFELTE KATER

Märchen in Versen

Kater PETER HERZOG Stefan HORST SCHULTHEIS König GERHARD SCHINSCHKE Prinzessin DAGMAR HELLER Hofmeister HORST PÖNICHEN Kutscher DIETRICH STEPHAN Stefans Brüder ULRICH HERRLITZ / MANFRED GROTE Kürbisbäuerin EVELYN MEYKA Kürbisbauer E. W. STICKEL 1. Ritter MANFRED GROTE 2. Ritter ULRICH HERRLITZ Bäume EVELYN MEYKA / E. W. STICKEL / ULRICH HERRLITZ / MANFRED GROTE Zauberer RICHARD HALLER Uhu NIKOL VOIGTLÄNDER

Inszenierung JÖRG-DIETER HAAS Mitarbeiter der Regie CHRISTA BANDMANN Bühnenbild GUNTER SCHADE Bühnenplastik RICARDA POPPY-DRESSLER Kostüme WALTRAUT MAU Musik ANDREAS GUTZWILLER Inspizienz NORBERT EISBRENNER Beleuchtung HANS-GERHARD MARG Requisite MANFRED VON PAPEN Technische Leitung KLAUS EMMELMANN

PREMIERE 6. 12. 1967

Dietrich Stephan, Dagmar Heller, Gerhard Schinschke, Horst Pönichen, Horst Schultheis

Der gestiefelte Kater

Den knappen Text der Brüder Grimm hat Kahlau in eine Folge handfester dramatischer Szenen umgesetzt, die Dialoge in Verse gebracht, eingängig und ohne jenen peinlich archaisierenden Märchenton. Mit realistischen Details wird die Handlung lebendig aufgefüllt, Nebenfiguren werden anschaulich charakterisiert, zuweilen auch gegenüber dem Urtext entschieden hervorgehoben.

Frisch und temperamentvoll, ohne didaktischen Zeigefinger, hat Jörg-Dieter Haas das Stück in Szene gesetzt. Peter Herzog gibt geschmeidig den listenreichen Kater, Horst Schultheis mit liebenswerter Naivität den jungen Müllersohn. Gerhard Schinschke erheitert als leicht seniler König mit Schmerbauch und Glatze; Dagmar Heller sieht so anmutig und lieblich aus, wie sich das für eine Märchenprinzessin schickt.

Katrin Sello, Der Tagesspiegel

Die Schaubühne kann es eben nicht lassen: selbst um ein Märchen müssen aufklärerische Schleifen gebunden werden. Der Zauberer und all seine armen Knechte, die Bauern, eisernen Ritter, die Bäume und sogar der Wind bieten prächtigen Anlaß, um von der Freiheit zu schwärmen und allen Herr-Diener-Makel fix aufzulösen.

Bei soviel erzieherischen Absichten wurde man nicht sonderlich froh – auch die Inszenierung von Jörg-Dieter Haas wirkte schwunglos und breitgewalzt.

Schade – man hatte bei der Schaubühne doch auf etwas mehr ausgeklügelten Humor und etwas weniger Lehr-Reichtum gehofft.

Htz, Der Abend

König Johann

Lange sieht dramaturgisch den Weg Shakespeares und konzentriert, wie man meiner Meinung nach sagen kann, gerade den Kampf der Dynastien, der Adelsgeschlechter. So kam eine dramaturgisch geschlossene Aufführung zustande, die sich nur zum Schluß verlor. Hartmut Lange hatte selbst mit Hagen Mueller-Stahl Regie geführt. Manchmal dehnte sich der Text, als ob die Regisseure bei den Strichen gefürchtet hätten, die dramaturgische Übersicht zu verlieren. Auf der anderen Seite akzentuierte die grelle Beleuchtung gegen die den Hintergrund bildenden weiße Wand die Worte zu scharf. Ich will aber Dieter Kirchlechner als König Johann hervorheben, denn es gelang ihm, die Entwicklung eines Königs vom Abenteurer in die Melancholie ohne falsche Akzente zu spielen. Den monarchistisch rasenden Bastard gab der begabte Peter Eschberg leider nicht ohne komödiantische Übertreibungen. Trotzdem wurde es eine Ensembleaufführung, der sich auch Ruth Drexel als Konstanze, Oswald Fuchs als Kämmerer Hubert und Peter Herzog als Robert Faulconbridge eingliederten.

Herbert Ihering, Die Andere Zeitung

Warum scheint diese gelunge Bearbeitung mißlungen? Zumal in dieser strapazierend breiten Aufführung? Weil Lange zu viel Rücksicht auf Shakespeare genommen hat. Das kaum spielbare Original wäre wahrscheinlich nur zu retten, würde man gerade seine Sprünge und Risse der Handlung wie der Charaktere überbetonen; vor allem: würde man den ständigen abrupten »Fortuna«-Wechsel der unentwegten Eide und Eidbrüche, Überläufe, neuen Frontenbildungen durch angeheiztes Spieltempo ins Aberwitzige steigern.

Eine Bearbeitung, die die geschichtlichen Verhältnisse zu klären sucht, sollte hingegen aus dem Shakespeareschen Material ein gerafftes übersichtliches Lehrstück herauspräparieren, ohne Pietät gegenüber dem Text. Was bei Lange zustande kommt, scheint mir wenig mehr als poetisch verbrämter Nachholunterricht in Geschichte und etwas Psychologie, wobei das Publikum vermutlich ratlos ist, was es daraus folgern soll.

Volker Klotz, Frankfurter Rundschau

Hundsprozeß/Herakles

Der Dialektiker Lange legt vor dem Publikum These und Antithese dar. Stalin als Mörder, Stalin als Heros. Im juristischen Vokabular des »Hundsprozesses«: Hartmut Lange weist im ersten Akt mit anklagend gerecktem Zeigefinger des Staatsanwalts auf den rotfeuchten Schnauzbart des Blutsäufers Stalin, hebt im zweiten, als Verteidiger Stalins, die Hände entschuldigend in den Himmel – und schubst im dritten, auf dem Heimweg spielenden, den Zuschauer in die Rolle des Richters: Wie urteilst du über Stalin, wie stehst du zur Revolution, zur Gewalt, ohne die, nach Lange, Veränderung der Zustände nicht möglich ist? Heyme zelebriert eine rote Messe. Lange will mit der Parabelfigur des griechischen Helden nicht nur Stalins, sondern aller Revolutionäre Blutschuld wenn nicht exkulpieren, so doch erklären. Die bei aller Kürze redselige und weitschweifige Antikerei des zweiten Einakters läßt sich auf den Bedeutungskern zusammenschmelzen: Wo gehobelt wird, fallen Späne.

Weshalb bleibt der Abend zwiespältig? Langes Metaphernspiele wirken angesichts der Auseinandersetzung mit dem Problem Macht und Moral, wie sie zur Zeit in der sich aus den Zwängen des Stalinismus befreienden Tschechoslowakei geführt wird, eigenartig unverbindlich. Brechts Flucht in Chinoiserien zur Darstellung schlimmer Wirklichkeit ist allzu deutlich szenisches Vorbild. Sein Talent als sprachgewaltiger, einfallsreicher Dramatiker hat Lange aber mit diesen beiden Einaktern wieder bewiesen.

Rolf Michaelis, Frankfurter Allgemeine Zeitung

Stalin/Herakles' produktive Leistungen unterlagen den gleichen Bedingungen wie seine Blutbäder; eins ohne das andere war nicht zu haben; weder reiner Lobpreis noch reine Verdammung treffen den Sachverhalt. Diese Widersprüche, Verschränkungen, Einräumungen entspringen einem Jambendialog, dessen mitreißender Schwung in heutiger Dramatik selten ist. Ein überaus anschaulicher Gedankenprozeß spielt sich da ab, vorpreschend, sich stauend, Widerstände überrennend, indem er konkretisierte Bilder, Antithesen, Wortvariationen, Paronomasien umwälzt. Dabei läßt er Rhetorik als bloßes Sprungbrett unter sich zurück und eilt auch der sichtbaren Handlung voraus.

Dennoch bleibt das Ganze zäh und zersplittert. Warum: das Prinzip des Distichons verliert, in dramatische Zeitmaße versetzt, seine spezifische Spannung und Wirkung. Der Zuschauer ist außerstande, rückwirkend, zumal über die Pause hinweg, den ersten Teil durch den zweiten zu relativieren. In Gedanken schon, aber nicht im Erlebnis. Drum bleibt der »Hundsprozeß« so platt und langatmig zeremoniell wie er für sich ist. Und »Herakles« trägt begründend nur sich selbst, nicht aber die Gesamtanlage. Lange könnte sie wahrscheinlich reparieren, wenn er dem ersten Teil, gerafft, einen Vorspann gäbe, der die Fluchtlinien andeutet.

Volker Klotz, Frankfurter Rundschau

William Shakespeare

KÖNIG JOHANN

Bearbeitung von Hartmut Lange

König Johann DIETER KIRCHLECHNER Prinz Heinrich, sein Sohn, nachmaliger König Heinrich der Dritte HORST SCHULTHEIS Arthur, Herzog von Bretagne, Sohn des verstorbenen Herzogs Gottfried, des älteren Bruders von König Johann SABINE SCHÄTZLER/BODO FRANKE Englische Peers: Pembroke KURT CONRADI Essex KLAUS SONNENSCHEIN Salisbury ROBERT DIETL Hubert de Burgh, Kämmerer des Königs OSWALD FUCHS Robert Faulconbridge, Sohn des Sir Robert Faulconbridge PETER HERZOG Philipp Faulconbridge, sein Halbbruder, Bastard König Richard des Ersten PETER ESCHBERG Philipp, König von Frankreich ROBERT DIETL Louis, der Dauphin WOLFGANG UNTERZAUCHER Der Erzherzog von Österreich MICHAEL CHEVALIER Kardinal Pandulpho, Legat des Papstes AXEL BAUER Chatillon, Gesandter von Frankreich an König Johann/Melun, ein französischer Edelmann GERHARD SCHINSCHKE Eleanora, die Witwe König Heinrichs des Zweiten und Mutter König Johanns OLGA VON TOGNI Blanka, Tochter Alfonsos, des Königs von Kastilien, und Nichte König Johanns VERENA KELLER Konstanze, Arthurs Mutter RUTH DREXEL Bürger von Angers ULRICH HERRLITZ/JOACHIM BAREIN/WALTER TSCHERNICH Englische Edle JOSEPH GARTLGRUBER/HORST SCHWAAB Englischer Bote HORST SCHULTHEIS Französischer Bote JOSEPH GARTLGRUBER Standartenträger Johanns UWE OTTO Standartenträger der Peers MANFRED TRIEBE Französischer Standartenträger HORST SCHULTHEIS Erster englischer Soldat PETER HERZOG Zweiter englischer Soldat ULRICH HERRLITZ Englische Soldaten DIETRICH STEPHAN/MANFRED TRIEBE/JOACHIM BAREIN Peter Pomfret/Mönch WALTER TSCHERNICH

Inszenierung HARMUT LANGE/HAGEN MUELLER-STAHL Bühnenbild JOHANNA KIELING/ARWED D. GORELLA Kostüme WALTRAUT MAU/ARWED D. GORELLA Mitarbeiter der Regie DIETER STURM/JÖRG-DIETER HAAS Musikalische Einrichtung ANDREAS GUTZWILLER Maskenbildnerin KARIN STENDER Inspizienz NORBERT EISBRENNER Technische Leitung KLAUS EMMELMANN Beleuchtung HANS-GERHARD MARG Ton ROLF MAUFF

PREMIERE 9. 2. 1968

Joseph Gartlgruber, Klaus Sonnenschein, Kurt Conradi

Hartmut Lange

HUNDSPROZESS/HERAKLES

Herr aus geistlichem Stand PETER ESCHBERG Chefideologe WOLFGANG CONDRUS Karpantua OSWALD FUCHS Herakles PETER ESCHBERG Eurystheus OSWALD FUCHS Eurypylos PETER HERZOG Iphitos WOLFGANG CONDRUS Acheloos KLAUS SONNENSCHEIN Chor INGA ARTMANN GLORIA DOER DAGMAR GABRIEL VERENA KELLER MARIA SCHILD INGE SIEVERS BARBARA WALDBACH JOACHIM BAREIN JÖRG FRIEDRICH JOSEPH GARTLGRUBER ULRICH HERRLITZ MANFRED LEHMANN CHRISTIAN PÄTZOLD DIETER STEINBRINK SIEGFRIED UNRUH CHRISTIAN VEIT NIKOL VOIGTLÄNDER DIETMAR VOSS HORST WEGENER WOLFGANG WERMELSKIRCH

Inszenierung HANSGÜNTHER HEYME Bühnenbild KLAUS WEIFFENBACH Kostüme und Masken WALTRAUT MAU Musik ANDREAS GUTZWILLER Ausführung der Masken und Theaterplastik IRMGARD POPPY-DRESSLER Maskenbildnerin KARIN STENDER Regieassistenz ULRICH GREIFF Bühnenbildassistenz GUNTER SCHADE Technische Leitung KLAUS EMMELMANN Inspizienz NORBERT EISBRENNER Beleuchtung HANS-GERHARD MARG Requisiten MANFRED VON PAPEN

PREMIERE 26. 4. 1968, Uraufführung

Ensemble

Im Dickicht der Städte

Dickicht, sagte ich, etwas gelangweilt, bestehe noch viel entschiedener aus purer Literatur. Rimbaud, Jensen, Sinclair, der Amerikanismus, Tahiti; aber hier liefert die Literatur, vor allem die Trivialliteratur, Form und Material, um den traditionellen Realismus zu überwinden. Brecht hat nie wieder ein Stück geschrieben, das so wenig mit einer vergleichbaren oder modellhaften Wirklichkeit gemein hat wie dieses. Es ist eine reine Kraftprobe der Form, es ist ein formalistisches Stück, nicht wahr?

Nein, sagt der Mitreisende. Ist »Leonce und Lena« formalistisch, ist es die »Trauung« von Gombrowicz? *Dickicht* beweist nur, daß, je offener es die Arbeit an der eigenen Form, dem Kampf, zur Schau trägt, um so mehr Bedeutungen sich einstellen, daß es Formalismus auf der Bühne nicht gibt, so wenig wie der leibhaftige Kampf zwischen Garga und Shlink zustande kommt. Die Machtverhältnisse schlagen unterhalb eines erklärten, rationalen Kampfstatuts um, weil es keine geregelten Positionen der Kämpfenden gibt, sondern nur Verwandlungen und Tausch untereinander, ohne Berührung. Der reinen Körperlichkeit der Sporthalle entsprechen die Abstraktionen des Theaters, die Leiber gehen verloren, der Kampf verlegt sich ins Innere der Nervensysteme. Die Sprache ist kompliziert montiert aus konkreten Fabelmitteilungen und verdeckten, aufeinander verweisenden Symbolen; nicht die Physik, wohl aber die Chemie der Vorgänge bildet sie nach. Daß diese Vorgänge Bedeutung haben, kommt hinzu; es handelt sich um Prozesse der kapitalistischen Wirtschaftsordnung, aber nicht dialektisch beobachtet, sondern merkwürdig eingefangen in den scheinbar ungesellschaftlichen Magnetismus zwischen zwei Vertretern unterschiedlicher Klassen.

»Ihre Ansicht«, zitiere ich plötzlich Shlink, »interessiert mich. Sie ist jedoch keine sieben Pfund wert« – für diejenigen, die das Stück ohne Körper (wie Sie richtig sagen) aufführen möchten. Der Shlink aus der Berliner Aufführung, die ich sah, führt seinen Garga an der Longe, die er jedoch allmählich strafft und verkürzt, bis Garga vor seine Füße zu stehen kommt und er nurmehr seine eigene Liquidation vornehmen kann. Aber auch hier, wo der Text noch aus der ersten Fassung (1923) angereichert ist, umgibt den Garga eine breite, phlegmatische Ruhe. Es scheint die merkwürdige Übereinkunft zu bestehen, diese Figur müsse partout unterspielt werden. Hier finden sich zweierlei Gründe für diese Maßnahme. Zunächst steht der teilnahmslose Asiate, vom Rande her lauernd und kalkulierend, zu einem ungebärdigen, reichlich übertemperierten Garga und dessen zäh und schlaksiger Körperpräsenz in oberflächlich wirkungsvollem Kontrast, und zum anderen liegt es durchaus im Sinne der Regie-Konzeption, die Figur des Garga zu verselbstlosen, unscheinbar zu machen. In dieser Inszenierung wird ernsthafter ein – in dem Urteil des späteren Brecht – revisionistisches Verfahren praktiziert. Es muß, was immer mit *Dickicht* einmal gemeint sein sollte, am Ende »dialektisches« Theater (oder was man darunter handelt) herauskommen. Das Mütchen, eines der frühen Stücke Brechts zu spielen, wird im Nu mit der überalterten Methode der Inszenierung wieder gekühlt, und allemal ist dann ein *guter Mensch von Sezuan* oder so etwas ähnliches zu sehen. Beispielsweise greift man tief in die noch metapherntrẫchtigere erste Fassung und gesprochen wird dann diese ins Ungefähre abstrahierende Prosa zerhackt, wie von Ekkehard Schall vorskandiert.

Der Mitreisende schien kaum berührt davon zu sein, daß ich ihn wissen ließ, wie heftig mich meine Reise auf den Spuren des jungen Brechts enttäuscht hatte. Er begann wieder von vorn zu räsonnieren.

»Das Theater, sagte er, ist noch immer beherrscht von der Sucht, tagesaktuell zu sein.«

Dazu betreibt es, so unbesorgt in den Tag hineinproduzierend, Geschichtsklitterung. Daß man ein Stück wie *Trommeln in der Nacht* zeigt, läßt sich nur darauf zurückführen, daß es kein besseres Stück eines namhaften Autors gibt, das sich zum Anlaß des fünfzigsten Jahrestags der Novemberrevolution damit auseinandersetzt, warum es zu dieser nicht gekommen ist. Und es wird nicht deswegen aufgeführt, weil man es nunmehr für an der Zeit hält, unser Brecht-Verständnis mit den frühen Werken zu erneuern, zu korrigieren, zu erschüttern.

Mehr und mehr erfüllen wir am Theater Erinnerungspflichten. Da wir jedoch seit einiger Zeit eine ausgesprochen reminiszente Passage unseres politisches Bewußtseins durchleben, da über Revolution und Anarchie im Geist und in den Wörtern der Väter und in Begriffen des voratomaren Zeitalters gehandelt wird, ist es verständlich, daß zuerst das Theater zur Erinnerung einlädt, um von heute zu sein. Der im Kampf das Chaos aufbrauchende Garga ist als legendäre Figur zur Zeit aufregend. Der Amerikanismus des jungen Brecht wird gleichzeitig als Frühform des heutigen Amerikanismus in der pop culture empfunden. Gut. Ich meinerseits muß gestehen, daß mir die Beschäftigung mit der subversiven Tätigkeit, wie sie in den possierlichen Prosastücken Günther Eichs stattfindet, dem Stand der Dinge angemessener vorkommt.

Botho Strauß, Theater heute

Bertolt Brecht

IM DICKICHT DER STÄDTE

Der Kampf zweier Männer in der Riesenstadt Chicago

Shlink, der Holzhändler, ein Malaie KURT BECK George Garga HANS BRENNER John Garga, sein Vater RUDOLF FENNER Mae Garga, seine Mutter OLGA VON TOGNI Marie Garga, seine Schwester CARIN BRAUN Jane Larry, seine Freundin MARIA LUCCA Skinny, ein Chinese, Shlinks Schreiber PETER HERZOG Collie Couch, genannt der Pavian GÜNTHER TABOR J. Finnay, genannt der Wurm, Hotelbesitzer KLAUS SONNENSCHEIN Pat Manky, der Steuermann JÜRGEN JANZA Ein Geistlicher der Heilsarmee KLAUS-HARALD KUHLMANN Der Stulpnasige GERHARD SOOR Der Wirt JÖRG FRIEDRICH C. Maynes, Leihbibliotheksbesitzer HEINZ KAMMER Ein Mann von der Zeitung DIETMAR VOSS 1. Mann von der Straße MANFRED LEHMANN 2. Mann von der Straße DIETMAR VOSS Der Grüne JÜRGEN JANZA

Inszenierung HAGEN MUELLER-STAHL Bühnenbild KLAUS WEIFFENBACH Kostüme WALTRAUT MAU Regieassistenz CHRISTA BANDMANN Bühnenbildassistenz GUNTHER SCHADE Musikalische Einrichtung ANDREAS GUTZWILLER Technische Leitung u. Beleuchtung HANS-GERHARD MARG Inspizienz NORBERT EISBRENNER Requisiten MANFRED VON PAPEN Ton KLAUS HAMMACHER

PREMIERE 14. 10. 1968

Fernsehaufzeichnung für den NDR

Klaus Sonnenschein, Peter Herzog, Günther Tabor, Hans Brenner, Dietmar Voss, Heinz Kammer, Manfred Lehmann, Jörg Friedrich, Carin Braun

Peter Weiss

DISKURS ÜBER DIE VORGESCHICHTE UND DEN VERLAUF DES LANGANDAUERNDEN BEFREIUNGSKRIEGES IN VIET NAM ALS BEISPIEL FÜR DIE NOTWENDIGKEIT DES BEWAFFNETEN KAMPFES DER UNTERDRÜCKTEN GEGEN IHRE UNTERDRÜCKER SOWIE ÜBER DIE VERSUCHE DER VEREINIGTEN STAATEN VON AMERIKA DIE GRUNDLAGEN DER REVOLUTION ZU VERNICHTEN

RUTH DREXEL BIRGIT PAUSCH CLAUDIA SCHILINSKI HANS BRENNER KURT CONRADI HEINRICH GISKES FRANK GLAUBRECHT PETER HERZOG JÜRGEN JUNG JOACHIM KEMMER FRED MAIRE WOLFGANG NEUSS JOACHIM PAULMANN KLAUS SONNENSCHEIN

Inszenierung und Bearbeitung WOLFGANG SCHWIEDRZIK/PETER STEIN Kommentare WOLFGANG NEUSS Musik PETER FISCHER Musikalische Einrichtung WOLFGANG DE GELMINI HANS-DIETER BERTRAM (Schlagzeug) THOMAS FEST (Posaune) BERNARD JOBSKI (Trompete) KLAUS-JOACHIM WITKOWSKI (Altsaxophon/Klarinette) Regieassistenz CHRISTA BANDMANN Inspizienz NORBERT EISBRENNER Beleuchtung HANS-GERHARD MARG

PREMIERE 14. 1. 1969

Ruth Drexel, Hans Brenner, Joachim Kemmer, Kurt Conradi, Peter Herzog, Ensemble

Vietnam-Diskurs

Zum Schluß erst gab es vielleicht das Heitere: Wolfgang Neuss, Berlins Kalauer vom Dienst, verlas dem zum ersten Mal an diesem Abend andächtig lauschenden Publikum eine Botschaft des Herrn Polizeipräsidenten, in dem dieser die Bitte, in den Räumen der Schaubühne am Halleschen Tor nach dem Ende des Stückes für den Vietkong sammeln zu dürfen, so kurios und mit derart blödsinnigen Paragraphen-Argumenten abschlug, daß dann doch gespendet wurde. Und die etwa 450 Mark, die in den Beutel der Kassierer wanderten, waren das, was an diesem Abend noch am ehesten gefiel. Der Rest war traurig. Es sollte in Berlin der Vietnam-Diskurs von Peter Weiss aufgeführt werden, ein Stück also, dessen Inhalt bereits bekannt und wohl auch diskutiert worden ist, ein Agitprop-Unternehmen gegen den Krieg dort unten, gegen den amerikanischen Imperialismus – genauer: gegen das, was Peter Weiss darunter verstehen zu müssen glaubte, das ganze ein Akt praktischer Solidarität mit den Bombardierten von Hanoi, wodurch denn auch die Sammlung am Ende zum integralen Bestandteil der Aufführung wird. Aber eben dies mißriet in Berlin womöglich noch gründlicher als anderswo. Schon die Proben seien, so wurde höchst glaubwürdig kolportiert, immer wieder von heftigen Diskussionen und Streiks unterbrochen worden, weil dem einen Teil der Schauspieler – nur wenige unter ihnen waren Professionals – die Regiearbeit Peter Steins zu autoritär, dem anderen Teil zu lax war. Und welche Folgen die Praxis des auf die Bühne verlagerten Räte-Systems haben mußte, stand fest: da tat scheinbar jeder, was ihm gerade einfiel, und noch für den letzten Unfug gab es eine in herrlichem Soziologesisch vorgetragene Rechtfertigung.

Was Wunder, daß sich das Chaos auf der Bühne im Parkett fortsetzte. Was Wunder, daß die Aufführung immer wieder unterbrochen wurde, durch Pfiffe und rhythmisches Klatschen, durch Singen und Zwischenrufe der Art, man möge doch endlich mit dieser Pop – es folgt ein Wort, das sich nicht wiedergeben läßt – Schluß machen. Was Wunder auch, daß der Eindruck, man habe sich auf der Bühne nicht zwischen pseudorevolutionärem teach-in und fachidiotischer Ästhetik entscheiden können und versuche deswegen, das eine mit dem anderen zu verbinden, überwog: das dort droben war politisch gerechtfertigtes Kasperle-Theater, das niemanden überzeugte und unter den Überzeugten einen Hauskrach provozierte.

Der erste Teil des Stückes – die Fakten-Fibel, mit der Weiss beginnt – mag den Darstellern zu langweilig erschienen sein: auch der sportliche Wert der Turnübungen, von denen der Vortrag der 2000jährigen Geschichte Indochinas begleitet wurde, reichte nicht aus, die Gefahr des Gähnens zu verbannen. Schließlich kennt diese Fakten mittlerweile sogar der Leser der Springer-Presse. Man verfiel nun auf den Gedanken, Wolfgang Neuss' Kommentare zu diesem Vortrag sprechen zu lassen, und der Mann mit der Pauke erklärte das Stück als komödiantische Volkshochschule, die Pfeifer im Parkett als CIA-Agenten, konterrevolutionäre Diversanten allesamt. Im zweiten Teil dann, in dem ja der Prozeß der imperialistischen Verschwörung gegen das Volk von Vietnam gezeigt werden soll, verwandelte sich das Theater in eine Marionetten-Bühne: Diktator Diem bewegt sich an der langen Leine des Pentagon, das Pentagon wiederum an der langen Leine Wallstreets. Hinter riesigen Pappköpfen verborgen, mimen die Herren Globalstrategen des Imperialismus Al Capone, Dr. Mabuse und Dr. No zugleich. Genau in dieser Party ahnt man dann, daß aus dem »Vietnam-Diskurs« durchaus etwas hätte werden können, wäre man sich über die Funktion dieses Stückes von vorneherein einig gewesen.

Was blieb, war Spektakel, deprimierend meist und manchmal lächerlich. Ein Schauspiel radikaldemokratischer Ohnmacht. Das Schreiben des Herrn Polizeipräsidenten kann unter diesen Umständen gar nicht genug gefeiert werden: die öffentliche Lektüre dieser Epistel einigte eine Linke, die gerade demonstriert hatte, wie tief sie untereinander zerstritten ist.

Claus Menzel, Hessischer Rundfunk

Vater Ubu in Ketten

Bewundernswert die Inszenierung von Jean Launay, der den Text bearbeitet, übersetzt und aktualisiert hat. Zu loben ist vorerst die (möchte man sprechen) subtile Grobschlächtigkeit, mit der der hanebüchene Vorgang abläuft. Das ist, obgleich es ganz mühelos scheint, kompliziert gebosselt. Die Schauspieler sprechen nicht nur ihren Text, sie haben nicht nur ihre Gänge und Bewegungen. Alles ist in eine große, schwierige und dann doch wieder mühelos einleuchtende Choreographie gebracht. Selbst die Requisiten, sogar die hohen Aufbauten tanzen diesen Totentanz der extremen Banalität mit. Wenn am Ende die gefangene Welt in ihren (und mit ihren) Verließen und Gefängniskäfigen in toto zu tanzen anfängt, hat die Kunstfertigkeit dieser Inszenierung ihren Höhepunkt. Das sah man so nie.

Und die Spieler, obgleich mit ihren Schweinemasken abgedeckt, bleiben doch erkennbar. Wie Axel Bauer die Spott- und Dreckfigur des Ubu vorzeigt, ist schlechthin schwer übertrefflich. Er dünstet Spießertum – und steckt doch immer voll Gefahr. Er wirkt zuweilen geradezu nett, der Philisterwanst. Aber wehe, jedesmal wenn er gleich wieder losgelassen! Ihm gelingt, die ganze Welt ins Wanken zu bringen. Bauer ist exzellent.

Die ingeniöse Großartigkeit dieser Darbietung verdirbt sich die Schaubühne durch Zeitklischees, durch leisetreterische Ubu-Gesinnung von heute. Wo Jarry sein Teufelsstück vieldeutbar haben wollte, da wird es am Ende am Halleschen Ufer auf Agitprop-Trab gegen den vermaledeiten Liberalismus und den Buhmann eines alles fressenden Ami-Kapitals gebracht. Eine so kluge, eine so ingeniös inszenierte Aufführung wird stockfleckig, wird eindeutig, geht selber, ubuhaft, auf ideologischen Krücken, verspießt sozusagen sichtbar selber.

Friedrich Luft, Die Welt

Alfred Jarry

VATER UBU IN KETTEN

Bearbeitet und übersetzt von Jean Launay und der Dramaturgie der Schaubühne

Ubu AXEL BAUER Mutter Ubu CHRISTINE OESTERLEIN Pinkelbank/Pink KURT CONRADI Eleuteria MARGOT ROTHWEILER General Pinkelkrieg/Korporal Pinkelfried ARTHUR BINDER König GERD MARTIENZEN Paradesoldat HEINZ KAMMER 1. Russe DIRK MARTZ 2. Russe BERND BAUER Soldat WOLFGANG WERMELSKIRCH Bär JÖRG FRIEDRICH 1. Freier Mensch PETER HERZOG 2. Freier Mensch KLAUS-HARALD KUHLMANN 3. Freier Mensch JOACHIM KEMMER Richter HEINZ KAMMER Verteidiger PETER HERZOG Staatsanwalt JOACHIM KEMMER Schreiber WILLEM MENNE Gerichtsdiener W. WERMELSKIRCH/B. BAUER Bruder Spiegelstein GERD MARTIENZEN 1. Jungfer HEINZ KAMMER 2. Jungfer SIEGFRIED GRÖNIG Reza Diba GERD MARTIENZEN Ali WOLFGANG WERMELSKIRCH Amiman KLAUS SONNENSCHEIN Vize JÖRG FRIEDRICH Adlige, Richter, Finanzbeamte, Sträflinge, Wächter, Soldaten

Regie JEAN LAUNAY Bühnenbild KLAUS WEIFFENBACH/GUNTER SCHADE Kostüme und Masken WOLF MÜNZNER Musikalische Einrichtung WOLFGANG DE GELMINI Regieassistenz INGA ARTMANN Inspizienz NORBERT EISBRENNER Ton INGA ARTMANN Beleuchtung DETLEV HOLZ Anfertigung der Masken RICARDA POPPY-DRESSLER

PREMIERE 30. 3. 1969

Christine Oesterlein, Axel Bauer

Bertolt Brecht

BAAL

Baal, Lyriker WOLF ROTH   Mech, Großkaufmann und Verleger KLAUS SONNENSCHEIN   Emilie, seine Frau MARIA LUCCA   Dr. Piller, Kritiker KURT CONRADI   Pschierer, Direktor des Wasserfiskus GERD MARTIENZEN   Johnnes Schmidt KLAUS-HARALD KUHLMANN   Ein junger Mann PETER HERZOG   Eine junge Dame BARBARA WALDBACH   Der andere Mann JÖRG FRIEDRICH   Diener WILLEM MENNE   Ekart PETER THOM   Fuhrleute KURT CONRADI/JÖRG FRIEDRICH/JOACHIM KEMMER   Bürger ARTHUR BINDER/PETER HERZOG/GERD MARTIENZEN/GERHARD SOOR   Luise, Kellnerin ERIKA FRESEN   Johanna INGRID STORZ   Der Strolch WILLEM MENNE   Baals Mutter VERA KLUTH   Amtsbote HEINZ KAMMER   Sophie Barger GISELA DREYER   Lupu GERHARD SOOR   Mjurk GERD MARTIENZEN   Die Tänzerin MARIA LUCCA   Ein Klavierspieler HEINZ KAMMER   Holzfäller ARTHUR BINDER/KURT CONRADI/JÖRG FRIEDRICH/PETER HERZOG/KLAUS SONNENSCHEIN   Das junge Weib MARIANNE LÜDCKE   Watzmann JOACHIM KEMMER   Landjäger HEINZ KAMMER/WILLEM MENNE

Inszenierung JÖRG-DIETER HAAS/JÜRGEN SCHITTHELM   Bühnenbild und Kostüme GUNTER SCHADE/KLAUS WEIFFENBACH   Musik WOLFGANG DE GELMINI   Kostümassistenz und Garderobe JUTTA HECKLAU   Technische Leitung und Beleuchtung DETLEV H. HOLZ   Inspizienz KLAUS HEROLD   Requisite RALF-WINFRIED WALTER   Maskenbildnerin KARIN FRIEDRICH   Ton INGRID DOEDING

PREMIERE 27. 9. 1969

Gastspiel in Bad Godesberg

Wolf Roth, Willem Menne

Baal

Die Abmagerungskur, die dem »Elefanten« Baal in der Schaubühne verschrieben wird, bekommt ihm nicht. Das bei der Lektüre noch immer frische Stück wirkt in der klaren, unprätentiösen Aufführung antiquiert. Die trunkene Bilderflut verläppert als Kitsch. Wenn die rauschhaften, anarchischen Stücke des jungen Brecht nicht beglaubigt sind von einem alle Skepsis überrennenden szenischen Elan, von einer alle dramaturgischen Gesetze überfliegenden Energie des Spiels, wird der Besuch bei ihnen zum Ausflug in die Theatergeschichte.

Rolf Michaelis, Frankfurter Allgemeine Zeitung

Die Inszenierung von Jörg Dieter Haas und Jürgen Schitthelm ergibt einige überzeugende und einige weniger überzeugende Korrekturen des ja nun fast schon klassischen Stoffes. Der lyrische Sänger Baal ist hier kein wüster, ekstatischer Naturgott, kein strotzender, mit Weinlaub bekränzter Koloß aus der Villon-Nachfolge. Wolf Roth gibt gleichsam den Gegentyp. Er ist ein schmaler, drahtiger Student, den der Ekel vor der bürgerlichen Konsumgesellschaft in die Flucht, in die Aggression treibt. Er ist, würde man heute sagen, frustriert von seiner Umgebung. Sein sehr persönliches Glücksverlangen treibt ihn zu abrupt heftigen, schmerzlichen Reaktionen. In dieser Inszenierung wird betont Wert darauf gelegt, sein asoziales Verhalten durch eine asoziale Gesellschaft zu erklären. Die angestrebten Parallelen zur Gegenwart sind offenkundig – und sie werden über weite Strecken auch überzeugend deutlich. Die unruhige Jugend von 1919 ist so unterschiedlich nicht von der von 1969 – auch wenn sie sich anders artikuliert. Die beiden Regisseure verzichten denn auch bewußt auf das Ausmalen von Atmosphäre. Sie deuten das Milieu der Zwanziger Jahre nur spärlich in den Kleidern der Damen an. Sie nehmen die extremen Exzesse, die erotischen wie die alkoholischen, durch ihren knappen, vorzeigenden, spröden Stil zurück. Sie verlagern die genialische, frische, lyrische Wildheit des jungen Brecht in eine kältere Tonlage. Der Rausch ist gemäßigt. Das Chaos ist frisiert. Die Verworfenheit verliert ihren protzigen Anstrich. Freilich, was das Stück auf diese Weise an Klarheit und Durchsichtigkeit gewann – verlor es andererseits an theatralischer Wirksamkeit. Der fliehende Atem, der balladenhafte Elementarzug waren ausgetrocknet. Der ungestüme Brecht, so vernünftig behandelt, erzeugte auch das, was er im Original gewiß nicht hat: eine gewisse Portion Langeweile.

Trotzdem: alle Achtung vor dem interessanten Versuch der Schaubühne, der mit einer vorbildlichen Ensembleleistung Hand in Hand ging, bei der nur Gisela Dreyer durch ihre allzu feine Aussprache etwas aus dem Rahmen fiel. Respekt für eine zähe, nüchterne Theaterarbeit.

Heinz Ritter, SFB

Das Badener Lehrstück vom Einverständnis

So sind diese Lehrstücke keine isolierten Versuche, sie sind eine Versuchskette. Stück um Stück, vom »Ozeanflug« bis zur »Maßnahme«, wird das Thema Einverständnis fortgesetzt, erweitert, umakzentuiert. Einverständnis mit dem Gang der Geschichte; mit dem naturwissenschaftlichen und gesellschaftlichen Fortschritt; mit denen, die die Revolution in die Hand nehmen; Einverständnis schließlich mit den jeweils notwendigen Strategien und Taktiken, die dieses Ziel verfolgen.

Solche Voraussetzungen sind zu bedenken, wenn man sich fragt, ob die historisch bedingte Gattung Lehrstück sowie die Gegenstände bestimmter Lehrstücke heut' noch den Zweck »Schulung« erfüllen kann. Zumal wenn sich das Theater dieser Texte annimmt, die für andere Medien geschrieben sind und ihre Wirkung mehr auf die Ausführenden als aufs Publikum berechnen. Mit einem von zwei Lehrstücken konnte die Berliner Schaubühne alle Bedenken beseitigen. Das »Lehrstück vom Einverständnis« hat in seinen 40 Jahren keinen Aktualitätsschwund erlitten, im Gegenteil. Die geschichtliche Entwicklung hat ihm neue Dimensionen hinzugewonnen. In argumentierenden und demonstrierenden Nummernszenen macht hier die kritische Gesellschaft einer abgestürzten, hilfeflehenden Flugzeugmannschaft den Prozeß. Und mit ihr einen technischen Fortschritt, der, selbstzwecklich und im Interesse einiger weniger betrieben, dem gesellschaftlichen Fortschritt nicht nutzt.

Die Regie vermeidet alles, was gerade in den Chorpartien die naheliegende weihevolle Statuarik szenischer Oratorien heraufbeschwören könnte. Der Chor bewegt sich und spricht überlegt und überlegen, dabei doch mit einem überzeugenden Ingrimm, der erkennen läßt, daß seine Argumente aus der Erfahrung bezogen sind. Hindemiths Musik stört kaum.

Dem »Jasager« wäre bei weitem »Die Maßnahme« vorzuziehen gewesen, doch es heißt, sie sei nicht freigegeben fürs Theater. Mehr noch als die Wahl dieses fragwürdigen Stücks befremdet die Vermischung seiner beiden Textfassungen. Hier blieb das abstoßend irrationale und autoritäre Moment des »alten Brauchs« erhalten, der, undiskutiert, verlangt, jeden in den Abgrund zu stürzen, der der gemeinnützigen Exkursion durchs Gebirge nicht gewachsen ist.

Aber auch ungeachtet dessen bewies die Aufführung, daß Peinlichkeiten entstehen müssen, wenn erwachsene Schauspieler den schon bei Brecht forciert-schlichten Ton des Kinderdialogs bemühen. Dem entsprach denn auch das nazarenisch-liebliche Bild, das den Hintergrund zierte. Falls ich es richtig erkannt habe, war es Jung-Mao mit Schriftrolle auf einsamer Heide. Lasset die Kindlein? Das war verdammt ärgerlich. Der treffsichere erste Teil des Abends hätte eine bessere Ergänzung nicht nur verdient, sondern gefordert, um beim Publikum eine mögliche »Schulung« zu erreichen.

Volker Klotz, Frankfurter Rundschau

Das Stück, das so verbissen, so verstellt naiv und in vorsätzlicher Simpelei Fragwürdiges anpreisen will, macht keinen Eindruck mehr. Der Stil des Lehrstückes ist, vierzig Jahre nach seiner Neuerfindung, höchst langweilig, unergiebig, ist eigentlich unfreiwillig komisch geworden: die Sprechchöre, herausgebrüllt mit vorgerecktem Kinn, die ständige Überdeutlichkeit in der Betonung, die mechanische Logik des Besserwissertextes, das alles bleibt ganz effektlos. Nur der Musik hört man noch zu.

Ärgerlicher und anstößiger in seiner Konformistenpredigt ist das zweite kleine Stück, das die Schaubühnenleute ausgegraben haben: »Der Jasager«. Da hat Brecht ein japanisches Nô-Stück geplündert und zur Evidenz bringen wollen, wie der Mensch, wenn es ums Wohl der Gemeinschaft geht, mutig und ohne jede Rücksicht auf sich selber sogar den Opfertod darzubringen habe. Einen Vorteil hatte die kleine unergiebige Doppelausgrabung: der Abend war kurz.

Friedrich Luft, Die Welt

Bertolt Brecht

DAS BADENER LEHRSTÜCK VOM EINVERSTÄNDNIS

Musik von Paul Hindemith

Der Flieger KLAUS-HARALD KUHLMANN Die drei Monteure MARIA LUCCA/MARIANNE LÜDCKE/BARBARA WALDBACH Der gelernte Chor PETER HERZOG/MARGIT KÖDER/WILLEM MENNE/INGRID STORZ/PETER THOM/NIKOL VOIGTLÄNDER

DER JASAGER

Musik von Kurt Weill

Der Lehrer PETER HERZOG Der Knabe INGRID STORZ Die Mutter MARIA LUCCA Die zwei Studenten NIKOL VOIGTLÄNDER/MARIANNE LÜDCKE Der Chor MARGIT KÖDER/KLAUS-HARALD KUHLMANN/MARIA LUCCA/MARIANNE LÜDCKE/WILLEM MENNE/PETER THOM/NIKOL VOIGTLÄNDER/BARBARA WALDBACH

Inszenierung HARTMUT LANGE/ROLF MAUFF Bühnenbild und Kostüme GUNTER SCHADE Musikalische Einrichtung WOLFGANG DE GELMINI Filmische Einrichtung THOMAS MÜLLER-DUMONT Gesang URSULA GOMPF/GÜNTHER WEBER Flöte GÜNTER GABRIEL Klarinette/Alt-Saxophon HORST HEIDER 2. Klarinette BRUNO ROSENBERG Fagott STANISLAV RIHA Violoncello ROMUALD WIKARSKI Kontrabaß MICHAEL BAHNER Garderobe JUTTA HECKLAU Technische Leitung und Beleuchtung JOACHIM EVERS Inspizienz KLAUS HEROLD Ton INGRID DOEDING

PREMIERE 17. 11. 1969

Marianne Lüdcke, Peter Thom, Willem Menne, Margit Köder, Maria Lucca, Barbara Waldbach, Peter Herzog

Ödön von Horváth

GLAUBE LIEBE HOFFNUNG

Ein kleiner Totentanz in fünf Bildern

Elisabeth URSULA SILLER Ein Schupo (Alfons Klostermeyer) PETER THOM Oberpräparator ERICH GOETZE Präparator ANTON DUSCHEK Vizepräparator PETER HERZOG Der Baron mit dem Trauerflor ERLAND ERLANDSEN Irene Prantl MARIA LUCCA Frau Amtsgerichtsrat OLGA VON TOGNI Er selbst, der Herr Amtsgerichtsrat FRANTIŠEK PÁLKA Ein Invalider WILLEM MENNE Eine Arbeiterfrau CHARLOTTE BRUMMERHOFF Ein Buchhalter MARTIN BRANDT Maria ENZI FUCHS Ein Kriminaler HANS NITSCHKE Der Oberinspektor GÜNTER KIESLICH Ein zweiter Schupo NIKOL VOIGTLÄNDER Ein dritter Schupo GERHARD SOOR Joachim, der tollkühne Lebensretter KLAUS-HARALD KUHLMANN Zwei Männer WOLFGANG BORRIS/HEINZ-JOACHIM LAUER

Inszenierung HORST ZANKL Bühnenbild GUNTER SCHADE/KLAUS WEIFFENBACH Kostüme WALTRAUD MAU Musikalische Einrichtung WOLFGANG DE GELMINI Regieassistenz GERD-RAINER PROTHMANN Kostümassistenz und Garderobe JUTTA HECKLAU Requisite MANFRED VON PAPEN Technische Leitung und Beleuchtung DETLEV H. HOLZ Inspizienz KLAUS HEROLD Masken KARIN FRIEDRICH-STENDER Musiker: GEORG HORLBECK (Klarinette) HEINZ DÖRING (Trompete) INGO ZÖLLER (Posaune) GEORG GENSCHOW (Horn) HERRMANN LEUSCHNER (Tuba) ROBERT GÖRING (Schlagzeug)

PREMIERE 18.2.1970

Peter Thom, Klaus-Harald Kuhlmann, Ursula Siller, Gerhard Soor

Glaube Liebe Hoffnung

Horst Zankls wackere Inszenierung geriet halbherzig. Da war nichts falsch, und doch kam der zwielichtige Horvath-Ton nicht richtig über die Rampe. Schlecht war da nichts, aber wenig auch wirklich gut. Tauben stolzieren auf der Bühne, wo rechts und links Musiker in grüner Schupo-Uniform ein Potpourri aus Märschen und Walzern bliesen. Die Tauben, die Ausflüge auch in den Zuschauerraum unternehmen, gehören zum Ensemble.

So direkt, so leicht ist der Zugang zu Horvaths vertrackten Volksstücken nicht. So gehen die Zwischentöne verloren. Die Geschichte von dem armen Mädchen Elisabeth, das sich in der von Paragraphen geordneten Welt verwirrt und am Schluß ins Wasser geht, wirkt als betrüblich privater Fall. Daß Horvath hier auf ein Gleichnis zielt, das er ursprünglich bezeichnen wollte mit Titeln wie: »In der Maschinerie der Paragraphen« oder: »Kind unserer Zeit«, wird bei Zankl nicht deutlich. Die böse Bedeutung, die dieses Spiel von verweigerter Liebe, von der Unmöglichkeit zu Glaube und Hoffnung im Jahr von Hitlers Griff nach der Macht hatte, geht vollends verloren. Das hätte nicht sein müssen. Denn in Ursula Siller hat die Schaubühne eine Darstellerin, die den Weg von jungmädchenhafter Resignation über alle Stationen von Trotz und Verzweiflung bis hin zur Ausweglosigkeit still, lächelnd mit tränenlosem Weinen zu Ende geht. In der Hauptfigur stimmt die Inszenierung. Das muß zum Lob des Regisseurs gesagt sein, und zum Ruhm einer Schauspielerin, der es gelingt, die Anklage, die Horvath gegen eine unmenschliche Gesellschaft erhebt, leise – und gerade deshalb unüberhörbar eindringlich – zu formulieren. Nachdem zuletzt der Eindruck entstanden ist, die Schaubühne verirre sich in der Sackgasse Brechtscher Lehrstücke, gelingt mit Horvath der Ausbruch ins Freie, der Aufbruch in eine neue Phase kritisch realistischen Spiels.

Rolf Michaelis, SFB

Der Selbstmörder

Kerr hatte, als er Erdmanns erstes Stück, das »Mandat«, sympathisierend, aber nicht recht überzeugt, kritisierte, befunden: »Man gewahrt Lachmittel, ohne zu lachen.«

Stimmt genau so hier. Der verhinderte Selbstmörder, immer nur auftrumpfend, nie wirklich abknallend, ist eine Volkstheaterfigur grausamen Schwankens. Aber zur Wirkung kommt sie nicht. Das mag daran liegen, daß die Zeitbezüglichkeiten aus dem Moskau der frühesten zwanziger Jahre unserem Bewußtsein nicht bekannt sind und so schnell gar nicht bekannt gemacht werden können.

Es liegt vor allem aber auch daran, daß die Schaubühnenleute offenbar höllische Angst hatten, die alte politische Satire könne nach hinten losgehen: der Kleinbürger und Nebbich könne bei dem Zuschauer doch Sympathie erregen.

Also hat Hagen Mueller-Stahl alle Möglichkeiten einer fröhlichen Anbiederung getilgt. Die Aufführung geht vonstatten wie eine Unterrichtsstunde, nicht wie ein Komödienabend. Der politisch erigierte Zeigefinger steht ständig vor der Szene und verdeckt immer wieder das Vergnügen.

Friedrich Luft, Die Welt

Dabei zeigt dieses Stück – und ich übernehme bewußt nicht das in die Irre leitende Titularium »Komödie«, – sehr präzise, wie gefährlich, wie furchtbar fruchtbar dieser Kleinbürger ist, der, selber reaktionäres Teilchen, unaufhaltsam gleiche Teile an sich bindet und schließlich Pseudoindividuen zur gärenden, faulenden, rückschrittlichen, emotional-egoistischen Masse verkrusten läßt.

Just das zeigt die Inszenierung Hagen Mueller-Stahls präzise, indem sie den Semjon eben nicht komödiantisch zum schließlich doch sympathischen Helden emporjuxen läßt, indem sie die, die von seinem Tode profitieren wollen, als unangenehme Allesfresser vom gleichen Geist auftreten und jeden Publikumslacher sogleich durch unterkühltes Zeigefinger-Agieren denunzieren läßt. Wie das gelang, beweist die gereizte Reaktion der Berliner Theaterkritik.

Justus Boehncke, Berliner Liberale Zeitung

Nikolai Robertowitsch Erdmann

DER SELBSTMÖRDER

Semjon Semjonowitsch Podsekalnikow KURT BECK Maria Lukjanowna, seine Frau ENZI FUCHS Serafima Ilinitschna, seine Schwiegermutter CHRISTINE OESTERLEIN Alexander Petrowitsch Kalabuschkin, ein Nachbar KLAUS SONNENSCHEIN Magarita Iwanowna OLGA VON TOGNI Aristarch Dominikowitsch Goloschtschapow, ein Vertreter der Intelligenz LEO BARDISCHEWSKI Jegor, Eilbriefträger PETER THOM Nikifor Arsentjewitsch Pugatschow, Metzger GERHARD SOOR Viktor Viktorowitsch, Schriftsteller JOACHIM KEMMER Pater Jelpidij, Pope GÜNTER KIESLICH Cleopatra Maximowna LORE CALVIES Rajssa Filippowna MARIANNE LÜDCKE Eine Alte CHARLOTTE BRUMMERHOFF Ein taubstummer junger Mann WILLEM MENNE Sinka Padespagne, Modistin ELA BEHRENDS Kostja, Kellner NIKOL VOIGTLÄNDER Zwei Kerle/Zwei Männer mit Beerdigungskränzen/Zwei Sargträger WILLEM MENNE/NIKOL VOIGTLÄNDER Oleg Leonidowitsch JÖRG-DIETER HAAS Ein Geiger FRITZ TOBIEN Weitere Sargträger JOACHIM EVERS/WOLFGANG BORRIS

Inszenierung HAGEN MUELLER-STAHL Bühnenbild GUNTER SCHADE Kostüme KLAUS WEIFFENBACH Musik WOLFGANG DE GELMINI Regieassistenz WILFRIED DOTZEL Kostümassistenz URSULA SCHÄFER Requisite RALF WALTER/UWE HILDEBRANDT Maske KARIN FRIEDRICH/ GABRIELE ISAKIAN Beleuchtung DETLEV H. HOLZ Inspizienz KLAUS HEROLD

PREMIERE 5. 5. 1970

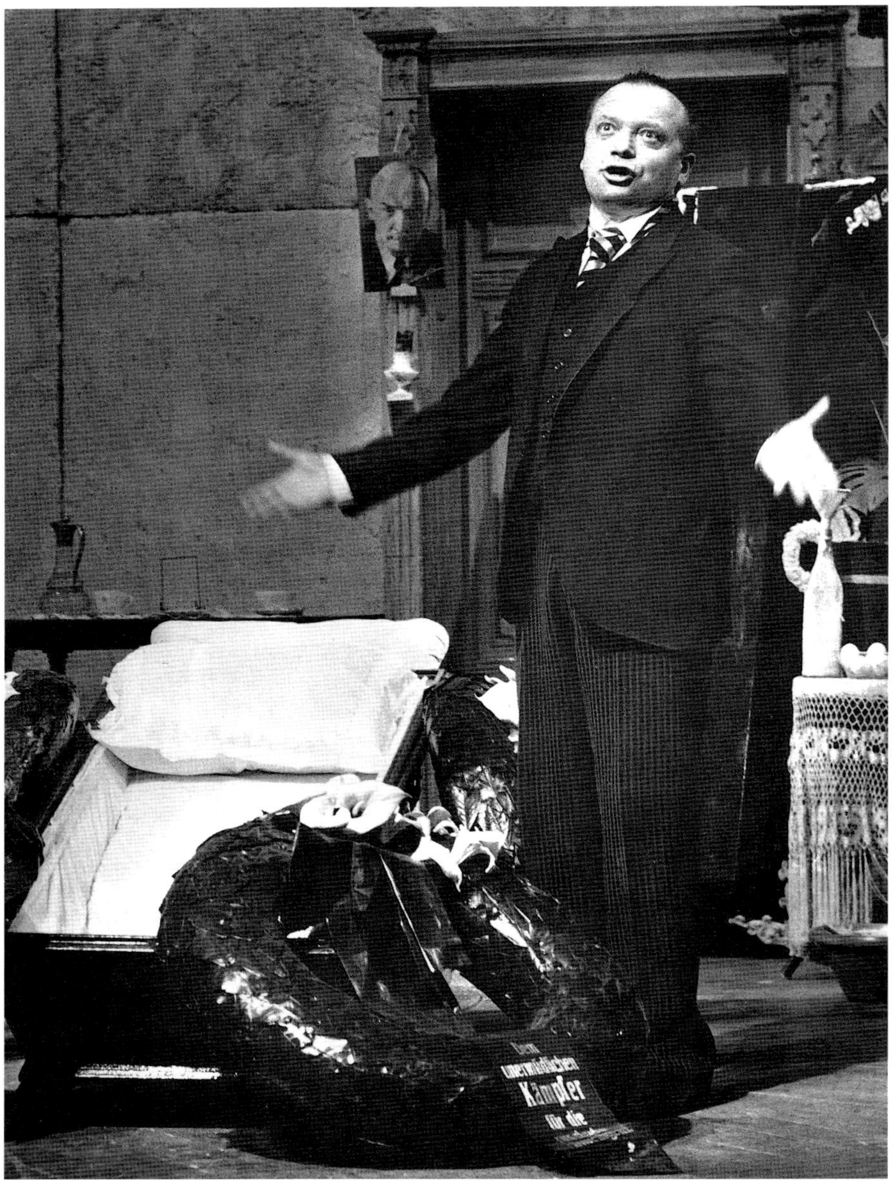

Kurt Beck

Zweiter Teil

SCHAUBÜHNE AM HALLESCHEN UFER 1970–1981

Etliche vier, fünf Jahre aufgeregter Theaterdiskussion und angeschlossener ideologischer Bedenken haben dem Theater der Gegenwart anscheinend weder einen Begriff von seiner gesellschaftlichen Position vermitteln können noch von seiner Rolle. Natürlich nicht! Da sich Diskussion und Theaterpraxis nur selten dialektisch aufeinander bezogen, und der Weg ins ideologische Gedankengehäuse meist so weit vom Bühnenboden wegführte, wie dieser sich – in eigner Autonomie – von der sozialen Wirklichkeit abhob. Das Musterbeispiel für solcherart Zerstreuung ist sicher die Berliner Schaubühne, im folgenden kurz Peter Steins Feinkostbühne genannt. Nirgends wurde so unvergleichlich erbittert um eine ideologische Einformung des Personals gerungen wie gerade hier. Nirgends auch nahm sich der scheinbare Politisierungsprozeß so spektakulär-martialisch aus. Nun, wo das Theater nach dem langen Marsch durch die Studierklause wieder zum Bühnenleben erwacht ist und das Resultat der Bedenkungsprozesse zutage tritt, ist es so, als hätten die dramatisch aufgewirbelten Gedanken nie stattgefunden. Der Stein ist ins Wasser gefallen, die Oberfläche hat sich theatralisch gerunzelt, und still ruht wieder der See. Was die saisonal sensationelle Peer Gynt-Aufführung vom Mai 71 bereits andeutete, ist nach der Prinz von Homburg-Inszenierung vom November 72 zur Gewißheit und nach der Hypochonder-Premiere vom März 73 vollendete Tatsache: das Theater ist wieder bei sich selbst angekommen, seinem alten Selbst, bürgerlichem Binnentheater, einem Verschönerungssalon für die krude Wirklichkeit.

Es hat sich – später, in den Staatsstreichtagen des April 72 – bei Feinkost-Stein noch einmal Revolution als große Oper schmecken lassen, nur daß Wischnewskis »Optimistische Tragödie« in diesem geschichtlichen Moment das ungeschichtlichste Ereignis von der Welt war: kein Perspektivtheater, sondern Bühnenbauartistik mit Fluchtlinienmarkierung: der Weg heraus aus der Zeit und zurück zu den Heldenpodesten einer für uns restlos unverbindlichen Vergangenheit. Und alle diese Entrückungsschübe in ein irreales St. Nirgendwo wurden begrüßt, bejubelt, applaudiert, nicht nur von einem leicht irritierbaren Publikum, nein, von unseren sentimentalen Rückkopplungsrezensenten, im Schmollwinkel einzig die Ultrarechtsreaktion, der solche fein kathartischen Vorgänge uneinsichtig blieben.

Dabei war die »Optimistische Tragödie« wirklich nur noch der Schlußknall hinter ein bereits beendetes Kapitel politischer Kunstfeuerwerkerei. Spätestens seit der Uraufführung vom »Ritt über den Bodensee« (Mai 71) konnte sich das Publikum beruhigt wieder zurücklehnen. Das neue Theaterverhalten, diesseits und jenseits der Rampe, ging auf interesseloses Wohlgefallen, ein retrospektives Glück, in das auch die Reizmomente der jüngeren Vergangenheit sich fügten wie ein Sturm und Drang im Wasserglas. Der neue Stil jedenfalls ist ein Requisitenstil, und es widerlegt den reaktionären Gestus nicht im mindesten, daß ihm die Attitüden, Nervenkostüme und Privatallüren einer abgetanen Dekadenz bei Zugriff zwischen den Fingern zergehn. Die genüßlerische Feinfühligkeit, mit der Peter Handke im »Ritt über den Bodensee« vergangene Stimmungen und Stimmlagen gleichzeitig herbeizitiert und unter der Hand zerbröseln läßt, hat alle Züge einer sentimentalen Geisterbeschwörung und gewiß nicht von Exorzismus. Oder die spitzfindige Hypersensibilität, mit der uns Botho Strauß (»Die Hypochonder«) den Zusammenbruch des Bürgertums als eine Folge von Stilbrüchen vor Augen führt, sie bringt doch kein Licht unter die Leute, sondern webt uns mit Fin-de-siècle-Spinnenweben die Bühne zu.

Egal, was das Publikum davon hält und wie schnell es sich daran gewöhnen lassen wird: das neue Theater ist ein Künstlertheater in der Potenz, ist ein Theater von Luxusallüren und Ausnahmeanfechtungen, und die Weichen dorthin wurden bereits gestellt im Jahre 1969 und mit Peter Steins hoch gelobt tief manierierter Tasso-Inszenierung. Scheinbar um die Extrapolation eines Dichters aus seinem Stück bemüht, richtiger, um gewisse zeitgenössische Verhaltensstörungen des Theaters historisch zu rechtfertigen, schuf er den Dubiositäten der Kunstschauspielerei noch einmal einen klassisch abgesicherten Rahmen. In direkter Fortsetzung des bewährten Einkleidemusters zogen der Regisseur und sein dramaturgischer Beirat Botho Strauß jüngst auch noch den Kleist aus dem »Homburg«, dann freilich – wesentlicher Sinn des Huttricks – die eigenen Sensibilitäten aus der Kleistischen hervor. Vom Spinnrocken der Berliner Offenbarungsdramaturgie her mag das vielleicht sogar als eine Art Entwicklungsprozedur erschienen sein – für jemanden, der sich mehr und anderes aus dem Bühnenkasten erwartet als solche privatpsychologischen Emanationen, blieb es einfach eine raffiniert verfältelte Einwickelnummer.

Denn dies und nichts Kleineres hat Steins Feinkostbühne für den stockfleckigsten Teil des Bürgertums ja nun wirklich geleistet: daß es seinem versatzstückhaften Innenleben noch einmal ganz groß die Wäscheleine ausspannte und gleichzeitig seinem permanent schlechten Gewissen mit dekorativen Verrenkungen und delikat gerissenen Grimassen entgegenkam. Im Effekt, so verlogen wie kathartisch wie makartnah: eine Galavorstellung piekfeiner Kaputtitüde, die für »harmonische Subjektivität« genommen werden kann. Da nämlich besagte Marodität besagtem Subjekt so wohl gefällt, daß es um nichts in der Welt davon lassen möchte, wird es alle Mittel seiner Welt zu ihrer Rechtfertigung auffahren: ihre eigene Hohlheit auf die Gesellschaft abwälzen, ihr konfirmandenhaftes Lackaffentum einen starken Ausdruck heißen, im Manierismus unbedingte Wahrheitsliebe finden, letzte Verstiegenheiten als Überbauarbeit entschuldigen, eine fast beispiellose Oberflächlichkeit mit der Ausstellung innerer Bewegungen verwechseln und – »Theater«, »endlich wieder Theater«, »eine Wiedergeburt des Theaters« nennen, was den Schlagrahm der Saison als Schaum vorm Munde trägt.

Peter Rühmkorf, Literaturmagazin 1, 1973

Bertolt Brecht

DIE MUTTER

Nach dem Roman von Maxim Gorki
Musik von Hanns Eisler

Pelagea Wlassowa THERESE GIEHSE   Pawel Wlassow HEINRICH GISKES   Anton Rybin RÜDIGER HACKER   Andrej Nachodka DIETER LASER   Iwan Wessowtschikow BRUNO GANZ   Mascha MONIKA BLEIBTREU/JUTTA LAMPE   Zwei Polizisten ROLAND TEUBNER/WOLFGANG WERMELSKIRCH   Kommissar KLAUS-HARALD KUHLMANN   Smilgin OTTO MÄCHTLINGER   Karpow RÜDIGER KIRSCHSTEIN   Der Lehrer Nikolai Wessowtschikow GÜNTER LAMPE   Sigorski TILO PRÜCKNER   Zwei Aufseher CHRISTOF NEL/WOLFGANG WERMELSKIRCH   Jegor Luschin MICHAEL KÖNIG   Zwei Streikbrecher WILLEM MENNE/ROLAND TEUBNER   Der Metzger HANS JOACHIM DIEHL   Die Frau des Metzgers RITA LESKA   Die Hausbesitzerin EDITH CLEVER   Die arme Frau SABINE ANDREAS

Regie WOLFGANG SCHWIEDRZIK/FRANK-PATRICK STECKEL/PETER STEIN   Musikalische Einstudierung PETER FISCHER   Bühnenbild KLAUS WEIFFENBACH   Kostüme JOACHIM HERZOG/SUSANNE RASCHIG   Musiker GÜNTER GABRIEL/BRUNO ROSENBERG

PREMIERE 8. 10. 1970

Gastspiele in Bad Godesberg, Mailand, Recklinghausen
Fernsehaufzeichnung für den SFB   Schallplattenaufnahme für die Deutsche Grammophon

Man müßte lange natürlich von Therese Giehse erzählen, die Peter Stein hier noch einmal als Schauspielerin zu sich selbst gebracht hat. Sie erscheint in Berlin wie befreit zu ihren besten Möglichkeiten. Jede Bewegung, jede Regung ihrer Wlassowa wäre zu beschreiben. Wie könnte man das leisten? Wir haben Wörter, die jedes nur ein Moment der Gedanken und Haltungen eines Lebens decken, das wir da sich erfüllen sehen. Zärtlichkeit und List, Redlichkeit und Unerbittlichkeit, Humanität und Liebe – das werden durch die Giehse sichtbare menschliche Möglichkeiten. Was das bedeutet: daß Menschen Ideen denken können, die herausreichen über das Leben, in dem sie verfangen sind – diese Schauspielerin zeigt es uns ein für allemal.

Welche Beziehung die Berliner Gruppe an der »Schaubühne« zwischen den klaren Postulaten, die das Stück mitteilt, und dieser Gegenwart sieht, habe ich nicht verstanden. Eine Lektion für die Veränderung von Verhältnissen ist an diesem Abend, dessen Verhältnisse und dessen Antworten auf sie historische sind, nicht zu sehen. Was die Linke jetzt beschäftigt, ihre Zersplitterung und ihre Unsicherheit mit sich selbst, kommt in dem Stück nicht vor.

Die Lektion dieser Aufführung ist aber eine für das Theater. Es könnte keine erhalten, die eindringlicher wäre.

Peter Iden, Frankfurter Rundschau

Ensemble

Mai 1905

Therese Giehse

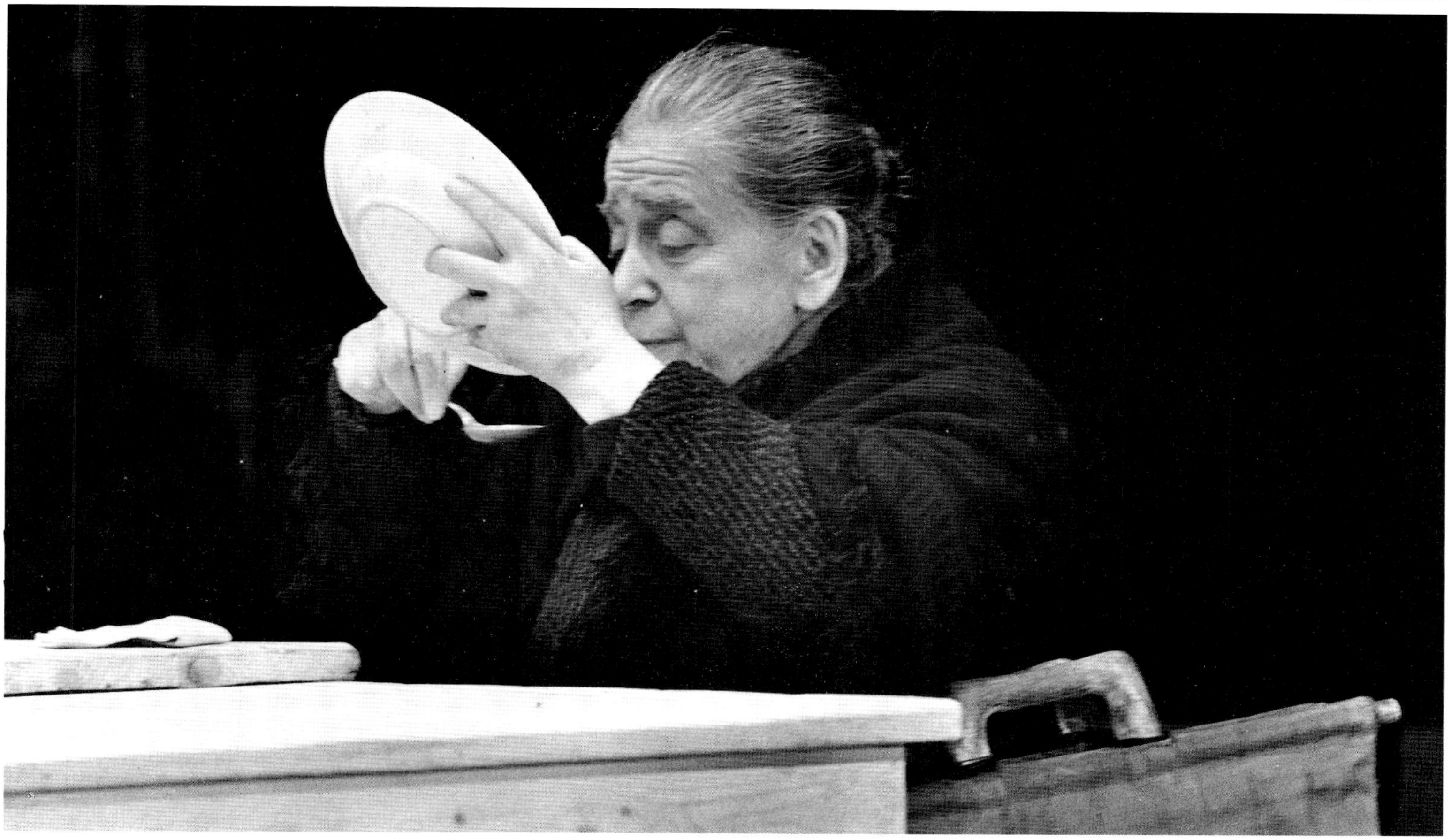

Therese Giehse

Über der Aufführung lag eher eine zweifellose, sozusagen weihnachtliche Heiterkeit; selten sah man soviel Lächeln auf der Bühne (Monika Bleibtreu), soviel Optimismus. Es wurde nicht nach außen »agitiert«, sondern man fand vielmehr nach innen, sozusagen für sich selber, einen sanft entschiedenen gemeinsamen Nenner. In neue oder gar aufschlußreiche theatralische (Kunst-)Formen setzte sich dieser unschockierende Kopfsprung ins Himmelreich glatter und reiner Lösungen freilich nicht um, sondern nur in einen Stil heiterer direkter Absichtlichkeiten. Die Darstellung hatte nichts Kontroverses, blieb bewußt ohne innere (und äußere) Spannung. Es war ein Theater ohne Widerspruch, ohne Wirklichkeit, ohne Künsteleien, aber auch ohne irgendeinen Kunstanspruch, trotz kunstvoller Stilisierungstendenzen. Es war eine leise historisierende Feier der verlorenen Revolutionsunschuld in der Hoffnung, daraus Kraft zu schöpfen fürs Kommende, was wahrer, phantasievoller und widersprüchlicher ausfallen möge als diese magere Mutter. Das Publikum blieb recht passiv und spendete am Schluß nur kurz Beifall.

Joachim Kaiser, Süddeutsche Zeitung

Therese Giehse, Ensemble

Peter Handke

DER RITT ÜBER DEN BODENSEE

Eine Frau mit weißem Kopftuch ERIKA ELLER   Emil Jannings OTTO SANDER   Heinrich George BRUNO GANZ   Elisabeth Bergner JUTTA LAMPE   Erich von Stroheim GÜNTER LAMPE   Henny Porten EDITH CLEVER   Alice und Ellen Kessler BARBARA BERTRAM/BARBARA SUKOWA

Regie CLAUS PEYMANN/WOLFGANG WIENS   Bühnenbild KARL ERNST HERRMANN   Kostüme MOIDELE BICKEL/JOACHIM HERZOG

PREMIERE 23. 1. 1971

Gastspiele in Soest, Bad Godesberg, Helsinki

oben Otto Sander, Erika Eller unten Otto Sander, Bruno Ganz

oben Otto Sander, Edith Clever, Bruno Ganz, Günter Lampe, Jutta Lampe unten Otto Sander, Edith Clever, Bruno Ganz, Günter Lampe, Jutta Lampe

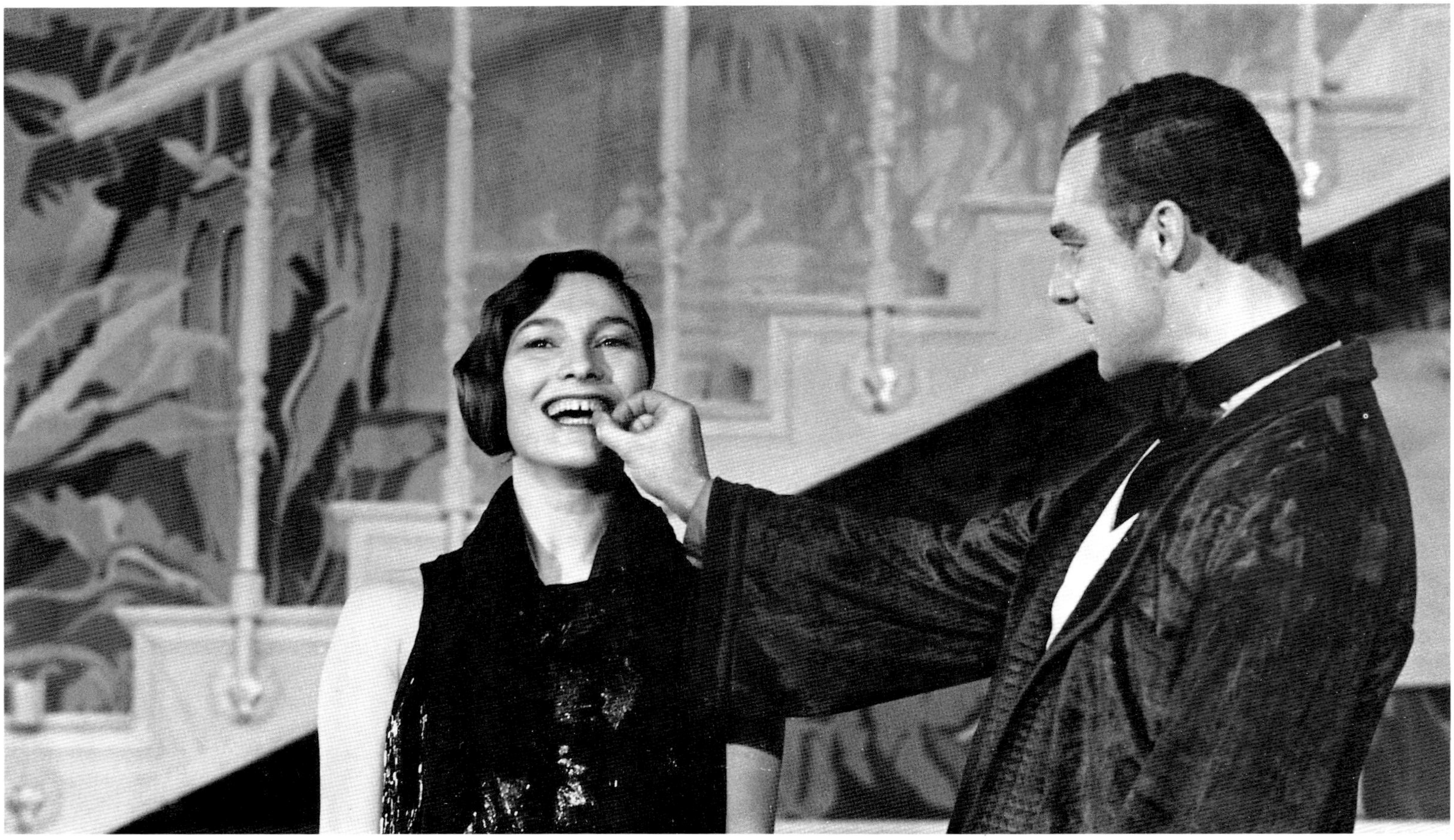

oben Otto Sander, Bruno Ganz unten Edith Clever, Günter Lampe

links Bruno Ganz, rechts Jutta Lampe

Handkes »Ritt über den Bodensee« bietet nicht mehr als eine Anzahl von Etüden. Sie wollen Party-Geplauder und Alltagsrede demonstrieren und natürlich dekuvrieren, sie versuchen, unsere Klischees und Schablonen aufzudecken, den Leerlauf unserer Worte zu zeigen. Die Sprache – will Handke sagen – ist mitnichten ein Instrument des Menschen, wohl aber der Mensch ein Opfer der Sprache. Sie verstelle seinen Blick für die Wirklichkeit, sie determiniere und programmiere ihn. Sie verberge – gleich jener dünnen Eisdecke, auf der der Reiter aus der Ballade über den Bodensee kam – einen tiefen Abgrund und eine ständige Gefährdung.

Aber die Sprache dieser Szenenfolge muß ebenfalls etwas verbergen und tarnen – nämlich die intellektuelle Dürftigkeit und die hochgestochene Wichtigtuerei des Ganzen. Auch eine Anzahl leidlich amüsanter stilistischer Gags und einige durchaus hübsche Lyrismen (etwa in der Liebesszene) vermögen es nicht zu retten. Denn das Stück, das Geschwätz zitieren, entlarven und denunzieren will, ist selber auf fatale Weise geschwätzig. Es leidet an eben jener Sinnentleerung der Sprache, die es bewußt machen soll.

Das Ensemble der Berliner Schaubühne am Halleschen Ufer (Regisseur: Claus Peymann und Wolfgang Wiens) kämpft heroisch und routiniert gegen die offensichtliche Schwäche der literarischen Vorlage. Manche läppischen und im Grunde naiven Dialoge werden so intelligent gebracht, daß bisweilen der Eindruck entstehen kann, sie würden etwas taugen. Ja, diese Aufführung mutet streckenweise geradezu artistisch an. Nur daß sich das Theater hier an sich selber aufgeilt, was logischerweise zur szenischen Onanie führt.

Marcel Reich-Ranicki, Die Zeit

Dieser Theaterabend wirkt nach. Was könnte man Besseres erwarten? Auch der Teil des Publikums, der der Unternehmung offenbar nachtrug, daß sie nicht billig revolutionär dampfte, daß sie keine Fahne schwenkte, wird vielleicht – wenn man wieder in den Alltag der Worte und wenn man in die Faulheit des herkömmlichen Folgedenkens eintritt – hoffentlich plötzlich merken, daß man sich den Verführungen und Gedankenlosigkeiten der Umgangssprache nicht mehr hingeben kann wie zuvor. Was wäre revolutionärer?

Friedrich Luft, Die Welt

In der Druckfassung von »Ritt über den Bodensee« werden die sieben Schauspieler, um das Lesen zu erleichtern, nach sieben Schauspielern benannt: Emil Jannings, Heinrich George, Elisabeth Bergner, Henny Porten, Erich von Stroheim und Alice und Ellen Kessler. Ihre Rollen sind also *Rollen*. Der Schauplatz ist ein großer bürgerlicher Salon mit reich tapezierten Wänden, voller Fauteuils und Sofas. »Ritt über den Bodensee« ist eine Salonkomödie. Das Reden wird aufgefächert: nicht nur von außen, in seiner Hohlheit als Herrschaftsinstrument bloßgestellt, sondern als ein Versuch erprobt, sich mitzuteilen, sich erzählend zu rekonstruieren, zu träumen. Allen diesen Versuchen steht die Sprache als Urteil im Wege. Wer redet, der urteilt und unterwirft die Welt. Wer von sich redet, läßt die anderen über sich urteilen, setzt sich der Gefahr aus, unterworfen zu werden. Er nimmt »seine« Rolle an, die ihm ja nicht gehört.

So fallen die schönen Sätze des Dialogs sofort in jene Schemen zurück, aus denen sie sich befreit zu haben prätendieren. Und die Figuren der Salonkomödie, die sich als freie, gleichberechtigte Individuen geben, die in interesseloser Kommunikation sich ergehen wollen, sie werden als vorgeprägte Sprachrohre bloßgestellt: einer Sprache, die insgeheim auf Machtgewinn aus ist, den scheinbar Gewinnenden aber selber ihrer Macht unterwirft. Auf Bruno Ganz' (»Heinrich George«) Gesicht blitzt immer wieder eine Hoffnung, sich durch Kommunikation zu befreien, eine Illusion der Spontaneität. Dann erlischt sie in der Erkenntnis, schon wieder auf einen verhärteten, unwandelbaren Gemeinplatz gestoßen zu sein, der nichts kommuniziert. Bruno Ganz betreibt auf der Bühne der »Schaubühne am Halleschen Ufer« Clownkunst. Er jongliert mit Schemen des Handelns und Sprechens, bis er zu glauben beginnt, daß sie lebendig sind, daß sie ihm aus purer Freundlichkeit zufliegen – dann fallen sie auf den Bühnenboden, tönen hohl, zerbrechen.

Die Aufgabe Otto Sanders (»Emil Jannings«) wäre wohl in dieser Aufführung, die Unfreiheit der Herrschaft zu verkörpern. Dialog als Machtkampf, als unaufhörlicher Versuch einer Unterdrückung ist nicht neu im modernen Drama. Pinter hat diese Deutung der szenischen Sprache verwirklicht. Aber bei Handke erweist sich, daß die harten, mörderischen Wendungen einer vergeistigten Sprache nicht mehr von egoistisch bewußten Individuen gegeneinander eingesetzt werden. Wer diese hohlen Formen benützt, ist selber schon hohl und zerfallen. Sander müßte ständig den Zerfall der Pinter-Sprache in eine Ionesco-Sprache spielen: Aggression und Verwirrung, Intelligenz und Dummheit, Befehl und Ohnmacht in ständigem Wechsel vorführen. Aber er biedert sich ein wenig dem Publikum an, hat freundlich-kindliche Überraschung in den blauen Augen, wenn ihm etwas schiefgeht. Er scheut sich, die Gegensätze in aller Kraßheit auszuspielen, bleibt vage.

Claus Peymanns Inszenierung leidet unter ähnlichen freundlichen Unentschiedenheiten. Außer Bruno Ganz und Jutta Lampe ist keine Figur zur Deutlichkeit ihrer Funktion durchgearbeitet, hingeführt. Edith Clever strahlt zwar, kraft nicht umzubringender Persönlichkeit, eine fast perverse Mischung von Sinnlichkeit und Gehorsam aus. Warum aber gerade aus dieser Rolle – mit ihrer fast stummen, traumwandlerischen spontanen Dümmlichkeit – jene kurze Mittelepisode entspringen muß, in der sich plötzlich alle Figuren frei fühlen, in sinnlos kicherndem Tanzen und Turnen die Fesseln der Sprache abwerfen: dies macht die Regie (und also auch das Spiel Edith Clevers) nicht deutlich. Phasen wie dieser Aufschwung sind nur ungenügend begründet und gegen das übrige abgesetzt. Der Dialog schleppt sich oft als wirklich mittelmäßige Salonkomödie (oder als deren unverbindliche, Ionescosche Parodie) dahin. Die Attitüden des Redens haben nicht die Schärfe von Zitaten und nicht die Schärfe der Verzweiflung darüber, daß sie nur Zitate sind und bleiben müssen.

Das Stück wirkte bei seiner Uraufführung etwas diffus und sehr lang. Es schien, als wollte es zu viel, zu Verschiedenes beweisen. Es ist noch ein Glück, daß der hinreißend intelligente Peter Handke dies soviel klarer als ich formulieren kann: »Nichts mehr sollte bewiesen werden. Beweise haben dann auch in dem Stück die Form der Farce, die Leiden an nicht aufgehenden Beweisen und Deutungen die Form einer oft gespielten Tragödie, die Freude, von Deutungen und Beweispflichten frei zu sein, die Form eines utopischen Lustspiels. Was am Anfang klar war oder sich jedenfalls so darstellte, ist im Verlauf des Stückes von Satz zu Satz, von Geste zu Geste unklarer geworden, aber es ist versucht worden, das mit jedem Satz und jeder Geste so klar und grob wie möglich zu machen.«

Peymanns Inszenierung wirkte unklar und fein. Ob es Handke gelungen ist, in diesem Stück irgend etwas, wenn nicht zu beweisen, dann doch so klar und grob wie möglich zu machen – dies wurde in Berlin nicht endgültig entschieden.

Ivan Nagel, Süddeutsche Zeitung

DAS VERHÖR VON HABANA

Übersetzt und zusammengestellt von Hans Magnus Enzensberger

KOLLEKTIVPRODUKTION

SABINE ANDREAS MANFRED BAATZ HANS JOACHIM DIEHL HEINRICH GISKES JOACHIM HERZOG JAN KAUENHOWEN RÜDIGER KIRSCHSTEIN MICHAEL KÖNIG CHRISTOF NEL MICHAEL PROPFE TILO PRÜCKNER GUNTER SCHADE FRANK-PATRICK STECKEL PETER STEIN ROLAND TEUBNER WOLFGANG WERMELSKIRCH

PREMIERE 2.2.1971

In den (engen) Raum zwischen der enttäuschten Mehrheit und der erbitterten Minderheit haben die Darsteller ihre Version gestellt: klar, unprätentiös, bescheiden buchstabieren sie, was sie gelernt haben: revolutionäre Einsicht und die Schwierigkeiten, sie zu vermitteln. Der Gewinn dieser Aufführung ist ihre schonungslose Ehrlichkeit.

Roland Wiegenstein, Frankfurter Rundschau

Wenn das »richtige« Publikum offenbar nicht ins Theater kommt, muß das Theater, sagten sich die Schaubühnenleute schnell, doch wohl zu dem willfährigsten Publikum gehen. Man solidarisierte sich flugs mit den »Roten Zellen«, die zur Zeit dabei sind, Berlins Hochschulen aus den Angeln zu heben. Den Zellen zu Ehren spielte man gestern abend im Auditorium maximum das gleiche Stück – dies mit, wie berichtet wird, jubelndem Erfolg unter der radikalisierten, studentischen Jugend.

Die vermißte gar nicht, was das Premierenpublikum an dieser Darbietung der Einseitigkeit vermißt hatte. Die fand auch die »revolutionären« Filmeinblendungen (die übrigens der Autor im Vorwort zu seinem Stück selber strikt untersagt und als ganz falsch abgelehnt hat), so falsch und simpel sie waren, begeisternd.

So ändern sich Stück und Aufführung durch die radikale Vorgefaßtheit seiner Rezipienten. Bekümmernd, daß eine Truppe ausgerechnet in die Universität ausweichen muß, will sie für eine so simple und undifferenzierte Botschaft heute ein ähnlich simples und undifferenziertes Publikum finden.

Die Schaubühne hat, gegen manche Bedenken, von all denen, denen die Erneuerung des Theaters in diesem Lande am Herzen liegt, Sympathie und aktive Unterstützung erhalten. Als dieses Ensemble beargwöhnt wurde, treten ihm viele, die ihm politisch gewiß kaum nahestehen, helfend zur Seite. Diese Gruppe sollte ihre demokratische Chance haben.

Es ist so ungeschickt wie fahrlässig, daß die Schaubühne, wenn sie sich mit den Radikalen so deutlich verbündet und deren Umarmung sucht, nun ihren Widersachern recht gibt. Nicht nur die Gruppen und Parteien, die dieses Theater beargwöhnen, machen die Zukunft der Schaubühne ungewiß, sie selber, indem sie ihren Widersachern so unklug in die Hände spielt, gefährdet sich selber.

Daran sollte sie denken.

Friedrich Luft, Die Welt

In den auf der Szene belanglosen, immer nach dem gleichen Schema abrollenden Verhören wird Bewußtsein nicht erhellt, Erkenntnis nicht gefördert. Aufklärungstheater? Wiederkäuertheater.

Rolf Michaelis, Frankfurter Allgemeine

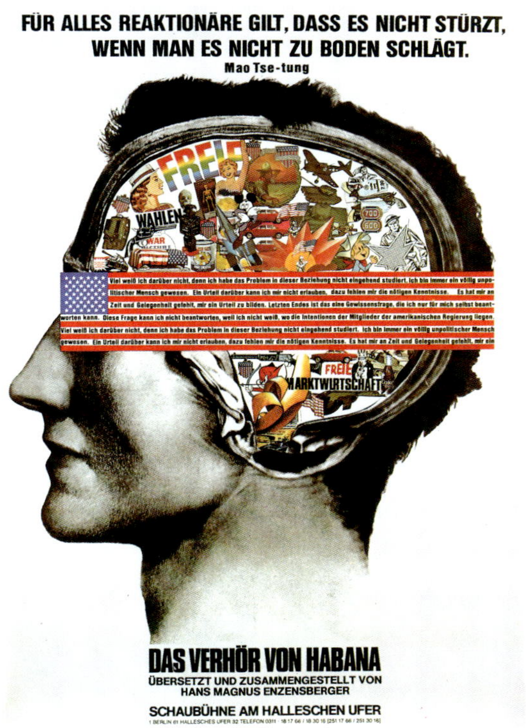

oben links Szenenfoto oben rechts Christof Nel, Klaus-Harald Kuhlmann, Hans Joachim Diehl, Wolfgang Wermelskirch, Willem Menne mitte links Michael König, Rita Leska, Tilo Prückner, Sabine Andreas mitte rechts Michael König, Tilo Prückner, Roland Teubner, Otto Mächtlinger unten links Wolfgang Wermelskirch, Klaus-Harald Kuhlmann, Dieter Laser, Rüdiger Kirschstein, Chritof Nel unten rechts Dieter Laser, Heinrich Giskes

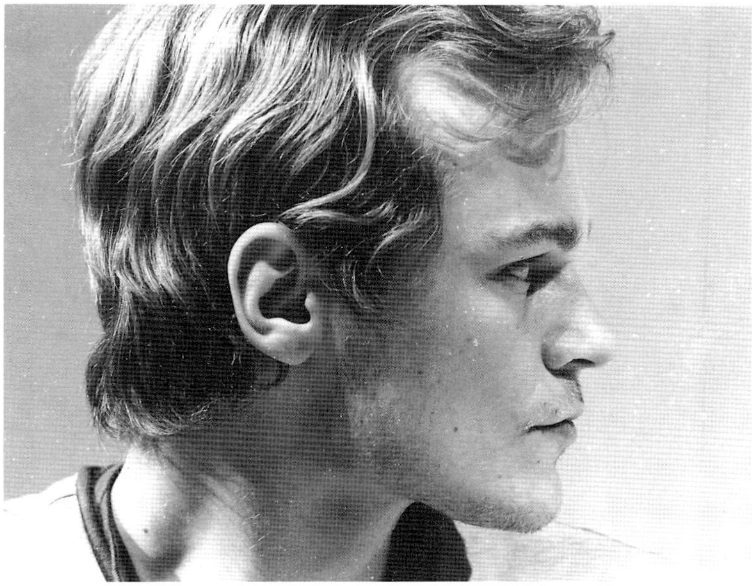

oben links Otto Mächtlinger, Willem Menne oben rechts Otto Mächtlinger, Sabine Andreas mitte links Michael König mitte rechts Hans Joachim Diehl unten links Dieter Laser, Heinrich Giskes unten rechts Szenenfoto

Gerhard Kelling

DIE AUSEINANDERSETZUNG

Gespielt von der Schaubühne am Halleschen Ufer in Gewerkschaftszentren, Industriebetrieben Jugendheimen und Berufsschulen

HEINRICH GISKES RÜDIGER HACKER MICHAEL KÖNIG OTTO MÄCHTLINGER WILLEM MENNE CHRISTOPH NEL TILO PRÜCKNER

Regie PETER STEIN Organisation FRANZ RUEB

PREMIERE 13. 2. 1971

Fast unbemerkt von der Öffentlichkeit hat sich die erfolgsgewohnte »Schaubühne« eine neue, schwierige Fleißarbeit vorgenommen. Erfolge sind hier vorläufig nicht meßbar, nicht an der Abendkasse, nicht in enthusiastischen Theaterkritiken. In »Gewerkschaftszentren, Industriebetrieben, Jugendheimen und Berufsschulen« soll politisches Bewußtsein gestärkt, oft wohl erst entwickelt werden: Theater als Instrument für demokratisches Grund-Training.

Helmut Kopetzky, Spandauer Volksblatt

Spielstätte Gewerkschaftshaus

Henrik Ibsen

PEER GYNT

Unter Verwendung der Übersetzungen von Christian Morgenstern und Georg Schulte-Frohlinde
Bearbeitet von Peter Stein und Botho Strauß

ERSTER TEIL: JUGEND IM GUDBRANDSTAL

Peer No. 1 Der Brauträuber HEINRICH GISKES Aase, seine Mutter EDITH CLEVER 1. Bauersfrau JUTTA LAMPE 2. Bauersfrau SABINE ANDREAS Bauer CLAUS GÄRTNER Alte Frau ELFRIEDE IRRALL Alter Mann RÜDIGER HACKER Aslak, ein Schmied NIKOL VOIGTLÄNDER 1. junger Mann RÜDIGER KIRSCHSTEIN 2. junger Mann WILLEM MENNE 3. junger Mann ROLAND TEUBNER Hägstadbauer OTTO SANDER Koch TILO PRÜCKNER Mads Moen, Bräutigam HANS JOACHIM DIEHL Vater Moen GÜNTER LAMPE Mutter Moen KATHARINA TÜSCHEN 1. junges Mädchen RITA LESKA 2. junges Mädchen ELKE PETRI 3. junges Mädchen ANGELA WINKLER Solveig JUTTA LAMPE Solveigs Vater OTTO MÄCHTLINGER

Peer No. 2 Der Herr der Berge MICHAEL KÖNIG Ingrid, Tochter des Hägstadbauern SABINE ANDREAS Aase EDITH CLEVER Solveig JUTTA LAMPE Solveigs Vater OTTO MÄCHTLINGER 1. Sennerin ELFRIEDE IRRALL 2. Sennerin ELKE PETRI 3. Sennerin ANGELA WINKLER

Peer No. 3 Im Banne der Trolle BRUNO GANZ Die Grüne, Tochter des Trollkönigs RITA LESKA Trollkönig OTTO SANDER 1. Trollalte ELFRIEDE IRRALL 2. Trollalte KATHARINA TÜSCHEN Trollalter RÜDIGER HACKER 1. Hoftroll TILO PRÜCKNER 2. Hoftroll GÜNTER LAMPE Trollarzt NIKOL VOIGTLÄNDER 1. Jungtroll HANS JOACHIM DIEHL 2. Jungtroll RÜDIGER KIRSCHSTEIN 3. Jungtroll WILLEM MENNE 4. Jungtroll ROLAND TEUBNER Jungtrollin ANGELA WINKLER Schwester der Grünen ELKE PETRI Eine Stimme im Dunkeln BRUNO GANZ

Peer No. 4 Vogelfrei und in den Wald gejagt WOLF REDL Solveig JUTTA LAMPE Aase EDITH CLEVER Kari, Häuslerin ELKE PETRI Die Grüne RITA LESKA Ein häßlicher Junge CHRISTOF NEL

ZWEITER TEIL: IN DER FREMDE UND HEIMKEHR

Peer No. 5 Ein Yankee in der Wüste DIETER LASER Monsieur Ballon RÜDIGER HACKER Herr von Eberkopf GÜNTER LAMPE Master Cotton RÜDIGER KIRSCHSTEIN 1. Sklave ROLAND TEUBNER 2. Sklave NIKOL VOIGTLÄNDER Aufseher CLAUS GÄRTNER 1. Affe HANS JOACHIM DIEHL 2. Affe mit Kind TILO PRÜCKNER Dieb OTTO SANDER Hehler OTTO MÄCHTLINGER Solveig JUTTA LAMPE

Peer No. 6 Der Prophet im Harem WOLF REDL Vogel Strauß RÜDIGER KIRSCHSTEIN Anitra ANGELA WINKLER 1. arabisches Mädchen SABINE ANDREAS 2. arabisches Mädchen ELFRIEDE IRRALL 3. arabisches Mädchen RITA LESKA 4. arabisches Mädchen ELKE PETRI Solveig JUTTA LAMPE

Peer No. 7 Auf den Spuren der Vergangenheit WERNER REHM Solveig JUTTA LAMPE Dr. Begriffenfeldt, Irrenhausdirektor HANS JOACHIM DIEHL König Apis WILLEM MENNE Herr Schreibfeder RÜDIGER HACKER 1. Irrer CLAUS GÄRTNER 2. Irrer KLAUS-HARALD KUHLMANN 3. Irrer GÜNTER LAMPE 4. Irrer CHRISTOF NEL 5. Irrer TILO PRÜCKNER

Peer No. 8 Im Zeichen der Zwiebel BRUNO GANZ Kapitän OTTO MÄCHTLINGER Bootsmann RÜDIGER KIRSCHSTEIN Schiffskoch ROLAND TEUBNER Fremder Passagier KLAUS-HARALD KUHLMANN Trauergemeinde RITA LESKA / WILLEM MENNE / TILO PRÜCKNER Mads Moen HANS JOACHIM DIEHL Aslak NIKOL VOIGTLÄNDER Solveig JUTTA LAMPE Knopfgießer, Ingenieur CLAUS GÄRTNER Trollkönig OTTO SANDER

Regie PETER STEIN Bühnenbild KARL-ERNST HERRMANN Musik PETER FISCHER Kostüme MOIDELE BICKEL / JOACHIM HERZOG / SUSANNE RASCHIG Dramaturgie BOTHO STRAUSS Masken RICARDA POPPY / ULLRICH HILBERT Regieassistenz ELLEN HAMMER / JAN KAUENHOWEN Musikeinstudierung PAUL KLEIN Souffleuse GRISCHA HUBER / UTE KOSKA Beleuchtung WOLF BLAZECJZAK / GEORG STEFFENS / HORST LEHMANN Perücken und Maske ANNI SCHIESS / CAROLA JANTOS / URTE KUSSEROW Bühnenbildassistenz FRED BERNDT / GUNTER SCHADE Malerei MANFRED BAATZ / HANS REINDL Inspizienz WOLFGANG WERMELSKIRCH Requisite ISOLDE HAHN / ANETTE GANDERS Ton UDO PRIMBS

PREMIERE 13./14.5.1971

Gastspiel in Zürich

Fernsehaufzeichnung für den NDR

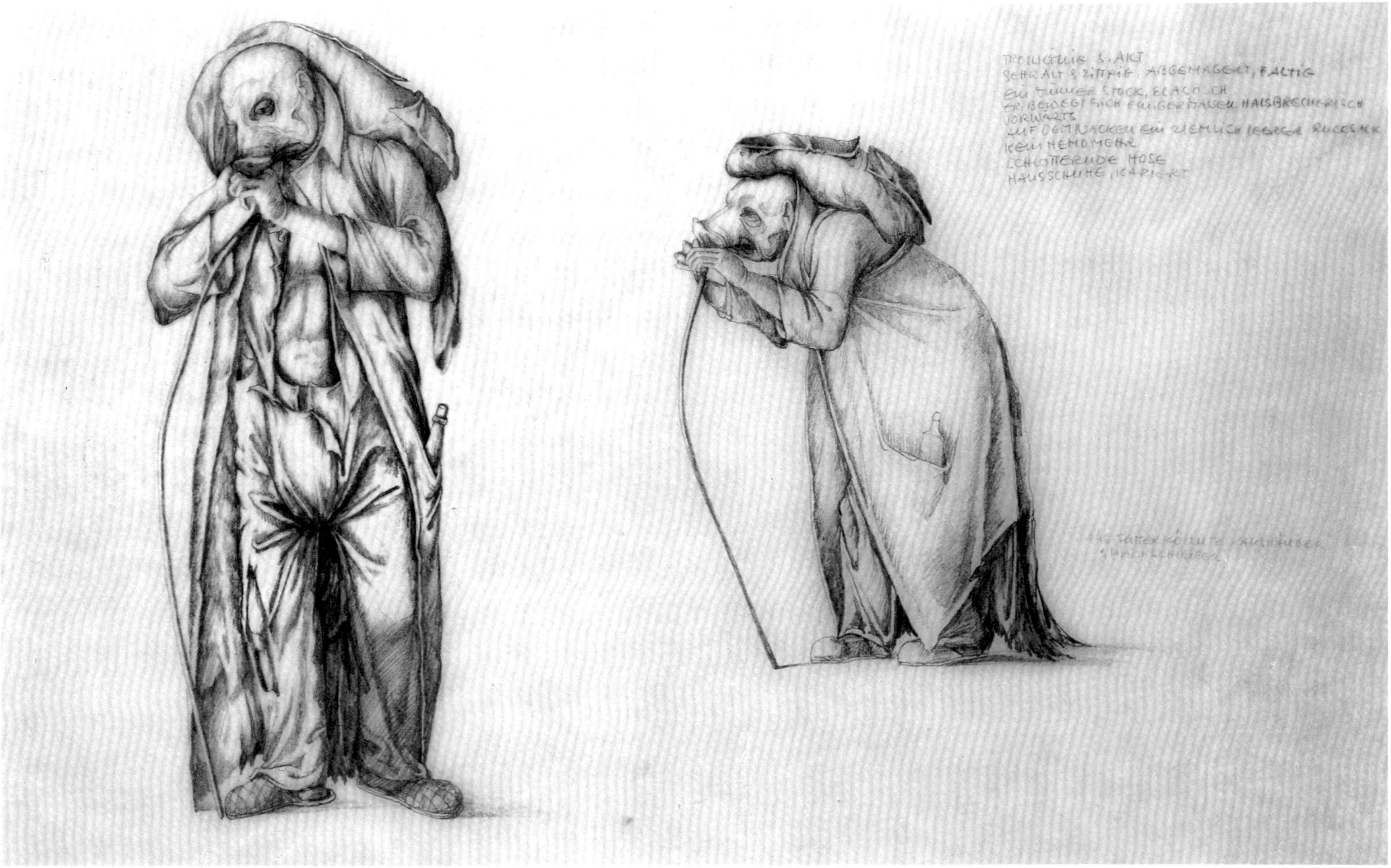

Eine Zwiebel wird gehäutet, und vier Jahrhunderte Theater explodieren.

Dieter Hildebrandt, Publik

Diese Produktion ist stupend. Sie verbreitet Schönheit. Sie ist ein technisches Wunder. Sie stellt, was sie darstellt, dauernd in Frage. Sie erheitert und erstaunt beständig. Und sie macht dem Mitdenker, der eigenen Kritik, macht der Vorliebe und Abneigung unentwegt wägende Beschäftigung. Was könnte Theater mehr?

Friedrich Luft, Die Welt

Die Schaubühne hat auf ihrem Terrain vollbracht, was uns Kritikern insgesamt noch zu tun bleibt: den Kehraus von Routine und Ritual im jeweils eigenen Haus und die Erweiterung des Spielraums zum Gesellschaftsforum. Was wir brauchen ist Zivilcourage und Solidarität. Denn: der »Peer Gynt« der deutschen Kritiker steht noch aus.

Dieter Hildebrandt, Der Tagesspiegel

Der Schaubühne fließt die Fülle und Freiheit des Heterogenen aus einer ganz anderen Quelle zu: aus dem Kollektiv. Das Gewimmel der geistreich-verblüffenden Details wird (trotz der Quasigenialität des leitenden Regisseurs Peter Stein) aus der Vielzahl der mobilisierten Energien erzeugt. Deshalb fehlt selbst den vielen nicht ganz durchgearbeiteten Stellen die pathetisch vereinsamte Größe und Verzweiflung Kortners; in dem gemeinsamen Werk erscheinen sogar die Lücken irgendwie nonchalant und heiter. Hier arbeitet, nach zweihundertjähriger Pause in Deutschland, die Brahm und Viertel und Brecht nur kurz durchbrachen, wieder eine Truppe. Die drei- und dreieinhalbstündige Doppelaufführung wäre nie in drei Monaten zustande gekommen, hätten nicht alle fröhlich daran miterfunden.

Ivan Nagel, Süddeutsche Zeitung

Eine Aufführung zum Schauen. Und eine Aufführung zum Denken. Sie zeigt und ist: ein Stück Leben. Viel von dem, was man selber so Leben nennt, ist darin eingesammelt und aufgehoben. Weiter kann das Theater nicht kommen.

Peter Iden, Nürnberger Nachrichten

Von dieser Aufführung wird eine Epoche neuen Theaters ausgehen, weil man sich ganz rasch davon überzeugen ließ, daß eine ungewohnte Gliederung der Bühne viel selbstverständlicher ist als unser pseudo-selbstverständlicher Guckkasten; und weil man begriff, daß die Freude am Entertainment, an optischer Freiheit, weiß Gott auch eine Klassiker-Demonstration beflügeln kann.

Doch daß dieses Konzept nicht erfüllt wurde, daß die beiden Abende in lauter Show-Runden auseinanderbrachen, das lag gewiß nicht an vermeintlich fehlender Perfektion. Sondern es lag daran, daß man sich zuwenig gelöst hat von den kasperle-holzhammerhaften Mitteln altmodischen Chargier-Theaters.

Joachim Kaiser, Süddeutsche Zeitung

Heinrich Giskes, Jutta Lampe

oben Heinrich Giskes, Elke Petri, Angela Winkler, Rita Leska, Rüdiger Kirschstein, Willem Menne, Hans Joachim Diehl, Roland Teubner, Tilo Prückner, Rüdiger Hacker, Günter Lampe, Katharina Tüschen, Elfriede Irrall unten Jutta Lampe, Heinrich Giskes

Jutta Lampe, Edith Clever

Hans Joachim Diehl, Werner Rehm

oben links Edith Clever, Heinrich Giskes oben rechts Bruno Ganz, Rita Leska, Hans Joachim Diehl mitte links Heinrich Giskes mitte rechts Wolf Redl unten links Michael König unten rechts Dieter Laser

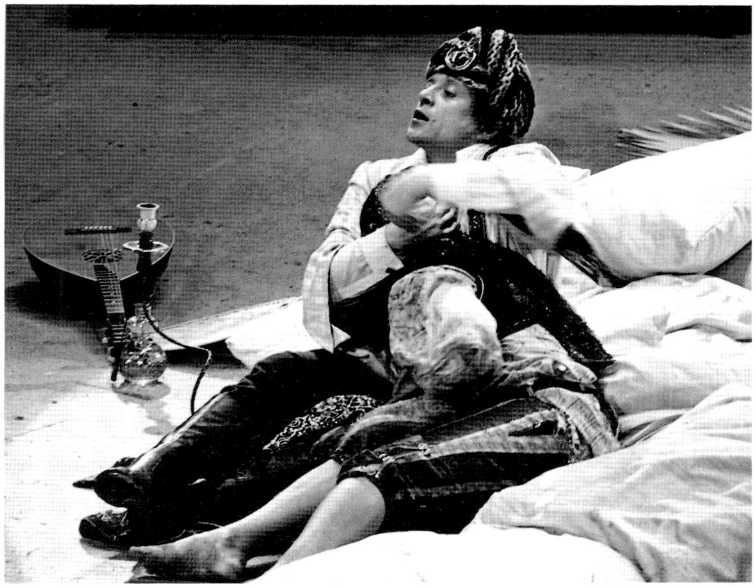

oben links Günter Lampe, Dieter Laser, Rüdiger Kirschstein oben rechts Werner Rehm, Hans Joachim Diehl mitte links Wolf Redl, Angela Winkler mitte rechts Bruno Ganz, Rüdiger Kirschstein unten links Hans Joachim Diehl, Werner Rehm unten rechts Bruno Ganz

oben Rüdiger Kirschstein, Bruno Ganz, Rita Leska, Elke Petri, Günter Lampe, Nikol Voigtländer, Otto Sander, Rudiger Hacker, Tilo Prückner, Hans Joachim Diehl, Willem Menne, Roland Teubner, Angela Winkler, Katharina Tüschen, Elfriede Irrall
unten Wolf Redl, Rüdiger Kirschstein

oben Bruno Ganz, Klaus-Harald Kuhlmann unten Bruno Ganz, Rita Leska, Willem Menne, Tilo Prückner, Nikol Voigtländer

Jutta Lampe, Bruno Ganz

Hugo von Hofmannsthal

DAS GERETTETE VENEDIG

Nach dem Stoff eines alten Trauerspiels von Thomas Otway

Gerichtsvollzieher der Republik Venedig KLAUS-HARALD KUHLMANN Gerichtsdiener WILLEM MENNE/TILO PRÜCKNER Belvidera, Tochter des Senators Priuli ELFRIEDE IRRALL Ihr Sohn MARTIN WALZ/NIKI PRÜCKNER Ihre Tochter OLGA KLEMKE/KATRIN KNEIDL Bettler PETER FITZ Alte JUTTA LAMPE Dirne ANGELA WINKLER Zorzi, ihr Zuhälter ROLAND TEUBNER Antonio Jaffier, Belvideras Mann, aus dem Provinzadel BRUNO GANZ Jacques Pierre, Anführer der Verschwörung WOLF REDL Zwei Mädchen SABINE ANDREAS/ANGELA WINKLER Bissolo, Spion der Republik Venedig WOLFGANG WERMELSKIRCH Spanischer Gesandter in Venedig KLAUS-HARALD KUHLMANN Renault, angeblich ein Kaufmann OTTO MÄCHTLINGER Capello, ein verkommener Adeliger OTTO SANDER Der Schiavon, ein Bauer WILLEM MENNE Entlassene Söldneroffiziere, Verschwörer: Cuyp RÜDIGER HACKER Brambilla ROLAND TEUBNER Elliot DIETER LASER Geschützmeister ULRICH WILDGRUBER Aquilina, eine griechische Kurtisane JUTTA LAMPE Mulattin KATHARINA TÜSCHEN Lakai der Aquilina HANS DIEHL Dolfin, Senator TILO PRÜCKNER Haushofmeister des Senators Priuli WERNER REHM Lakaien des Priuli KLAUS-HARALD KUHLMANN/WOLFGANG WERMELSKIRCH Priuli, Senator, im Hohen Rat der Zehn PETER FITZ Offizier der Sbirren HANS DIEHL Sbirren, Häscher der Republik Venedig RÜDIGER HACKER/DIETER LASER/OTTO MÄCHTLINGER/OTTO SANDER/ROLAND TEUBNER/ULRICH WILDGRUBER

Regie JAN KAUENHOWEN/FRANK-PATRICK STECKEL Bühnenbild KARL-ERNST HERRMANN Kostüme SUSANNE RASCHIG Musik PETER FISCHER Dramaturgie ELLEN HAMMER/MICHAEL PEHLKE

PREMIERE 21. 11. 1971

Im Mittelpunkt des Stücks stehen nicht die Rebellen, sondern die tragisch Liebenden, nicht die Politik, sondern die Emotion. Die Regisseure haben Hofmannsthal sicher richtig interpretiert, als sie eine private, eine erotische Gebärde, die Umarmung, zum zentralen gestischen Ritual ihrer Inszenierung machten. Paare, die zu Boden sinken, die sich fallend aneinanderklammern, die sich tanzend im Kreise drehen oder miteinander auf den Knien rutschen: die Inszenierung ließe sich beschreiben als eine Folge von Umarmungen. Mit fanatischem Fleiß und gelegentlich penetrantem Kunstehrgeiz haben die Regisseure eine ganze Gebärdenfibel zusammenerfunden.

Benjamin Henrichs, WDR

Hans Diehl, Wolf Redl

Johannes Schenk

TRANSPORTARBEITER JAKOB KUHN

Lehrlingstheater

KOLLEKTIVPRODUKTION

Jakob Kuhn RÜDIGER KIRSCHSTEIN Olga Baschba RITA LESKA Irma Kuhn ANGELA WINKLER Fritz Schubb OTTO SANDER Marta Schubb KATHARINA TÜSCHEN Erklärer DIETER LASER Zementbauer ULRICH WILDGRUBER Steuerberater RÜDIGER HACKER Pförtner WOLFGANG WERMELSKIRCH Sklavenhändler ULRICH WILDGRUBER Gewerkschaftssekretär RÜDIGER HACKER Polizist WOLFGANG WERMELSKIRCH Richter RÜDIGER HACKER Staatsanwalt DIETER LASER Verteidiger KATHARINA TÜSCHEN Gefangener DIETER LASER Mann mit Aktenmappe RÜDIGER HACKER

PREMIERE 19. 1. 1972

Anstatt das Klassenbewußtsein der Arbeiter zu aktivieren, sie zur Veränderung verknöcherter Gewerkschaftsapparaturen zu erziehen, der immer noch einzigen Vertretung des Proletariats, gefällt sich das Stück in der sentimentalen Ausmalung einer typisch elitär intellektuellen Haltung: während die anderen Bier saufen und vor dem Fernseher wiehern, sitzt der Erwählte, der potentielle Revolutionär am Tisch und buchstabiert seinen Marx. Diese Utopie ist ebenso widerlich wie die Denunzierung der Frauen, die in diesem Stück entweder doofe Muttis, geile Schnecken oder im Nachthemd auf den zufällig ins Bett fallenden Beischläfer wartende Wesen sind, fernab aller menschlicher Wirklichkeit.

Rolf Michaelis, SFB

Wolfgang Wermelskirch, Dieter Laser, Rüdiger Hacker, Ulrich Wildgruber

Wolfgang Schwiedrzik

MÄRZSTÜRME 1921

Paul Schrader, Vorsitzender der VKPD-Ortsleitung in Eisleben PETER FITZ Josef Schneider, Redakteur der Mansfelder Volkszeitung MICHAEL KÖNIG Willy Breitenbach, Betriebsratsvorsitzender der Mansfeld AG OTTO SANDER Stefan Beyer, Betriebsrat der Mansfeld AG WERNER REHM Hugo Dammel, Betriebsrat der Mansfeld AG BRUNO GANZ Manfred Kunze, Sekretär der VKPD-Ortsleitung in Eisleben INGO LAMPE Gerda Köhler, Mitglied der VKPD-Ortsleitung in Eisleben ELKE PETRI Walter Hauke, SPD-Abgeordneter im preußischen Landtag TILO PRÜCKNER Karl Stock, Vorsitzender des Kreisgewerkschaftskartells FRANK-PATRICK STECKEL Arnold Hafer, Ortsvorsitzender der USPD in Eisleben OTTO MÄCHTLINGER Arbeiter und Vertrauensleute der Mansfeld AG: Max Küppers WILLEM MENNE Konrad Malchow, Mitglied der KAPD WOLFGANG WERMELSKIRCH Bernhard Schweichel MANFRED GÖTTING Bruno Hoffmann, Mitglied der USPD RÜDIGER HACKER Der Pförtner INGO LAMPE Vier junge Arbeiter: Emil Schäfer GERD DAVID Otto Panofski INGO LAMPE Franz Roske ROLAND TEUBNER Ruth Lask ANGELA WINKLER Gonschorek, leitender Funktionär der KAPD NIKOL VOIGTLÄNDER Max Hoelz WOLF REDL Erna Schrader, Arbeiterin, Frau von Paul Schrader JUTTA LAMPE Kaufmannsfrau ANGELA WINKLER Direktor Mansfeld WOLF REDL von Prittwitz, Personaldirektor der Mansfeld AG TILO PRÜCKNER Direktor Leuna HARALD KUHLMANN 3 Werkpolizisten RÜDIGER HACKER/MICHAEL KÖNIG/FRANK-PATRICK STECKEL Leutnant der Reichswehr HARALD KUHLMANN Zivilkommissar, Mitglied der SPD TILO PRÜCKNER 4 Schupos RÜDIGER HACKER/MICHAEL KÖNIG/TILO PRÜCKNER/FRANK-PATRICK STECKEL 3 Damen der besseren Gesellschaft JUTTA LAMPE/ELKE PETRI/ANGELA WINKLER

Regie WOLFGANG SCHWIEDRZIK Bühnenbild BRIGITTE FRIESZ/KARL-ERNST HERRMANN Kostüme MOIDELE BICKEL/JOACHIM HERZOG Regieassistenz CHRISTOF NEL Musik PETER FISCHER Musiker D. ENGELBRECHT (Schlagzeug) B. ROSENBERG (Klarinette) E. SCHOLL (Klavier)

PREMIERE 7. 3. 1972

Hier wird ein untaugliches Beispiel mit durchaus zeitgenössischen Mitteln vorgeführt, und das Ergebnis ist nostalgisch.

Roland H. Wiegenstein, Frankfurter Rundschau

Roland Teubner, Willem Menne, Nikolaus Dutsch

Wsewolod Wischnewski

OPTIMISTISCHE TRAGÖDIE

Ein Stück aus dem russischen Bürgerkrieg in der Bearbeitung der Schaubühne nach der Übersetzung von Friedrich Wolf

Die Roten Matrosen HANS DIEHL / NIKOLAUS DUTSCH / BRUNO GANZ / CLAUS THEO GÄRTNER / MICHAEL KÖNIG / RÜDIGER KIRSCHSTEIN / KLAUS-HARALD KUHLMANN / DIETER LASER / INGO LAMPE / CHRISTOF NEL / TILO PRÜCKNER / WERNER REHM / WOLF REDL / ROLAND TEUBNER Der Anführer PETER FITZ Der Heisere OTTO SANDER Alexej ULRICH WILDGRUBER Bootsmann OTTO MÄCHTLINGER Kommandeur RÜDIGER HACKER Wainonen WILLEM MENNE Kommissar ELKE PETRI Alexejs Engel KATHARINA TÜSCHEN Das Mütterchen KATHARINA TÜSCHEN Zwei Gefangene RÜDIGER KIRSCHSTEIN / KLAUS-HARALD KUHLMANN Die Frauen vom Abschiedsball SABINE ANDREAS / ELFRIEDE IRRALL / JUTTA LAMPE / RITA LESKA / KATHARINA TÜSCHEN / ANGELA WINKLER

Regie PETER STEIN Bühnenbild KLAUS WEIFFENBACH Kostüme SUSANNE RASCHIG Musik PETER FISCHER Dramaturgie FRANK-PATRICK STECKEL / DIETER STURM Regieassistenz GÜNTER LEHMANN / WOLFGANG WERMELSKIRCH Bühnenbildassistenz BRIGITTE FRIESZ Kostümbildassistenz JOACHIM HERZOG

PREMIERE 18. 4. 1972

Fernsehaufzeichnung für den WDR

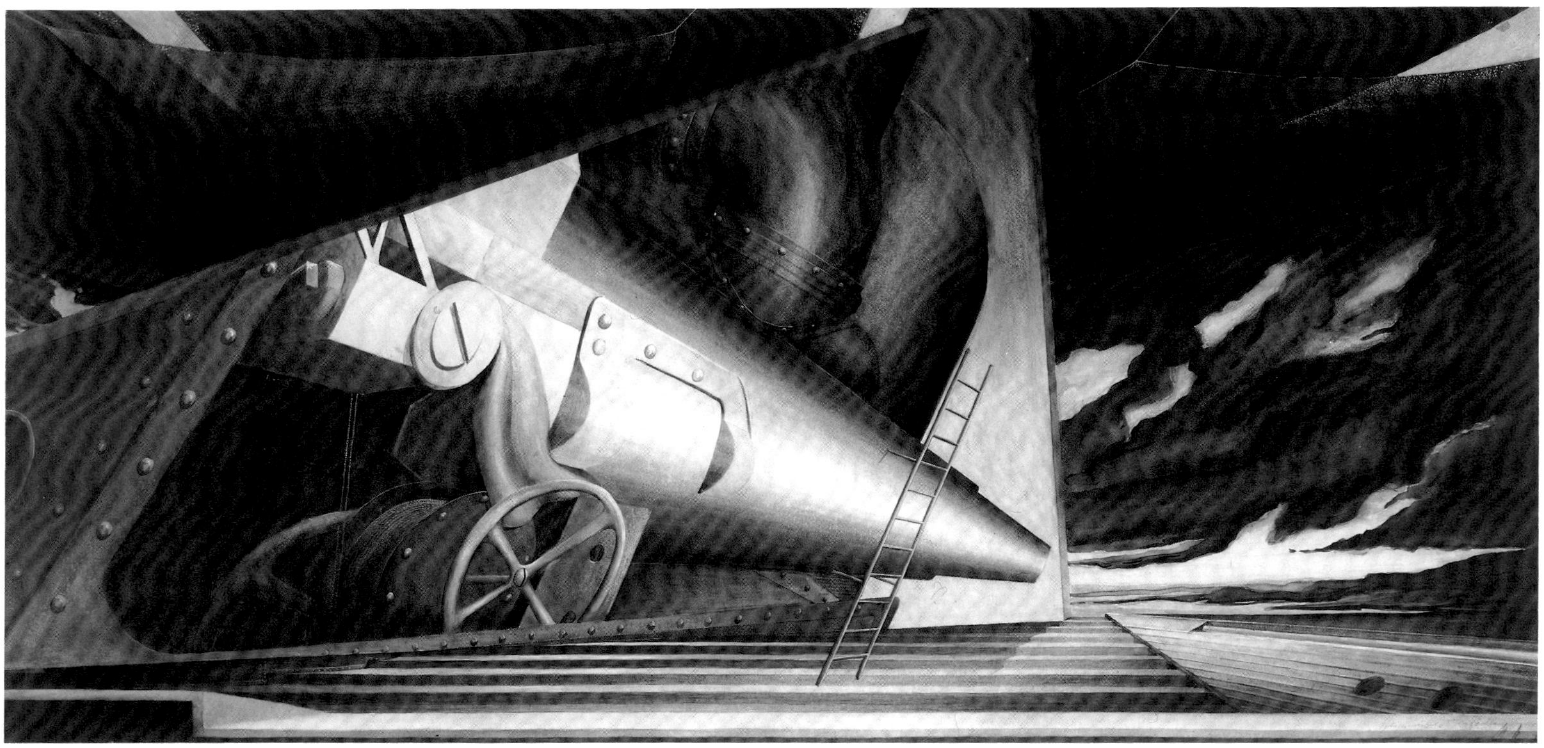

Michael König, Hans Joachim Diehl, Roland Teubner, Otto Sander, Bruno Ganz, Wolf Redl, Dieter Laser

Christof Nel, Klaus-Harald Kuhlmann, Ingo Lampe, Werner Rehm, Hans Joachim Diehl, Rüdiger Kirschstein, Nikolaus Dutsch, Wolf Redl, Michael König,

Roland Teubner, Dieter Laser, Tilo Prückner, Ulrich Wildgruber, Elke Petri, Willem Menne, Otto Sander, Rüdiger Hacker, Otto Mächtlinger

oben Ulrich Wildgruber unten Willem Menne, Elke Petri

Hans Joachim Diehl, Ingo Lampe, Ulrich Wildgruber, Otto Sander, Bruno Ganz, Werner Rehm, Nikolaus Dutsch, Willem Menne, Dieter Laser, Michael König, Roland Teubner, Christof Nel, Otto Mächtlinger

oben Wolf Redl, Michael König, Peter Fitz, Hans Joachim Diehl, Rüdiger Kirschstein, Bruno Ganz unten Christof Nel, Bruno Ganz, Michael König, Roland Teubner, Elke Petri, Ingo Lampe, Nikolaus Dutsch

Die Schaubühnen-Aufführung hat – als Grundstrom – einen langhingezogenen Nachdruck, sie scheut weder das Dumpfe noch das Grelle, weder das hochgeputscht Chargenhafte noch die ergriffene Heroisierung. Ihr geht – vom Stücktext aus gesehen zu Recht – alles distanziert Artifizielle, Zitathafte, Ironische, Leichtfüßige ab, Akzidenzien also, mit denen Peter Stein noch beim »Peer Gynt« brillierte.

Was auch heißt: Stein läßt sich in keine stilistische Manier einsperren, der Begriff der »Werktreue«, an und für sich als billige Entschuldigung für Konventionalität und bewußtlosen Traditionalismus längst vernutzt, gewinnt durch seine Arbeit wieder einen anschaulichen Inhalt.

Henning Rischbieter, Theater heute

Es war klar, daß die Schaubühne, daß die Inszenierung von Peter Stein mit einer Realisierung dieses Stücks Widerstände bei den Zuschauern wachrufen würde und wollte. Dabei riskierte die Aufführung, die Stein und seinem Ensemble den Mut zur oratorischen, ja opernhaften Eindringlichkeit abnötigte, bewußt die provokatorische Anwendung propagandistischer Theatermittel. Es ist dabei kein Nachteil, daß Stein diese Mittel mehr artifiziell als politisch herbeizitiert und weiterentwickelt. War schon der »Peer Gynt« auf andere, uns eingängigere Weise das Ergebnis theatralischer Distanzierung, so wurden auch hier kühl die Mittel an den Mann gebracht und vorgezeigt, von denen Revolutionstheater leben muß, wenn es nicht in Revolutionen spielt, diese nur spielerisch zitiert.

Frappant war dabei schon der Bühnenbau. Klaus Weiffenbachs Bühnenbild sprang, zuerst ein Schiff, dann ein Schlachtfeld-Panorama darstellend, als aggressiv-kunstvolles Dreieck in die Zuschauertribünen, die das Stück von zwei Seiten umschlossen, so daß Schlachten gegen das Publikum geführt wurden. Das gab, in seiner ungewohnten Überschaubarkeit, Stein Möglichkeiten zu stupend schönen Arrangements, zu plötzlich ungewohnt nahen Konfrontationen, kurz: zu einer Bühne, die in ihren aufsteigenden Reliefs auch die Konfrontation zwischen Personen zu reliefartiger Deutlichkeit heraushob.

Hellmuth Karasek, Die Zeit

Ensemble

Ödön von Horváth

GESCHICHTEN AUS DEM WIENER WALD

Ein Volksstück

Billardeure OTTO MÄCHTLINGER/WOLF REDL Die Großmutter ELFRIEDE IRRALL Die Mutter KATHARINA TÜSCHEN Alfred MICHAEL KÖNIG Valerie EDITH CLEVER Der Hierlinger Ferdinand WERNER REHM Der Rittmeister OTTO SANDER Realschülerin RAYOLI DADAS Oskar BRUNO GANZ Havlitschek TILO PRÜCKNER Ida REGINA ERNST/DAGMAR MÜLLER 3 Straßenmänner INGO LAMPE/WILLEM MENNE/MARIO SCANZONI Marianne JUTTA LAMPE Eine Gnädige Frau SABINE ANDREAS Der Zauberkönig DIETER LASER 2 Tanten SABINE ANDREAS/ELKE PETRI Erich RÜDIGER HACKER Emma ELKE PETRI Installateur MARIO SCANZONI Helene SABINE ANDREAS Baronin ELKE PETRI Stimme des Beichtvaters BRUNO GANZ Salamuccimann TILO PRÜCKNER Tanzpaar BRIGITTA DRESEWSKI/INGO LAMPE Mister PETER FITZ Conferencier KLAUS-HARALD KUHLMANN Gorlitzka ROLAND TEUBNER

Regie KLAUS MICHAEL GRÜBER Bühnenbild KARL-ERNST HERRMANN Kostüme MOIDELE BICKEL Dramaturgie DIETER STURM Assistenz BRIGITTE FRIESZ/ELLEN HAMMER/JOACHIM HERZOG/JAN KAUENHOWEN Technische Leitung EBERHARD MATTHIES a. G.

Die Textfassung benutzt u. a. Entwürfe und Varianten zu »Geschichten aus dem Wiener Wald«

PREMIERE 18. 8. 1972

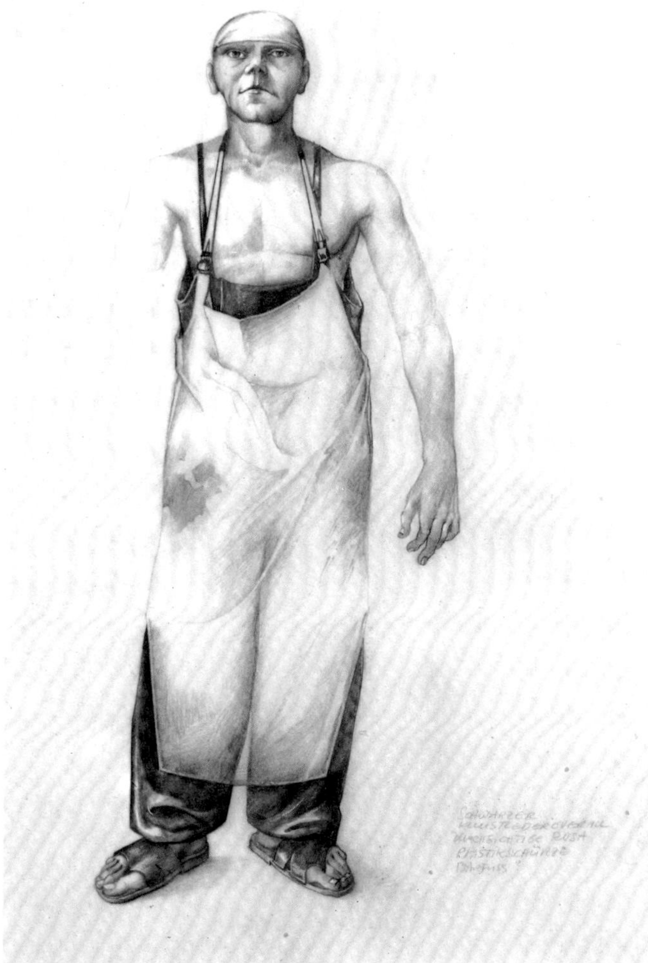

Mario Scanzoni, Ingo Lampe, Tilo Prückner, Dieter Laser, Jutta Lampe

Michael König, Jutta Lampe

Katharina Tüschen, Michael König, Elfriede Irrall

oben Michael König, Edith Clever, Elfriede Irrall unten Edith Clever, Michael König

Edith Clever, Michael König, Elfriede Irrall, Otto Sander

Wozu eine Bühne von der Größe eines Hallenhandballspielfeldes, wenn sie nicht in voller raumgreifender Aktion durchmessen werden muß? Horváths Stück erfordert in seinen fünfzehn Szenen neun Handlungsorte. Was eine Drehbühne buchstäblich spielend zur Wirkung brächte, das verzettelt sich hier in einer unebenen, weder dekorativen noch sonderlich praktikablen Bühnenlandschaft. Da liegt der Tabakladen der mannstollen Valerie halbwegs zwischen der Wachau-Heimat ihres zeitweiligen Liebhabers Alfred und dem möblierten Zimmer im achtzehnten Bezirk, in dem sich Alfred mit Marianne einmietet – eine augenfällige Beziehung zwischen diesen Spielorten aber stellt sich nicht her und gibt es auch nicht; zu registrieren ist lediglich ein Verlust an Milieuechtheit und atmosphärischer Stärke. Wobei »Verlust« noch zu wenig besagt: »Ausfall« ist das angemessene Wort.

Denn auf den strengen Realismus Horváths, Konzentrat einer sorgfältig gefilterten und gesiebten naturalistischen Genauigkeit, kommt es dem Regisseur Klaus Michael Grüber nicht an; was er will, ist Übersteigerung und Verzerrung: die große grotesk-pittoreske Schau. Schön und gut, wenn der Stoff danach verlangt, ein Genet etwa oder ein Gombrowicz – Horváth ist damit überfordert. An die Stelle der »Demaskierung des Bewußtseins«, die hier mit den Mitteln des Dialogs stattfinden soll, tritt ein grelles, schrilles Spektakel, durchsetzt mit theatralischen Luftlöchern, in denen schlechterdings gar nichts passiert – ganz bestimmt jedenfalls nicht das produktive Nichts, das, laut Horváth, die Pausen im Dialog darstellen (»hier kämpft das Bewußtsein oder Unterbewußtsein miteinander«). Um den langen Abend noch länger werden zu lassen, hat der Dramaturg Dieter Sturm in Horváths Endfassung des Stücks »Entwürfe und Varianten« eingefügt: zeitgeschichtlich-gesellschaftspolitische Räsonnements zweier Billardspieler sowie ein Lamento des den sündigen Lebenswandel des Kindes mit einem Schlaganfall büßenden Vaters der Marianne. Als ob Horváth nicht sehr genau gewußt hätte, daß er auch für die schönsten »Geschichten« das Publikum nicht länger als drei Stunden in Anspruch nehmen darf!

Arme Schauspieler! Daß dem Ensemble der Schaubühne Protagonisten älteren Jahrgangs fehlen, ist bekannt; daß dieser Mangel bisher durch kunstvoll stilisiertes Spiel hat wettgemacht werden können, desgleichen. Jetzt aber, unter Grübers Regiehand, sind sie allesamt, ob mehr oder weniger jung, zu gröblichem Chargieren angehalten. Ob Jutta Lampe die Marianne, Bruno Ganz den Oskar, Michael König den Alfred, Edith Clever die Valerie, Dieter Laser den Vater Mariannes, ob Katharina Tüschen die Mutter Alfreds und Elfriede Irrall seine Großmutter im Horváthschen Sinne »richtig« spielen könnten, bleibt eine offene Frage. Sie alle, als gute, ja sehr gute Schauspieler bekannt, erscheinen hier in einer Form, die ihnen ihre spezifischen Qualitäten nicht abverlangt. Gewiß wird man einwenden können, hier und da käme es trotz alledem zu eindringlichen, böse-traurig faszinierenden Momenten. Das sei gern zugestanden: es sind heiße Tropfen auf einen kalten (und kalt bleibenden) Stein.

Günther Grack, Der Tagesspiegel

Die Abkehr vom Realismus enttäuscht Erwartungshaltungen. Die Aufführung ist – und will sein –: Schock. Aber ist dies nicht der Schock, den das Stück bei der Uraufführung vor einundvierzig Jahren bei den Zuschauern ausgelöst hat? Tut Grüber, der bei Strehler gelernt hat, nicht recht daran, uns die literarhistorisch-dramaturgische Brille abzunehmen, durch deren Perspektive wir den ungemütlichen Horváth so schön auf Abstand und Überschaubarkeit gebracht haben?

Gestehen wir's doch: Die überfällige, fast zu späte »Horváth-Renaissance« ist diesen »Volksstücken« der zwanziger und frühen dreißiger Jahre nicht immer gut bekommen. War das, selbst in den besten Aufführungen, so ganz ohne Langeweile, wenn wir Kleinbürger im Zuschauerraum, die wir aus der historischen Distanz über ein wenig mehr an Aufklärung verfügten, den Kleinbürgern auf der Bühne zuschauten, die da mit den Redensarten der Hilflosigkeit ins Unglück stolperten? Sicher, da war historisches Interesse, die Freude an der (Wieder-)Entdeckung eines der wichtigsten Dramatiker der ersten Hälfte dieses Jahrhunderts. Aber ging es uns an? Tat es weh? Und was ist ein Horváth, der nicht weh tut? Was war übrig von Horváths Wunsch »Mit vollem Bewußtsein zerstörte ich das alte Volksstück, formal und ethisch – und versuchte als dramatischer Chronist die neue Form des Volksstückes zu finden«? Was lebt noch von der »Satire«, zu der Horváth, nach eigenem Geständnis, »absolut positiv« stand? Konsumieren wir nicht Horváths »Volksstücke« inzwischen ohne die imaginären kritischen Gänsefüßchen, auf denen uns Horváth seine Dramen entgegenschickt?

Fragen, die Grübers Inszenierung provoziert. Hier tut Horváth wieder weh. Die wütende Gereiztheit der örtlichen Kritik auf eine selbst in Momenten der Verfehlung und des Scheiterns außerordentliche Leistung ist nicht leicht verständlich. Wohl nimmt Grüber uns den liebgewordenen Realismus, das Horváth-Klischee, aber was er dafür gibt, kann sich sehen und hören lassen, zählt (für mich) zu den bedeutendsten, anregendsten Theaterarbeiten der letzten Jahre.

Die Aufführung markiert eine Etappe der Horváth-Rezeption. Sie wagt einen ersten Schritt in neues Gelände. Von daher die nicht zu übersehenden Unsicherheiten, Gewaltsamkeiten. Grüber und die Schaubühne machen ein Angebot: auch so kann Horváth gespielt werden. Wo Regisseur und Schauspieler danebengreifen, geschieht dies nicht aus Mißachtung des Dramatikers oder aus Gefallsucht, sondern aus einem Zuviel an visionärer Durchdringung des Textes, aus einer unökonomischen Sucht, jedes Wort in Bild oder Geste umzusetzen. Das wirkt oft verstörend. Das aber ist auch Voraussetzung für den ungewöhnlichen optischen und akustischen Zauber der Inszenierung, vor allem für die präzise Bewegungsregie.

Ausgezeichnet die Führung der Schauspieler. Auch hier läßt sich die Regie von der Bildwelt der zwanziger Jahre (George Grosz, Film) Anregungen zuspielen. Michael König, der an der Schaubühne noch nie so gut zu sehen war, spielt den Strizzi Alfred mit manierierten Gesten und Bewegungen. Im weißen Seidenanzug schraubt er sich in Umarmungen, führt sich vor in den Spreizgebärden eines Bodybuilding-Athleten und stellt mit allen Nuancen den Mann vor, der sich einschleicht und wieder davonstiehlt. Wunderbar gelingt Grüber die Liebesszene am Donau-Ufer. Jutta Lampe als Marianne im schwarzen Badedreß und mit Korkenzieherlocken blüht so herrlich selbstvergessen auf, gibt sich so natürlich ihrer Natur hin, daß sie kein Ohr, kein Auge hat für die gestelzten Bewegungen des Mannes, der schon mit dem Körper lügt.

Rolf Michaelis, Frankfurter Allgemeine Zeitung

Heinrich von Kleist

PRINZ FRIEDRICH VON HOMBURG

Friedrich Wilhelm, Kurfürst von Brandenburg PETER LÜHR Die Kurfürstin KATHARINA TÜSCHEN Prinzessin Natalie von Oranien, seine Nichte, Chef eines Dragonerregiments JUTTA LAMPE Feldmarschall Dörfling WOLF REDL Prinz Friedrich Arthur von Homburg, General der Reiterei BRUNO GANZ Hennings, Oberst der Infanterie WILLEM MENNE Graf Truchß, Oberst der Infanterie OLAF BISON Graf Hohenzollern, von der Suite des Kurfürsten WERNER REHM Rittmeister von der Golz PETER FITZ Obrist Kottwitz, vom Regiment der Prinzessin von Oranien OTTO SANDER Graf Reuß, Rittmeister WILLEM MENNE

Regie PETER STEIN Bühnenbild KARL-ERNST HERRMANN Kostüme MOIDELE BICKEL Dramaturgie BOTHO STRAUSS Assistenz ELLEN HAMMER/JAN KAUENHOWEN

PREMIERE 4. 11. 1972

Gastspiele in Bad Godesberg, Frankfurt-Hoechst, Paris, Köln, Leverkusen, Florenz, Wien, Hamburg, Zürich, Göteborg, Oslo, Kiel, Warschau, Stuttgart
Fernsehaufzeichnung für den SFB Schallplattenaufzeichnung für die Deutsche Grammophon

Tradition: was einmal war, was wir nicht mehr sind, was aber immerhin unsere Vergangenheit ist – das wird hier sinnlich gegenwärtig gemacht und geprüft. Mit einer Dichtung von Kleist ließe sich, ob feierlich oder nur beflissen oder besserwisserisch, fast nach Belieben umspringen. Kleists Traumerwartung von einem »richtigen« Leben ist kein so manipulierbarer Kunst-Stoff. Sie fragt nun unvermittelt von der Bühne ins Parkett, ob nicht Traum über alle realen Verhältnisse hinaus auch für uns noch immer etwas Schönes, Notwendiges und – Lästiges, Lächerliches ist.

Wenn Bruno Ganz als zum Tode verurteilter, wider alle Vernunft auf Begnadigung hoffender Prinz in seiner Gefängniszelle sitzt, nickt heiter, trotzig, allem Unheil gewachsen sein Kopf. Plötzlich springt sein Körper auf, die Hände rückwärts nach einer unsichtbaren Wand tastend. Der Kopf in Hoffnung, der Körper in Angst: Leib und Seele geraten diesem Bühnenidealisten immer wieder auseinander. Mit geschwollenem Tränengesicht steht Jutta Lampe über dem vor Todesangst winselnden Prinzen, doch plötzlich wächst eine idealische Haltung aus ihrer Physis und über sie hinaus, und hochaufgerichtet, mit einer kindlichen Gesinnungsstimme, die kaum noch ihre ist, fordert sie ihn auf zu heldischerer Fassung.

Doch so idealistisch gespalten zwischen Pathos und Misere die Figuren sein mögen – Steins Schauspieler, die sie darstellen, machen gerade am Körper wieder das Bewußtsein, die Seele sichtbar, sie entwickeln den Gestus aus der Sprache, und das noch in den harmlosesten Momenten. »Die rührendste Begebenheit« kündigt ein Bote (Olaf Bison) an, der von Stallmeister Frobens Opfer und des Kurfürstens Rettung erzählen will, und diese Formel prägt nun seine betulich didaktische Vortragshaltung. Er bringt da eine Wilhelminische Lesebuch-Rarität zum Vortrag. Was die Überlieferung aus Kleist *auch* gemacht hat, sieht man diesem Aufsage-Onkel an. Das ist nicht Besserwisserei und Kabaretthohn, auch das ist gespielte Tradition, verkörperter Idealismus, diesmal ein muffiger.

Glatt wegspielen läßt sich Kleists flatternde, oft auch reißende, bockende Verssprache nicht. Steins Schauspieler zeigen vor, wie sie ihre Überdruck-Metaphern erfinden. Der Prinz bedrängt die um den (angeblich toten) Kurfürsten trauernde Natalie: »Schlingt Eure Zweige hier um diese Brust.« Darauf sie: »Wenn ich ins innre Mark ihr wachsen darf?« Die Sprache selbst dreht und rankt nun die sprechenden Schauspieler hoch in eine schwül wuchernde, sinnliche Ballettschraube und Umarmung, so manieriert ernst, so überwahrscheinlich schön und verrenkt wie die Verse. Ist das komisch?

Steins die Poesie wieder körperlich beim Wort nehmende Regie reizt eine Prüderie zum Lachen, die sich zum Buchstaben eines auch exaltierten Textes nichts Physisches mehr zu denken wagt. Wieder, wie schon im »Tasso«, nimmt die Aufführung die Schönheitstrance eines Stückes scheinbar gläubig in sich auf, spitzt sie so sinnlich zu, daß der Umschlag ins Lächerliche immer wieder droht. Doch die Komik der hier dauernd alle Realität überwuchernden sinnlichen und übersinnlichen Sehnsüchte ist schon in Kleists Text eingeschrieben. Während der Prinz und Natalie sich in ihre Umarmung hineinsingen, hockt unter ihnen noch die trauernde Kurfürstin (Katharina Tüschen). Stein läßt diese eben noch stolze, jetzt ungestützte Pietà langsam zusammenbrechen in einen armen Trauerhaufen.

Reinhard Baumgart, Süddeutsche Zeitung

Zu sehen ist: ein finsterer Bühnenraum, schwarzes Tuch als Hintergrund. Spärlich zartes Licht, nicht preußisch blau, sondern künstlich violett, produziert anti-illusionäre Magie. Und dann, im luftig unirdischen Bühnenbild von Karl Ernst Herrmann, gekleidet in ein Phantasie-Weiß, das in dieser Beleuchtung zur Mischung gerät aus Tänzertrikot, Smokinghose und Verfremdungssymbol, schwebt ein Unwirklicher herein. Man kann nicht sagen, er tritt auf, denn der üppige Bühnenboden verschluckt alle Geräusche, alle Schritte der nackten Füße. Der Weiße bückt sich, verweilt, bückt sich. Im Parkett herrscht Totenstille. Man sieht, er hebt Blätter vom Boden auf. Im Hintergrund huschen Unerkennbare vorbei, schauen kurz zu, verschwinden. Die Pantomime ist zeitlos wie ein Traum. Sie ist schön, sie ist bedeutungsvoller Überfluß.

Stein reinigte das Kriegsstück zum Traum. Gäbe es nur die Fabel – und nicht auch den bis ins einzelne in konkreter Sprache fixierten Text, so hätte Stein vielleicht recht. Doch da der Text sich auch großartig ans Reale und Historische hält, präzise einen Vorgang konstruiert, durchsetzt ist mit Wirklichkeitsbrocken und Metaphern, die tiefe innere Spannung verraten (nicht bloß optimistische Schönfärberei), darum verfehlt diese Aufführung Kleists rhythmischen Ernst vollkommen.

Ich halte Peter Steins Konzept für falsch, für klug, verführerisch und feige. Jetzt kann er von vornherein entwirklichen, in Anführungszeichen sprechen lassen. Jetzt kann er Kleists Wahrheit unterlaufen, ohne Kleist kritisch denunzieren zu müssen. Er denunziert ihn nur eben weit sublimer, ästhetizistisch, ja utopisch, indem er eine, vielleicht auch mögliche, Konsequenz aus 1857 Versen zur Spielanleitung für alle diese Verse macht, denen nun aber fast jede Entfaltungsfreiheit fehlt. In Chaplins vielleicht schönstem Film »The Kid« träumt die Hauptfigur, daß die schäbige Hinterhofwelt als Paradies erscheint: Gassenköter, gemeine Polizisten, versoffene Wüteriche – sie alle haben plötzlich Engelsflügel oder Rauschebärte, sind nicht von dieser Welt (die folglich schäbig bleibt). So hat Stein Kleist entschärft. Identifikation, ein klarer Handlungsablauf, Wirklichkeit als Stoff für Verwandlung: das alles konnte sich nicht einstellen. Die besten Momente dieser Aufführung waren sicherlich das Beste, was dem beängstigend talentierten Peter Stein je gelungen ist. Nur wäre es wahrscheinlich sehr viel schwerer gewesen, Kleists dramatische Konflikte zu inszenieren, statt solcher Träumereien an preußischen Kaminen.

Deutschlands interessantestes Theater hat sich mittels einer ästhetisierenden, am Schluß kolportagehaft die Hinrichtung eines Menschen und den Triumph einer Puppe demonstrierenden Aufführung um Kleists leidenschaftlich idealisierendes Preußendrama gemogelt. Die Inszenierung sensibilisiert artistisch, sie macht gewiß ungeduldig gegen Stadttheater und ist doch selber nur eine Paraphrase, wo manches – etwa die Befehlsausgabe – in Operettennähe rückte, manches wie in Anführungsstrichen erscheint und auch konventionelles Bibberdröhnen möglich ist.

Der Versuch, einen Text des 19. Jahrhunderts sich bei der Entfaltung gleichsam selbst in Frage stellen zu lassen, scheiterte hier, weil die realistisch-phantastische Kraft des Kleistschen Dramas keine Chance bekam. Ein Träumer litt im Traum-Preußen. Alle Feinde Brandenburgs können beruhigt sein.

Joachim Kaiser, Süddeutsche Zeitung

Die »Schaubühne am Halleschen Ufer«, Berlin, spielt zur Zeit den »Prinzen von Homburg«, und das enthusiasmierte Geschrei, das die Mehrheit der Feuilletonisten darüber anstimmt, zeigt, wie sehr die Zeit der politischen Aufklärung im Verschwinden ist, wie sehr die alte neue, sentimentale Verinnerlichung wieder um sich greift. Ich sah nie solch einen unpolitischen, rührseligen Abend wie in der »Schaubühne«.

Homburg weiß eigentlich nie, was er tut: Ein in Preußen unerhörter Vorfall. Er träumt, er liebt, er siegt, er bettelt um sein Leben, er will für die Staatsraison sterben, aber immer als unbewußte Schwärmerei, die in ihrer Bewußtheit immer noch die Identität mit der preußischen Vernunft behält. Homburg kann sich sein irratio-

nales Verhalten, seine charakterlichen Brüche im Umgang mit dem Kurfürsten, der Natalie, der Kurfürstin usw. noch nicht erklären. Das Faszinierende am »Prinzen von Homburg« ist eben, daß Homburg sich noch im strahlenden Einverständnis mit der preußischen Staatsvernunft befindet, die aber für seinen zerstreuten Subjektivismus keinen Platz, kein Verständnis hat. Nur so vereinsamt Homburg, nur so rebelliert Homburg, aber er hat noch keinen begrifflichen Reflex davon wie Kleist!

Der Mischung aus märkischer Provinz, Güte, Einsicht, Hegelscher Arroganz und Kälte des Kurfürsten ist Homburg nicht gewachsen, also zehrt er sich in den zahllosen, unreflektierten Brüchen, Inkonsequenzen seines Charakters auf. Bei Stein war von

alledem nichts zu sehen, weil die Verinnerlichung schon die Majorität der Inszenierung ausmachte, weil Stein und Strauß einen Homburg der heutigen siebziger Jahre spielen ließen, und in der Heuchelei, sie würden ausschließlich den Kleist um 1811 spielen, die historische Distanz, den historischen Widerspruch, eben den Kleist um 1811, von der Bühne wischen. Und natürlich, da das Gros der Feuilletonisten, die, mit Ausname von Kaiser und Iden, historisch überhaupt nicht mehr denken können – müssen diese Leute auch ihr aktuelles, sehr verinnerlichtes, sehr schwammiges Gefühl, angesprochen im »Prinzen von Homburg« des Botho Strauß, für bare Münze halten.

Hartmut Lange, Konkret

oben Bruno Ganz, Werner Rehm, Peter Lühr, Jutta Lampe, Katharina Tüschen, Peter Fitz unten Katharina Tüschen, Wolf Redl, Bruno Ganz, Jutta Lampe, Otto Sander, Willem Menne, Olaf Bison, Werner Rehm, Peter Lühr

Bruno Ganz, Jutta Lampe, Katharina Tüschen

oben Bruno Ganz, Ensemble unten Bruno Ganz, Werner Rehm, Wolf Redl, Peter Fitz, Otto Sander, Katharina Tüschen, Peter Lühr, Jutta Lampe, Willem Menne, Olaf Bison

Marieluise Fleißer

FEGEFEUER IN INGOLSTADT

Komödie

Berotter OTTO MÄCHTLINGER Olga ANGELA WINKLER Clementine SABINE ANDREAS Christian INGO LAMPE Roelle RÜDIGER HACKER Peps MICHAEL KÖNIG Hermine Seitz ELKE PETRI Protasius TILO PRÜCKNER Gervasius KLAUS-HARALD KUHLMANN 1. Ministrant ROLAND TEUBNER 2. Ministrant GERD DAVID Frau Roelle CHRISTINE OESTERLEIN 1. Schüler MARIO SCANZONI 2. Schüler MANFRED GÖTTING 1. Schülerin BARBARA SABASS 2. Schülerin KAJA MAIER

Regie PETER STEIN Bühnenbild KARL-ERNST HERRMANN Kostüme JOACHIM HERZOG Assistenz WOLFGANG WERMELSKIRCH Dramaturgie FRANK-PATRICK STECKEL

PREMIERE 19. 12. 1972

Gastspiele in Recklinghausen, Hamburg, Bad Godesberg, Leverkusen, Frankfurt-Hoechst, Warschau

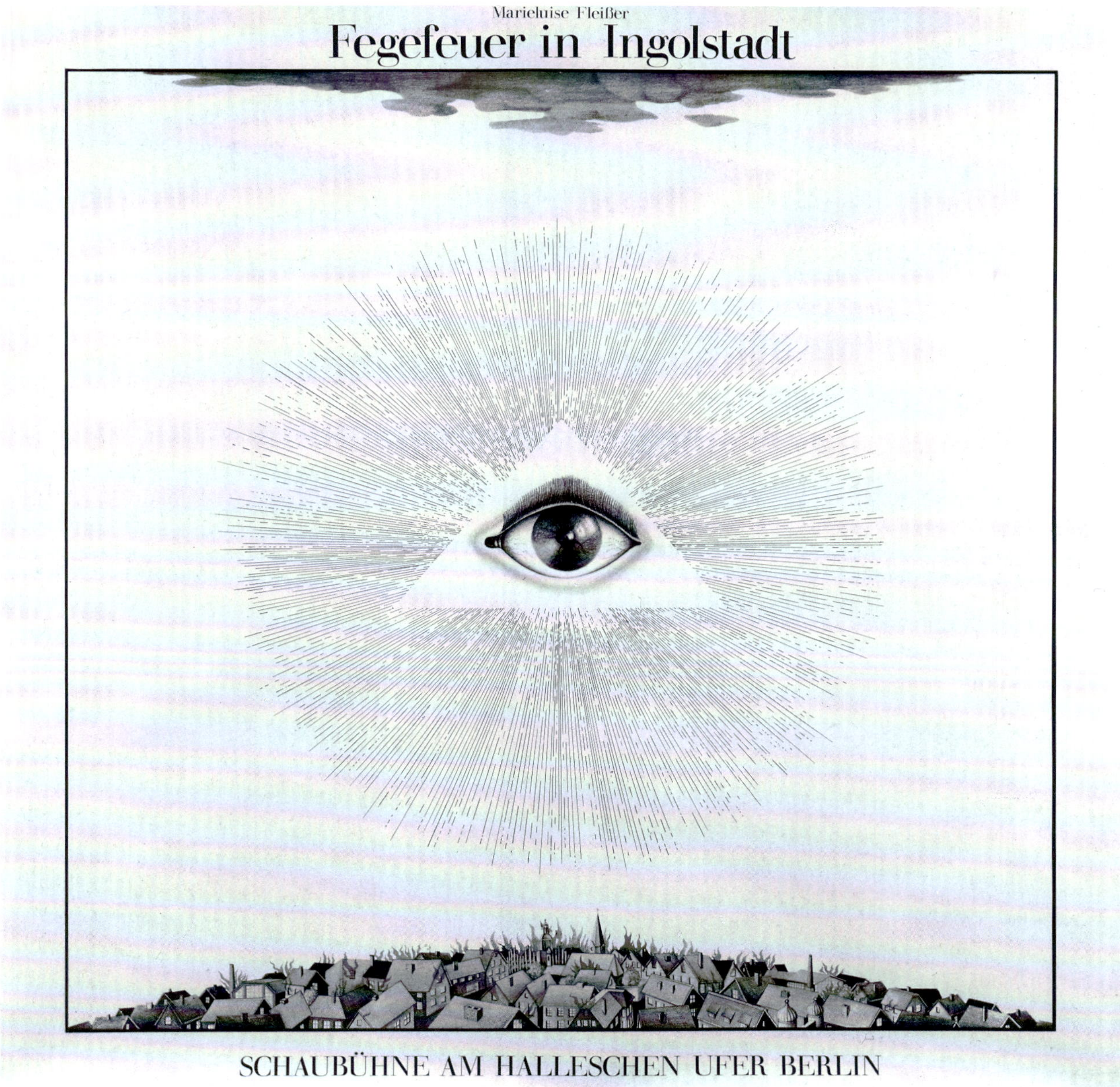

oben Angela Winkler, Otto Mächtlinger, Sabine Andreas unten Angela Winkler, Rüdiger Hacker

oben Roland Teubner, Rüdiger Hacker, Gerd David unten Gerd David, Rüdiger Hacker, Roland Teubner, Angela Winkler

oben Elke Petri, Barbara Sabaß, Sabine Andreas, Manfed Götting, Ingo Lampe, Kaja Maier unten Christine Oesterlein, Rüdiger Hacker, Klaus-Harald Kuhlmann

Peter Stein hat das »Fegefeuer« nicht als Gleichnis inszeniert, sondern als alptraumhaft großes, doch präzises Soziogramm einer kranken Kleinstadt. Kein Mysterienspiel ist da zu sehen, sondern ein Aggressionsspiel: die Figuren werden nicht symbolisch voneinander isoliert, sondern konkret aufeinandergehetzt.

Kein Datum für die Theatergeschichte, keine Produktion für die Weltstädte, keine gefährdete Kostbarkeit wie der »Homburg«. Stein hat sich in ein Stück zögernd, neugierig hineinbegeben, und er hat dessen Rätsel, dessen Umwege und Unbeholfenheiten gelassen akzeptiert. Es gibt diesmal also keinen spektakulären konzeptionellen Überbau, den man bestaunen oder beschimpfen könnte; und man sieht auch nicht die großen Artisten der Schaubühne. Aber trotzdem auch hier: Theater aus Nerven und Details, Theater, das einen aufmerksam macht und zuversichtlich. Zuversichtlich vor allem deshalb, weil ein weitverbreitetes Mißtrauen an diesem Abend hinfällig geworden ist: daß auch dieses Ensemble mit seinen Virtuosen (mit Bruno Ganz also, mit Edith Clever und Jutta Lampe) lebt und fällt.

Benjamin Henrichs, Süddeutsche Zeitung

Frau Fleißer wird gespielt, als hieße sie Marieluise Hasenclever oder Toller. Langsame Gesten ausdrücklichen Schmerzes werden gezogen. Man hört kleine neurasthenische Laute von den Figuren, Piepser, winziges Stöhnen, ein beständiges Ächzen, Atmen in Not.

Der langsam beschreibende Zug ist an sich wirkungsvoll, er bezeichnet auf seine Weise, indem er schön und vorsätzlich auf die Nerven geht, eben den Notstand einer Jugend, ihre Unsicherheit und falsche Bevormundung. Lauter Neurotiker.

Aber das reale Fegefeuer, in das die Jugend bei der Fleißer doch gerät, das religiöse Irrläufertum, die Gotteshysterie in Abwehr oder scheußlicher Ergebung – das eben stellt sich gar nicht ein.

Es gab viel Erstaunliches zu sehen diesmal in der Schaubühne. Aber, es exzellent umschreibend und oft blendend schön paraphrasierend, hatte man am Ende das ganze Stück doch nicht gespielt, hatte es verfehlt.

Friedrich Luft, Die Welt

Rüdiger Hacker, Angela Winkler

Botho Strauß

DIE HYPOCHONDER

Vladimir PETER FITZ Nelly EDITH CLEVER Vera JUTTA LAMPE Gebrüder Spaak OTTO SANDER/OTTO MÄCHTLINGER Elisabeth CHRISTINE OESTERLEIN Jakob PETER FITZ

Regie WILFRIED MINKS Bühnenbild WILFRIED MINKS Kostüme MOIDELE BICKEL/JOACHIM HERZOG Dramaturgie DIETER STURM Regieassistenz ELLEN HAMMER/WOLFGANG WERMELSKIRCH Bühnenbildassistenz BRIGITTE FRIESZ

PREMIERE 14. 3. 1973

Die Brüche des Stücks, diese Umschwünge etwa von Slapstick- oder Horrortrubel zu Zwiegesprächen von hirnschmelzender Empfindsamkeit, dunkelraunender Hellsicht, sie werden von Minks nicht etwa triumphierend aufgerissen, sondern geduldig auseinander motiviert. Unmerklich gleiten, rutschen die Szenen von einem Medium ins andere, vom scheinbar Flachen ins scheinbar Tiefe. Die Melancholie ist nur die Kehrseite der Fidelität und umgekehrt. So einfach sich das hinschreiben läßt, so schwer ist es zu realisieren. Der Bühnenbildner Minks mußte als Regisseur offenbar erst von einem so künstlichen Theatertext herausgefordert werden, um seine szenische Phantasie so fließend, so natürlich, ganz ohne Rucken und Reißen arbeiten zu lassen.

Das Stück entwickelt nun seine sinnlichen, ja physischen Reize. Edith Clever als Nelly schleift ihre Figur elegisch, in den Trance-Roben Moidele Bickels, durch immer neue, welke Damenposen. Ihre nostalgischen Allüren erinnern an Munch, an Stummfilm-Morbidezza, an Josef von Sternberg. Doch plötzlich kann die Clever dann ihren Körper um den schüchtern auf dem Sofa thronenden Vladimir aggressiv, hilfesuchend herumschwingen wie zu einer Bauchwelle am Reck. Zwischen wunderbar zarten, idyllisch summenden Bildern (das Paar spielt milchtrinkend Halma [!], Nelly an Vladimirs Schulter langsam wegdösend) und grellen physischen Ausbrüchen (die Clever, eben noch ein elegischer Schwan, kickt jäh einen Aktenkoffer durch den Raum wie vom Elfmeterpunkt) gibt es keine andere Dissonanz als die einer solchen, überlebensgroßen Liebesgeschichte angemessene: da treiben sich eben zwei in aller Sanftheit und Zuneigung zum Wahnsinn.

Ist das komisch? Merkwürdigerweise doch. Schließlich: das Lachen, das diesmal in der Schaubühne offen zum Ausbruch kommt (und als nächstes wird Peter Stein dort eine Labiche-Komödie inszenieren), war ja in allen wichtigen Produktionen der Truppe, vom »Tasso« bis zum »Homburg«, schon vorbereitet. Immer wurde da schon so weh und scharf auf einem Gefühlsgrat balanciert, auf dem der Widerspruch von Pathos und Komik sich aufhebt.

Reinhard Baumgart, Süddeutsche Zeitung

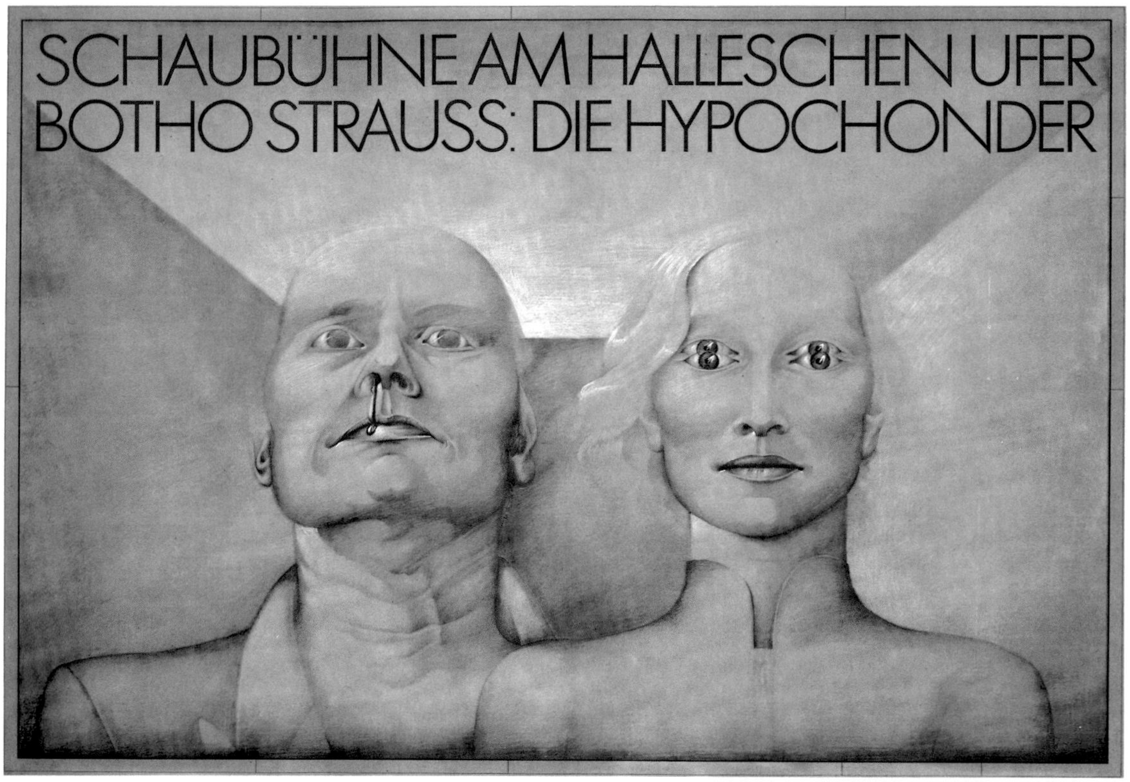

Edith Clever

oben Otto Sander, Otto Mächtlinger, Edith Clever unten Peter Fitz, Edith Clever

Jutta Lampe, Edith Clever

Edith Clever, Christine Oesterlein

Edith Clever, Peter Fitz

GILGAMESCH UND ENGIDU

I. Teil

KOLLEKTIVPRODUKTION

TILO PRÜCKNER ROLAND TEUBNER WILLEM MENNE WIGAND WITTING ANGELA WINKLER KLAUS-HARALD KUHLMANN INGO LAMPE KATHARINA TÜSCHEN

PREMIERE 12.4.1973

Fernsehaufzeichnung für den SFB

Die Aufführung fasziniert durch eine wortkarge, rauhe Poesie; aus der Bühnenlandschaft mit Gebirge, Baum und Busch, mit beschilfter Wasserstelle und einer bis zur Decke des Saales sich türmenden Stadt aus Kisten, Körben und Treppen holen Scheinwerfer jeweils den Schauplatz heraus, und das nächtliche Gewimmel der Tiere, die Kämpfe Gilgameschs und die Domestizierung Engidus, ganz zu schweigen von der wilden Phantastik des Dämonenkampfes, sind sinnliches, pralles, temperamentvolles Theater, aufbrodelnd immer wieder in schier pantagruelischem Humor.

Hellmut Kotschenreuther, Mannheimer Morgen

Die unbändige Phantasie dieser Aufführung läßt sich am besten mit dem Drachenkampf beschreiben, den die beiden Freunde am Ende gemeinsam führen. Sie treten mit zwei riesenhaften – Hellebarden ähnlichen – Messern an, nähern sich dem wallenden Ungetüm und kämpfen; plötzlich jedoch hat das Ungeheuer den Engidu verschlungen. Da das Stück so schlimm nicht ausgehen kann, erwartet man, ihn wie Jonas aus dem Wal wieder herausgespien zu sehen; doch diese konventionelle Erwartung wird enttäuscht, denn mit einem Male sieht man, wie sich aus dem Rücken des Drachen, und zwar von innen, das Riesenmesser Engidus durchsäbelt nach außen, und wie Engidu nachfolgt, während der dergestalt von innen her erledigte Drache verendet. Es ist fast schade, daß derartige Einfälle, von denen dieses Stück strotzt, Kindern vorbehalten bleiben sollen.

Wolfgang Schivelbusch, Spandauer Volksblatt

Tilo Prückner, Klaus-Harald Kuhlmann, Willem Menne, Wigand Witting

Bertolt Brecht

DIE AUSNAHME UND DIE REGEL

Kaufmann WOLF REDL Kuli MICHAEL KÖNIG Führer WERNER REHM Polizist GERD DAVID/GERD WAMELING Händler OTTO MÄCHTLINGER
Richter RÜDIGER HACKER Frau des Kuli SABINE ANDREAS

Regie FRANK-PATRICK STECKEL Bühnenbild und Kostüme SUSANNE RASCHIG Regieassistenz WOLFGANG WERMELSKIRCH

PREMIERE 16.4.1973

In West-Berlin hat es die Schaubühne am Halleschen Ufer dieser Tage mit dem kleinen Lehrstück »Die Ausnahme und die Regel« versucht, ihr Publikum noch einmal brechtisch aufzuklären über das Zwangsverhältnis von Ausbeutung und Vernichtung. Und was ist gewesen? Die Fabel war unterhaltsam, die Bilder, so gestochen klar wie aus einem illustrierten Atlas für die reifere Jugend des 19. Jahrhunderts, haben Spaß gemacht, der Regisseur Frank-Patrick Steckel hat sie auf einer weiten zartgelben Ödfläche poetisch arrangiert, der Abend war kurz und gut, aber die Moral von der Geschichte war so trocken wie das Gelände, in dem die Geschichte spielt.

Sibylle Wirsing, Frankfurter Allgemeine Zeitung

Die Modernität des Stücks wird nicht im Stofflichen gesucht (die in ihm verkündeten marxistischen Thesen werden in ihrer Gültigkeit vorausgesetzt, sind also nicht Gegenstand eines »Beweises«), sondern darin, daß man den alten Brecht mit avancierten Theatermitteln interessant macht. Das schafft eine ganz eigentümliche Spannung zwischen politischen und ästhetischen Aspekten, die gewiß etwas »Kulinarisches« hat, aber eben nicht nur das, es bleibt ein Stachel, Erinnerung an etwas beinah Vergessenes.

Roland H. Wiegenstein, Frankfurter Rundschau

Michael König, Werner Rehm, Wolf Redl

Eugène Labiche

DAS SPARSCHWEIN

Schwank
Übersetzt und bearbeitet von Botho Strauß
Fassung der Schaubühne am Halleschen Ufer

Champbourcy, Rentier, Aktionär OTTO SANDER Léonida, seine Schwester JUTTA LAMPE Colladan, reicher ehemaliger Landwirt WOLF R. REDL Cordenbois, Apotheker WERNER REHM Blanche, Tochter von Champbourcy ELKE PETRI Félix Renaudier, junger Notar WILLEM MENNE Baucantin, Steuereinnehmer OTTO MÄCHTLINGER Sylvain, Sohn von Colladan ROLAND TEUBNER Benjamin, Kellner MICHAEL KÖNIG Miranda Mimose CHRISTINE OESTERLEIN Ein Polizist INGO LAMPE Béchut, Kriminal-Assistent RÜDIGER HACKER Cocarel, Heiratsvermittler PETER FITZ Joseph, sein Diener OTTO MÄCHTLINGER Chalamel, Gemüsehändlerin KATHARINA TÜSCHEN Tricoche, Gemischtwarenhändler GERD DAVID

Regie PETER STEIN Bühnenbild KARL-ERNST HERRMANN Kostüme SUSANNE RASCHIG Dramaturgie JEAN JOURDHEUIL Regieassistenz JAN KAUENHOWEN/WOLFGANG WERMELSKIRCH

PREMIERE 1.9.1973

Fernsehaufzeichnung für den SFB/WDR

oben Jutta Lampe, Elke Petri unten Otto Sander, Otto Mächtlinger, Werner Rehm, Wolf Redl, Willem Menne, Elke Petri, Jutta Lampe

Werner Rehm, Jutta Lampe

oben Ingo Lampe, Rüdiger Hacker, Michael König, Elke Petri, Wolf Redl, Otto Sander, Jutta Lampe
unten Werner Rehm, Otto Sander

Gerd David, Otto Sander, Jutta Lampe, Werner Rehm, Elke Petri, Wolf Redl, Katharina Tüschen

Die kritische Genauigkeit, mit der Regisseur und Schauspieler das durch Egoismen von vielerlei Art reiche Innenleben einer Bürger-Gruppe vorführen, diese kritische Genauigkeit hat nichts Hämisches, Denunziatorisches. In der Schluß-Katastrophe, wenn die verdreckten Übernächtigten gegen ihre eigene Mittellosigkeit, den Hunger, die Verzweiflung wüten, wenn sie aufs heftigste gegeneinander geraten, wenn Schaufenster, Gemüsestände und ganze Hauswände zu Bruch gehen – dann zeigt sich im Wüten eine Art von anarchischer Kraft: gegen die androhende Polizei rotten sich die Bürger zusammen, reißen Steine aus dem Pflaster, errichten damit und aus dem zertrümmerten Marktstand eine Barrikade, hinter die sie sich – heulend, schluchzend – verkriechen.

Das Happy-End Labiches (und des Übersetzer-Bearbeiters Botho Strauß) ist gestrichen: der Notar Félix, der Glückliche, der den Reiseantritt verschlief, geht, ein neugekauftes Sparschwein unter dem Arm, auf der Suche nach seinen Kartenspielgefährten über die Bühne, entschwindet, der Vorhang fällt und verbirgt die hinter die Barrikade Geduckten.

Ein Schwank? Was an Aufschluß über historische Gesellschaftsformation in den effektvoll gemachten Stücken Dumas', Labiches, Feydeaus steckt, hat diese Aufführung exemplarisch gezeigt. Ihre Länge, ihr Verzicht auf den einen »Stil«, die unterschiedlichen schaupielerischen Qualitäten sind dagegen leicht in Kauf zu nehmen.

Zusammengeschlossen zu einem großen Beispiel für Theater-Realität wird die Aufführung schließlich durch die Bühne Karl-Ernst Herrmanns. Der Salon des ersten Aktes wird weggezogen, und ein tiefer Simultanraum wird sichtbar: die vorderen zwei Drittel überdeckt von einer Gußeisen-Glas-Architektur im Passagen-Stil der Jahrhundertmitte, vorne links auf einem weißen Fliesenboden das Restaurant, vorne rechts der Schreibtisch des Polizeibeamten, die Eisentür in der gekalkten Wand, hinten aber die Baustelle: ein Bauzaun, halbdemolierte Fassaden, abgestützte Mauern. Das Straßenpflaster fällt zum Gully hin ab. In dieser Mulde wird der Endkampf gekämpft. Der Schwank wird zum Exempel für die Kleinbürgerdämmerung.

Henning Rischbieter, Theater heute

Ein Raum, so eng wie ein Korridor, drei Schritte nur tief, von Petroleumlampen trübe beleuchtet. Auf den Stühlen sitzen, in behaglichem Halbschlaf, ein paar friedliche Leute, Kleinbürger aus der französischen Provinz. Die Zeit ist stehengeblieben in ihrem gemütlichen Käfig: seit zwanzig Jahren schon treffen sie sich allwöchentlich zum Kartenspiel, ihre Körper sind fett geworden vom ewigen Rumhocken. Eine statische Welt, deren einzige Bewegung das Altern ist. Und so verwelken auch die Sehnsüchte: Tante Léonida (Jutta Lampe) gibt seit drei Jahren heimlich und erfolglos Heiratsinserate auf, und auch das Liebesleben der Jüngsten ist nicht recht viel aufreibender. Felix (Willem Menne), ein junger Notar, fühlt sich bei den kartenspielenden Spießern (Otto Sander, Wolf Redl, Werner Rehm) schon sehr viel wohler und sicherer als bei seiner Geliebten. Zwar wagt er noch hin und wieder ein paar elegische, stotternde Annäherungsversuche an das Mädchen Blanche (Elke Petri), doch im Grunde sucht er seit Jahren nur Ausreden für seine Flucht vor Ehe und weiblichem Fleisch – seine Erotik ist schon gealtert, bevor sie sich auch nur einmal hat erfüllen können.

Was hier beschrieben wird? Nein, keine Tschechow-Inszenierung von Noelte, sondern die Exposition zu einem angeblich lustigen, lauten Stück, zu einem Schwank aus der Lustspielfabrik des Eugène Labiche. »Das Sparschwein« ist eine virtuose, hundsgemeine, schadenfrohe Klamotte über die Kläglichkeit der Provinzler – geschrieben mit dem Zynismus eines Theatergeschäftsmanns, der sich Mitleid und Neugier gegenüber seinen Figuren gar nicht erlauben durfte. Peter Stein hat nun versucht, diese von den Konventionen des Schwanks zur Erbärmlichkeit verurteilten Provinzbürger genauer, zärtlicher (und das heißt auch: kritischer) anzusehen – und zumindest einen Akt lang ist ihm das wunderbar gelungen.

Mit dem letzten Bild eroberte sich Stein den Triumph – doch genau besehen, war dies ein Triumph des Austattungstheaters. Am Morgen nach den Pariser Abenteuern, die nur böse Abenteuer wurden, sieht man die Reisenden wieder – in einem ziemlich verwüsteten Zustand, hungrig, übermüdet, nun schon zur Gewalttätigkeit bereit. Und dann beginnt das tollste aller Theaterspektakel: die gestern noch Sittsamen verwandeln sich in eine plündernde Meute, Obstkarren kippen um, Eier zerbrechen dutzendweise, Fenster werden zertrümmert, und als Höhepunkt des Spektakels läßt Herrmann eine ganze Hauswand einstürzen. Bereichert wird dies alles noch durch einen sehr kostbaren Effekt: Regen, richtiger Regen, aus feinen Düsen versprüht, näßt Bühne und Schauspieler. Kein Zweifel: die Anarchie des Slapstick, die Materialschlachten des Stummfilms sind hier grandios für das Theater rekonstruiert worden. Doch was bringt diese wildgewordene Opulenz außer einer pompösen pseudokritischen Metapher über die Selbstzerstörung der Bourgeoisie? Kritisches Ausstattungstheater: das Bürgertum wird mit einem riesigen Zeigefinger ermordet, doch seine Darstellung im Detail darüber versäumt. Eine Aufführung, die am Anfang bewundernswert genau Figuren beschreibt, verliert diese von Akt zu Akt mehr aus den Augen, erblindet in ihrem Willen zur theatergeschichtlichen Tat. Stein hat sich ein sehr pathetisches Un-Happy-End ausgedacht: die demolierten Provinzler bauen, nun völlig verwirrt, aus den Trümmern ihrer Schlacht Barrikaden, hinter denen sie sich dann kindisch heulend verstecken.

Das Happy-End, das Botho Strauß in seiner Bearbeitung vorgeschlagen hat, ist freilich weitaus schrecklicher: nach allen Katastrophen findet sich ein Liebespaar. Nein, es wird eine Finanzgemeinschaft gegründet. Zwei Leute, die sich seit Jahrzehnten kennen und anöden, planen zu heiraten, ihr Kapital zusammenzulegen. Dieses gute Finale hätte eine weit bösere Botschaft gehabt als Steins apokalyptisches Spektakel: denn nicht die Alpträume, in die sie sich verirrt, sind das Schreckliche an der Bourgeoisie, sondern die illusionslose Sachlichkeit, mit der man, kaum ist der Alptraum ausgeträumt, zu den alten, traurigen Geschäften zurückkehrt.

Benjamin Henrichs, Süddeutsche Zeitung

ANTIKENPROJEKT I
ERSTER ABEND
ÜBUNGEN FÜR SCHAUSPIELER

SABINE ANDREAS JUTTA AUERBACH BRUNO GANZ EDITH CLEVER CAROLIN GREMM CONSTANZE HARPEN HELGE HENNING GRISCHA HUBER MICHAEL KÖNIG BEATE KOPP JUTTA LAMPE CHRISTINE OESTERLEIN ELKE PETRI KATHARINA TÜSCHEN ULRIKE SCHLOEMER ANGELA WINKLER GERD DAVID EBERHARD FEIK PETER FITZ CLAUS-THEO GÄRTNER HEINRICH GISKES RÜDIGER HACKER INGO LAMPE OTTO MÄCHTLINGER OTTO SANDER

Leitung: Musik, Ton PETER FISCHER Atemtechnik, Konzentrationsübungen GERD KAMINSKI Körpertraining, Rhythmische Übungen MILOSLAV LIPINSKY Dramaturgie FRANK-PATRICK STECKEL Gesamtleitung PETER STEIN Assistenz WOLFGANG WERMELSKIRCH/JOHANN ZISCHLER Ausstattung: Maske, Kostüm MOIDELE BICKEL Raum KARL-ERNST HERRMANN Assistenz JOACHIM HERZOG/UWE OELKERS Beratung EDUARDO ARROYO/GILLES AILLAUD

PREMIERE 6.2.1974

Philips-Pavillon

Ensemble

oben Ensemble unten Claus-Theo Gärtner, Peter Fitz, Ensemble

ANTIKENPROJEKT I
ZWEITER ABEND

Euripides

DIE BAKCHEN

Bearbeitung der Schaubühne am Halleschen Ufer
unter Verwendung der Übersetzung von Wolfgang Schadewaldt

Dionysos MICHAEL KÖNIG Teiresias OTTO SANDER Kadmos PETER FITZ Pentheus BRUNO GANZ 1. Bote HEINRICH GISKES 2. Bote RÜDIGER HACKER Agaue EDITH CLEVER Chor der Lydischen Bakchen SABINE ANDREAS / JUTTA AUERBACH / CAROLIN GREMM / CONSTANZE HARPEN / HELGE HENNIG / GRISCHA HUBER / BEATE KOPP / JUTTA LAMPE / CHRISTINE OESTERLEIN / ELKE PETRI / ULRIKE SCHLOEMER / KATHARINA TÜSCHEN / ANGELA WINKLER Wärter der Skene GERD DAVID / CLAUS THEO GÄRTNER / OTTO MÄCHTLINGER / INGO LAMPE Person in der Skene EBERHARD FEIK

Regie KLAUS MICHAEL GRÜBER Bühnenbild GILLES AILLAUD / EDUARDO ARROYO Kostüme SUSANNE RASCHIG Dramaturgie DIETER STURM Übungen für den Chor GERD KAMINSKI Bühnenbild-Mitarbeit HANS KLEBER Wissenschaftliche Beratung THEODORAS STEPHANOPOULOS Kostümassistenz DAGMAR NIEFIND Regieassistenz ELLEN HAMMER / JAN KAUENHOWEN Musik von PETER FISCHER / IGOR STRAWINSKI

PREMIERE 7. 2. 1974

Fernsehaufzeichnung für den NDR

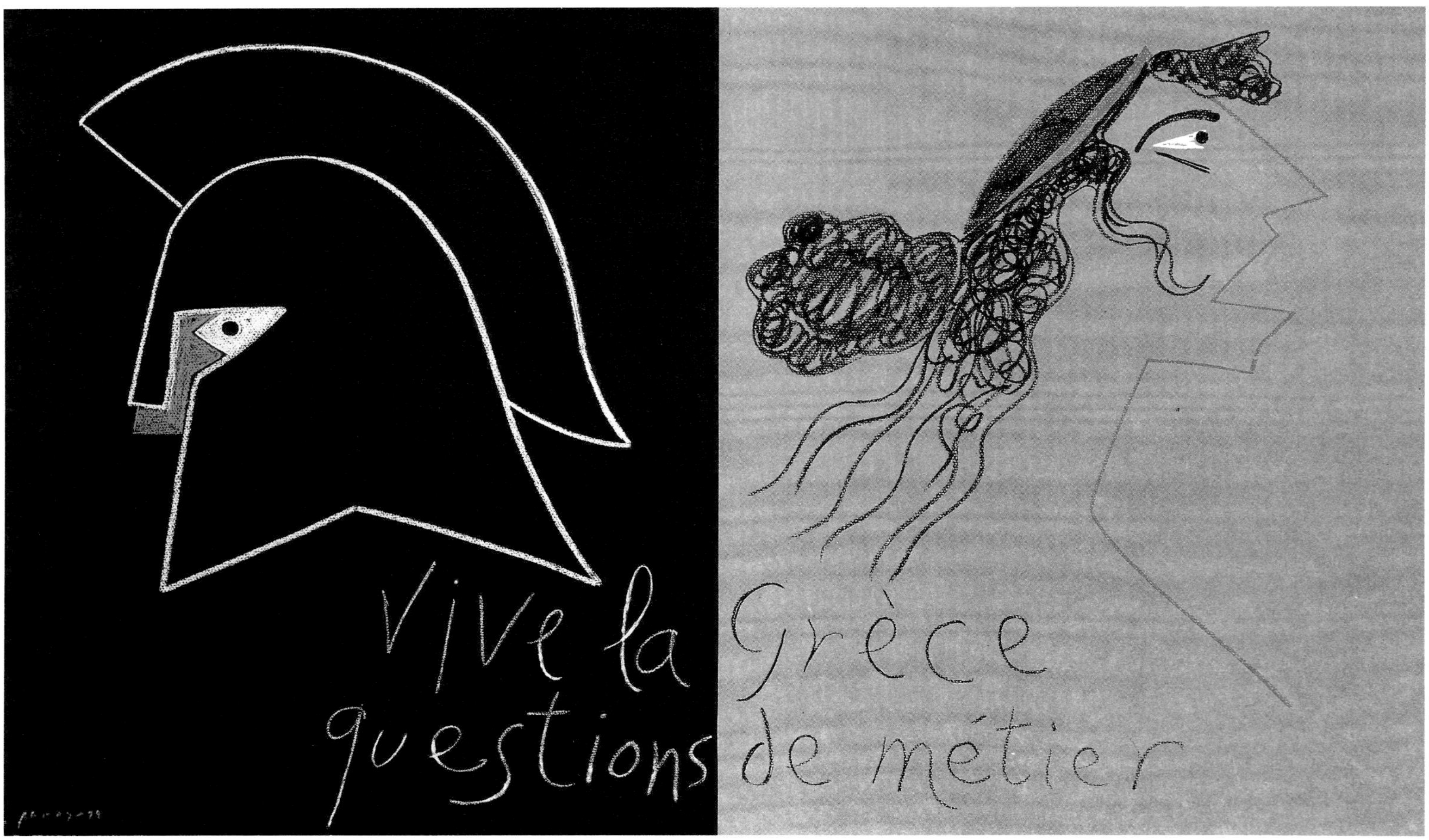

Rüdiger Hacker, Edith Clever, Angela Winkler

Otto Sander, Ensemble

oben Katharina Tüschen, Ulrike Schloemer, Christine Oesterlein, Jutta Lampe, Bruno Ganz, Helge Hennig unten Edith Clever, Peter Fitz

Michael König, Eberhard Feik

Bruno Ganz, Ensemble

Von Weihestimmung, vom Schauder der Frühzeit möchte sich dieser erste Abend fast gewaltsam freihalten. Den Zuschauern und Schauspielern hängt im Philips-Pavillon auf dem Messegelände eine Bahnhofsnormaluhr über den Köpfen. Bruno Ganz sagt, bis es Punkt acht Uhr losgeht, mit ruhiger Beamtenstimme alle fünf Minuten die Zeit an. Vorher hat man hinter Scheiben die Schauspieler an den Schminktischen und unter den Duschen beobachten dürfen. Sogar der Raum mit dem Plättbrett und den Waschmaschinen bot sich verglast zur Besichtigung an. Kein Zauber, keine Magie, kein doppelter Boden, sollte das wohl sagen, alles Technik, alles Arbeit. Allerdings Arbeit mit dem Körper. War da etwas peinlich?

Man sah zunächst nur Übungen zu, hier schön gegliedert, in rhythmischen Ablauf gebracht, wie sie jede gute Schauspielschule, jede sorgfältig trainierende Truppe kennt (an der Schaubühne leiten diese Arbeit Gerd Kaminski und Miloslav Lipinsky). Körper als Material, Körper im Raum, lauter Köpfe, Gliedmaßen, Rümpfe, Laute, Gesichter, erst suchend, dann spielerisch in Bewegung: wer da in Ruhe zusah, würde Theater und irgendwelche erzählenden Bilder auf der Fernsehscheibe, auf der Kinoleinwand so bald nicht mehr für so ziemlich das gleiche halten. Nur wo Körper, dreidimensional und fleischlich, nicht einmal geruchlos, im Spiel sind, können auch die ziemlich dunklen, blutigen, die »peinlichen« Urahnen der Tragödie ins Spiel kommen, die Jagdriten, die Opferriten, die Beschneidungsriten, die zeremoniellen Zerreißungen des Dionysos, des Adonais, die Todes- und Wiedergeburts-Trostspiele einer frühen Gesellschaft.

Peter Stein, der diesen ersten Abend leitete, hatte mit zwei Dutzend Schauspielern auch solche rituellen Spiele nachgestellt, eine Tierjagd mit Opfer, zwei Jägern und Chor, zwei Initiationszeremonien für je eine Männer- und eine Frauengruppe. Nein, da war nichts von der geturnten Mystik der Grotowski-Epigonen, kein Hauch vom Bekenntnis-Dampf, den späte Living-Theatre-Gruppen ausdünsten. Immer noch hing über allen Übungen hell die Normaluhr, das Wahrzeichen dieses Abends. Mit Ruhe, fast Heiterkeit wurden eben nur die Materialien vorgezeigt, und seien das auch Opfer-, Blut-, Todesbilder, die dann in den »Bakchen« ins Spiel kommen würden. Stein also hielt seinen voltaireschen Kopf klar, forderte zur Betrachtung, nicht zur Identifikation auf. Nur: dieser lichte, unsichtbare Zeigestock über allem störte und zerstörte am Ende die Spannung. War es nicht doch nur geschmackvoll verkörperte Völkerkunde? Würde das als »Übung für Zuschauer« reichen, um die Entfernung von heute bis zu den »Bakchen« zurückzulegen?

Von solchen Schwierigkeiten, von solcher Ängstlichkeit war in Grübers »Bakchen« nichts mehr zu spüren. Dieser Regisseur war nie in Versuchung gekommen, Psychologie und Realismus in eins zu setzen. Seine Figuren hatten immer einen Umriß, den weder Psychologie noch gesellschaftskritische Schlaumeiereien definieren konnten. So macht diesem »sehr späten« Regisseur das »sehr frühe« Heldenformat einer griechischen Tragödie keine Mühe, keine Angst.

Alle männlichen Protagonisten hat er nackt auf die Bühne gestellt. Schon dadurch sehen sie grundsätzlicher, »eigenschaftsloser«, unnuancierter aus als jede Kostümfigur. Merkwürdig: wenn Bruno Ganz sich zum Verhör des gefangenen Dionysos mit lässig, vornehm übereinandergeschlagenen Beinen hinsetzt, wenn am Ende Kadmos seiner Tochter Agaue in einer nüchtern entspannten Seelenberaterhaltung zuhört, dann schrickt man plötzlich auf. Solche Gesten von bekleideten Zivilpersonen machen plötzlich aufmerksam auf die Nacktheit der Schauspieler. Sie war also längst ganz natürlich geworden.

Nackt wie die Spieler ist auch der Spielraum, die riesige, helle Raumbühne (von Gilles Aillaud und Eduardo Arroyo entworfen), durch kahle Wände, einen lackierten Bohlenboden, eine Decke voller Neonröhren eingeschlossen: hier die Nacktheit nicht der Natur, sondern der Abstraktion, die mit »100 000 Watt« ausgeleuchtete Pentheus-Welt. In sie wird zu Strawinsky-Klängen »Dionysos« gekarrt, der Gott und Psychotiker. In sie wallen dann, buchstäblich »durch die Wand«, mit Schwaden von Kälte und Laub, die »Bakchen«. Sie verwandeln nun, »bearbeiten« diesen vor Mathematik klirrenden, diesen klinisch sterilen Raum. Eine dreht mit ruhig entrücktem Gesicht das Neonlicht weg. Jede reißt irgendwo den Bohlenboden auf, unter dem Erde, Salatbeete, Trauben, Wolle, Wasser, ja sogar zwei fast verkrustete Greise (Kadmos, Teiresias) auftauchen. Pentheus und eine bunte Straßenkehrer-Weltraumfahrertruppe wird den Raum dann wieder »bereinigen«, die Unordnung, die skandalöse Natur wieder zudecken.

Doch diese Eingangsbilder zeigen auch schon, daß Grüber Theater »macht«, indem er lauter herrschende Theatererwartungen »zerstört«. Drei Todsünden vor allem: da wird nichts »erzählt«, auch nichts grundsätzlich herunterreduziert, herunterrelativiert auf irgendeine »realistische« Abbildungsgenauigkeit, da will sich auch keine »Spielfreude« entfalten. Das ist viel auf einmal. Von aller Imperfekt-Gemütlichkeit, von allen Genugtuungen eines Aha- oder Gutgetroffen-Realismus und leider auch von aller kommunizierenden Freundlichkeit hatte sich dieser Theaterabend losgesagt. Statt dessen ein Starren wie in Traumbildern, die ja auch nichts nacherzählen, sich nur ereignen, die ganz unrealistisch doch lauter Wirklichkeit verarbeiten, in denen man zugleich agiert und zuschaut. Doch diese Traumbilder auf der Bühne, wenn auch genauso Umwege wie die 80 Seiten Interpretationen im Programmheft, drangen wie diese sicherer in das ungeheure, ungeheuer entfernte und doch aktuelle Stück als alle ahnungslose »Werktreue«, immer noch Blauaug in Blauaug mit den Jahrtausenden, das je könnte.

Momente – etwa des Chors. Das war nicht die Ballettriege, das Kollektiv-Geraune und -Geschrei, das sonst antike Schauer und Weisheit austrahlen soll. Jede Schaupielerin war eingemummt in ihre je eigene Maske von Ausdruck, in je eigene, unverwechselbare Trance-Bewegungen. Unvergeßlich (für mich) der Moment, in dem der von Pentheus und seinem Räumkommando fast »liquidierte« Chor plötzlich aus verzerrter Angst und Wut ausbricht in Glücksvisionen, plötzlich die Namen der Orte psalmodiert, jede Stimme für sich, an denen Glück, an denen Dionysos »erlaubt« ist. Ruhig, eine nach der anderen, sammeln sich dann alle um einen Tisch am Rand der kahlen Spielfläche, sitzen dort wie auf einer Insel der Seligen, wie eine verkörperte, verzückte Utopie.

Momente zwischen Dionysos und Pentheus, vor allem ihre erste Begegnung. Die nackten Körper von Ganz und König stehen auf »Tuchfühlung« (ohne Tücher) voreinander, und Pentheus wird von dem verbotenen, dem lockenden Gott fast aufgesaugt. Dieses ebenso zart wie scharf erotische Bild zeigt, was bei Euripides nur die Verse sagen: daß die antidionysische Wut des Pentheus die Kehrseite einer kaum noch zu kontrollierenden Faszination ist. Grüber kann die heikle Szene dann nur noch mit einer banal wilden, einer Slapstick-Reaktion auflösen. Jäh klatscht Ganz dem zweideutigen Gott eine Ohrfeige ins unerträglich schöne Masken-Antlitz. Er wird ihn später als jammerndes, fauchendes Tier am Kiefer über die Bühne schleifen. Er wird selbst, viel später, schon mänadisch verzückt, wie eine zum Alptraum verzerrte Charleys Tante über den Bühnenboden tanzen, Opernpathos und Slapstick, Erinnerungen an »Salome« oder die Marx Brothers: an seinen eigenen Grenzen geht das Theater ins ganz Künstliche oder ganz Anarchische über.

Wenn Edith Clever als Agaue schließlich mit dem Kopf des »erlegten« Pentheus auf die Bühne taumelt, den ganzen Körper von blutigen Binden umwickelt, steigern sich Künstlichkeit und Anarchie des Ausdrucks ins fast Unausstehliche. Oder ist jetzt, nach dreieinhalb Stunden, die Aufnahmefähigkeit nur endgültig ausgereizt? Das ruhige, das halb exorzistische, halb psychotherapeutische Gespräch, das Kadmos nun mit ihr führt, ist Satz für Satz mit allerschärfster Genauigkeit durchdacht, durchinterpretiert und geprobt. Die Clever spielt Reaktion für Reaktion wie gestochen. Und doch, mich hat diese Genauigkeit, diese Gestochenheit nur noch ermüdet, ja gereizt.

Hier (wie an vielen anderen Stellen) fürchte ich, stieß diese extreme Theater-Anstrengung an eine ganz andere, eine für die Schaubühne viel gefährlichere Grenze. Denn daß dieses Theater nun voll Inbrunst in puren Irrationalismus taumeln könnte, nur weil es sich einmal sehr gewagt, fast frei, ohne rationalistisches Korsett in ein nicht mehr restlos aufzuklärendes Stück vertieft hat – das scheint mir die überflüssigste, die besserwisserischste aller deutschen Theatersorgen. Doch gerade der »Bakchen«-Abend zeigte dauernd, wie überpenible Dramaturgie, wie eine genaue Begründung jedes angehobenen Vokals, jeder Drehung eines Handgelenks schließlich ganze Szenen in Schönheit und Ausdruck einfrieren läßt, »zumacht«, hermetisch. Alles wird dann Bedeutung, alles verrätselt sich, nichts ist »nur noch« Erscheinung. Der Zuschauer brütet und grübelt, er schaut kaum noch zu.

Dann entsteht totes, sehr kluges Theater. Mit Vortrag von Pathos, im Doppelsinn von Ausdruck und Leiden, hat das Theater begonnen, im Pathos erreicht es seine Grenze. Wir vertragen nicht mehr viel davon, auch das hat die Schaubühne (mir) klargemacht. Aber welches andere deutsche Theater würde eine solche notwendige Feuerprobe schon riskieren? Wahrscheinlich muß man jetzt auch am Halleschen Ufer die ersten Brandblasen kühlen. Ich jedenfalls habe seit Jahren nichts auf einer Bühne gesehen, was den harmlosen Schwung üblichen Theaters so weit hinter sich zurückgelassen hat.

Reinhard Baumgart, Süddeutsche Zeitung

In ihrem ersten Teil sind diese »Übungen für Schauspieler« auch Übungen für Zuschauer – Übungen und Abenteuer des Sehens. Denn der Zuschauer kann diesmal frei wählen, suchen, Entdekkungsarbeit machen. Lauter Gleichberechtigte agieren auf der Bühne, in lauter gleichgroßen Rollen: keine Regie sortiert einem die Eindrücke vor oder schafft Hierarchien. Zu sehen und zu lernen ist: daß einige Schauspieler ein eher technisches Verhältnis haben zu den Übungen, andere (die da schon spielen und leiden wollen) ein eher sakrales; daß einigen Schauspielern wie absichtslos Körperkunstwerke gelingen, bei anderen das Üben nach profaner Körperarbeit aussieht.

In ihrem zweiten Teil verwandelt sich die Theaterübung allmählich in eine Theaterinszenierung ohne Worte. Katastrophisches, Konvulsivisches wird geübt; aber nun nicht mehr mit schauspielerischen Mitteln allein, sondern auch mit solchen der Inszenierung: mit Theaterblut und Kostümen. Plötzlich sieht man nicht mehr artistischen Improvisationen zu, nicht mehr Erfindungen, sondern Ergebnissen; nicht mehr dem Produzieren von Theater, sondern vorfabrizierten Produkten. Die Szene »Jagd« ist eine wunderbar inszenierte Pantomime – doch einen Großteil ihrer ästhetischen Reize bezieht sie eben nicht aus schauspielerischen Inventionen, sondern aus Kostümierungen: aus den flatternden, beim Rennen knatternden Gummimänteln der beiden Jäger, aus dem ledernen Panzer, der den Gejagten aussehen läßt wie einen monströsen Riesenkäfer.

In ihrem dritten Teil verwandeln sich die »Übungen« noch einmal: aus einer Theaterinszenierung wird ein szenisches Mysterienspiel. Das Publikum wird (warum?) nach Geschlechtern getrennt, drei Schauspieler und drei Schauspielerinnen werden von ihren Mitspielern entkleidet, mit einer schlammartigen Masse bestrichen, auf ihre Gesichter werden Masken aufgemalt. Ein Spiel von Tod und Wiedergeburt: die Schlammwesen werden langsam wieder zum Leben erweckt, müssen aufs neue das Stehen, Gehen und Greifen erlernen, bevor sie dann in die Gruppe wieder aufgenommen werden.

»Initiation« heißt dieser letzte Übungsteil, und Grotowski läßt schön grüßen. Denn wie in den Exerzitien des polnischen Theaterheilands sieht auch hier jeder Theaterhandgriff aus wie ein heiliger Akt: aus dem Spiel mit den Elementen der Mysterien ist längst ein ergriffenes Mysterienspiel geworden.

Als Einführung und Einübung in den zweiten Abend, in Klaus Michael Grübers Inszenierung der »Bakchen«, waren die »Übungen« konzipiert – doch sie wurden eher ein ehrgeiziges, in Ehrgeiz sich verkrampfendes Konkurrenzunternehmen. Aber wie hätte Stein auch einführen sollen in eine Euripides-Inszenierung, die ganz und gar nicht argumentiert oder das Stück argumentierend erzählt, die es nur zum Anlaß nimmt für höchst private Theaterträume, und die auch argumentierenden Attacken (außer den allerbanalsten: »politische Irrelevanz«, »fehlende Werk- und Texttreue«) kaum zugänglich scheint; einer Inszenierung, bei der es ungeheuer schwerfällt, ihr weder in bildertrunkenen Beschreibungen zu verfallen noch sie einfach hochmütig als hochmütigen Unfug abzutun.

Zwischen Dionysos und Pentheus, zwischen dem Gott, der die Anarchie predigt, und dem König, der die Hierarchien in seinem Staat retten will, findet bei Grüber ein hochkompliziertes homoerotisches Zeremoniell statt. Aber eben: aus einem dramatischen Konflikt wird ein szenisches Zeremoniell. Aus einem kritisch-skeptischen Stück über das Einbrechen der Mysterien in eine scheinbar rationale Welt wird selbst so etwas wie ein mystischer Akt. Wo Euripides das Archaische beschreibt, feiert Grüber archaische Feste. Mystisch ist dieses Theater und auf eine höchst merkwürdige Weise museal: Dauernd wird man zum Staunen über Kompositionen gezwungen, kaum einmal zum Erschrecken über Menschen.

Bilderrausch und Bildungshochmut: die Schaubühne leidet unter der Anstrengung, ein Mythos zu sein. Daß sie zum Mythos wurde, hat zu tun mit dem Elend des restlichen deutschen Subventionstheaters und mit der Verdrossenheit, die dieses Elend verbreitet. Die Erwartungen an eine Schaubühnenpremiere grenzen deshalb an Hysterie: man erwartet hier nicht bloß Arbeitsergebnisse, sondern Offenbarungen. Die Verantwortung, fast im Alleingang die Schönheit und Aktualität des Theaters beweisen zu müssen, das Bewußtsein, mit jeder Premiere (ob man es will oder nicht) ein Stück Theatergeschichte zu schreiben: all das schafft eine ziemlich bedrohliche Situation für das Theatermachen. Von anderen zum Mythos stilisiert, ist die Schaubühne im Augenblick in Gefahr, sich selbst als sakrale Institution zu begreifen, das Theater in einen Tempel, das Publikum in verschüchterte Gläubige zu verwandeln. Die Größe der Schaubühne: das war immer auch ihre Spontaneität, ihr Sinn für Spaß, ihre Lust an der Lustigkeit; deshalb wäre es doppelt schmerzlich, wenn gerade diese Bühne feierlich und weihevoll würde, wenn ihre Theatermittel in Größe versteinerten.

Und trotzdem: in der Erinnerung wachsen diese beiden Theaterabende, ihre Bilder werden stärker als viele verbale Vorbehalte, mit denen man sich, zunächst noch erfolgreich, gegen die Bilder gewehrt hatte. In den acht strapaziösen Stunden wünschte ich mir manchmal, der Abend möge ein Ende nehmen. Heute bin ich froh, das »Antikenprojekt« gesehen zu haben. Und spätestens in einem Monat, in der dritten oder vierten Durchschnittspremiere, werde ich mich heftig in die Schaubühne zurückwünschen.

Benjamin Henrichs, Die Zeit

Peter Handke

DIE UNVERNÜNFTIGEN STERBEN AUS

Hermann Quitt BRUNO GANZ   Hans, sein Vertrauter EBERHARD FEIK   Franz Kilb, Kleinaktionär CLAUS THEO GÄRTNER   Unternehmer und Freunde von Quitt: Harald von Wullnow OTTO SANDER   Berthold Koerber-Kent RÜDIGER HACKER   Karl-Heinz Lutz WERNER REHM   Paula Tax SABINE ANDREAS   Quitts Frau ANGELA WINKLER

Regie PETER STEIN   Bühnenbild KLAUS WEIFFENBACH   Kostüme MOIDELE BICKEL   Musik PETER FISCHER   Assistenz ELLEN HAMMER / JAN KAUENHOWEN / GUNTER SCHADE / DAGMAR NIEFIND

PREMIERE 6. 6. 1974, Uraufführung

Gastspiele in Bad Godesberg, Leverkusen

Diese Aufführung ist gerecht fast bis zur Selbstvernichtung. Sie breitet aus, künstlerisch rein, kühl, unerbittlich. Und prompt wird offenbar, daß Handke gar nicht an den Unternehmern als Spezies, gar an ihrem sozialen Stellenwert interessiert war, sondern an seinem Bild von einem Unternehmer, der als modernes Fossil romantisch auf einem Spleen beharrt, die Unvernunft bekommt Methode und weist zurück auf ein sehr viel früheres Stadium des Kapitalismus als das gegenwärtige der Multis. Daß dieser Quitt sich den Kopf einrennt, wirkt völlig normal.

Was Peter Stein gelungen ist, ist etwas Kompliziertes, das einfach wie selbstverständlich wirkt: er hebt alle Qualitäten des Stükkes hervor und zeigt gerade dadurch, daß dieses selbst dem eigenen Anspruch nicht genügt. Die Schauspieler betreiben die Sache der Identifikation auf Distanz, auch das ein verwegenes Kunststück an diesem Abend der Künstlichkeit. Alles ist kenntlich gemacht. Danach muß man, glaube ich, weitere Versuche mit dem Stück nicht mehr machen. Dies genügt: ein für allemal.

Roland H. Wiegenstein, Frankfurter Rundschau

Die Berliner Aufführung hat Qualitäten, die dem Verständnis des Stücks von Handke sehr zu Hilfe kommen. Stein hat immer versucht, die poetischen Wörter und Sätze der Figuren aus bestimmten, nahezu realistischen Situationen und den zugehörigen Körperhaltungen verstehbar zu machen und zu begründen. Die Eröffnung ist dafür ein typisches Beispiel: »Ich bin heute traurig«, das ist der erste Satz, den der Unternehmer Quitt in dem Stück spricht. Bruno Ganz kommt auf dieses Ergebnis einer Selbstbeobachtung, nachdem er in einem langen Stummspiel hart an einer Box-Birne gearbeitet hat. Nicht Übungen markierend, sondern ein scharfes Training voll absolvierend. Aus der (realen) körperlichen Erschöpfung des Schauspielers gewinnt die Traurigkeit Quitts hier eine besondere Färbung. So drängt Stein immer wieder Wirklichkeit in das Stück. Verblüffend ist, wie die Inszenierung am Ende, ohne daß am Text geändert worden wäre, aus den Beziehungen Quitts zu seiner Frau (Angela Winkler) und zu einer konkurrierenden Unternehmerin (Sabine Andreas) das Dramolett zweier Liebesgeschichten entwickelt, die flüchtig sich kreuzen.

Indem sie die Realität erst einmal darstellt, die Quitt dann mehr und mehr verläßt, wirkt die Aufführung besser gegründet als die vorausgegangenen.

Peter Iden, Basler Nachrichten

oben Eberhard Feik, Bruno Ganz unten Bruno Ganz, Sabine Andreas, Angela Winkler

Bruno Ganz, Sabine Andreas, Claus-Theo Gärtner

oben Otto Sander, Rüdiger Hacker, Bruno Ganz, Werner Rehm unten Bruno Ganz

Heiner Müller

DER LOHNDRÜCKER

Fassung für die Schaubühne am Halleschen Ufer

Balke WILLEM MENNE Karras MICHAEL KÖNIG Bittner OTTO MÄCHTLINGER Krüger MICHAEL HANEMANN Kolbe GERD DAVID Stettiner NIKOLAUS DUTSCH Zemke ROLAND TEUBNER Lerka ALEXANDER WAGNER Brillenträger INGO LAMPE Kant, Ingenieur GERD WAMELING Direktor WOLF REDL Schorn, Parteisekretär HEINRICH GISKES Schurek, BGL-Vorsitzender NIKOL VOIGTLÄNDER Fräulein Matz CHRISTINE OESTERLEIN HO-Verkäuferin KATHARINA TÜSCHEN Reporter GERD DAVID Arzt ALEXANDER WAGNER

Regie FRANK-PATRICK STECKEL Bühnenbild SUSANNE RASCHIG Kostüme JOACHIM HERZOG Musik PETER FISCHER Regieassistenz WOLFGANG WERMELSKIRCH Dramaturgie JOHANN ZISCHLER

PREMIERE 31. 8. 1974

Die Schaubühnen-Inszenierung, die im rauhen Gestein der Fabriköfen vor sich geht, hält die prekäre Spannung zwischen der Denunziation einer ausbeuterischen Praxis und dem Pathos einer sozialistischen Frühzeit mit großer Genauigkeit ein. Das Stück, das Heiner Müller eigens für diese Aufführung überarbeitet hat, wird exakt dort gespielt, wo es spielen muß: auf des Messers Schneide. Der Regisseur Frank-Patrick Steckel setzt die realistischen Mittel, die die Bühne seit Jahren kultiviert hat, so umsichtig und auch aufwendig ein, daß es bei der Abschilderung der Arbeitsprozesse an den Öfen kaum einmal zu einer verspielten Peinlichkeit oder gar zur hohlen Nachäffung der Wirklichkeit kommt. Die Schauspieler-Arbeiter sind keine Pappkameraden. Sie leisten, wenn es gelegentlich sein muß, ganze Arbeit, im Schweiße ihres Angesichts.

Vermutlich rechnet die Schaubühne bei ihrer Unternehmung weniger mit dem Reiz des Unbekannten als mit der mißmutigen Überzeugung vom Altbekannten: daß die roten Bühnenstücke doch immer nur hinauslaufen auf das graue Staatstheater. Gegen ein solches Vorurteil präsentiert sie nun ein Arbeiterdenkspiel aus der DDR, das eine ganz unorthodoxe Quintessenz hat: Trau, schau, wem.

Sibylle Wirsing, Frankfurter Allgemeine Zeitung

Gerd David, Michael Hanemann, Willem Menne, Ingo Lampe, Michael König, Roland Teubner

SOMMERGÄSTE

Nach Gorki

Fassung der Schaubühne am Halleschen Ufer von Peter Stein und Botho Strauß

Sergej Basow, Rechtsanwalt WOLF REDL Warwara, seine Frau EDITH CLEVER Kalerija, Basows Schwester ILSE RITTER Wlas Tschernow, Warwaras Bruder MICHAEL KÖNIG Pjotr Suslow, Ingenieur OTTO SANDER Julija, seine Frau ELKE PETRI Kirill Dudakow, Arzt WERNER REHM Olga, seine Frau SABINE ANDREAS Jakow Schalimow, Schriftsteller BRUNO GANZ Pawel Rjumin RÜDIGER HACKER Marja Lwowna, Ärztin JUTTA LAMPE Doppelpunkt, Suslows Onkel GÜNTER LAMPE Zamyslow, Basows Stellvertreter GERD WAMELING Pustobajka, Wächter OTTO MÄCHTLINGER Kropilkin, Wächter EBERHARD FEIK Sascha, Basows Kinderfrau KATHARINA TÜSCHEN

Regie PETER STEIN Bühnenbild KARL-ERNST HERRMANN Kostüme SUSANNE RASCHIG Musik PETER FISCHER Dramaturgie BOTHO STRAUSS/ELLEN HAMMER Regieassistenz JAN KAUENHOWEN Bühnenbildassistenz UWE OELKERS Kostümbildassistenz JOACHIM HERZOG

PREMIERE 22. 12. 1974

Gastspiele in Zürich, Belgrad, Leverkusen, Paris, London, Helsinki, Karl-Marx-Stadt
Spielfilm von Peter Stein. Eine Coproduktion der Regina Ziegler Filmproduktion mit der Schaubühne und dem SFB

Jutta Lampe, Ilse Ritter, Edith Clever, Elke Petri, Rüdiger Hacker

Otto Sander, Günter Lampe, Wolf Redl, Bruno Ganz, Gerd Wameling

oben Rüdiger Hacker, Günter Lampe, Gerd Wameling, Edith Clever, Bruno Ganz, Ilse Ritter, Elke Petri, Jutta Lampe, Michael König, Werner Rehm, Sabine Andreas unten Michael König, Ilse Ritter

Rüdiger Hacker, Edith Clever

oben Rüdiger Hacker, Ilse Ritter, Edith Clever, Otto Sander unten Gerd Wameling, Otto Sander, Elke Petri, Bruno Ganz, Edith Clever

oben Günter Lampe, Michael König, Elke Petri, Werner Rehm, Rüdiger Hacker, Eberhard Feik, Jutta Lampe, Gerd Wameling, Ilse Ritter unten Otto Sander, Wolf Redl, Günter Lampe, Michael König, Jutta Lampe

Stein hat den Schauspielern einen genau kalkulierten Rahmen geschaffen, in den sie möglichst viel an persönlicher Erfahrung einbringen können. Die Vergegenwärtigung des Stückes erfolgt somit zu einem nicht geringen Teil aus der emotionalen Spannung, die sich zwischen den Schauspielern im Umgang mit ihrer Rolle entwickelt, und der Freiraum, den der Regisseur den Spielern läßt, überträgt sich als mobilisierende Kraft auf den Zuschauer. Die Inszenierung hat alle Rollen gleichermaßen groß und wichtig gemacht; nicht die Länge eines Textes, den ein Darsteller spricht, ist entscheidend, sondern das Leben, mit dem er seine Rolle erfüllt. Erst am Schluß der Aufführung ist die ganze Biographie einer Figur präsent.

Klaus Völker, Die Weltwoche

Daß die Schaubühne mit dieser Aufführung wieder den Reiz eines bürgerlich-kleinbürgerlichen Dekadenzdramas bis zur letzten Pointierung auskostet, ist aber ebensowenig eine formale Willkür, wie die absolute Choreographie des Alltagschaos, die Genauigkeit von Schritt und Tritt, von jeder Handbewegung und jedem Tonfall artistische Selbstbefriedigung sind. Die Berechnung geht dahin, daß der banale Griff ins volle Leben äußerst kunstvoll sein muß, um nicht nur eine leere Geste zu sein, und daß die Banalität nirgendwo so ausdrucksstark ist wie an der Übergangsstelle zur Korruption, Abgeschmacktheit und Fäulnis.

Die Neufassung ist ein Reigen der flüchtigen Gespräche und Begegnungen, der schnell auflodernden und wieder verglühenden Zankereien und vieler Gefühle ohne Vitalität. Dieser in sich kreisende Ausdruckstanz von Mißverständnissen und Unverständnis wird in Peter Steins Inszenierung umhegt von einem breiten Gürtel pantomimischer Simultanereignisse. Verteilt in einzelne Gruppen, die sacht auseinandergehen und, wechselnd, ineinander übergehen, deren einzelne Figuren lautlos von Position zu Position gleiten, wird allenthalben da und dort im kleinen gelebt, geliebt, geplänkelt und gestritten und die mörderische Langeweile, der Leidenschaftsmangel, unter dem alle leiden, wie ein beinah kompaktes Gespinst ausgebreitet über die weite Bühne.

Die Sommergäste sind keine ferienfrohen Nichtstuer, sondern bürgerliche Praktiker, die es sich leisten können, ihren Berufen während der schönen Monate vom ländlichen Aufenthalt aus nachzugehen: ein Advokat, ein Arzt, ein Bauingenieur, ein Fabrikbesitzer im Ruhestand, ein Kanzleiangestellter, ein Schreiber – sie alle, Typ neben Typ, miteinander freundschaftlich-feindschaftlich verschwägert. Dazu dann die armen Frauen, die ins träge Privatleben verbannt sind, und als ausgebrannte Kraterfigur ein Romanschreiber, der bei den ländlichen Geschäftsleuten abgestiegen ist, um aus dem Leben auszusteigen. Daß es in dieser Betrübnis auch Lichtgestalten gibt, die in eine bessere Zukunft und zu einer dringlicheren Menschlichkeit gelangen wollen, ist zwar ein Trost, hilft aber nicht viel, denn die Zukunft bleibt konturlos im Zwielicht, und die neuen Menschen, auf die man hofft, haben noch keine Physiognomie.

Trotzdem hat der Regisseur diesen vagen Aufbruchsgeistern innerhalb der schnöden Gespenstergesellschaft seine Zärtlichkeit beinah ohne Skepsis zukommen lassen. Jutta Lampe geht still und klar einher als die Ärztin Marja Lwowna und verbreitet die Sage von einem kommenden Morgen, wo man mit guter Tatkraft an die Arbeit gehen wird, Edith Clever darf als die Hausfrau und die einsame Seele unter lauter Larven eine große und schöne Trauerkönigin sein, die ihre ungestillte Sehnsucht nach etwas, wovon sie ergriffen, gehalten und gefesselt werden könnte, wie einen letzten Reichtum hütet, und Ilse Ritter als das gerade noch junge Mädchen flackert rührend zwischen Hoffnung und Niedergeschlagenheit hin und her, ein Licht, das auch im Verlöschen noch hell und stark brennen möchte. Die anderen aber, Bruno Ganz, so tief in sich hineingesunken wie noch nie zuvor als der Dichter Schamilow, Otto Sander, rot und bitter und böse als zynischer Lebemann ohne rechtes Leben, und das stattliche Ensemble, verteilt über die monotone Partitur, haben nichts zu lachen und sind doch eine ziemlich lustige Gesellschaft.

Man macht ein Picknick im Grünen, spielt Theater unter freiem Himmel, soupiert auf der Terrasse und ist gar nicht schlecht einquartiert in der Hölle.

Für Augenblicke aber stehen Popanzerei, Geschwätz und Gebärden still. Dann hebt sich aus dem Vielerlei und Allerlei der nutzlosen Geschäftigkeiten eine Hoffnungsszene heraus, eine Liebe erklärt sich und fällt in sich zusammen, eine Erinnerung wird lautstark und verrauscht, eine Begierde zieht heran und verlischt, eine Seligkeit will konkret werden und verschwimmt, ehe sie ganz da ist. Die Gesellschaft übersteht solche Momente auf des Messers Schneide, bei denen der eine oder andere beinah ins Leben getreten wäre, in schläfriger Starrheit und kehrt dann wieder ganz munter zu ihren Nichtigkeiten zurück.

Die Bedrohung kommt aber doch nicht aus ihrer eigenen Mitte, sondern zieht ganz leise vom Bühnenhintergrund heran, ist ein nächtlicher Umtrieb, erst nur schwach hörbar, als seltsames Getöne und Getöse, das lauter und lauter wird und schließlich dröhnend da ist: zwei Parkwächter, Bedienstete des Hauses, gehen, wenn es dunkel ist, mit einer Klapper in der Hand und einer Pfeife im Mund klappernd und pfeifend das Gelände ab. Sie haben nicht viel zu sagen, aber kein Zweifel, ihr Lärm ist das Geräusch von morgen, sie sind die Zukunft. Also doch ein Tendenzstück? Man wird der Schaubühne diese geringfügige Ideologie-Prätention nicht rauben wollen. Was sich aber wirklich tut, ist das Kunststück, Theater bis an den äußersten Rand seiner Fassungskraft mit Theater anzufüllen, daß uns beim Zuschauen die Augen übergehen.

Sibylle Wirsing, Frankfurter Allgemeine Zeitung

Sean O'Casey
DAS ENDE VOM ANFANG
Komödie in einem Akt

Lizzie Berrill KATHARINA TÜSCHEN Darry Berrill WILLEM MENNE/WOLF REDL Barry Derrill OTTO SANDER

Erarbeitet von JOACHIM HERZOG WOLF REDL OTTO SANDER KATHARINA TÜSCHEN

PREMIERE 15. 3. 1975

Fernsehaufzeichnung »Das Ende vom Anfang« für das ZDF

Franz Xaver Kroetz
OBERÖSTERREICH

Anni ILSE RITTER Heinz EBERHARD FEIK

Erarbeitet von BRUNO GANZ EBERHARD FEIK ILSE RITTER SUSANNE RASCHIG

Wolf Redl, Otto Sander

In der »Schaubühne« haben sich Katharina Tüschen, Wolf Redl und Otto Sander Sean O'Caseys Einakter *Das Ende vom Anfang* erkoren. Der Inhalt dieser Komödie ist rasch erzählt. Zwei irische Dickschädel beschließen, der Hausfrau endlich zu zeigen, wovon sie – wie alle Männer – überzeugt sind: daß sie die Hausarbeit natürlich viel besser, ruhiger und rationeller leisten können als sie. Und während sie aufs Feld hinauszieht, verwüsten die beiden erst die Küche, holen sich blutige Köpfe, bringen sich fast um und zerstören das halbe Haus.

Wie Redl und Sander das tun, wie sie eine knappe Stunde mit der Tücke der Objekte kämpfen wie Don Quichote gegen die Windmühlen, das ist ein reines und ungetrübtes Vergnügen, großartig, ja spannend in der Verfolgung dieses Kampfes und in der Verfolgung der schier unerschöpflichen Phantasie, mit der sie stets neue, kunstvoll komische Situationen erzeugen, ohne jemals zur Klamotte herabzusteigen. Dieser Abend gehört Redl und Sander.

Er gehört ihnen so sehr, daß die zweite Produktion das Abends, *Oberösterreich* von Franz Xaver Kroetz, in ihrem Schatten steht. Ilse Ritter und Eberhard Feik haben sich dieses Stück ausgewählt; Bruno Ganz hat dabei die »Probenleitung« gehabt. Entstanden ist dabei eine respektable, bemühte Aufführung, aber doch kein großer Wurf. Die Aufführung ist etwas lang, die Kroetzsche Lakonie etwas zerdehnt und das auf der Bühne der *Sommergäste* improvisierte Bühnenbild nicht immer zwingend.

Walther Schmieding, Deutsches Allgemeines Sonntagsblatt

Was also hat die Schaubühne mit diesen beiden Stücken zweier Paare in den Sielen von Ehe und Haushalt im Programm? Keine Emanzipationsstücke zum Jahr der Frau, sondern erste Erprobungen neuer Arbeitsweise: Schauspieler befreien sich von der prägenden Kraft der großen Regisseure, mit denen sie sonst arbeiten. Gehversuche, aller Ehren und des Sehens wert; Zeichen für die Mündigkeit der Leute am Landwehr-Kanal – und, nicht zu vergessen: so gelacht wurde in der Schaubühne noch nie.

Rolf Michaelis, Die Weltwoche

Hilflosigkeit, wohin man sah, eine Hilflosigkeit, die auch die wenigen bewegenden Szenen aufschluckte. Gegen solchen Pseudorealismus fand Bruno Ganz kein Mittel, kein Tempowechsel, keine Raffung belebte den Dialog, der zu ein paar schüchternen Gesten, einigen ungenügend motivierten Gängen aufgesagt wurde, nur manchmal wiesen einige persönliche Töne darauf hin, daß mit diesen Darstellern eine triftigere Inszenierung möglich gewesen wäre, wenn es schon dieser Kroetz sein mußte.

Den O'Casey sollte die Schaubühne lange auf dem Spielplan halten, ergänzt durch einen zweiten Einakter von ähnlich offenlegender Brillanz; »Oberösterreich« aber sollte das Theater, mindestens in dieser Fassung, schleunigst in der Versenkung verschwinden lassen, Bruno Ganz und den beiden bemühten Akteuren zuliebe.

Roland H. Wiegenstein, Frankfurter Rundschau

Ilse Ritter, Eberhard Feik

GILGAMESCH UND ENGIDU

II. Teil

KOLLEKTIVPRODUKTION

TILO PRÜCKNER ROLAND TEUBNER WOLFGANG WERMELSKIRCH GRISCHA HUBER INGO LAMPE WILLEM MENNE CHRISTINE OESTERLEIN GERD WAMELING WIGAND WITTING HANS DIEHL OTTO MÄCHTLINGER UWE OELKERS SILVIA JOST

PREMIERE 18. 3. 1975

Der zweite Teil des Versuchs mit einer neuen Art von Kindertheater erreichte sein Ziel kaum. Die Akteure, die mit viel Eifer bei der Sache waren, scheiterten daran, daß diese ihre Sache so nicht zu vermitteln ist, sie vertaten dabei den Kinderspaß wie ihr »Anliegen«, ihre Phantasie reichte einfach nicht dazu, den alten Marx sinnlich faßbar zu machen. Aber das liegt sicher auch an Marx und an den Verhältnissen. Daran vielleicht werden sich die Kinder später erinnern.

Roland H. Wiegenstein, Frankfurter Rundschau

Otto Mächtlinger, Hans Joachim Diehl, Grischa Huber, Christine Oesterlein, Silvia Jost, Roland Teubner, Tilo Prückner, Wolfgang Wermelskirch, Willem Menne, Ingo Lampe, Gerd Wameling

EMPEDOKLES – HÖLDERLIN LESEN

Lektüre 1: RENATE BLEIBTREU   EBERHARD FEIK   JUTTA LAMPE   CHRISTINE OESTERLEIN   WERNER REHM   LIBGART SCHWARZ
Lektüre 2: HANS DIEHL   BRUNO GANZ   WILLEM MENNE

Regie KLAUS MICHAEL GRÜBER   Mitarbeit ELLEN HAMMER   Bühne ANTONIO RECALCATI   Mitarbeit UWE OELKERS   Kostüme MOIDELE BICKEL/SUSANNE RASCHIG   Mitarbeit JOACHIM HERZOG   Dramaturgie DIETER STURM

PREMIERE 14. 12. 1975

Gastspiele in Bad Homburg, Paris

An der Schaubühne wird immer schlecht gesprochen – lächeln die Verteidiger derselben, so als handele es sich dabei um irgendeine Schwäche, während es doch soviel Gutes oder Interessantes zu bestaunen gibt. Nur: Grübers ehrlicher Weg zur unverstellten unironisierten, von den Verantwortlichen offenbar auch ernstgenommenen Sprache Hölderlins hin – weniger um Entmythologisierung, als um eine prägnante Entmusikalisierung schien man sich bemüht zu haben – machte das Scheitern so ausweglos.

Da also von einigen Zärtlichkeiten der trefflichen Sprecherin Jutta Lampe und einigen grimmigen Verdichtungen des Bruno Ganz abgesehen, Hölderlins »Empedokles«-Fragment nicht als Sprachereignis dargeboten werden konnte, wirkten die Kontrapunkte nicht mehr wie Ergänzungen, sondern doch ein wenig originalitätssüchtiag – was sie vielleicht objektiv nicht waren.

Joachim Kaiser, Süddeutsche Zeitung

oben Renate Bleibtreu, Christine Oesterlein, Werner Rehm, Eberhard Feik, Libgart Schwarz unten Werner Rehm, Bruno Ganz, Jutta Lampe

Bruno Ganz, Hans Joachim Diehl

oben Hans Joachim Diehl, Bruno Ganz unten Bruno Ganz

Die letzten Hütten, weiter unten, sind schon lange nicht mehr zu sehen. Das Gebell der Hunde, manchmal, dringt noch herauf von dort. Aber der Wind selbst, der stärker wird, ist besser zu hören als die Geräusche, die er trägt. Auf dem Gipfel helles Gestein in kantigen Brocken, der Boden ist naß, Pfützen. Zwischen den Trümmern liegt einer, unkenntlich fast, eingehüllt, beschützt von einer dick wattierten Montur, die wollene Mütze tief ins Gesicht gezogen, eine dunkle Brille bedeckt die Augen, doch das Licht, so hoch, hat nichts Blendendes, ist nur fremd, fahl.

Das ist, auf der Bühne, die dem Publikum gegenüber liegt, der eine Zusammenhang von Eindrücken und Empfindungen, in den die neueste Arbeit der Berliner »Schaubühne« zu Anfang hineinzieht. Es gibt, gleichzeitig, einen anderen. Auf einer links vorgebauten Seitenbühne befinden sich sechs Menschen in einer Art von Warteraum. Ein Mann, heruntergekommen, könnte sein: ein Stadtstreicher, sitzt auf einer Bank, schneidet sich Brot, ißt. Viel später wird er (Werner Rehm) alle Kraft zusammennehmen und versuchen, ein spanisches Lied zu singen, Augenblick eines rasch einstürzenden Triumphs. Wie er, bewegen auch die anderen sich kaum. Nur kleinste, die schmalsten, sprachlosen Regungen, mitunter plötzlich sich vergrößernd, wenn zum Beispiel einer eine Landkarte entfaltet, mit der Lupe etwas sucht. Das ist dann wie mit dem Lied: eine Aktivität scheint beschlossen, ein Plan gemacht, eine Hoffnung gefaßt – aber die Anstrengung bringt nichts, bewirkt nichts, ist umsonst, fällt, schon im nächsten Moment, wieder zurück in stillgestelltes, abgestelltes Leben, Erinnerung an etwas, das wie eine Möglichkeit schien. Und doch enthält und bedeutet diese ganze Beinahe-Leblosigkeit der sechs einzelnen die größte, schmerzlichste Bewegung: die der vergehenden Zeit.

Das ist nun die wichtigste Verbindung, die zwischen dieser und jener zuerst beschriebenen Szene besteht: daß in beiden, streng voneinander geschiedenen Zonen es um das Ende geht, um die Zeit und den Tod – um den banalen, allgemeinen, den Tod immerzu; und um das selbstgewollte, Erfüllung einschließende Sterben, den Sturz des Empedokles in den Ätna.

Denn dieser Abend der »Schaubühne« gilt Hölderlin. »Der Tod des Empedokles. Hölderlin lesen« – in dem zweiteiligen Titel dieser außerordentlichen Unternehmung ist sowohl der Hinweis enthalten auf den Vorgang ihrer Entstehung als auch eine Hilfe angeboten, das Ergebnis dieses Prozesses zu verstehen. »Hölderlin lesen«: das will anzeigen, daß die Gruppe von Schauspielern um den Regisseur Klaus Michael Grüber und den Dramaturgen Dieter Sturm in ihrer Beschäftigung mit den »Empedokles«-Fragmenten sehr früh den Gedanken aufgegeben hat, am Ende der Arbeit könne eine irgendwie abgeschlossene, die »fertige Inszenierung« behauptet und veröffentlicht werden; vielmehr ist dem Ensemble im Umgang mit den Texten Hölderlins die Notwendigkeit immer bewußter geworden, nicht ein Produkt der Annäherung, sondern diese selbst, im weitesten Sinne also den Prozeß des Lesens, zur Darstellung zu bringen.

So ist die Arbeit der Aneignung, sind ihre Erfolge und ihr Scheitern, das Thema des Abends. Man sieht nicht der Behauptung von Rollen zu, sondern dem erstaunlichsten, eindringlichsten Selbstausdruck einer Gruppe von Menschen, die sich an dem späten dramatischen Gedicht erfahren haben. Sie suchen nach Bewegungen und Bildern, in welchen ihre Reaktion auf Form und Gehalt des Stoffs, und das heißt vor allem: auf das Erlebnis von dessen Fremdheit sich auswirkt. Ihre Adäquatheit, Angemessenheit, gewinnt die »Aufführung« dadurch, daß sie gerade nicht voraussetzt, es existiere zwischen der extremen Besonderheit der Ideen wie der Sprache Hölderlins und uns ein verbindend Gemeinsames, sondern mit der Ausbildung eigener Besonderheit die Entfernung markiert und zugleich auf sie antwortet.

Die Schwierigkeiten, die die »Aufführung« beim Publikum vielleicht haben wird, liegen darin, daß sie einen anderen als den gewohnten Begriff von Theater gibt. Ohne die Kenntnis der Texte und zugleich die Bereitschaft, von der Vorlage auch wieder abzusehen, wird Grübers Versuch, Zeichen der Annäherung zu finden, kaum zugänglich werden. Ohne die unnachgiebigste, eigene Einlassung kann hier kein Zuschauer bestehen. Das ist die große Herausforderung, die dieser Abend darstellt.

Er ist aber auch eine Herausforderung an unser ganzes Theater. In einem Moment der allgemeinen ödesten Niedrigkeit, in dem das Theater, stolpernd zwischen Anmaßung und Unterwürfigkeit, in aberwitzigen »Frohsinns-Wellen« sich selbst verjuxt, kommt der Unternehmung der »Schaubühne« die Bedeutung einer entschiedenen Korrektur zu. Wie Peter Steins »Tasso«, am Ende der sechziger Jahre, erfahren wurde als Zäsur, als Zuweisung neuer Aufgaben, so ist auch dieser Hölderlin-Abend, unter veränderten gesellschaftlichen Umständen und nach allem, was geschehen ist, jetzt wieder als ein Einschnitt zu sehen: als die kritische Erinnerung daran, daß die Bühne nicht Spielplatz einer Gesellschaft, sondern der Ort ist, an dem wir, aufs nachdrücklichste, härteste, schmerzlichste, vor uns selbst gestellt sind. Um zu erfragen, was verloren und was noch zu gewinnen ist.

Peter Iden, Frankfurter Rundschau

»Esoterisch« wird diese jüngste Aufführung an Peter Steins Schaubühne von manchem Zuschauer gescholten. Fremd bleibt nicht wenigen die ungewöhnliche Sprache grandios in Bilder übersetzende Auseinandersetzung mit Hölderlin. Und die Theatermannschaft macht es sich mit diesem Empedokles nicht leicht – weder sich noch den Zuschauern. Phantasie, Interesse, Offenheit werden vorausgesetzt. Chancen sind wahrzunehmen, Abschied zu nehmen von einengenden Wahrnehmungsmustern. Man muß wieder genau hinsehen, hören, empfinden, denken, fern der erstarrten Klischees – und die Aufführung macht Lust dazu, macht Lust, Menschen, Beziehungen, Parallelen, sich selbst zu entdecken, sich auf verschiedenen Ebenen der Wirklichkeit zurechtzufinden, Realität zu überprüfen.

»Empedokles/Hölderlin lesen« öffnet neue Perspektiven, ist Beginn eines Kunst-Grenzen überschreitenden Abenteuers. Das Ende der Aufführung zeigt Empedokles im Wartesaal, den Sprachgewaltigen zwischen Sprachlosen, den Bekannten als Unbekannten. Am Ende hat Empedokles die Kunst-Landschaft verlassen. Dieses Ende: vielleicht ein Anfang.

Raimund Hoghe, Westfalenblatt

Hier nun wird dargetan – eigentlich gar nichts mehr, nichts gezeigt, wird Hölderlins schwerer Text überhaupt nicht entfaltet. Er tropft nur, unterbrochen immer wieder von langen, ereignislosen Intervallen des Schweigens.

Der Abend zeigt die inzwischen hochgerühmte, die so sehr zu Recht sehr bewunderte Truppe auf einem Holzweg des Hochmuts. Sie sperrt, Theater machend, das Theater aus. Sie teilt hier nichts mit. Sie ist in Gefahr, in ihrem eigenen Anspruch zu verkrusten. Sie nimmt das Publikum offenbar gar nicht mehr wahr. Die sich doch vornahmen, zeitgenössisches Theater zu machen und die diesen Titel selber führen, sie steigen mit dieser Produktion der Leere aus der Zeit ganz aus. Sie nähern sich gefährlich dem Kitsch der reinen Esoterik. Die Neigung war schon im Verzuge. Hier ist sie fast in den Zustand der Selbstparodie ausgeartet.

Zurück zum Publikum, zurück zum Theater! Die Schaubühne darf sich so trübselig, so hochmütig, so eitel versnobt, bitte, nicht weiter verrennen.

Friedrich Luft, Die Welt

Bertolt Brecht

DER UNTERGANG DES EGOISTEN FATZER

Eine Auswahl der Schaubühne aus dem Fatzer-Fragment

Leser des Fatzer-Fragments GERD WAMELING Fatzer WOLF REDL Büsching OTTO MÄCHTLINGER Kaumann CLAUS THEO GÄRTNER Koch GÜNTER LAMPE Therese Kaumann ANGELA WINKLER Fanny ILSE RITTER Trainsoldat GERD DAVID

Regie FRANK-PATRICK STECKEL Mitarbeit FELIX PRADER Bühnenbild KARL-ERNST HERRMANN Mitarbeit MANFRED DITTRICH Kostüme JOACHIM HERZOG Musikalische Beratung DIETRICH STERN Choreographische Beratung FRANK FREY Dramaturgie WOLFGANG STORCH Technische Leitung KLAUS WICHMANN Inspizienz GÜNTER MAYER Tonmeister GISBERT LACKNER Requisite DAGMAR GAIDZIK/HANS THIEMANN/KURT WITKOWSKI Bühnenmalerei HELMUT WOLFF Maskenbildner REGINA MÜNKNER/ELISABETH TEMBRINK

PREMIERE 11.3.1976, Uraufführung

Hilfe, die Philologen sind unter uns. Sie spielen mit den Texten herum. Sie machen (wenn das Theater ist) so ihr Theater. Das Vergnügen soll aus der angewandten Seminararbeit erwachsen. Viel verlangt – oder zu wenig. Dieser Versuch ist trocken und auf eine oft ennuyierende Weise lehrhaft, manchmal oberlehrerhaft und oft unfreiwillig komisch. Wenn zu Anfang mit dem von Brecht zweimal geschriebenen Einstieg die Mannschaft eines Panzers aus dem ersten Weltkrieg sich entschließt, zu desertieren, dann inszeniert Steckel gewaltig. Der Tank wälzt röhrend durch veritablen Matsch. Es wird deftig gespielt. Aufwand wird getrieben, wie es die Schaubühne liebt. Dann bricht das ab.

Stückwerk wird vorgezeigt. Aber bei Kleinem kommt doch so etwas wie die »Stück-Idee« theatralisch zustande. Man hört ein paar Brecht-pfiffige Dialoge. Hin und wieder wird auch seine kleine krude Poesie merkbar. Worauf, was so gar nicht ins Laufen kommen kann, hinausläuft, ist schließlich doch zu erkennen. Wenigstens wie Brecht wohl die Fatzer-Figur erträumte, das ist zu ahnen. Wolf Redl spielt die Stückchen davon kräftig vor. Er hat den Spaß der Figur und auch ihre nachbüchnerische Verlorenheit.

Lohnt das? Ein Theaterabend wird es nicht. Die Exegese eines nur teilweise bestehenden Werkes ist immerhin kurios, wird für Brecht-Forscher sogar anschaulich sein. Das Theater macht neuerdings sonderbare Sprünge.

Friedrich Luft, Die Welt

oben Günter Lampe, Wolf Redl, Otto Mächtlinger, Claus-Theo Gärtner unten Wolf Redl

Else Lasker-Schüler

DIE WUPPER

Schauspiel in fünf Aufzügen

Frau Charlotte Sonntag, Fabrikbesitzerin JUTTA LAMPE   Ihre Kinder: Heinrich WERNER REHM   Eduard HANS DIEHL   Marta SABINE ANDREAS   Dr. jur. Bruno von Simon GERD WAMELING   Grossvatter Wallbrecker OTTO SANDER   Amanda Pius, seine Tochter MONIKA HANSEN   Carl Pius, sein Enkel GERD DAVID   Mutter Pius, Carls Großmutter väterlicherseits ILSE RITTER   Drei Herumtreiber: Der Pendelfrederech RÜDIGER HACKER   Lange Anna GÜNTER LAMPE   Der Gläserne Amadeus WILLEM MENNE   August Puderbach, Färber INGO LAMPE   Lieschen, sein Schwesterchen ANGELA WINKLER   Grete Stomms, Lieschens Freundin INGRID HOFFMANN   Willem, Zuhälter, ehemaliger Weber WOLF REDL   Dienstboten im Hause Sonntag: Auguste CHRISTINE OESTERLEIN   Berta LIBGART SCHWARZ   Helfershelfer der Herumtreiber ACHIM BAREIN/BERND BAUER/CURT FEHR   Geschäftsfreunde von Heinrich Sonntag EBERHARD FEIK/MICHAEL KÖNIG/OTTO MÄCHTLINGER/HELMUT HILDEBRAND   Schätze der Geschäftsfreunde MONIKA HANSEN/INGRID HOFFMANN/RENATE KOEHLER/CHRISTINE OESTERLEIN   Arbeiter ACHIM BAREIN/BERND BAUER/CURT FEHR/WERNER LUSTIG/RONNY TANNER   Kinder DETLEF LÜDTKE/CAROLA LÜDTKE/SABINE ROSENDAHL/PETER WOYTOWITZ/KATJA WOYTOWITZ/TATJANA WOYTOWITZ

Regie LUC BONDY   Assistenz JAN KAUENHOWEN   Bühnenbild KARL-ERNST HERRMANN   Assistenz MANFRED DITTRICH/UWE OELKERS   Kostüme MOIDELE BICKEL/JOACHIM HERZOG   Assistenz DAGMAR NIEFIND   Musik PEER RAABEN

PREMIERE 6. 6. 1976

Luc Bondy hat zum erstenmal an der Schaubühne inszeniert; nach vielerlei Mut- und Genieproben ist dies seine ausführlichste, mühsamste und schönste Regiearbeit geworden – gleich weit weg vom scheinbar mühelosen ästhetischen Gelingen seiner früheren Inszenierungen wie von deren oft luxuriöser, verspielter Unverbindlichkeit. Was in Frankfurt, bei Bondys Marivaux-Inszenierung (»Die Unbeständigkeit der Liebe«), begann, eine Unlust an den glatten, gefälligen, bloß verblüffenden Lösungen, eine jähe Neugier auf das Chaotische und Katastrophale in menschlichen Beziehungen, das setzte sich nun bei der »Wupper« strapaziös und großartig fort. Ein Stück, das man mit Regie-Raffinement mühelos in ein hochpoetisches Nichts verzaubern könnte, in ein unirdisches, mondsüchtiges Bühnenmärchen, zerfiel bei Bondy (und Zerfall ist immer ein schmerzhafter Vorgang) in eine Vielzahl von Leidensgeschichten.

Es ist seltsam, wie konsequent das scheinbar zerfahrene, absichtslose Stück der Lasker-Schüler den Verfall überall spürt und beschreibt: die Verwandlung einer ländlichen Flußlandschaft in eine Industriestadt genauso wie die unaufhaltsame Zerstörung der alten sozialen Beziehungen, des gewohnten sexuellen Verhaltens. Es ist eine große, fiebrige Unruhe in allen Figuren: ein Fabrikdirektor (Werner Rehm) stürzt sich blindlings in eine Affäre mit einem Proletenmädchen, macht ihr ein Kind, begeht Selbstmord. Sein jüngerer Bruder (Hans Diehl), zu Tode erkrankt, spielt mit schwindenden Kräften einen religiös Verzückten, Carl Pius (Gerd David), ein Arbeiterkind, will Pastor werden und verrennt sich in ein aussichtsloses Liebesdrama.

Keine dieser Geschichten wird auffällig oder gar mit pädagogischer Insistenz erzählt; das Stück ballt nicht die Faust und fuchtelt nicht mit dem Zeigefinger. Immer wieder überlagern und verwirren sich die Motive – für einen Regisseur mit Geschmack kann es nicht schwer sein, die Geschichten in Stimmungen zu verwandeln, die Schmerzen in Melancholien.

Bauers und Dresens Inszenierungen hatten sicher ein genaueres Gespür für atmosphärische Reize und Sprachmelodien, für Rätsel und Zauber. Nach Bondys Inszenierung begreift man freilich auch die Harmlosigkeiten der beiden früheren Veranstaltungen; ihre Poesie ist eine ziemlich weltferne, harmonisierende, geschlechtslose gewesen.

Was alles nämlich den Figuren zustößt, wie da, nebenbei und fast ungerührt, Katastrophe nach Katastrophe erzählt wird, hat erst Bondys entschieden unsentimentaler Umgang mit dem Stück aufgedeckt. Dabei beginnt die Aufführung zaghaft, fast ratlos – behindert von einem monumentalen Bühnenbildeinfall. Bondy und Karl-Ernst Herrmann hatten die Idee, die Hauptperson des Stücks, die Wupper, dem Zuschauer wirklich zu zeigen, den Fluß und sein von den Fabriken buntgefärbtes und beschmutztes Wasser. Doch statt einer Landschaft erbauten sie ein Kunstgebilde: zwei Flußufer aus kahlen Holzplanken, zur Bühnenmitte hin abfallend, wo eine rostbraune Wasserpfütze die Wupper darzustellen hatte. Ein solcherart aufgeräumtes, durchstilisiertes Bühnenbild nennt man wohl eine szenische »Lösung« – und wirklich löste dieses preußisch-kahle Bild erst einmal die Frage, wie denn das unordentliche, verwilderte Stück der Lasker-Schüler zu spielen sei – indem es die Inszenierung daran hinderte, das Stück zu spielen.

Mit Herrmanns zweitem Bild begann die Wende der Aufführung. Aus dem Garten der reichen Familie Sonntag war wirklich eine Landschaft geworden – vom Bühnenboden hingen über hundert schwer mit rotem Laub behängte Baumzweige herab, die Bühne wurde zum Dschungel. In diesem bunten, wilden Garten begann dann Bondy ganz langsam damit, die Gefühlsverwirrungen der Figuren zu beschreiben. Etwa die quälerische Liebesszene zwischen Marta Sonntag, einem verwöhnten Bürgermädchen (Sabine Andreas), und dem Arbeitersohn Carl Pius (Gerd David), der dabei ist, seiner Klasse zu entkommen, der versucht, ein Gottesmann zu werden. Das beginnt als ein sadistisches Spiel: das Mädchen nützt böse beide Handikaps des Jungen aus – daß er hilflos ist, weil er ein Prolet ist, und hilflos aus Verliebtheit. Zunächst geht es Marta nur um ihren Triumph; wenn sie dem dumpfen Jungen kokett das Bein entgegenstreckt, damit er ihr die Schuhe anzieht, wenn sie ihn mit einem kleinen Zweig auf die Finger schlägt. Aber dann passiert, was auch im Marivaux-Stück ständig passiert: die eben noch Überlegene, Siegessichere kriegt einen großen Schrecken, wird unsicher an der eigenen Überlegenheit, ist verwirrt über den ungeschickten Liebhaber, den sie doch nur ein wenig verwirren wollte.

Das dritte Bild spielt auf der Kirmes. Vorne ein großes Kinderkarussell mit Tierfiguren und bunten Lämpchen. Hinten die Rückwände von drei Jahrmarktsbuden. Heinrich Sonntag, Fabrikdirektor, und Lieschen Puderbach, Färbertochter, erleben hier eine kurze, schwindlige Liebesgeschichte. Sie fahren mit dem Karussell, beide sind schon ein bißchen betrunken, und Angela Winkler reißt bei der Fahrt den Mund auf, breitet die Arme weit aus, ist so fassungslos selig, als lerne sie nun das Fliegen. Das Karussell dreht sich weiter, immer schneller, die Musik hat längst aufgehört. Wenn die beiden dann heruntersteigen, haben der Alkohol und die rasende Fahrt einen großen Schwindel in ihren Köpfen erzeugt – und man begreift, warum die beiden viel mehr verwirrten als ineinander verliebten Leute kurz danach, in der Jahrmarktsbude der Mutter Pius, ein unseliges, unsinniges Liebespaar werden müssen.

Nicht zu sagen, ob diese an Einheitlichkeit uninteressierte, sich immer wieder an Einzelheiten verlierende Aufführung nun »gelungen« ist oder nicht. Leicht zu sagen, daß man sie nicht so bald aus dem Kopf kriegen wird. Am liebsten erinnere ich mich an eine Szene mit den drei Herumtreibern, an eine Szene im vierten Akt. Es ist früher Morgen, fast noch Nacht. Am Wupper-Ufer steht seit neuestem eine Laterne. Amadeus, Anna und Frederech schlürfen herein, wie immer auf gar nichts gefaßt. Plötzlich sehen sie die neue Laterne und wundern sich über die Maßen; stellen sich schüchtern unter die Lampe, starren sie ungläubig an, schließen dann die Augen und sonnen sich ein paar Minuten lang andächtig im elektrischen Licht. Dann ist der Morgen da, die Lampe wird ausgeschaltet, die drei schmutzigen Heiligen ziehen wieder davon – so ergriffen, als hätten sie soeben in den Stern von Bethlehem geguckt und nicht bloß in eine Straßenlaterne.

Benjamin Henrichs, Die Zeit

Von allem das Erstaunlichste an dieser schönen Aufführung der »Wupper« von Else Lasker-Schüler durch die »Schaubühne« ist die weise Liebe, mit welcher der junge Regisseur Luc Bondy auf die Menschen in dem Stück eingegangen ist. Es gibt in seiner Inszenierung tatsächlich keine Figur, die nur ausgestellt oder denunzierend abgetan würde. Alle leben, das heißt: man sieht in der Gegenwart dieser Menschen immer auch die lange Vorgeschichte der Widersprüche, die sie beunruhigen, umtreiben, bedrohen – manche ersticken daran. Sie versuchen, gegen ihre Unruhe eine Form zu finden für sich, das Nützliche, das Vernünftige zu tun, an ein Lebensreglement sich zu halten. Aber diese Form zerbricht, zerreißt ihnen dauernd, läßt sich nicht behaupten. Daß Versöhnung mit sich selbst ihnen so sehr mißlingt – daher rührt dann ihr Leiden. Jemand muß viel über Menschen wissen und viel für Menschen empfinden, um auf einer Bühne so wie Bondy von ihnen erzählen zu können. Bilder von Menschen also, Menschenbilder: aus ihnen lebt und entfaltet sich der Abend.

Peter Iden, Frankfurter Rundschau

oben Gerd Wameling, Libgart Schwarz unten Angela Winkler, Ilse Ritter

oben Monika Hansen, Ilse Ritter, Ensemble unten Ensemble

oben Rüdiger Hacker, Angela Winkler unten Gerd David, Ilse Ritter

Werner Rehm, Sabine Andreas, Gerd David, Hans Joachim Diehl, Libgart Schwarz, Jutta Lampe

SHAKESPEARE'S MEMORY

Mitwirkende Schauspieler SABINE ANDREAS GERD DAVID HANS DIEHL TINA ENGEL EBERHARD FEIK RÜDIGER HACKER MICHAEL KÖNIG GÜNTER LAMPE JUTTA LAMPE WERNER LUSTIG OTTO MÄCHTLINGER WILLEM MENNE CHRISTINE OESTERLEIN ELKE PETRI WOLF REDL WERNER REHM ILSE RITTER OTTO SANDER LIBGART SCHWARZ GERD WAMELING

Regie PETER STEIN Regieassistenz JAN KAUENHOWEN/HANNES KLETT/FELIX PRADER Bühnenbild KARL-ERNST HERRMANN Bühnenbildassistenz MANFRED DITTRICH/UWE OELKERS Kostüme MOIDELE BICKEL/JOACHIM HERZOG/SUSANNE RASCHIG Kostümassistenz DAGMAR NIEFIND/GISELA STORCH Dramaturgie DIETER STURM Dramaturgieassistenz ELLEN HAMMER Musik und musikalische Einstudierungen HOLGER EICHHORN/ULLA GROENEWOLD/GERHARD KASTNER/DIETRICH STERN Körpertraining und Fechtübungen FRANK FREY/VICTOR GOEBEL/LAJOS KOVACS/CHARLES LANG/GERD WALTER Malerei und Plastik CLARISSA BRUHN/WALTER HEIDENREICH/KLAUS FESSELER/JOACHIM LAUER/CHRISTINE NESTLER/HELMUT WOLF Photographie RUTH WALZ

PREMIERE 22. und 23. 12. 1976, CCC-Film-Studio 4

Fernsehaufzeichnung für das ZDF

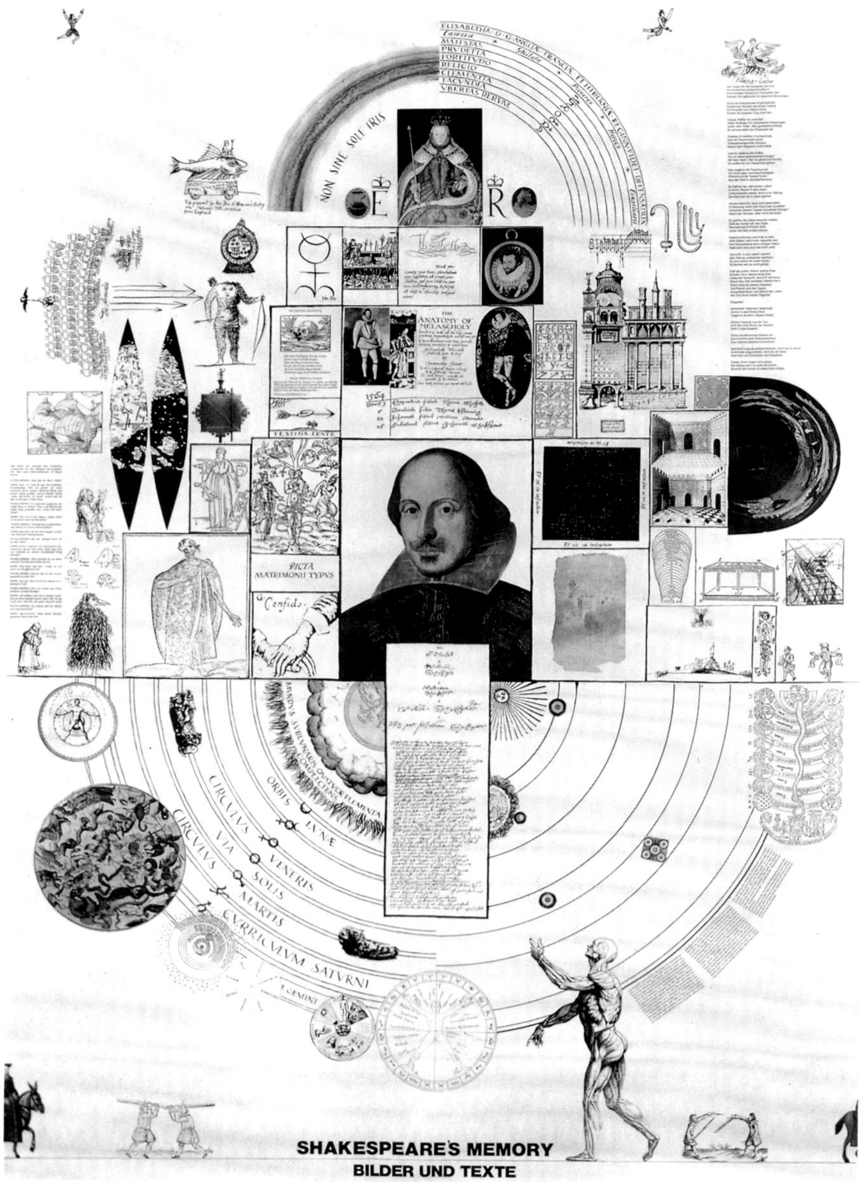

Jutta Lampe

Werner Rehm, Rüdiger Hacker, Werner Lustig

Hans Joachim Diehl, Otto Mächtlinger, Jutta Lampe, Gerd David, Tina Engel, Wolf Redl

oben Kosmologien: Welträderprospekte unten Leonardo-Theater

Elke Petri, Jutta Lampe, Sabine Andreas, Gerd David, Ilse Ritter, Willem Menne, Libgart Schwarz, Günter Lampe, Gerd Wameling

Hans Joachim Diehl, Otto Mächtlinger, Jutta Lampe, Gerd David, Tina Engel, Wolf Redl

Werner Lustig

oben Jutta Lampe, Hans Joachim Diehl unten Libgart Schwarz

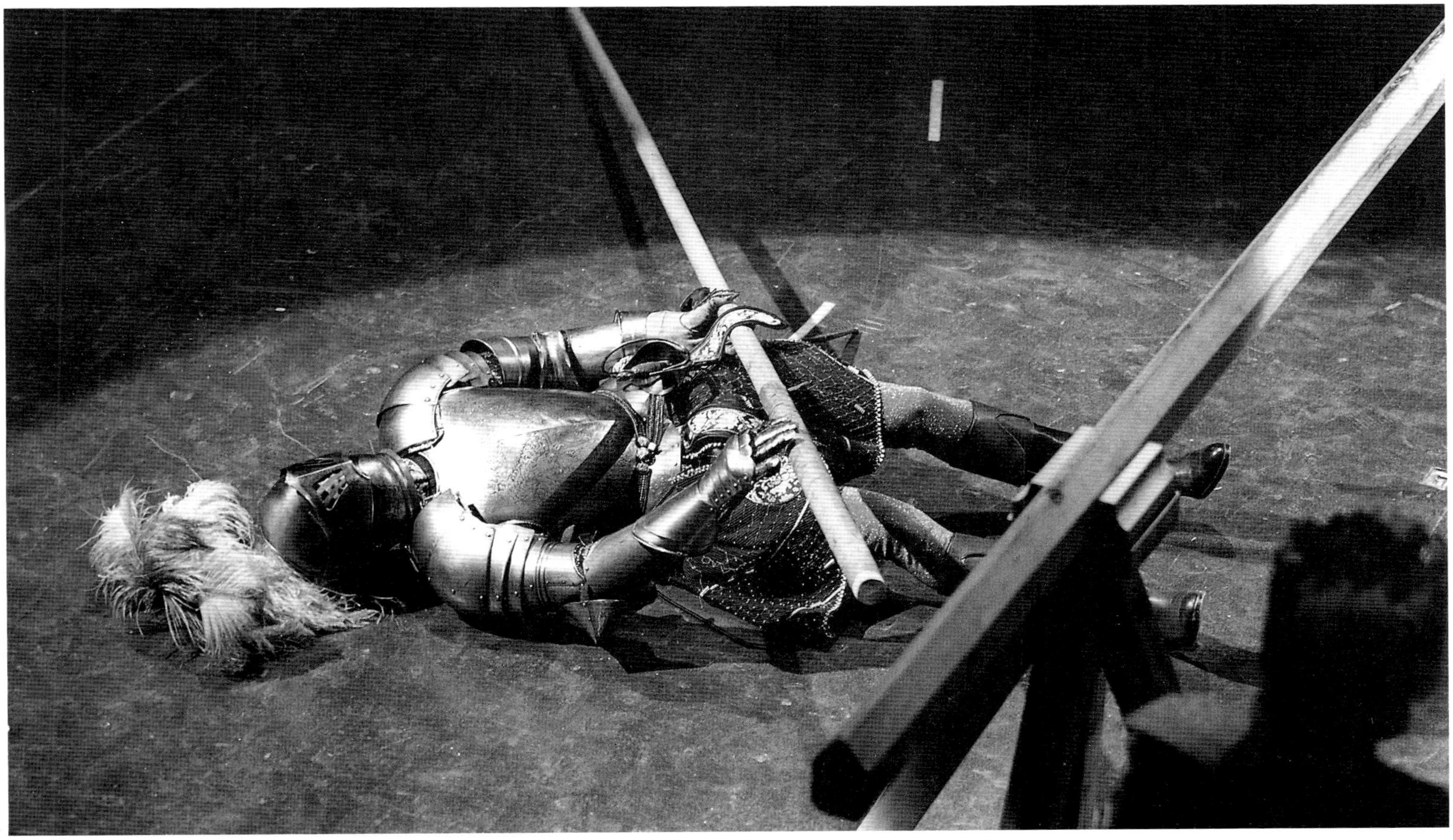

oben Rüdiger Hacker, Ilse Ritter unten Willem Menne

Weder ist zu erkennen, wie die »Schaubühne« sich ein Stück Shakespeares zu spielen vorstellt, noch wird dem historischen Moment, auf den man sich eingelassen hat, irgendein besonderer Erlebniswert abgewonnen. Behauptet wird, es sei hier über diese englische Renaissance »etwas zu lernen«. Das Theater also als Mittel wissenschaftlicher Erkenntnis? Es könnte so nur funktionieren, wenn das Spannungspotential des Jahrhunderts in Konfliktsituationen aktualisiert würde, in denen die Zeit auf Haltungen und Verhaltensweisen einzelner Menschen sich auswirkt. Man sieht aber in der hohen Halle des Spandauer Filmateliers, in die die »Schaubühne« ausgewichen ist, nur einer umständlichen Ausstellung isolierter Wissenspartikel zu.

Diese Angeberei mit auswendig gelernten Geschichtsdaten – deren Vortrag wahrhaftig zum Ritt über den Bodensee wird, jede Zwischenfrage müßte das dünne Wissens-Eis brechen lassen – wird dadurch noch ärgerlicher, daß Peter Stein, hier offenbar völlig ohne Konzept und Einsicht, sich zu allem Übel auch noch für simultane Arrangements entschieden hat.

Das Material einer Epoche wird so reduziert auf lauter Geräusche. Der Versuch einer Einführung mündet in die sinnlose Verwirrung. Von allen Mängeln der Veranstaltung ist wahrscheinlich der schwerwiegendste dieses Ausstreuungs-Verfahren.

Es liegt nicht zuletzt auch an der Ausstattung, daß Unbescheidenheit zum auffälligen Merkmal des scheiternden Ausflugs in ein entferntes Zeitalter geworden ist.

Peter Iden, Frankfurter Rundschau

Das Verdrießliche an dem Unternehmen ist der horrende Abstand zwischen Inhalt und Anspruch. Die legitime Absicht, ein Zwischenergebnis, eine Materialsammlung zu publizieren über die Arbeit des Ensembles an Shakespeare, etwas Vorläufiges und Fragmentarisches auszustellen, wird erdrückt von den wie für die Ewigkeit geschaffenen Erfindungen eines kostspieligen Ausstattungstheaters. Gut, es macht einen Moment lang Spaß, wenn ein riesiges hölzernes Schiffsskelett in die Halle hereingefahren wird; es macht mehr als nur einen Moment Spaß, die Arbeit der Kostümbildnerin Moidele Bickel zu bewundern. Doch dieser dekorative Reichtum steht in einem doch bedrückenden Kontrast zu der Kärglichkeit der Nicht-, Halb- und Beinahe-Schauspielerei, die allüberall stattfindet und die im letzten Teil des Abends (»Shakespeares Eiland«) ihren trostlosen Höhepunkt erreicht.

Da werden auf einer in der Mitte der Halle aufgebauten, gebirgigen Bühne wahllos Shakespeare-Szenen gespielt, »gemimt« muß man wohl sagen. Drei Minuten »Romeo und Julia«, fünfzig Sekunden »Othello«, zwanzig Verse Caliban: das Schönste und Berühmteste von William Shakespeare. Nun wäre es vielleicht möglich gewesen, als letzte Etappe der Übungen für Shakespeare ein paar originale Shakespeare-Texte vorzuführen, und es wären für diese Revue auch Spielformen denkbar gewesen, akademische (die vorsichtige Rezitation) oder volkstümliche (das jahrmarkthaft-fröhliche Chargieren). Was die Idee zur Schnapsidee werden ließ, war der gemeinschaftlich unternommene Versuch, in der letzten der sieben Stunden doch noch richtig Shakespeare zu spielen – er endete in einer Exhibition verbrauchter Theatermittel, in Weihnachtsmärchen-Süßlichkeit, Stadttheater-Inbrunst, manieristischem Krampf. Dieser plötzliche Ausbruch in ratlose Schauspielerei kam nicht ganz unerwartet. Zu lange hatten sich die Schauspieler mit allem Möglichen, nur nicht mit Schauspielerei befaßt: waren als Amateur-Artisten, Hobby-Zauberer, Theaterwissenschaftler, vor allem aber als Träger schöner Kostüme und als dekorative Bestandteile raffinierter Szenerien eingesetzt worden. Plötzlich sollten sie nun wieder in ihrem eigentlichen Beruf auftreten – es sah aus, als hätten sie ihn alle verlernt.

Benjamin Henrichs, Die Zeit

Die Schaubühne will politische, wissenschaftliche, künstlerische und folkloristische Texte und Bilder einer Epoche unverändert für sich selber sprechen lassen. Die Schauspieler, die sie in der gemeinsamen Arbeit gerade erst für sich entdeckt haben, wollen sie dem Publikum im oftmals hautnahen Kontakt vermitteln. Denn dieses sitzt nicht in einem abgesonderten Parkett, es geht von einem Spielort zum anderen, hat die Möglichkeit unmittelbar zu reagieren, wie es andererseits auch von den Schauspielern angesprochen, einbezogen wird. Das ist für Darsteller, die es gewohnt sind, immer nur fertige Rollen im Schutze der Bühnenrampe aufzusagen, eine ganz neue Situation. Aber sowohl die Schüchternheit als auch die Aggressivität, von denen die Premierenbeobachter berichten, sind inzwischen einem ruhigen Selbstbewußtsein gewichen. Die Grenzen des eigenen Wissens werden im Gespräch mit dem Publikum eingestanden, man nimmt Korrekturen an und empfiehlt einander Bücher. Der Kontakt zwischen den Künstlern und den Zuschauern ist zwanglos, lebhaft und inhaltsreich.

Es ist unmöglich, den ganzen Reichtum der Darbietungen hier auch nur anzudeuten. Verwiesen werden sollte jedoch noch auf ein durchgehendes Phänomen, das besondere Bedeutung verdient: die geschickte, dynamische Raumaufteilung der Spielfläche. Was die besten Theaterarchitekten in dieser Schnelligkeit und Vielfalt nicht zu bieten vermögen, schaffen hier die Spieler im Handumdrehen. Sie organisieren eine über 300 Menschen große Zuschauermenge, die zunächst wahllos im hohen und weiten Filmatelier herumsteht, immer wieder zu sinnvollen geometrischen Figuren am Rande des Geschehens. Ein Peitschenknaller etwa schwingt seine Peitsche nahe über die Köpfe der Zuschauer, in deren Mitte er steht. Im Nu weichen sie, sich duckend, zurück. Beim ersten Peitschenknall ist ein Kreis gebildet. Imaginäre Bühnenarchitektur, die jeder realen weit überlegen ist; Choreographie der Zuschauer, die immer wieder animiert mitmachen.

Beim Wandern von Spielort zu Spielort muß man auf dieses verzichten, um jenes mitzubekommen – ein Umstand, der dem Ensemble zu Unrecht angekreidet wurde. Da Vollständigkeit der Erscheinungen einer Epoche in kluger Selbstbescheidung gar nicht erst angestrebt wird, bedarf es auch nicht der vollständigen Rezeption des Gebotenen. Wie die Spieler sich zu ihrer subjektiven Vorliebe in der Auswahl des Gezeigten, Erklärten und Deklamierten bekennen, soll auch der Besucher sich für das entscheiden, was er wissen oder sehen möchte, was ihm gefällt.

Horst Thiemer, Deutschlandfunk

Wenn Stein sich des Zuschauerproblems annimmt, dann wohl aus umfassenden ästhetischen und moralischen didaktischen Absichten. Man hat dabei nicht das Gefühl, daß dem Zuschauer, der erst an den Sessel geschmiedet war, nun endlich Beine gemacht werden sollen, sondern daß man hier aus einer gegenseitigen Abhängigkeit heraus sich auf den Zuschauer eingelassen hat, ein gemeinsames Erkennen und Sichvergnügen entwickeln will. Superlative lassen sich angesichts dieser Leistung kaum vermeiden und so möchte ich behaupten, daß dies der kühnste, entschlossenste und weitreichendste Kunstversuch der Schaubühne war.

Die ganz unterschiedliche Qualität der einzelnen Szenen und schauspielerischen Leistungen fiel dabei nur wenig ins Gewicht, denn die Dynamik dieses Versuchs, eine Annäherung an die Geschichte mit wissenschaftlichen Mitteln zur Kunst zu machen, befreite nicht nur den Zuschauer aus dem Sessel, sondern auch den Schauspieler vom Zwang des Perfektionismus.

Caroline Neubaur, Darmstädter Echo

Alfred de Musset

MAN SPIELT NICHT MIT DER LIEBE

Übersetzung und Fassung der Schaubühne am Halleschen Ufer
unter Verwendung der Übersetzung von Hans Jacob

Der Baron WERNER REHM Perdikan, sein Sohn RÜDIGER HACKER Camille, seine Nichte ILSE RITTER Blasius, Erzieher des Perdikan GÜNTER LAMPE Frau Sammet, Erzieherin von Camille CHRISTINE OESTERLEIN Bridanius, Pfarrer EBERHARD FEIK Rosette, Milchschwester von Camille TINA ENGEL Der Chor GERD DAVID/GERD WAMELING

Regie LUC BONDY Bühnenbild und Kostüme SUSANNE RASCHIG Bühnenbildassistenz MANFRED DITTRICH Kostümbildassistenz GISELA STORCH Dramaturgie ELLEN HAMMER/JEAN JOURDHEUIL

PREMIERE 13.2.1977

Tina Engel, Rüdiger Hacker, Ilse Ritter

oben Gerd Wameling, Tina Engel, Rüdiger Hacker, Ilse Ritter unten Ilse Ritter

Günter Lampe, Werner Rehm, Eberhard Feik

Daß gelacht werden darf, ist der hohe Vorzug der Inszenierung. Ihr bestürzender Mangel ist dagegen, daß nicht geweint zu werden braucht. Die Geschichte, die Bondy hier mit psychologischem Raffinement ausspielt, ist ein bißchen von gestern. Camille, ein bedauernswert milieugeschädigtes Mädchen, hat im Kloster nichts anderes gelernt, als daß die Welt schlecht ist und die Männer verworfen sind. Ihr Entschluß steht fest, die Ehe mit Perdikan auszuschlagen, den Schleier zu nehmen und sich bräutlich dem Herrn Jesus zu weihen. Der biedere Perdikan findet diesen Bruch der Verabredung ein starkes Stück, eine Lektion für die Cousine ist fällig, Rosette kommt ihm gerade recht, und die Affäre kommt ins Rollen. Denn selbstverständlich wird sich die kleine Heilige die Blamage nicht bieten lassen, Rosette an einem Platz zu sehen, der nur einer Camille gebührt. Camille, wie Bondy sie sieht und Ilse Ritter sie kunstvoll darbietet, erscheint als ein durchtriebenes Nymphchen, kapriziös, fragil und frustriert, hochmütig, halbherzig und halbfromm, aber wild entschlossen, jedermann zu zeigen, was eine Harke ist. Wenn sich Camille und Perdikan schließlich in die Arme stürzen, ist das hier auf der Bühne nur der Ausbruch einer lang zurückgehaltenen erotischen Hysterie, die es kaum rechtfertigt, daß Rosette sich seinetwegen umbringt.

Indessen darf man sicher sein, daß es Musset nicht um die Seelenstudie einer religiös angekränkelten Jungfrau und um den übereilten Streich eines dummen Jungen gegangen ist, sondern um den Zorn einer malträtierten Leidenschaft, die Rache eines düpierten Glücks und die Macht des Schicksals. Statt der Konvention, die in Bondys Inszenierung einzig erklärt, warum Camille und Perdikan überhaupt miteinander verheiratet werden sollen, bemüht Musset einen absolut fatalen Bündniszwang: Camille und Perdikan sind keine Milieumenschen, das launische Weibchen und der tändelnde Jüngling, sondern Mann und Weib – fraglos füreinander geschaffen, kompromißlos füreinander bestimmt. Sie haben keine Wahl und sind daher ein ernster Fall. Sollte es ihnen einfallen, mit der Liebe zu spielen, sind sie verloren.

Das Melodrama, das Musset geschrieben hat, zeigt die Schaubühne nicht vor. Nur Rosette verkörpert als Schnitterin im Feld eine metaphorische Sinnlichkeit. Sie ist, von Tina Engel andächtig gespielt, die Liebe in Person und der Tod in blühender Gestalt. Wenn sie auftritt, wird die Romantik voll und gefährlich lebendig, und der Dichter ist da. Im übrigen aber schmeichelt die delikate Aufführung unserem modernen Interesse am nervösen Seelenstreß und an den psychischen Reibereien. Und vielleicht tut sie damit nicht einmal unrecht. Denn wem würde es heute noch gefallen, sich einem Schicksalsdrama zu überlassen und dem Pathos hinzugeben?

Sibylle Wirsing, Frankfurter Allgemeine Zeitung

Luc Bondys Musset-Inszenierung ist eine Expedition, kaum weniger gefahrvoll als die zu Shakespeare. Denn Bondy unternimmt den Versuch, Musset als einen großen Realisten und Menschenkenner zu rehabilitieren: nicht der äußere Ablauf des Stückes interessiert ihn, sondern die inneren Widersprüche; nicht die glanzvolle Rhetorik, sondern was diese Rhetorik verbirgt: die ganz und gar nicht glanzvolle psychische Verfassung der Figuren. Oder, trivial gesagt: nicht das Spiel mit der Liebe (und dessen Spielregeln), sondern die Liebe selber.

Die Aufführung ist eine große, geduldige, oft auch ratlose Untersuchung von Menschen und Gefühlen geworden. Wer vom Theater schwungvolle Beweisführungen und provokante Thesen erwartet, den wird dieser lange, langwierige Komödienabend einigermaßen hilflos zurücklassen – außer einer gehörigen Verwirrung kann man hier nichts mit nach Hause tragen, keine gute Laune, kein handliches Schlagwort.

Camilles und Perdikans wunderliche (Nicht-)Liebesgeschichte ist eine Geschichte der Drohungen: Camille droht, ins Kloster, zu Christus, zurückzukehren, Perdikan droht, Rosette zu heiraten. Das Aufregende an Bondys Inszenierung ist, daß diese Ankündigungen nicht bloß taktische Mittel, nicht bloß Erpressungen sind – Camilles Liebesgeschichte mit Christus ist ebenso real und wahr wie Perdikans nur am Anfang leichtfertiges, bald aber aufrichtiges und verwundertes Werben um Rosette. An Rüdiger Hacker (Perdikan) ist zu sehen, wie ein zunächst auch posierender, auch gockelhafter junger Mann von einem, von vielen Gefühlen angegriffen wird; wie allmählich eine große, dumpfe Verwirrung in ihm Platz ergreift. Und Rosette (Tina Engel) ist von allem Anfang an kein nettes, naives Mädel vom Lande: die Entschlossenheit, mit der sie den vornehmen jungen Mann anschaut, anfaßt, einmal sogar regelrecht über den Haufen rennt, in einer Umarmung zu Boden reißt, diese wortlosen, fast rabiaten Zärtlichkeiten sind kaum weniger erschreckend als Camilles unberührbare, wortreiche Prüderie. Verstehbar wird so auch, weshalb Perdikan, die schwächste Figur in diesem Dreieck, am Ende seine beiden radikalen Geliebten verlieren wird: die eine wird ihm weglaufen, die andere wird ihm wegsterben.

Benjamin Henrichs, Die Zeit

Es ist eine Inszenierung, die zum Schwärmen verführt. Bondy, mit der »Wupper« von Else Lasker-Schüler als letzter Inszenierung (ebenfalls in der Schaubühne) in verschiedener Hinsicht nicht glücklich, hat hier ein Meisterstück geliefert, das eigentlich nur aus Tönen, Farben, aus Bildern besteht. Einen viertelstündigen Dialog – in dem Musset seine unglückliche Liebe zu George Sand philosophisch aufarbeitet – so zu gestalten, daß man atemlos zuhört, das ist eine Leistung, die man nicht alle Tage gezeigt bekommt.

Reinhardt Stumm, Tages Anzeiger, Zürich

Bondys sichtlichem Talent, Einzelheiten herauszupräparieren, entspricht bislang noch keine gleich evidente Fähigkeit, ein ganzes Stück zu gliedern und durchsichtig zu machen, hinter seinem psychologischen Interesse ist das gesellschaftliche zurückgeblieben, ein Reizbarer reagiert auf Reizvolles – und begnügt sich am Ende mit Ungefährem.

Roland H. Wiegenstein, Frankfurter Rundschau

Georges Courteline

DIE GANZ BEGREIFLICHE ANGST VOR SCHLÄGEN

Deutsch von Siegfried Trebtisch

Erarbeitet von SABINE ANDREAS HANS DIEHL PETER FITZ MONIKA HANSEN JAN KAUENHOWEN HANNES KLETT MICHAEL KÖNIG WOLF REDL OTTO SANDER Bühnenbild UWE OELKERS Kostüme DAGMAR NIEFIND

PREMIERE 26.3.1977

Gastspiele in Hamburg, Bad Godesberg, Leverkusen, Stuttgart, Selb-Rosenthal, Den Haag
Fernsehaufzeichnung für das ZDF

Am Halleschen Ufer geht ein Feuerwerk des gezielten Wahnsinns vonstatten. Am Ende knallt's immer, auch wenn die kleinen Texte scheinbar auf ganz arglose Weise daherzukommen scheinen. Man lacht sich dauernd scheckig – und bums, hat man jedesmal an der Erkenntnis doch einen Gewinn und eine Beute davongetragen.

Augenöffnung durch den ruchlosen, perfekt hergestellten Radau.

Friedrich Luft, Die Welt

Der Courteline-Abend, der den Titel trägt »Die ganz begreifliche Angst vor Schlägen«, lebt von der begreiflichen Lust am Lachen. Courteline zeigt, wie Menschen in den Fesseln der Bürokratie, der Polizei oder auch nur der Konventionen zappeln. Über die Abschaffung der Fesseln macht er sich keine Gedanken; allein wichtig ist ihm das Zappeln. Die Schauspieler zappeln so vorzüglich, daß sich das Publikum vor Lachen und Beifall kaum zu helfen weiß. Mögen Courtelines Szenen von der Schaubühne auch nur als Etüden für Schauspieler gedacht sein, sie schwimmen außerdem, pünktlich wiederentdeckt, auf der gegenwärtigen Welle des hemmungslosen Unfugs, der kindlichen Clownerien und des lachtränenseligen Quatschs, Courteline hat vor den Opfern der schick gewordenen theatralischen Lachkabinette den Vorzug, daß ihm Groteske, Slapstick und Albernheit nicht erst aufgezwungen werden müssen.

Georg Hensel, Frankfurter Allgemeine Zeitung

oben links Sabine Andreas oben rechts Hans Joachim Diehl unten links Wolf Redl unten rechts Otto Sander

Otto Sander, Wolf Redl

LIMES

Eine Übung von und mit Libgart Schwarz

PREMIERE 4. 6. 1977

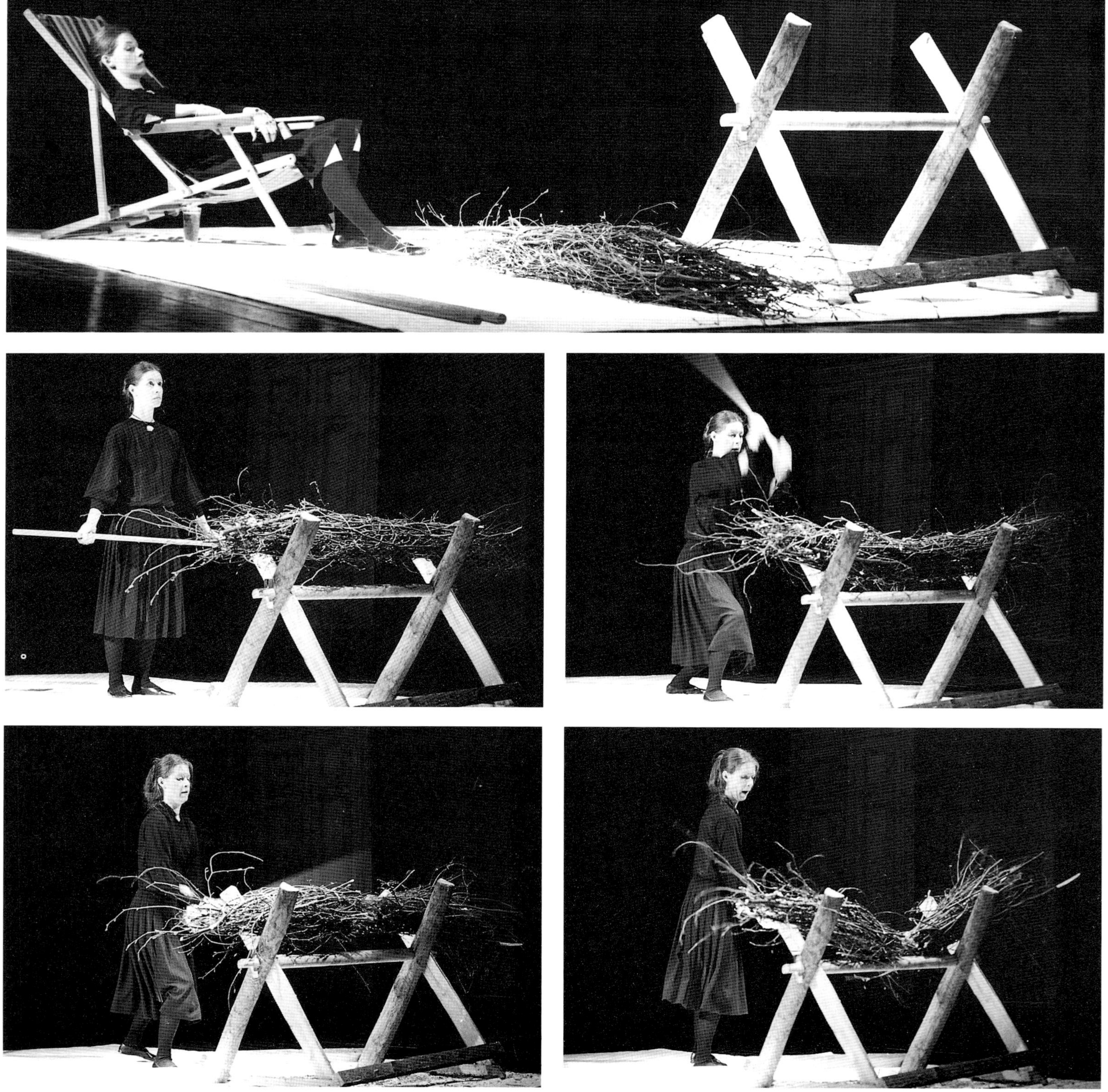

Libgart Schwarz

William Shakespeare

WIE ES EUCH GEFÄLLT

Deutsch nach Johann Joachim Eschenburg und August Wilhelm Schlegel

Der alte Herzog, in der Verbannung GÜNTER LAMPE Herzog Frederick, sein Bruder und Usurpator seines Throns OTTO SANDER Höflinge im Dienste Herzog Fredericks: Le Beau RÜDIGER HACKER 1. Lord HANS DIEHL 2. Lord WILLEM MENNE Charles, Ringer des Herzogs Frederick GÜNTER NORDHOFF Dennis, sein Diener GERD WAMELING Touchstone, Hofnarr des Herzogs Frederick WERNER REHM Söhne des Sir Rowland de Boys: Oliver EBERHARD FEIK Orlando MICHAEL KÖNIG Jaques WILLEM MENNE Adam, Olivers Diener GERD DAVID Edelleute, die dem alten Herzog in die Verbannung gefolgt sind: Amiens GERD WAMELING Jaques PETER FITZ 1. Lord RÜDIGER HACKER 2. Lord WILLEM MENNE Schäfer im Ardenner Wald: Corin OTTO MÄCHTLINGER Silvius WOLF REDL William, ein Bauernbursche HANS DIEHL Sir Oliver Martext, ein Landpfarrer OTTO SANDER Rosalind, Tochter des verbannten Herzogs JUTTA LAMPE Celia, Herzog Fredericks Tochter TINA ENGEL Phebe, eine Schäferin ELKE PETRI Audrey, eine Ziegenhirtin LIBGART SCHWARZ Hymen GERD DAVID Waldbewohner CHRISTINE OESTERLEIN Gefolge des Herzogs Frederick

Regie PETER STEIN Bühnenbild KARL-ERNST HERRMANN Kostüme MOIDELE BICKEL Musik PETER MICHAEL HAMEL Dramaturgie ELLEN HAMMER/DIETER STURM Regieassistenz JAN KAUENHOWEN/FELIX PRADER Bühnenbildassistenz MANFRED DITTRICH Kostümbildassistenz GISELA STORCH Tanz und Bewegung FRANK FREY

PREMIERE 20. 9. 1977, CCC-Filmstudio, Spandau

Gastspiel in Zürich
Fernsehaufzeichnung für das ZDF

Bühneneinbau »Wie es euch gefällt«

Tina Engel, Jutta Lampe, Michael König, Werner Rehm

Und wieder erlebt man die Geschichte, die das Stück erzählt, am eigenen Körper mit: der Weg aus der beklemmenden Stadt durch das Labyrinth in die Weite und Heiterkeit der Herrmannschen Wälder ist wie ein Weg aus der Bedrückung in die Freiheit oder (für anspruchsvoller Erlebende) aus der politischen Realität in die Utopie.

Die Augen kriegen viel zu sehen in »Wie es euch gefällt« – jede tiefere Neugier bleibt unbefriedigt. Peter Steins erste Shakespeare-Inszenierung, ein dreiviertel Jahr nach dem so gelehrten wie strapaziösen Vorspiel »Shakespeares Memory«, ist die reichste Aufführung in der Geschichte der Schaubühne – und die ärmste.

Herrmanns Ardenner Wald, fast halb so groß wie ein Fußballstadion, ist eine Schau-Bühne: eine Bühne gegen die Schauspieler. Das kann, bei so langen Proben, bei soviel Professionalität aller Beteiligten, kein böses Mißgeschick sein: es ist das jüngste, konsequenteste Monument einer Theaterphantasie, die sich vom Schauspieler wegbewegt, zur Oper, zum Kino, zur documenta, wer weiß wohin. Daß daran eine Shakespeare-Komödie kaputtgeht, ist noch zu verschmerzen. Ob aber die Schaubühne, die sich immer als ein Ensemble-Theater verstand (das Wort »Kollektiv« nur vermied, weil es so modisch war und so schneidig klang), die Gigantomanie ihrer leitenden Herrschaften überleben wird, scheint mehr als ungewiß. Schon heute sieht eine Schaubühnen-Inszenierung einer Luxusproduktion in Salzburg, einer Sprechoper von Strehler ähnlicher als einer früheren Schaubühnen-Inszenierung. »Wie es euch gefällt« ist ein Wendepunkt: ob die Schaubühne wirklich ein »zeitgenössisches Theater« bleibt, wie sie sich auf ihrem Briefkopf nennt, oder der erste Festspielbetrieb des Landes wird – das wird davon abhängen, welche Schlußfolgerungen man aus Prunk und Elend dieser Veranstaltung zieht.

Das ist mehr als irgendein fragwürdiger Text. Es dokumentiert, wie Intelligenz zum geistreichen, fast schon gegenstandslosen Monologisieren verkommen kann; wie die Gescheitheit zur Gespreiztheit wird, jeden möglichen Adressaten aus dem Auge verliert. Wenn man der Natur eine Melodie ablauscht, um sie zu übertönen: dann ist der Wissensdrang eines Theaters umgeschlagen in die eitle, professorale Attitüde – und auf ein ehemals höchst lebendiges Haus fällt langsam der Staub von tausend Jahren.

Es macht melancholisch, so fast schon den Nachruf auf ein großes Theater zu schreiben.

Sieben Jahre Schaubühne: es war eine gute Zeit, vielleicht kommt keine bessere. Doch jetzt steht da ein Tempel in der Landschaft, und auch wir Kritiker haben (mit bescheidenen Kräften, doch emsig) daran mitgebaut. Wie man aus einem Sakralraum wieder ein Theater macht? Tempelschänder werden dringend gesucht.

Benjamin Henrichs, Die Zeit

Die Freiheit, eine Shakespeare-Aufführung ohne die Dogmen modernisierender Interpretation darzubieten, schlägt bei Peter Stein um in Totalfreiheit. Es gibt keine Stileinheit mehr, keine durchgehaltene Kunststrenge.

Im Ardenner Wald führte die ununterbrochene Omnipräsenz der einander bei Shakespeare rhythmisch und beziehungsvoll folgenden Szenen doch zu einer gewissen langwierigen Atemlosigkeit. Nicht nur die Sätze, die Äußerungen, sondern auch die Gefühle traten sich sozusagen gegenseitig auf die Füße. Weniges konnte ausschwingen, wirken. Die opulente Fülle, ohne sichtbare Strenge dargeboten, schuf also ein Entertainment-Klima, demgegenüber sich nur glänzende Schauspieler hätten zwingend bewähren und profilieren können. Aber die konnte Stein nicht für alle wichtigen Rollen aufbieten; und so schadeten die wenigen guten Schauspieler leider nicht nur sich selbst, sondern dem Ganzen. Albernes drängte sich vor. Manche zarten Momente der Betroffenheit, von Stein zart inszeniert, hatten es dann doch sehr schwer, erkannt zu werden, zu wirken. Dabei waren die verlegenen Pausen, die Stein dem schön-naiven Orlando des Michael König oder den verliebten Damen zubilligte, wunderschön geglückte Momente.

Joachim Kaiser, Süddeutsche Zeitung

Die Wahrheit des Stückes, die einzige, die es heute hat, ist die Leidenschaft. Nicht die Verlockung der rettenden, rustikalen Idylle. Ihr jedoch ist die Schaubühne über weite Strecken erlegen. Wie die Höflinge bei Shakespeare geht das Theater in die Wälder. Es steht nicht über diesem Vorgang, es sieht auch nicht und nicht einmal die Metapher, sondern es überläßt sich Wahn und Wald.

Wir müssen darüber nachdenken, was es bedeutet, wenn uns das gefallen sollte.

Peter Iden, Frankfurter Rundschau

Mit dem aufblühenden Sommer, der hereinbrechenden Hitze des blind verliebten Orlando, der Rosalind innig sehnsuchtsvoll dem Namen nach sucht, ohne sie in persona zu erkennen, mit der aufbrechenden Sinnlichkeit bricht unvorhergesehen eine geile Sabbatnacht herein. Die Männer wollen samt und sonders nur noch Hornvieh sein, geweiht und gehörnt taumeln sie als Hirsch, Ochse und Stier durch Peter Steins höllischen Sommernachtstraum. Indessen – wie es wieder Licht wird, ist man auch wieder keusch bei dem Stück, das auf dem Programm steht, meldet textgetreu den Fortschritt der Komödie und befindet sich in der Mitte der Spielfläche geradezu unschuldig mit heiterster Anmut und derber Drolerie ganz bei der Sache.

So wechselt der Vorgang zwischen den ausbündigen Randgebirgen und der zentralen Spielebene hin und her, verflüchtigt sich bis hoch in die steilen Waldlandschaften hinauf und kehrt in rhythmischer Folge zur Konzentration zurück, läßt dem inszenatorischen Hochmut freien Lauf, zitiert nicht nur Shakespeare von überall her, sondern als Dreingabe auch noch den Selfmademan Robinson, der im Ardenner Wald seine anachronistische Aufwartung macht, und tut doch, das muß gesagt werden, der shakespearischen Genialität zwischen allem Tiefsinn, Wahnsinn und Unsinn volle Genüge, bis sich schließlich mit der vom Stückverfasser gebotenen Eile die Auflösung einstellt, und das gute Ende, die sittsam zueinandergesellten Paare, mit dem vom Regisseur erwünschten Pomp auf einem Triumphwagen zur Tür hinausgefahren werden, die sich, dem Himmel sei dank, so selbstverständlich ins nüchterne Freie aufgetan hat, als sei die Labyrinthumstrickung nichts weiter als pure Einbildung gewesen...

So steht man nach Mitternacht draußen auf dem Filmstudiogelände, überlegt sich, wie die Rückreise in die Stadt zu bewältigen

Gerd David, Eberhard Feik

sei, und weiß es zu schätzen, daß Kunst um ihrer selbst willen für Peter Stein diesmal noch nicht bedeutet hat, das Schauspiel in voller Abgeschiedenheit abrollen zu lassen. Noch sind wir zur Anteilnahme eingeladen, wenn auch schon merklich als Zaungäste.

Sybille Wirsing, Frankfurter Allgemeine Zeitung

Wenn die Aufführung, die den Zuschauer pausenlos über vier Stunden in Beschlag nimmt (erst stehend, dann durch ein Labyrinth tapsend, dann im weiträumigen »Ardenner Wald« sitzend), auch ein grandioses Theaterunterfangen ist – sie ist es, paradoxerweise, gerade wegen und trotz ihrer Selbstverliebtheit, mit der sie Shakespeare ihre Liebe gesteht.

Sicher: es ist der Wald, wo sich die Liebenden (Michael König und Jutta Lampe) finden. Aber auch sie verschandeln die Natur zur Kultur, weil sie ihnen nur so verwendbar wird. Aus Blättern und Ästen formt der Liebhaber, eher ein Dandy als außer sich, den Namen der Liebsten, Bäume dienen ihm nur dazu, daß er sie mit Versen behängt, über deren Silbenmaß man sich zankt.

Wer also Peter Stein vorwirft, sein Shakespeare-Bild sei geziert und theatralisch gebrochen, mag übersehen, daß Shakespeares Thema eben jene Geziertheit und Gebrochenheit einer hochzivilisierten Welt ist, die noch die gesunde Natur nach ihrem kranken Bilde formt.

Vermeintliche Schwäche wird so zur Stärke: ein gebrochenes Stück wird gebrochen gesehen, vermitteltes Gefühl noch einmal vermittelt. Noch in ihren prachtprotzenden Selbstgefälligkeiten lügt die Schaubühne mittels Shakespeare nur unsere Wahrheit: als Bewahrheitung unserer Lügen.

Hellmuth Karasek, Der Spiegel

Werner Rehm, Tina Engel, Jutta Lampe, Otto Sander, Gerd Wameling

Vor lauter Wald sieht man den Shakespeare nicht.

Gerhard Jörder, Badische Zeitung

Die Welt als Wald – sollte dies eine üppig gepolsterte Sackgasse für die Schaubühne sein?

Rolf Michaelis, Die Weltwoche

Christine Oesterlein, Michael König, Otto Mächtlinger

Werner Rehm, Tina Engel, Jutta Lampe

Elke Petri, Wolf Redl

Peter Fitz

Jutta Lampe

WINTERREISE im Olympiastadion

Textfragmente aus Hölderlins Roman »Hyperion oder der Eremit in Griechenland«

Sportler ARNIM BAUMERT / ANDREAS EISENSCHENK / THOMAS FÖLSCH / WOLFRAM GÖTZ / HANS-PETER JÄGGI / HEIKO NEUMANN / HANS-JOACHIM SCHULZE / MARTIN SZAFRANSKI An der Hobelbank RAINER STENDER Lotte Zimmer/Erscheinung TINA ENGEL In den Zelten EBERHARD FEIK / GÜNTER LAMPE / FELIX PRADER / WERNER REHM Vor dem Anhalter Bahnhof PAUL BURIAN / GERD DAVID / RÜDIGER HACKER / JAN KAUENHOWEN / MICHAEL KÖNIG / WOLF REDL Mädchen mit Anorak (Thor-Hüterin) SABINE ANDREAS Chor der Emigrantinnen GRISCHA HUBER / CHRISTINE OESTERLEIN Im Friedhof OTTO MÄCHTLINGER Fotoreporterin RUTH WALZ Kameramann WOLFGANG KNIGGE Sängerin LIBGART SCHWARZ Wanderer durch die Nacht (alternativ) GERD DAVID / RÜDIGER HACKER / WILLEM MENNE / GERD WAMELING

Regie KLAUS MICHAEL GRÜBER Mitarbeit und Organisation HANNES KLETT Regieassistenz FELIX PRADER / JAN KAUENHOWEN Bild ANTONIO RECALCATI Assistenz MANFRED DITTRICH Kostüme MOIDELE BICKEL / DAGMAR NIEFIND Assistenz GISELA STORCH Dramaturgie BERNARD PAUTRAT / ELLEN HAMMER Wissenschaftliche Mitarbeit PETER KRUMME Tontechnik HANS-PETER KUHN / CLAUDIO WIDMAIER

PREMIERE 1. 12. 1977

Filmproduktion der Schaubühne, gesendet vom NDR

Es ist da schon eine sehr merkwürdige Mischung aus Desorganisation (die schwarze Fahne der Anarchie weht unheilvoll über der Anzeigentafel), Bedeutungsschwere und kalter Leere entstanden. Auch ein höchst leichtsinniger Verschnitt. Denn muß man nicht fragen dürfen, was nun mit dem »Hyperion« ist? Die Wunder des Romans bleiben unerreichbar außerhalb von Grübers Bildern. Hölderlins nach Neu-Griechenland verlegte Klage über die deutschen Verhältnisse um 1800, Hyperions verzweifelte Trauer angesichts des »Totengartens Vaterland«, seine Freundschaft mit dem Helden Alabanda, die Enttäuschung an ihm, der Jubel der Liebe zu Diotima, die das Idealbild eines Menschen verkörpert, Hyperions Auszug in den griechischen Befreiungskrieg gegen die Türken, Diotimas Tod: aus all diesen Freuden- und Trauerbildern ist in der Berliner »Winterreise« nicht sehr viel mehr als das Geräusch eines langen Seufzers geworden. Ein Verlangen ist in dem Buch ausgeschrieben, die strömende Sehnsucht, die »Schmerzen der Sterblichkeit« zu überkommen, zurückzukehren dahin, »wo du ausgingst, in die Arme der Natur, der wandelbaren, stillen und schönen«. In Berlin ist diese Sehnsucht oft nur ein klägliches Quengeln.

Wo liegen die Fehler? Man kann den »Hyperion« nicht aus einem Bewegungsprinzip erfassen. Zuerst ist das Drama des Romans in seiner Sprache. Sie greift weit aus, ist kühn zerklüftet; aber sie ist auch sehr genau. Diese Genauigkeit, die Einlassung auf etwas Einzelnes, verweigert sich der großräumigen Entfaltung, man sieht dann nur noch, wie der Text sich immer mehr verschließt. »Hyperion« ist in einem Zimmer eher zu begreifen als in einem Stadion. – Was Veranstaltungen wie diese, etwa auch die Stuttgarter »Iphigenie« von Peymann, leisten können, ist der Hinweis, ihre klassischen Vorlagen selber zu lesen. Aber tut man es – spürt man die große Verlegenheit des Theaters, die Texte noch zu erreichen. Zu sehen sind nur: Reaktionen. Nicht die Sprache und die Form werden als die Provokation, die eigentliche Herausforderung wahrgenommen, sondern die Verkleinerung, das Herunterziehen in die Trivialität. Im Berliner Olympia-Stadion, wo in der Vergrößerung auch nur wieder ein Verkleinern stattfindet, hat die »Schaubühne« ein krasses Beispiel geliefert: weiter fort war Hölderlin nie.

Peter Iden, Frankfurter Rundschau

Olympiastadion

»Winterreise im Olympiastadion«

»Winterreise im Olympiastadion«

oben Ensemble unten Rüdiger Hacker, Gerd David, Paul Burian, Jan Kauenhowen

Ensemble

Otto Mächtlinger, Tina Engel

Willem Menne

oben Ensemble unten Christine Oesterlein, Willem Menne

oben Gerd David, Wolf Redl, Jan Kauenhowen, Willem Menne, Paul Burian unten Willem Menne

In den großen Rahmen, der hier gemäß den faschistischen Aufmarschbedürfnissen errichtet worden ist, setzt Grübers Szenenarchitekt Antonio Recalcati nun die Sinnbilder der historischen Konsequenzen: jenseits des Sportfeldes, dem Publikum vis-à-vis, staffelt sich, von weißen Lakenhüllen flankiert, ein Soldatenfriedhof die Tribüne hinauf, Kreuz um Kreuz, die Totenschlachtordnung in Reih und Glied; an der rechten Schmalseite des Stadions steht die genaue Nachbildung der Anhalter Bahnhofsruine im Herzen Berlins oder, genauer gesagt, am Ostrand von West-Berlin, ein Memento der enthaupteten deutschen Hauptstadt, vielleicht auch das Zeichen für eine deutsche Isolation, Deutschland, aus dem Verkehr gezogen, doch immerhin mit einer Würstchenbude neben seinem verödeten Tor zur Welt tröstlich ausgestattet. Andererseits, treppabwärts in Front des zyklopischen Portals, durch das der deutsche Führer mehr als einmal mit großem Gefolge und dem begleitenden Getose seines Volkes ins Stadion geschritten ist, stürzt jetzt eine starre Flut von Pappkartons, die Care-Pakete, wer weiß, die dem Hunger-Deutschland beim Überleben halfen, oder, nicht weniger plausibel, das saubere Verpackungsmaterial für die millionenfachen Morde. Zu Füßen der Kartonage-Halde stehen ein Popanzreiter und ein Popanzroß in Riesengröße und gehen am Ende des Spektakels in Flammen auf. Schließlich in der Rasenmitte, geduckt auf dem freien Spielfeld, gruppieren sich ein paar Zelte, das Minimum an Unterkunft für die Winterreise. Und ebenso wird den Akteuren der Schaubühne nur ein Mindestmaß an Schauspiel-Unterkunft im herkömmlichen Sinn geboten – kaum Rollen, in die sie dauerhaft eintreten können, keine Personifizierungen oder gar Charakterphysiognomien. Sie haben das Sportfeld hinauf und hinunter vereinzelt und in Gruppen als Schatten zu figurieren, sie sind Wesen zwischen Gespenst und typischer Erscheinung, aber keine vollen Menschenwesen. Ihr Kommen und Gehen vollzieht sich nicht in Auf- und Abtritten, sondern als Auf- und Untergänge innerhalb der gesamten Bewegung. Selbst der Wanderer durch die Nacht, die rezitierende und agitierende Hyperion-Figur, bei der Premiere vorgeführt von Wilhelm Menne, verbindet sich nicht mit Individualität, sondern bleibt eine Chiffre, mit der einzigen Aufgabe, den Geist zu umreißen. Aber während er das große Hölderlinsche Wort hat und die Klage des Jünglings über das entschwundene Altertum, die verschüttete Klassik und die verschwundene Götterzeit führt, während er einsam im weiten Raum steht und sich nach getaner Arbeit zwischen den umherziehenden Feldtrupps verliert, geht da und dort und allenthalben simultan ein Clownspiel im Sportdreß vor sich. Athleten hopsen ungeschlacht über die Latte, sprinten gemächlich um das Feld oder preschen im wilden Staffellauf vorwärts, die Start-und-Ziel-Glocke bimmelt, Olympia ist auf vollen Touren. Jenes Olympia, das es den Deutschen schon 1936 ermöglicht hat, aller Welt zu zeigen, wer sie sind und was sie können, vollzieht sich in einem permanenten Saus und Braus, wenn auch auf kurzen Beinen – denn die spaßigen Spitzensportler der Grüber-Szene entlarven die Lüge: die Usurpation des antiken olympischen Zitats für den Umtrieb eines international wetteifernden Nationalismus.

In der summarischen Perspektive von der Tribüne herab erscheint die vielfältig aufgegliedert und wechselnd vom flutenden Scheinwerferlicht voll erhellte oder von Punktstrahlern durchschossene Arena-Szene zwar als phantastische und gespenstische Version, aber keineswegs als absurder Wahn. Die Verschmelzung von Hölderlins zutiefst deutscher Sehnsucht nach dem klassischen gelobten Land, dem Heimatland des freien Geistes und der frohen Tatkraft, mit der letzten pompösen Manifestation des deutschen Wesens als eines weltkriegerischen, menschenfressenden Unwesens ist keine Fiktion und keine Schimäre, sondern eine Realität. Mit den auf grünem Rasengrund sich herstellenden Trauerbildern von Einsamkeit, versprengten Elendshaufen und lethargischen Schlachtenbummlern, mit dem Seitenblick auf die schwarze Silhouette der Endstationsmenschen vor dem ein- und ausgangslosen Bahnhofsportal, mit dem Frontalblick auf den massenhaften Totenacker, der von einer einzelnen Figur kümmerlich begangen wird, und dem Blick ringsum auf die im Wettkampf strampelnde Hochleistungsgesellschaft tut sich eine Passage tief in die deutsche Geistesgeschichte auf, die Grüber nicht als erster entdeckt, aber so plastisch und drastisch wie keiner vor ihm darstellt. Deutschland stürzt von einer extremen Selbstdefinition in die andere, auf den Traum vom guten Götter-Deutschland folgt die maßlose Zerknirschung, Deutschland-Krähwinkel, gottlos-geistlos, banal, schier professionell und perfekt, und auf die hypertrophe Negation folgt die hypertrophe Position – Germania als Weltbeherrscherin. Und so haltlos zwischen Selbstverklärung, Selbsterniedrigung und Überhebung geht das Land zu Bruch.

Sibylle Wirsing, Frankfurter Allgemeine Zeitung

Die Erinnerung an die Erweckung Hölderlins durch dieselbe Schaubühne, insbesondere die unvergeßliche Aufführung des »Empedokles-Hölderlin lesen«, stellt sich ein. Die Beziehung beider Schauspiele auf das Zentrum der deutschen Situation, die Ortlosigkeit der Nation, die Ruinen der jüngsten Vergangenheit, die Lemuren der Betriebsamkeit, der Auszug der letzten Götter und Penaten, das Elend der seelisch Unbehausten – eine deutsche Mythologie 1977.

Das Unternehmen wird, des kann man sicher sein, Aufsehen machen. Was wir in den letzten Monaten aus europäischen Nachbarländern zu hören bekamen, lief weniger auf den häßlichen als auf den seelisch verschlossenen, vom Erwerbstrieb verkümmerten Deutschen hinaus. Ob zu Recht oder zu Unrecht, die Deutschen gelten als taub. Aus Berlin kam ein Schrei.

Karl Korn, Frankfurter Allgemeine Zeitung

Arg zu Gericht waren Berlins Kritiker mit der eisigen Schaubühnen-Inszenierung gegangen. Hölderlins »Wintermärchen« ward als extravagante Schau bezeichnet, die zu bestaunen nun die Zuschauer Gelegenheit haben.

Vorgewarnt zog der Theaterfreund – eingepackt bis zur Nasenspitze und ob der ausgefallenen Art der Garderobe eigentlich schon angeheizt – hinaus zum Stadion, sonst Tummelplatz eingefleischter Fußballfreunde.

Jung war das Publikum auf der ausverkauften Tribüne. Wohlgelaunt in einer Rum- und Wodkawolke schwebend, wickelten sich Männlein und Weiblein in wärmeversprechende Wolldecken, Freunde waren in derart abenteuerlicher Aufmachung kaum zu erkennen. Wer hat schon sonst in Berlin Gelegenheit, die schneefeste Winterbekleidung zu entmotten?

Doch Staunen ging bei dieser Wiederholungsaufführung durch die Reihen der anfangs Mißtrauischen. Verständlich der Text, stimmungsvoll die Spielereien mit olympischer Beleuchtungstechnik, sportlich die Aktionen auf weitem Feld – nicht eine Minute der Kälte oder Langeweile kroch dem gefesselten Zuschauer in die Glieder – der nach fast zwei Stunden Wintermärchen, den Schneemangel bedauernd, immer noch bei normaler Körpertemperatur artig die entliehenen Decken ablieferte.

Extravagant mag sie sein, die Hölderlin-Interpretation der Schaubühne, doch sicherlich für versierte Theatergänger ein vorweihnachtliches Geschenk, das lange in Erinnerung bleibt.

M. F., Berliner Morgenpost

Botho Strauß

TRILOGIE DES WIEDERSEHENS

Susanne, 42 LIBGART SCHWARZ Moritz, 37, Direktor des Kunstvereins PETER FITZ Franz, 68, Schauspieler OTTO MÄCHTLINGER Answald, 30, sein Sohn, Schauspieler GERD WAMELING Elfriede, 35, Kieperts geschiedene Frau ELKE PETRI Kläuschen, 11, ihr Sohn BEN BECKER/SIMONE SABATO Lothar, 40, Arzt WERNER REHM Ruth, 31, seine Frau EDITH CLEVER Marlies, 29, Malerin TINA ENGEL Felix, 35, ihr Freund, Verkaufsleiter ROLAND SCHÄFER Johanna, 29 SABINE ANDREAS Richard, 39, Drucker OTTO SANDER Martin, 64, Drogist HANS MADIN Viviane, 61, seine Frau CHRISTINE OESTERLEIN Peter, 26, Schriftsteller PAUL BURIAN Kiepert GÜNTER MAYER

Regie PETER STEIN Bühnenbild KARL-ERNST HERRMANN Kostüme DAGMAR NIEFIND Regieassistenz WOLFGANG WERMELSKIRCH/STEPHEN TREE Bühnenbildassistenz MANFRED DITTRICH Kostümbildassistenz DOROTHEA KATZER

PREMIERE 21.3.1978

Gastspiele in Bad Godesberg, Mülheim, Belgrad, Frankfurt-Hoechst, Leverkusen
Theaterverfilmung von Peter Stein. Eine Regina Ziegler Filmproduktion für das ZDF

Karl-Ernst Herrmann hatte das Direktionszimmer in eine Ecke der Schaubühne gebaut, so daß die Personen, die sich in dem aus allen Stilepochen der letzten zwanzig Jahre zusammengewürfelten Mobiliar drängten und die durch mehrere Ausgänge nur in die Ausstellung flüchten konnten, sich auch durch das Publikum bedrängt und eingeengt fühlen mußten: der Striptease ihrer Gefühle und Nichtgefühle fand, wie ausgestellt, vor dem Publikum statt.

Auf eine solch peinliche Nähe reagiert man mit Gelächter – das auch ein Schutz vor der Betroffenheit sein mag. Daß Stein die Strauß-Figuren diesem Gelächter wirksam aussetzte, hat seiner Inszenierung den Vorwurf eingetragen, sie sei Boulevard-Theater, wenn auch von höchster Präzision und schonungsloser Menschenbeobachtung. Nur: der hochnäsige Einwand vom Boulevard übersieht, daß das Stück den Boulevard-Charakter der gegenwärtigen Empfindungswelt zum Thema hat, daß seine Sentimentalität die Sentimentalität einer Zeit meint und trifft. Steins Schauspieler sind dem Publikum nahe und wirken doch, als agierten sie hinter Glas. Botho Strauß handelt von dem Gefühl, daß es nur noch vermittelte Gefühle gibt. Die Berliner Aufführung handelt danach.

Hellmuth Karasek, Der Spiegel

Ein Kunstverein in einer bundesdeutschen Stadt. Es haben sich die aktiven Mitglieder versammelt. Es gilt eine neue Ausstellung (»Kapitalistischer Realismus«) vorzubereiten und zu verteidigen. Die Aufsichtsinstanzen wollen die Ausstellung, so wie sie geplant war, kippen. Sie finden sich in einem Bild selber vergackeiert und angegriffen. Also: Kunst wird arrangiert, es wird Kunst geschwafelt, in Frage gestellt, Kunst wird von den einzelnen als Vorwand, Lebenskrücke, als Ausgleichsbeschäftigung und Wichtigtuerei, als Identitätsersatz erniedrigt oder erhöht – je nachdem.

Botho Straußens tragische Satire ist sicher von Gestalten und Schicksalen überfüllt. Peter Stein hat ihr eine greifbar realistische Fassung gegeben, die die überströmende Vielfalt bindet, ohne sie zu beschädigen oder zu kappen. Die Schaubühne ist endlich wieder in kompakter, bester, realistischer Arbeit zu beobachten.

Friedrich Luft, Die Welt

»Trilogie des Wiedersehens« – ein hoffnungslos unpolitisches Stück kosmetischen Theaters, eine Abfolge von Stagnationsstationen, die Peter Stein und sein Ensemble zu einer Revue der inszenatorischen und schauspielerischen Virtuosität herausgefordert hat. Als Leistungsschau der Schaubühne ist die Aufführung Nummer für Nummer ein sensationelles Dokument.

Die Süffigkeiten, von Botho Strauß fein wie aus der Sprühdose verteilt, bringt Peter Stein ungeniert zur vollen Geltung und stellt die Kolportagefragmente unverhohlen zur Schau. Die Abgedroschenheiten erschütternd, die Trivialität herzergreifend, die Albernheiten unmittelbar menschlich und der Witz nicht einfach zum Lachen – so will es, so möchte es scheinen, wenn die Schauspieler aufs Ganze gehen. So möchte die Menschheit in ihren Seelensielen erbarmungswürdig hervortreten und uns zur Betroffenheit bewegen, zum Mitleid mit uns selber. Aber sie hängt doch nur als Artistentruppe im Trapez. Peter Steins Versuch, hinter dem Kunststück und der Stückwerkkunst des Botho Strauß allen Ernstes das angedeutete Stück Leben erscheinen zu lassen, mußte mißlingen. Dieses bodenlose Drama will nicht fest auf einen Boden der Wirklichkeit gebannt werden. Seine Suada will nicht beim Wort genommen und seine Illusion, daß es Illusionen zerstöre, nicht entlarvt werden. Was sich bei der Berliner Aufführung ereignet, ist keine gesellschaftliche, sondern eine sehr persönliche Denunziation, nämlich die des Autors, den man spielt.

Sibylle Wirsing, Frankfurter Allgemeine Zeitung

Karl-Ernst Herrmann hat für die Berliner Aufführung einen Raum erfunden, in dem die Figuren ständig aneinandergeraten, zusammenstoßen müssen: ein enges, karges, mit Stühlen und Tischen vollgestelltes Museumsbüro. Ein Regal mit Geschirr, ein Kühlschrank der Marke Bosch, auf dem Boden eingerollte Plakate, Leitzordner, Stöße mit noch verpackten Katalogen, ein Putzeimer. Alles auf sehr auffällige Weise unauffällig, privat, unscheinbar. Wer das Stück vorher nicht kannte, mochte denken, hier habe die Schaubühne einmal gar keinen ausstatterischen Ehrgeiz entwikkelt, ihren von den Shakespeare-Projekten strapazierten Bühnenbild-Etat geschont.

Tatsächlich aber ist das Bühnenbild eines der raffiniertesten, genialsten, die Herrmann bisher gebaut hat. Es sieht nach nichts aus, doch es verändert das Stück und alle Beziehungen darin von Grund auf. Es ist kein dekoratives Bühnenbild (wie die in aller Pracht leblosen Waldszenerien zu »Wie es Euch gefällt«), sondern ein inszenierendes.

Stein, vor Shakespeares Komik wie gelähmt, zeigt seine schönsten, misanthropischen Fähigkeiten; und das Ensemble, das sich im Ardenner Wald so spürbar fremd und verloren fühlte, kann sich wieder auf sicherem Boden bewegen, den eigenen Spaß aneinander und mehr noch die eigene Wut aufeinander schauspielerisch ausbeuten. Das gibt eine vehemente, höchst witzige, sehr bittere Aufführung – aggressiv sogar gegen das Stück, das man zur Schau stellt, und die darin behandelten Gefühle: Strauß' Text, eine empfindliche Kombination von Traurigkeit und Bitterkeit, Romanze und Satire, wird schwungvoll aus der Balance gekippt. Wenn jetzt Stück und Aufführung zur »glänzenden Satire« auf Innerlichkeit, Kulturbetrieb, Kulturbetriebsgeschwätz plattinterpretiert werden, dann ist die Aufführung daran nicht unschuldig.

Libgart Schwarz (Susanne) läuft wie ein Rätselwesen durch die Aufführung, ein zutiefst seltsamer Mensch, der mit einer einzigen Geste, einem verwunderten Blick alle die kritischen Gewißheiten zerstört, welche die Aufführung sehr siegessicher vorträgt. Als Moritz sie unvermittelt fragt, ob sie mit ihm schlafen möchte, lächelt sie erstaunt, beinahe gerührt – dann erst überfällt sie ein panischer Schreck vor diesem männlichen Antrag. Wunderbar, wie sie ständig, mit einem kindhaften Trotz, auf einem Ernst in den Liebesdingen besteht, der bei den anderen längst zerrieben worden ist zu kleinen Gereiztheiten. Das ist eine Figur, die nie wirklich erklärt wird durch den Satz, den sie gerade sagt, oder die Gebärde, die sie gerade macht; die einen vielmehr, mit ihrer ganz unscheinbaren, unaufgesetzten Rätselhaftigkeit, von Satz zu Satz lockt, ohne sich je in einem großen, alles erklärenden Schauspielermoment zu verraten. So beschreibt Libgart Schwarz fast im Alleingang, daß Strauß' Stück nicht nur von der Abnützung von Gefühlen handelt, sondern auch vom Versuch ihrer Wiederentdeckung, nicht nur von aktuellen Neurosen, sondern auch von verlorengegangenen Leidenschaften. »Sterbensnah« müsse man seinen Figuren verbunden sein, hat der Schriftsteller in der »Trilogie des Wiedersehens« erklärt. Wer Libgart Schwarz zusieht, kann sich unter dem Satz etwas vorstellen.

Benjamin Henrichs, Die Zeit

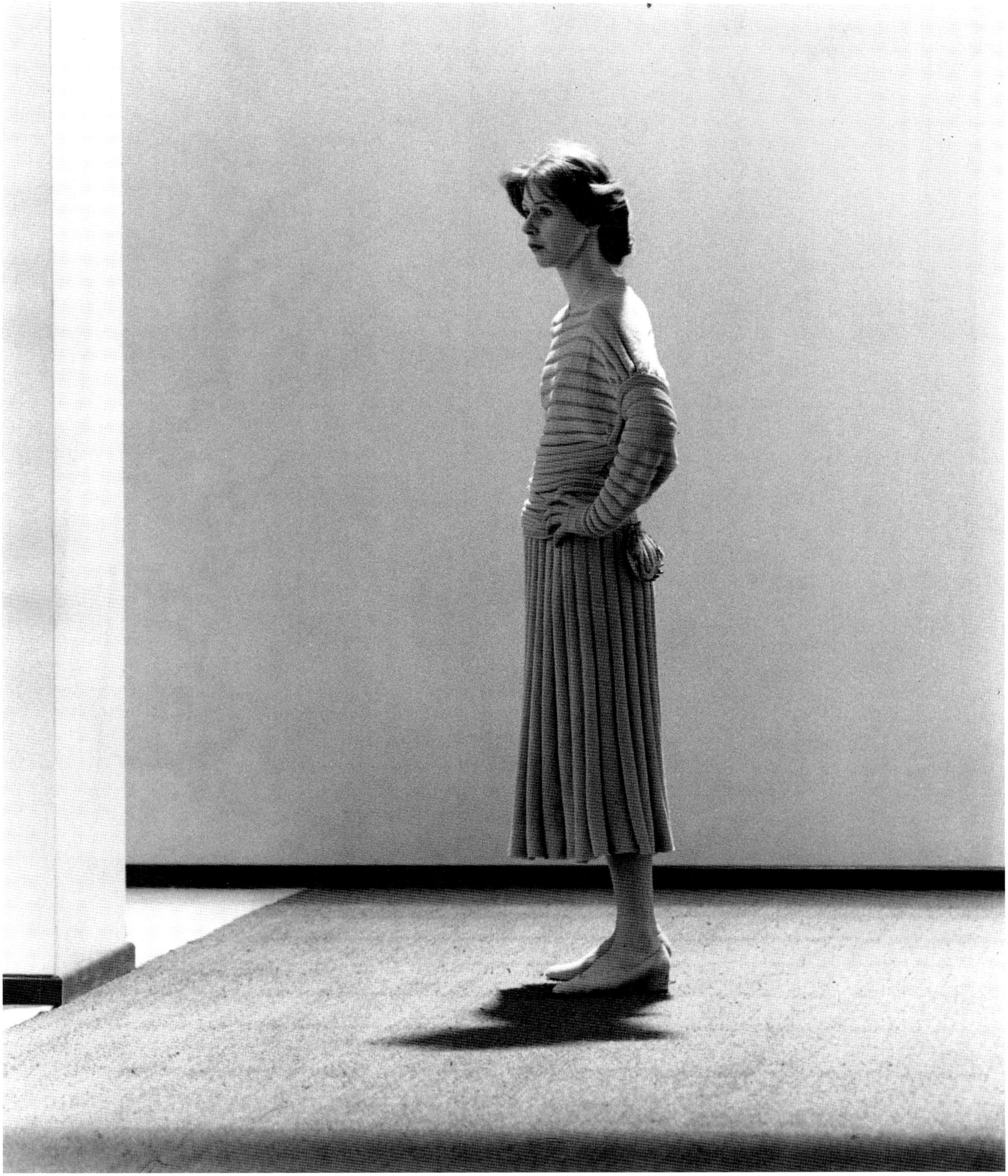

Libgart Schwarz

Peter Fitz, Werner Rehm, Libgart Schwarz, Sabine Andreas, Elke Petri, Roland Schäfer

Otto Sander, Tina Engel, Otto Mächtlinger, Hans Madin, Christine Oesterlein, Paul Burian

 Sabine Andreas, Ben Becker, Tina Engel, Roland Schäfer, Libgart Schwarz, Peter Fitz, Otto Sander, Christine Oesterlein, Elke Petri, Gerd Wameling, Edith Clever, Paul Burian

Edith Clever, Otto Mächtlinger

Peter Fitz, Roland Schäfer, Tina Engel, Edith Clever, Gerd Wameling, Werner Rehm

Sabine Andreas, Hans Madin, Otto Sander, Libgart Schwarz

oben Libgart Schwarz unten Werner Rehm, Edith Clever

Libgart Schwarz, Peter Fitz

Herbert Achternbusch

ELLA

Ella, die Mutter JUTTA LAMPE Josef, ihr Sohn MICHAEL KÖNIG

Regie MICHAEL KÖNIG Bühne KARL-ERNST HERRMANN Kostüme MOIDELE BICKEL

PREMIERE 2.4.1978

Gastspiele in Mülheim, Viersen, Essen, München

Wird der Zuschauer von der sonderbaren und doch aufreizenden Demonstration im Hühnerstall betroffen? Nun ja – immer nur partiell. Zu Anfang hat man Schwierigkeiten, dem bayerischen Dialekt zu folgen, obgleich Michael König durchaus bemüht ist, alle Deutlichkeiten recht deutlich zu machen.

Dann hört man schon genauer. Man verfolgt, während einem partiell graust, die schreckliche Einsamkeit der Frauenfigur, die er darstellt. Später bleibt das Interesse lange Strecken weg. So viel Elend, wie da gehäuft ist, macht schrecklicherweise stumpf. Aber so ist das Leben. Und so ist – mehr noch! – das Theater.

König trumpft nie auf. Er bleibt immer in der gleichen klagenden, vorgefaßt trübseligen Tonlage. Wie er das zustande bringt, ist schon bewundernswert. Er rafft den rüden Tett nicht, er macht keine Effekte. Er läßt das mitgeteilte Elend nur immer regnen. Ein Dauerregen des Elends. Aber wer einmal gründlich durchnäßt ist, merkt den Regen nicht mehr.

Ich atmete, als es aus war, auf. Aber die abseitige Darbietung scheint Widerhakenwirkung zu haben. Ich rätsele an der Unternehmung und an dem Stück seitdem viel intensiver, als während der Aufführung in der Schaubühne selber. Die Sache scheint auf Spätzündung gestellt zu sein.

Friedrich Luft, Die Welt

Die zwei Stunden, die es dauert, bis er seine Ella beisammen hat, sind eine Endloszeit. Aber wenn der Terror der Ausführlichkeit das Mitgefühl mit dem Beispiel aus dem Sozialleben schon abgewürgt hat, hält einen die Ausdauer der Schauspieler immer noch bei der Stange. Der ungekürzte Lebensmitschnitt strapaziert vor allem die Nerven. Das lautlose Verhängnis, Josef und Ella im Clinch, geht unter die Haut.

Sibylle Wirsing, Frankfurter Allgemeine Zeitung

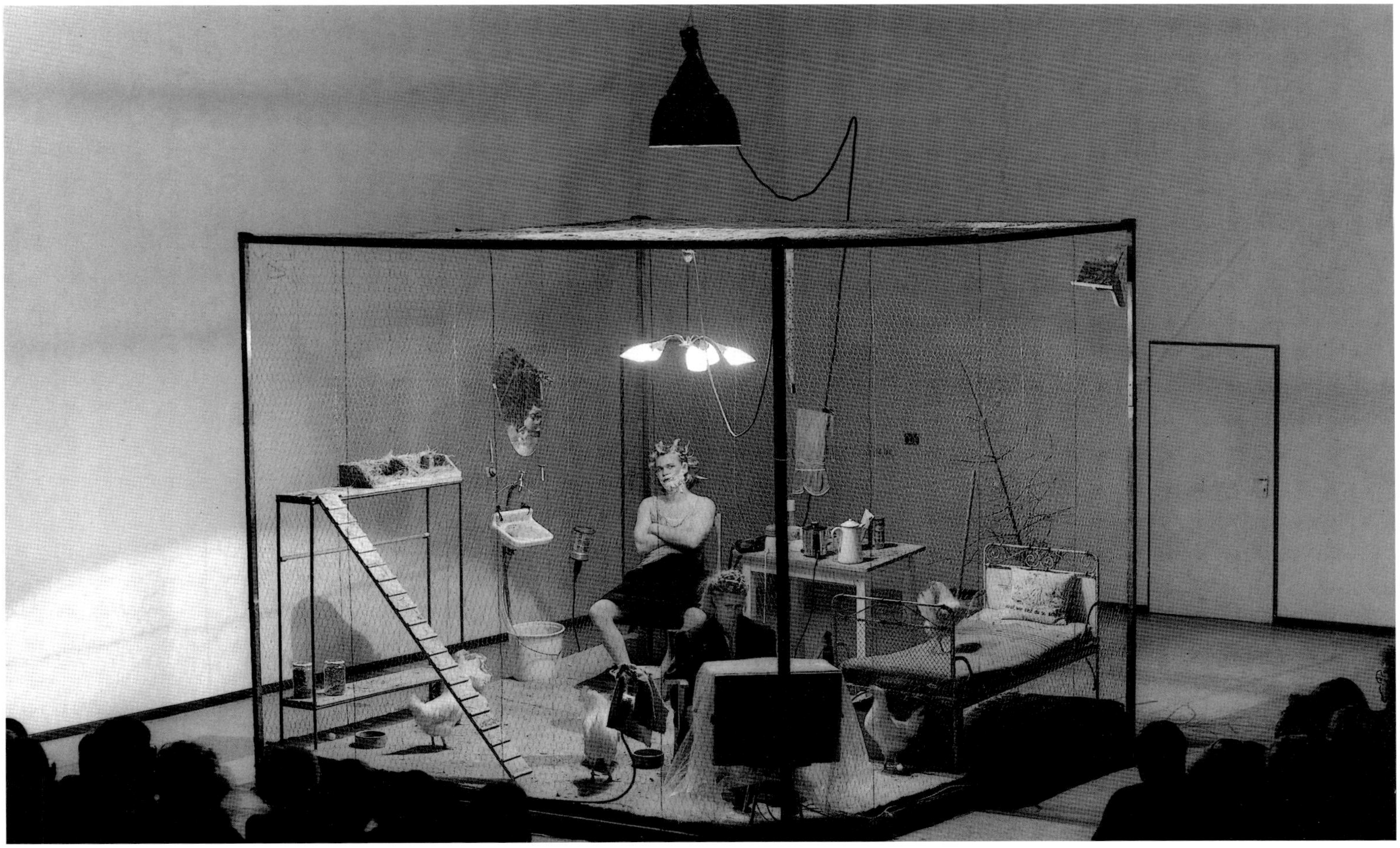

Michael König, Jutta Lampe

Botho Strauß

GROSS UND KLEIN

Szenen

1 MAROKKO: Lotte EDITH CLEVER 2 NACHTWACHE: Lotte EDITH CLEVER Der Mann WILLEM MENNE Die Frau ELKE PETRI 3 ZEHN ZIMMER: Lotte EDITH CLEVER Die dicke Frau HILDEGARD WENSCH Die Alte JOHANNA HOFER Der Alte GERHARD BIENERT Gitarrenspieler UDO SAMEL Frau im hochgeschlossenen Kleid ELKE PETRI Wissenschaftlicher Assistent GUNTER BERGER Wissenschaftliche Assistentin JUTTA LAMPE Paul, Lottes Mann WILLEM MENNE Der Türke MERAY ÜLGEN Das Zelt 4 GROSS UND KLEIN: Lotte EDITH CLEVER Meggys Stimme TINA ENGEL Der Junge UDO SAMEL Das Mädchen TINA ENGEL Der Türke MERAY ÜLGEN Seine Frau HILDEGARD WENSCH Ein junger Mann (Scherzkeks) GUNTER BERGER Hausbewohner 5 STATION: Lotte EDITH CLEVER 6 FAMILIE IM GARTEN: Lotte EDITH CLEVER Bernd, ihr Bruder WILLEM MENNE Wilhelm HANS MADIN Josefine, seine Tochter TINA ENGEL Albert, sein Sohn UDO SAMEL 7 FALSCH VERBUNDEN: Lotte EDITH CLEVER 8 DIKTAT: Lotte EDITH CLEVER Alf UDO SAMEL 9 DER EKLIGE ENGEL: Lotte EDITH CLEVER Mann im Parka GUNTER BERGER 10 IN GESELLSCHAFT: Lotte EDITH CLEVER Arzt WILLEM MENNE Patienten

Regie PETER STEIN Bühnenbild KARL-ERNST HERRMANN Kostüme MOIDELE BICKEL Regieassistenz FRED BERNDT/JÜRGEN KRUSE Bühnenbildassistenz MANFRED DITTRICH Kostümassistenz DOROTHEA KATZER Fotos RUTH WALZ Sopran- und Tenorsaxophon FRIEDEMANN GRAEF

PREMIERE 8. 12. 1978, CCC-Filmstudio, Spandau

Gastspiele in Mülheim, Ludwigshafen, Frankfurt-Hoechst, Bad Godesberg, Rotterdam, Paris
Theaterverfilmung von Peter Stein. Eine Coproduktion der Regina Ziegler Filmproduktion mit der Schaubühne und dem SFB/NDR/HR

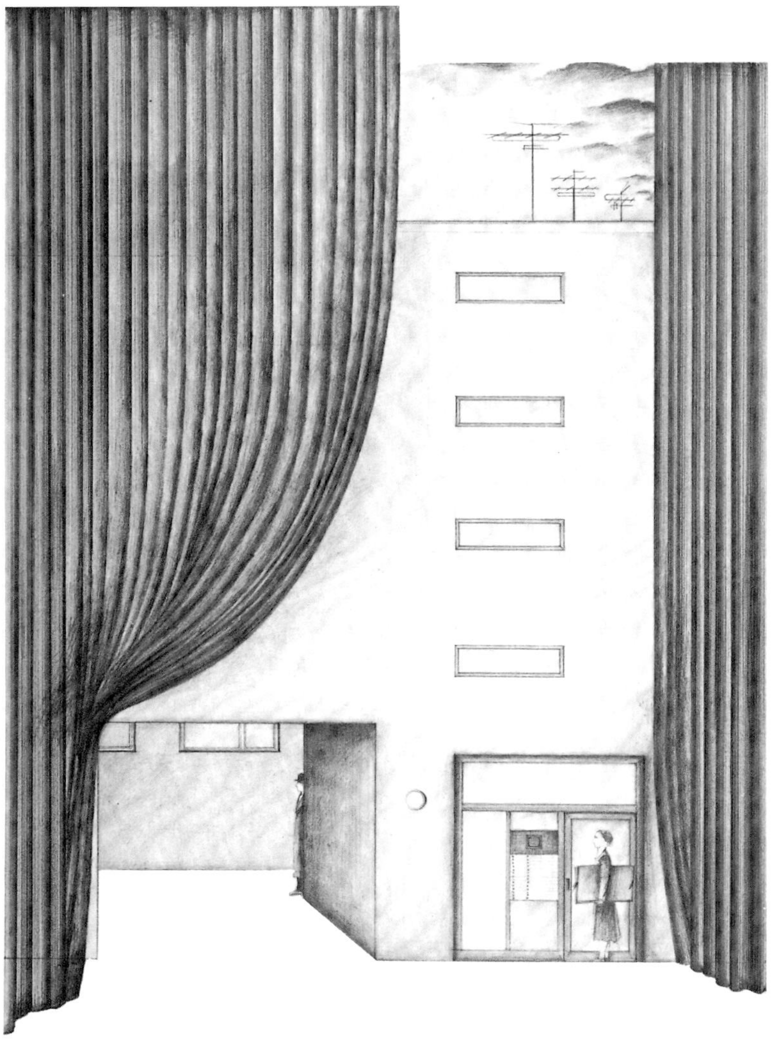

Edith Clever

Willem Menne, Elke Petri, Gunter Berger, Jutta Lampe

Udo Samel, Gerhard Bienert, Meray Ülgen, Hildegard Wensch

Peter Stein, der Regisseur, hat das Schwere noch nie zuvor so leicht verschweben, ja in scheinbarem Jux verpulvern lassen wie hier. Unter seinen Händen schießen die Szenen des Botho Strauß zusammen zu einer Komödie unserer alltäglichen Miseren, und manchmal ist es eine Posse unserer Lebensängste.

Stein zeigt die Personen äußerlich, aber auch innerlich in verschiedenen Graden der Lebensfülle: vom flachen schwarzweißen Schattenriß bis zur farbsatten Vollplastik. In diesem Stück ist das Exemplarische nur auf dem Weg über das Individuelle zu holen. Wenn sich Stein fast ausschließlich auf das Karikaturistische verläßt, zerflattern die Szenen in drastische Gags und witzige Einzelbeobachtungen. So kommt das grandiose Bild der Klingel- und Rufanlage eines Mietshauses, die Kommunikationsmaschine, die hier jegliche Kommunikation verhindert, als sitze Karl Valentin in den Drähten, über höheres, aber auch niederes Kabarett nicht hinaus. Lottes Traumspiel-Tourismus ist eine Erlebnisreise durch unsere Alltagsmisere, und Botho Strauß, ihr Animateur, brennt Blitzlichter über vermurksten Seelenlandschaften ab. Macht uns die Schaubühne auch alle zu einem Patientenkollektiv, so verschreibt Botho Strauß doch keine religiösen, moralischen, gesellschaftlichen, politischen Rezepte. Seine und seiner Lotte Ratlosigkeit sind universal, hoffnungslos, unerlösbar – kurz: aufrichtig. Dies ist in einer Zeit der falschen Verheißung schon sehr viel.

Georg Hensel, Frankfurter Allgemeine Zeitung

Für das letzte kurze Bild – wieder sitzt Lotte auf schmaler Vorbühne, jetzt in einem Internisten-Wartezimmer unter den Schauspielern des Abends – läßt Herrmann um den ganzen Zuschauerraum weiße Stoffbahnen ausfahren. Eine aufwendige Geste mit nur allzu deutlicher Absicht: wir alle sind also nun in ein aseptisches Wartezimmer eingesperrt, ganz normale Kranke. Als einzige nicht mehr Behandelbare wird dann Lotte von der Bühne geschickt, die in ihren letzten Minuten dahockte wie endgültig kontaktlos, kontaktfrei, »geistig weggetreten«, wie man so sagt, entrückt, wie man ja auch sagen könnte.

So kam es noch am Ende zu diesem Widerspruch zwischen einem enormen theatralischen Aufwand (wieviel hundert Meter Stoffbahnen haben da in den Zuschauern wieviel bewirkt?) und einem viel kleineren, konkreten szenischen Anlaß, zu diesem Widerspruch, der sich durch lange Strecken der Inszenierung und auch durch den Straußschen Text zieht. Offenbar wäre es am einfachsten, einige dieser Szenen ins nur noch Bedeutende aufzublähen und alle anderen als eine Serie von satirischen Schnappschüssen gefällig nur auszubeuten. Aber, die Balance zwischen dem realistischen Material des Stücks und seinen ungleich vageren Bedeutsamkeitsgesten, läßt sie sich auf einer Bühne durchhalten? Die von Strauß verschämt und unverschämt offengelassene Frage, ob diese Lotte eben nur ein Krankheitsfall ist oder womöglich doch die einzige in ihrem Kern unbeschädigte Person unter allen (ob als Verrückte oder Entrückte) – kann sie, darf sie beantwortet werden?

Steins Inszenierung jedenfalls geriet, wo sie scharf und genau sein wollte, zu schnell und unbarmherzig voyeuristisch, und wenn sie Pathos riskierte, entlief sie rasch in bloße Virtuositäten. Was sich aus Straußens Sprache deutlich herauslesen läßt, die Zärtlichkeit und Trauer, mit denen er auch durchschaute Personen noch in Schutz nimmt, nicht verkommen läßt zu Karikaturen, das scheint schwer zu inszenieren. Oder liegt es doch an Strauß selbst? Weiß er in seiner unerhörten Kunstfertigkeit nicht, was er sein möchte und sollte: unser bester Boulevardier (wie Zadek eben vorgeschlagen hat) oder ein zeitgemäßer Tschechow, oder unser neuer Strindberg? Oder er selbst?

Reinhard Baumgart, Die Zeit

Peter Steins Inszenierung (in den schon für das Shakespeare-Projekt benutzen früheren Filmateliers am Stadtrand Berlins) schildert Gesellschaft so, daß an der Normalität nach einer Weile immer ein Moment von Wahnsinn erkennbar wird. Es ist eine sehr einläßliche, detailgenaue, auch für die Komik mancher Passagen empfängliche Arbeit. Die Bilder erscheinen hinter wogenden, hohen Vorhängen, die sie jeweils langsam freigeben: Eine Aufführung, die sich selbst so enthüllt wie ihr Stück unsere Gesellschaft.

Peter Iden, Frankfurter Rundschau

Für ein schauspielerisches Ereignis ohnegleichen sorgt Edith Clever: als Lotte trägt sie den ganzen langen Abend, in allen zehn Szenen gefordert, mit einer physischen Kraft, mit einer intellektuellen und emotionalen Präsenz, die aufs höchste bewundernswert sind. Was alles in dieser Lotte steckt, dieser ganz alltäglichen und ganz geheimnisvollen Person, holt die Clever mit einer Wandlungsfähigkeit hervor, die sie auf den Höhepunkt ihrer bisherigen künstlerischen Existenz führt. Von der demonstrativen Mondänität der Anfangsszene im marokkanischen Hotel über die schlichte Unauffälligkeit der zutunlich-hilfsbereiten jungen Frau bis zu dem albernen ganz jungen Mädchen, das sie in der Begegnung mit der Jugendfreundin unwillkürlich wieder wird, zeigt sie immer neue Seiten dieser Lotte vor. Und schlechterdings faszinierend, ja im alten Sinne des Wortes unheimlich ist es, was sie macht, wenn sie die Passagen religiöser Eingebung, der Überwältigung durch das Irrational-Metaphysische, zu spielen hat: es schreit aus ihr heraus, als wäre, wenn schon kein Teufel, so doch ein Gott in sie gefahren.

Günther Grack, Der Tagesspiegel

Die Schaubühne in Berlin, die für »Groß und klein« in den CCC-Studios in Spandau gleich eigens einen Theatersaal installierte (für jedes Stück eine neue Bühne), reagierte mit der hauseigenen Virtuosität auf das Stück: Dieses Theater zeigt ja immer wieder in einer Art Muskelspiel, das weder Zeit noch Raum schont, daß es alles besser kann – ein Vorgang, der Kunst und Gewerbe zu einem Akt der Selbstbestätigung zusammenspannt. Das Können wird höher notiert als die Neugier.

Die Clever, für deren Virtuosität es ebenfalls keine Schranken zu geben scheint, begann als verstörte Mondäne, die sich den Traum vom abenteuerlichen Leben in einer grandios plappernden Szene abschminkt. Sie war danach eine zur Gemeinschaft entschlossene Mitbürgerin, halb Pfadfinder (täglich eine gute Tat), halb neugierige Nachbarin, die ihre Nase in alles steckt.

So spielte sie imponierend die Bahn eines Abstiegs: Mit weißem Haar, verklärt und verquält tapfer nach innen lächelnd, sitzt diese Lotte am Ende im Wartezimmer, ist in sich zusammengekrümmt und geduckt und stößt ihre Kommunikationsversuche nur noch wie ein kurzes nervöses Aufflattern von sich.

Doch da sie in zwei Schlüsselszenen wie ein von Gott Befallener nur noch das Sprachrohr höherer Stimmen zu sein hat, sah man bei der Uraufführung, daß Edith Clever da auch zu virtuos klug war, um zu verraten, ob sie sich als Heilige oder als Narr sah.

Sie »zitierte« einerseits aus jenem Repertoire höherer Stimmen, das der Antigone wie der heiligen Johanna den Mund mit überirdischer Kraft aufzustoßen scheint, und spielte dann doch wieder eine Frau, die einfach zu traurig ist, um sich noch richtig benehmen zu können. Auch bei diesem virtuosen Drahtseilakt blieb die Frage offen, ob dem Autor und uns eine solch komische Heilige stärker peinlich oder eher peinigend erscheint.

Aber vielleicht sind das ja nur zwei Seiten der gleichen Sache. Guter Rat ist inzwischen auch im Theater zu teuer.

Hellmuth Karasek, Der Spiegel

Edith Clever

oben links Edith Clever oben rechts Edith Clever mitte links Edith Clever mitte rechts Johanna Hofer, Edith Clever unten links Willem Menne, Edith Clever unten rechts Edith Clever

oben links Hans Madin, Udo Samel, Tina Engel, Edith Clever, Willem Menne oben rechts Udo Samel, Edith Clever mitte links Edith Clever mitte rechts Edith Clever, Gunter Berger unten Edith Clever

Robert Wilson

DEATH DESTRUCTION & DETROIT

Ein Stück mit Musik in 2 Akten. Eine Liebesgeschichte in 16 Szenen
Deutsch von Peter Krumme und Bernd Samland. Musik Alan Lloyd

FLORIAN ADLER SABINE ANDREAS SYLVIA BROERMANN PHILIPPE CHEMIN GÜNTER EHLERT KARLHEINZ GRAU BJÖRN HEIDIG GERHARD JOACHIMSTHAL JOHANNA KARL-LORY SHAUN LAWTON GREGOR LESCHIG OTTO MÄCHTLINGER SASCHA MARSCHALL CHRISTINE OESTERLEIN THOMAS PFANNE HEIKE PFITZNER GERTRUD RENZ OTTO SANDER ANNA SEPPELER JUTTA SIEVERT ULRIKE STEINERT GERD WAMELING

Regie ROBERT WILSON Mitarbeit FELIX PRADER Assistenz STEPHEN TREE Bühnenbild ROBERT WILSON Mitarbeit MANFRED DITTRICH Assistenz GEORG HEROLD Kostüme MOIDELE BICKEL Assistenz DOROTHEA KATZER Texteinrichtung PETER KRUMME Musik in Szene 9 KEITH JARRETT Musik in Szene 7 und 15 RANDY NEWMAN Ton HANS-PETER KUHN Licht BEVERLY EMMONS Technische Leitung VOLKER BUTZMANN/EBERHARD DOLCH Prospekte WALTER HEIDENREICH

PREMIERE 12. 2. 1979

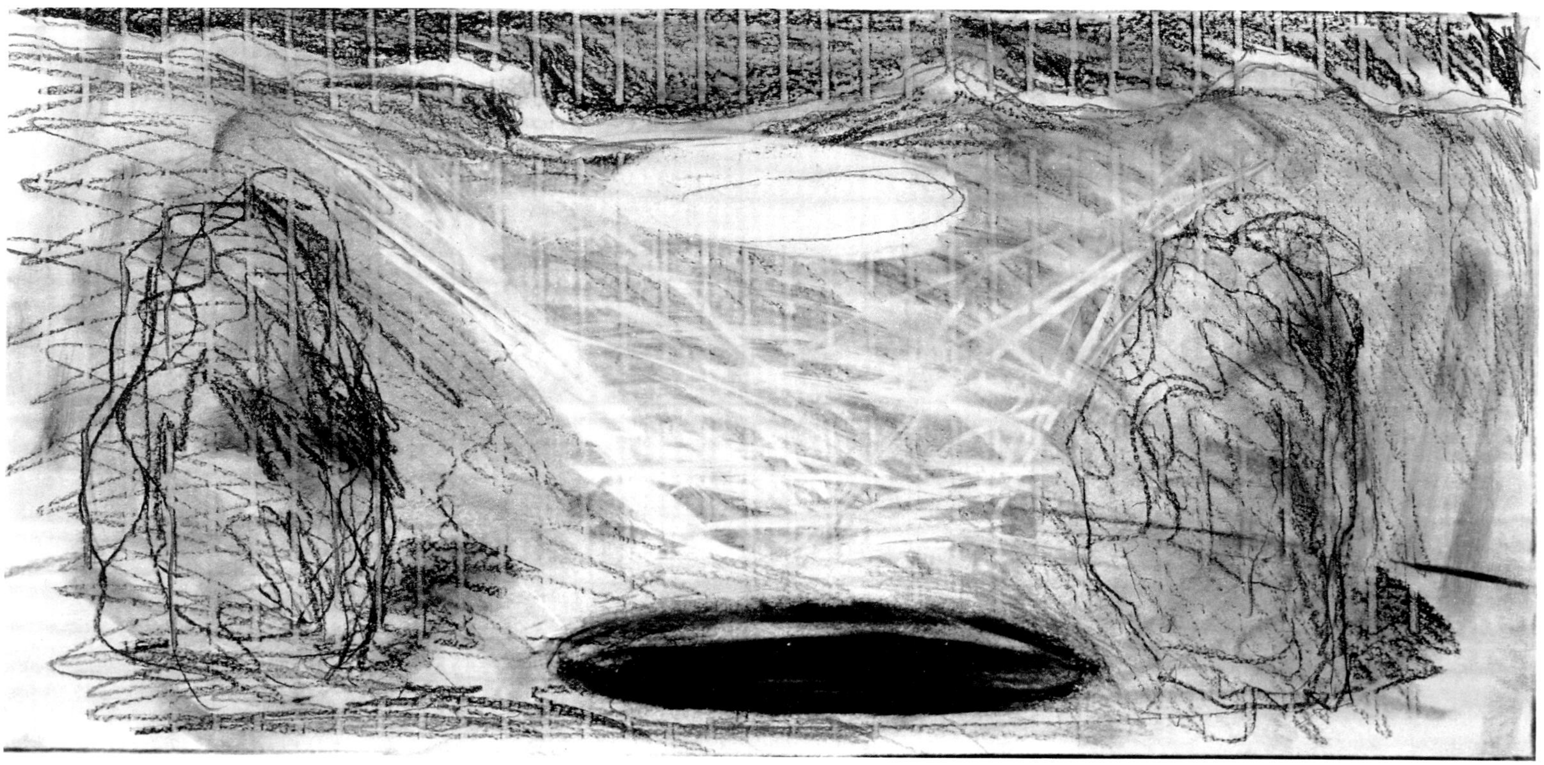

Einige Männer in Schwarz schwenken Spazierstöcke, die mit weißer Leuchtfarbe angestrichen sind. Dann wird Rauch auf die Bühne geblasen: jetzt sieht man nur noch die weißen Stöcke. – So einfach ist das, was Robert Wilson, hochtrabend wie falsch, »Theater der Visionen« nennt. In Wahrheit ist der Texaner mit seinem in Berlin uraufgeführten »Death Destruction & Detroit« (auf dem Umschlag des Programmhefts zum Werbesignet »DD & D« verkürzt): ein Mann mit einem Spleen. Die neue Arbeit zeigt, wie eine Obsession zur Masche verkommt. Mit schrillen, spitzen Schreien hat Wilsons nach Berlin eingeflogener Anhang, Hingerissenheit im Blick, ihm dumme Bewunderung abgestattet. Ein Disco-Publikum, zu Füßen eines anderen John Travolta. (Tatsächlich hätte der Berliner Abend auch »Grease« heißen können, »Schmiere« war er).

Der stille Traum, den Wilson einmal von einem »Theater der Bilder« geträumt haben mag, ist aus: heute versteht sich der Mann als eine teuere Größe des westlichen Kulturbetriebs – und produziert klägliche Wiederholungen, Selbstzitate, blöde-sinnentleerte Bildchen. – Es war ein schlechter Tag, an dem von der »Schaubühne« beschlossen wurde, Wilson Raum und technische Mittel zu überlassen. Die Dramaturgie und die Mehrheit der »Schaubühnen«-Schauspieler haben sich von dem Projekt ferngehalten; wie das Ergebnis beweist: mit guten Gründen. Aber hätten Peter Stein, Klaus-Michael Grüber, Dieter Sturm nicht gerade mit Wilson arbeiten, auf ihn Einfluß nehmen sollen, statt die Beliebigkeit von dessen Entwürfen ungehindert sich entfalten zu lassen? Es heißt: Der Analphabet und Non-Reader Wilson lasse in der Arbeit nur sich selber gelten. Hatte die »Schaubühne« dann noch das Recht, die eigenen Maßstäbe an einen solchen Abend zu verraten? Wie falsch das war, sieht man auch daran, daß schon Beziehungen zwischen Wilson und zum Beispiel Grüber hergestellt werden. Und die bestehen doch nur im Allergröbsten. So beschädigt die Unternehmung sogar das Unterscheidungsvermögen.

Man sieht die schlimmen Folgen bei einem der »Schaubühnen«-Darsteller, der sich Wilson leider ganz willenlos unterworfen hat, bei Otto Sander: der wird hier zu einem harmlosen Nummern-Spieler – ein leiser Clown, der beifallssüchtig seine Tricks vorführt. Es wird sich später zeigen, ob Sander aus diesen eitlen Auftritten hier noch einmal zur Darstellung von Menschen zurückfinden kann. Dem übrigen Personal der Aufführung ist nichts anzulasten: es sind arglose Fans; und die sind immer nur Requisiten ihrer Helden.

»DD & D« enthält keinen Gedanken, keine Sprache, keinen Ausblick auf Menschen; und die Fähigkeit Wilsons, wenigstens Bildformen zu entwickeln, ist auch zerfallen: die Struktur vieler Bilder ist nur noch die der wahllosen Akkumulation von Elementen. Der Rest ist zeremoniell verkleidetes Gerücht. – Für die Sprachlosigkeit seiner Veranstaltung beruft sich Wilson auf den allgemeinen Sprachverfall, den er in seiner Umwelt beobachtet. So reproduziert er in Dialogfetzen Fragmente banal-dramatischer Situationen des Alltags, wie er ihn sieht. Es soll daraus in gleichsam einem einzigen Augenblick ein Konzentrat ungezählter Tragödien oder Glücksfälle des Lebens entstehen. Doch was entsteht wirklich? Eine kalte, höhnische, hoffnungslose Absage an jede Form der Mitteilung und des Verstehens, also an die Möglichkeit von Sprache selbst. Inszeniert wird der Abstand zwischen der Bühne und ihrem Publikum. Das ist eine Praxis, die auch andere Theaterleute (Heiner Müller zum Beispiel, der von »DD & D« sehr beeindruckt ist) neuerdings für sinnvoll halten. Es kann aber kein Theater geben ohne ein, wie immer notwendig ängstliches, zögerndes, zweifelndes Vertrauen auf die Verbindlichkeit von Wörtern.

Die Ausstellung von Zusammenhanglosigkeit und Sinnleere auf einer Bühne ist ein Widerspruch in sich. Sie wäre auch außerstande, noch irgendwie »schöne Bilder« zu entwerfen, solange jedenfalls ohne Vernunft »Schönheit« in der Kunst nicht sein kann. Vernunft aber, Mitteilungswille, Veränderungsanstrengung, ja: Gesellschaft selbst – das verfällt alles Wilsons Verachtung. Nur, am Ende haben wir nichts anderes als Worte. Und müssen sie, denke ich, brauchen. Die vollständige Negation von sprachlichem Zusammenhang negiert nicht nur das Theater: sondern auch unsere Möglichkeit zu leben.

Darum ist dieser Wilson so tot.

Peter Iden, Theater heute

Nur eines begreift man: den Kummer Wilsons, daß auch solche endlosen Szenen einmal zu Ende gehen müssen, daß der Sieg des Theaters über die Schwerkraft nicht von Dauer ist, daß gerade die alten Leute, die hier auf der Bühne noch einmal ganz außer sich geraten, hinterher die Last ihrer Körper doppelt spüren werden. Tanz ist bei Robert Wilson das Gegenteil von Ballett: nicht die artistische Beherrschung des Körpers ist sein Ziel, sondern dessen größtmögliche Entspanntheit, Schwerelosigkeit. Einfacher, sentimentaler: nicht die Kunst des Tanzes interessiert ihn, sondern das Glück der Tänzer.

Wilsons Theater erzählt keine Geschichten, es löst welche aus. Wer sich auf die Aufführung einläßt, findet darin immer neues Spielmaterial. Unendlich viele Kombinationen sind möglich: zwischen den Szenen auf der Bühne, mehr noch zwischen den Szenen und den eigenen Erinnerungen, Halberinnerungen, Lügen. Man gerät in Zustände, wie man sie mindestens im Theater noch nicht hatte: in eine Trance, die wie seliger Stumpfsinn ist, aber auch in wache, alberne, übermütige Stimmungen. Man kann wirklich sein Gefühl für Zeit verlieren, verändern – in den ersten beiden Stunden fand ich die Aufführung etwas lang, überaus langsam, ziemlich anstrengend. Beim zweiten Zuschauen, einige Tage später, in der achten oder neunten Stunde mit Robert Wilson, störte mich fast ihre amüsante Kurzweil.

Ich werde mit niemandem über diese Aufführung »diskutieren«, schon gar nicht mit einem Kritiker. Einmal muß man das Glück, nicht recht haben zu müssen, nicht unrecht haben zu können, genießen. Viele gehen aus dieser Vorstellung heraus, viele sehr früh. Sie sind im Recht damit: wer dieses große, merkwürdige Spielzeug nicht anfassen mag, den soll man auch nicht dazu überreden. Wer Wichtigeres zu tun hat, als einen sehr langen Abend im Theater buchstäblich zu ver-spielen, soll Wichtigeres tun.

Nach langer, langer Zeit ist in der Schaubühne wieder etwas passiert, das die Leute in Bewegung bringt – und sei es nur die Bewegung zur Garderobe. Wenn ein Theater jahrelang notorisch ausverkauft ist, wenn selbst finstere Kulturpolitiker lauthals versichern, der größte deutsche Theatermann sei Peter Stein, wenn eine Bühne (wie nach Steins Shakespeare) von der Berliner Kritik nicht mehr kritisiert, sondern lokalpatriotisch umarmt wird, wenn die Stadt ihrem liebsten Theater ein Millionenmonument am Kurfürstendamm errichtet, muß irgend etwas falsch gelaufen sein. Jetzt, mit »Death Destruction & Detroit«, ist an diesem fast schon zu Tode gefeierten Theater endlich wieder etwas Anstößiges zu sehen. Kein »Modell Schaubühne« diesmal, sondern eine Expedition ins Ungewisse.

Benjamin Henrichs, Die Zeit

oben Otto Sander mitte Heike Pfitzner, Otto Sander unten links Christine Oesterlein, Gerd Wameling unten rechts Florian Adler, Ensemble

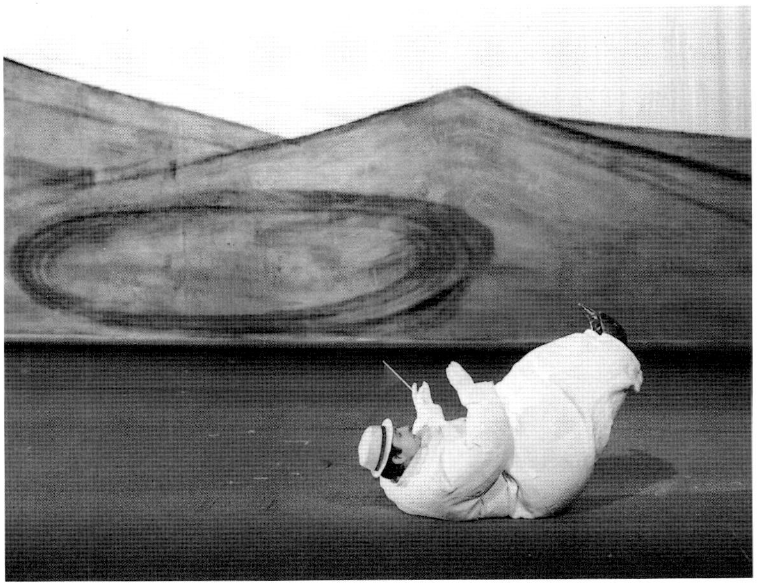

oben links Philippe Chemin, Sabine Andreas oben rechts Gerd Wameling, Christine Oesterlein mitte links Christine Oesterlein, Otto Sander mitte rechts Otto Sander, Florian Adler, Gregor Leschig unten links Gerd Wameling unten rechts Otto Sander, Gerd Wameling

oben links Björn Heidig oben rechts Ensemble mitte links Sascha Marschall, Ensemble mitte rechts Otto Sander unten links Björn Heidig, Sabine Andreas unten rechts Björn Heidig

oben links Philippe Chemin, Heike Pfitzner oben rechts Gerd Wameling, Sabine Andreas mitte links Philippe Chemin, Heike Pfitzner mitte rechts Philippe Chemin, Otto Sander, Florian Adler, Gregor Leschig unten links Sylvia Broermann, Philippe Chemin, Gerd Wameling unten rechts Christine Oesterlein

Bernard von Brentano

RUDI

Eine Berliner Novelle

PAUL BURIAN   ELFRIEDE FALKE   ALEXANDER SCHUBART / CHRISTIAN WECKE

Leitung KLAUS MICHAEL GRÜBER   Ausstattung ANTONIO RECALCATI   Kostüme DAGMAR NIEFIND   Dramaturgie ELLEN HAMMER / BERNARD PAUTRAT   Regieassistenz FRED BERNDT   Bühnenbildassistenz GEORG HEROLD   Ton KLAUS NEUMANN-OSTERHELD   Hölderlin-Vertonungen von PETER FISCHER / ERNST-LOTHAR VON KNORR, gesungen von AUDREY MICHAEL

PREMIERE 20. 3. 1979, Hotel Esplanade

All die Aufwendigkeit, die Grüber da angezettelt hat, siedelt mehr im Bereich der »Bildenden Künste« und räumlichen Arrangements denn beim Theater. Skurrilitäten, irritierte Wirklichkeiten. Eine Flasche wirft auf die Wand ihre Schatten, aus dem eine greifbare Nelke ragt. Magritte läßt grüßen. Strohballen im Marmortreppenhaus. Unentwegtes Glockengeläut, Schafsgeblök, auch sopranige »Hölderlin«-Vertonung.

All dies aber geschieht ohne Zusammenhang. Eine »Detonation« am Ende hört der wandernde Zuschauer nur, wenn er rechtzeitig zufällig den entsprechenden Raum betreten hat.

Peter Hans Göpfert, Berliner Morgenpost

Die befremdliche Veranstaltung setzt konsequent fort, was Grüber mit »Hölderlin lesen« und »Winterreise« begann: da werden Environments aufgebaut, verschlossene, sperrige, abweisende Gebilde, und dem Zuschauer, Zuhörer wird die Arbeit aufgebürdet, wie bei einer Décollage Schicht für Schicht dessen abzureißen, was Grüber übereinandergeschichtet, übereinandergeklebt hat: geschichtliche Details, die nationale Verfehlungen evozieren, falsche Größe und ihre Folgen, heutige Schrecken dazu die Stimme, die von einem Kind erzählt, das von einer Handgranate zerrissen wird, ehe es überhaupt die Chance hatte, zu leben, zu träumen, so wie viele Kinder zerrissen wurden (und werden) in dieser Welt.

Kein Detail ist mit völliger Sicherheit in seinem »Sinn« fixierbar, aber das Klima des Ganzen ist gleichwohl kaum zu verfehlen: hier zeigt uns einer unsere Geschichte an einem geschichtlich beladenen Ort in einer Weise, die es uns nicht erlaubt, das düstere Bild abzuweisen.

Roland H. Wiegenstein, Frankfurter Rundschau

Hotel Esplanade

oben Ausblick vom Hotel Esplanade unten Paul Burian

oben Paul Burian, Zuschauer unten Hotel Esplanade

Hotel Esplanade

Hotel Esplanade

Friedrich Schiller

DIE RÄUBER

Ein Schauspiel von 1779

Maximilian, regierender Graf von Moor HANS MADIN Seine Söhne: Karl WILLEM MENNE Franz MICHAEL KÖNIG Amalia ANGELIKA THOMAS Freigeister, nachher Banditen: Spiegelberg WERNER REHM Schweizer GUNTER BERGER Grimm MANFRED TRABANT Schufterle UDO SAMEL Schwarz NIKOLAUS DUTSCH Roller, deren Gefährtin aus Leipzig TINA ENGEL Razmann, befreite Pächterstochter ELKE LANG Kosinsky, sympathisierender Edelmann ERNST STÖTZNER Hermann, Bastard von einem Edelmann MICHAEL MAASSEN Daniel, Hausknecht der Grafen von Moor CHRISTINE OESTERLEIN Pastor Moser GERD WAMELING Ein Pater PETER SIMONISCHEK/ROLAND SCHÄFER Nebenpersonen JOACHIM JOHANNSEN/WOLFGANG KONIETZNY/REINHOLD KOSPACH/JÜRGEN KRUSE (FALGER ALEX)/FRANZ SONNTAG/ERNST STÖTZNER u. a.

Regie ROLAND SCHÄFER Bühnenbild FRANZ KOPPENDORFER Kostüme MARGIT KOPPENDORFER Musik WILHELM-DIETER SIEBERT/WOLFGANG KONIETZNY Dramaturgie JOACHIM JOHANNSEN Regieassistenz JÜRGEN KRUSE Bühnenbildassistenz DETLEF BRINKMANN Kostümassistenz DOROTHEA KATZER/ANDREA KLEBER Musikalische Einstudierung MIRKA DZAKIS Sensory awareness MICHEL BENJAMIN Inspizienz GÜNTER MAYER Souffleuse BRIGITTE RACHOW Technische Leitung VOLKER BUTZMANN Beleuchtung DIETMAR BASCHIN Requisite BURCKHARD RODE Ton KLAUS NEUMANN/JOHANNES SCHMÖLLING Maske SIEGFRIED AÉ/SIGRID GROPPLER/GABRIELE KÜHR-TRUTZ/ULLARUN VANNUMA Prospektmalerei WALTER HEIDENREICH

PREMIERE 10. 6. 1979

Das Drama um die Brüder Karl und Franz von Moor, von denen einer als (edler) Terrorist in den Untergrund geht, während der andere sich als Erbschleicher betätigt. Nachwuchsregisseur Roland Schäfer hat mit vielen Gags und technischem Aufwand den wahren Kern des Stücks vernebelt, so daß ein Konzept nicht ersichtlich ist. Vom einst führenden Ensemble der hochsubventionierten Renommierbühne blieb nur eine Ruine. Sic transit gloria mundi!

Capital

Ernst Stötzner, Elke Lang, Werner Rehm, Nikolaus Dutsch, Manfred Trabant, Udo Samel

Willem Menne, Angelika Thomas

Robert Walser

FAMILIENSZENEN

Familie I

Schneewittchen CHRISTIANE PETERSEN aus: Kinder- und Hausmärchen der Gebrüder Grimm »Felix«-Szenen Nr. 19 TINA ENGEL Brief eines Vaters an seinen Sohn PETER FITZ »Felix«-Szenen Nr. 13 UDO SAMEL GERD WAMELING »Felix«-Szenen Nr. 18 PAUL BURIAN TINA ENGEL PETER FITZ UDO SAMEL GERD WAMELING

Familie II

Der Teich: Mutter TINA ENGEL Vater PETER FITZ Klara CHRISTIANE PETERSEN Fritz UDO SAMEL Paul GERD WAMELING

Der Räuber

Ausschnitt aus: Der »Räuber«-Roman:
Räuber PAUL BURIAN

Familie III

Märchen PETER FITZ Schneewittchen: König PETER FITZ Königin TINA ENGEL Schneewittchen CHRISTIANE PETERSEN Prinz UDO SAMEL Jäger MICHAEL KÖNIG

Regie FELIX PRADER Mitarbeit DIETER STURM Regieassistenz STEFFEN WEIHE Bühnenbild MANFRED DITTRICH/KARL-ERNST HERRMANN Kostüme DAGMAR NIEFIND Kostümassistenz DOROTHEA KATZER Inspizienz GÜNTER MAYER Souffleuse BRIGITTE RACHOW Technische Leitung VOLKER BUTZMANN Beleuchtung WOLF-RÜDIGER WILD Bühnenmeister JOACHIM PETZOLD Requisite KLAUS ARNDT/CHRISTOPH KETTENRING Ton KLAUS NEUMANN Maske SIEGFRIED AÉ/GABRIELE KÜHR-TRUTZ Bühnenmalerei WALTER HEIDENREICH

PREMIERE 23. 10. 1979

Christiane Petersen, Tina Engel

oben Peter Fitz, Christiane Petersen, Udo Samel, Gerd Wameling mitte Peter Fitz, Udo Samel, Tina Engel unten Paul Burian

Die Schaubühne am Halleschen Ufer, Berlins höchst subventioniertes Privattheater, hält sich und ihr Publikum ängstlich von der Frage fern, was künftig werden soll. Die Übergangszeit bis zum Einzug in das neue Haus und damit, so oder so, dem Beginn einer neuen Existenz, ist nach außen hin durch den Schwund im Ensemble und die Erschöpfung der künstlerischen Energie gekennzeichnet, ohne daß man sicher sagen könnte, ein Rekreationsprozeß sei hier im Gang. Nachdem die mutige Entscheidung, eine Unterbrechung der Produktion für diese Spielzeit, nicht getroffen worden ist, riskiert man nun mit der Überanstrengung der schwachen Kräfte zumindest das eigene Renommee und Prestige.

Die Ambition zielt noch immer auf die außerordentliche Aufführung, das Ergebnis steht aber kaum mehr in einem Zusammenhang mit der verflossenen Tradition des Hauses. So kleinmütig ist dieser Abend, der dem Nachwuchsregisseur Felix Prader anvertraut wurde, trotz des Einsatzes aller verfügbaren Kräfte ausgefallen, daß von der Schaubühne, wie sie annähernd ein Jahrzehnt zeitgenössisches Theater entwickelte, nicht mehr die Rede sein kann. Was in einem größeren Haus mit fülligem Repertoire als Werkstattexperiment passabel wäre, soll hier dem spektakulären Anspruch genügen, den die Bühne vormals selbst etabliert und behauptet hat, und kann unter dieser fatalen Bedingung doch nur ein Anzeichen für den Ausverkauf sein.

Sybille Wirsing, Frankfurter Allgemeine Zeitung

Armer Felix Prader! Hätte er doch im Keller weitergeübt, das Laute, Schrille, Aufwendige und vor allem der frevle Griff nach Texten seines Landsmannes Robert Walser wären ihm schon vergangen. So bekam er, was der freche Nachwuchs von den Erziehungsberechtigten noch immer bekommen hat: eins drauf, aber kräftig, und die Orgeltöne, in denen in der FAZ seit Jahren das Lied vom Tod der Schaubühne intoniert wird, schwollen schon vor jeder Kritik an Praders Debütarbeit zum Finale an.

Felix Prader hat jedes Recht, »seinen Walser« zu inszenieren, denn auch dieser Autor ist keine heilige Kuh: er kann jede engagierte Beschäftigung mit seinem Werk gebrauchen und vertragen. Der Zuschauer aber, der den Autor bislang vielleicht nicht einmal im Schrank stehen hatte, kann hingehen und, Praders Bilderbogen, die leisen wie die lauten Interpretationsangebote im Kopf (besonders überzeugend, besonders hellhörig machend eine von Paul Burian vorgeführte Passage aus dem »Räuber»-Fragment) *seinen* Walser lesen und kennenlernen. Das gehört für mich *auch* zu einem lebendigen Theater, zu einer lebendigen Literatur.

Caroline Neubaur, Die Deutsche Bühne

Die empfindliche Sprache Walsers wurde von Prader rücksichtslos dem parodistischen Ehrgeiz des Regisseurs geopfert. Im »Schneewittchen«-Dramolett, in dem Walser Schneewittchen zusammen mit der Mutter einen glücklichen Schluß des Spiels zu finden versucht, gehen Praders Figuren an ihrem neurotischen Gliederreißen zugrunde. Tina Engel stampft als Königin im roten Gewand brüllend über die Bühne. Christiane Petersen schluchzt auf dem Rücken liegend, uns abgewandt, sich krümmend: »Süß ist dieses Sickern.» Während Schneewittchen schreit, erscheint Peter Fitz als König mit Ohrenschützern. Panische Zeiten.

Helmut Schödel, Die Zeit

Die Beschreibung der Dramaturgie dieser »Familienszenen» deutet einerseits an, wie raffiniert sie montiert sind, charakterisiert andererseits aber auch ihre höchst artifizielle Konstruiertheit, die die sorgfältige Einstudierung Felix Praders nicht mit der nötigen Leichtigkeit spielerisch umzusetzen vermag. Das ganze Unternehmen bleibt zu sehr Essay, es spekuliert zu oberflächlich-deutlich über die – wie gezeigt wird – sehr komplizierten Beziehungen zwischen Leben, Erfahrung und Kunst, Essay aber heißt Versuch. Und einen interessanten Versuch stellt diese riskante Auseinandersetzung mit Robert Walser, in der die exzellenten darstellerischen Qualitäten dieses Ensembles einmal mehr – insbesondere von Tina Engel, Udo Samel und der neuverpflichteten Christiane Petersen – unter Beweis gestellt werden, auch vor allem dar. Schließlich verstand Walser selbst seine Kunst als »etwas Seiltänzerisches». Diesem Anspruch wird die Schaubühne gerecht.

Andreas Roßmann, Hannoversche Allgemeine Zeitung

Die Schauspieler (vor allem die mit ihren Kräften und Mitteln geradezu übermütig protzende Tina Engel) spielten ein Salonstück von Feydeau und eine wilhelminische Salonkomödie und ins übergroße projizierte Kinderängste von Vitrac und ein Märchen in Bad Segeberg. Und und und. Und so spielten sie auf den armen gebrechlichen Text ein, daß sich dessen Balken gebogen hätten, falls er welche gehabt hätte.

Hellmuth Karasek, Der Spiegel

Die Genese des Wahns aus der Konstellation der kleinbürgerlichen Familie, aus dem doppelten Druck traditioneller Normen, deren Ansprüche unerfüllbar wurden, und der sozialen, wirtschaftlichen Lebensumstände; der Vater eine Ruine der Autorität, die Mutter eine Passionsfigur; als Folgen traumatischer Liebesverlust, Entsicherung der eigenen Identität, Verirren im Dickicht der widersprüchlichen sozialen Forderungen – das etwa war der thematische Faden dieser ersten Hälfte des Abends. Eine solche Verknüpfung der Szenen wird Robert Walser durchaus gerecht, dessen Selbstdeutungen erst heute von der psychiatrischen Diskussion eingeholt werden, und in sich waren sie auch theatralisch zu ganz erstaunlicher Wirkung gebracht – darstellerisch vor allem dank Udo Samel in der Rolle des jugendlichen Protagonisten und Tina Engel als Mutter, sowie Paul Burian. Aber ein »Theaterstück« wurde doch bei weitem nicht daraus, die Übergänge sprangen und brachen, es blieb eine Folge von Denk- und Deutungsvorlagen.

Den zweiten Teil bildet dann eine nur etwas gekürzte Version von Walsers Vers-Dramolett »Schneewittchen«, dies nun wieder ein ganz frühes Werk. In einer höchst künstlichen, dabei oft verspielt-geschwätzigen Sprache wird hier *nach* dem Ausgang des Märchens dessen Inhalt vor allem zwischen der Mutter (in der Rolle der Königin wieder Tina Engel) und der Tochter (als Schneewittchen Christiane Petersen) hin- und hergewendet: Haß und Liebessehnsucht, ödipale Eifersucht und Zärtlichkeit im ständigen Umschlag. Gewiß, auch das ist eine Familienszene, und eine psychologisch weiß Gott tief hintergründige – Walter Benjamin hat schon 1929 dieses Walser-Dramolett zu den tiefsinnigsten Dichtungen der Zeit gezählt und den geheimen Zusammenhang von Glück und Wahnsinn angedeutet. Aber aufführbar scheint es mir auch nach diesem zweiten Versuch – ein erster wurde vor sechs Jahren in Zürich unternommen – kaum. Zumindest versagte hier die Inszenierung gegenüber dem gläsern-spröden Text – was agiert wurde, stand dessen jugendstiliger Artistik im Weg, was bedeutungsvoll gesprochen wurde, provozierte gelegentlich ungewollte Lacher und ermüdete zuletzt.

So belohnte nur ein für die Schaubühne ungewohnt matter Applaus diesen kühnen und bei allem dankenswerten Versuch, der an vielen Stellen wiederum zeigte, zu welch bewundernswerten Leistungen dieses Haus fähig ist, aber letztlich doch kein Theaterereignis erbrachte.

Jochen Greven, Deutschlandfunk

Ernst Jandl

AUS DER FREMDE

Sprechoper

er PETER FITZ sie CHRISTINE OESTERLEIN er 2 GERD WAMELING

Regie ELLEN HAMMER Bühnenbild ANTONIO RECALCATI Kostüme MOIDELE BICKEL Regieassistenz STEFFEN WEIHE Bühnenbildassistenz BERND DAMOVSKY Kostümassistenz DOROTHEA KATZER Souffleuse ELVIRA BACH Inspizienz MANFRED FENZL Technische Leitung VOLKER BUTZMANN Bühnenmalerei WALTER HEIDENREICH Beleuchtung DIETMAR BASCHIN Requisite KLAUS ARNDT/CHRISTOPH KETTENRING Ton KLAUS NEUMANN-OSTERHELD Maske GABRIELE KÜHR-TRUTZ/URTE KUSSEROW

PREMIERE 19. 2. 1980, Hebbel-Theater

Gastspiele in Mülheim, Rotterdam, Belgrad, Bukarest, Bad Godesberg

In der Schaubühne ist fast alles zum Lachen. Darunter leidet vor allem die Schlußszene. Wieder geht (wie zu Beginn des Stücks) ein Tag zuende, als ob kein Tag gewesen wäre, wieder beginnen die alltäglichen Verrichtungen – vom Zähneputzen bis zum Weckerstellen. Ellen Hammers Inszenierung von Jandls »Aus der Fremde« hat Jandls Stück durchgesetzt. Erreicht hat sie es nicht.

Helmut Schödel, SFB

Die Aufführung ist durch und durch amüsant. Insbesondere da, wo die banalsten Alltäglichkeiten, Zigarettenanzünden und Wurstessen beispielsweise, in den Konjunktiv rücken. Von schadenfrohem Gelächter kann nun allerdings nicht die Rede sein. Alles ist schrecklich komisch, aber eben auch komisch schrecklich.

Peter Hans Göpfert, SR

Peter Fitz

GİDEN TEZ GERİ DÖNMEZ

Göç Türküleri

WER GEHT – KEHRT NICHT SO SCHNELL ZURÜCK

Die Lieder der Wanderung

Ayşe AYLA ALGAN Ali, Illegaler TUNCEL KURTIZ Derwisch KERIM AFŞAR Hasan/Gully/Bauer ŞENER ŞEN Alter Mann/Politiker/Bauer/Rüstem ALI HAYDAR CILASUN 1. Deutschländer/José/Bauer/Arbeitsloser SUAVI EREN 2. Deutschländer/Bauer/Tahir/Bräutigam YEKTA ARMAN Bäuerin/Studentin/Braut SERPIL ŞIMŞEK Bäuerin/Zelhe/Frau mit Kind RÜÇHAN TOLGAY Bäuerin/Frau Mutlu/Prostituierte BEATRIS TUNCAY Bauer/Mustafa aus Afschin ENGIN AKÇELIK Hans KAYA GÜREL Meister Krüger/Leierkastenmann MACIT KOPER Mannequin/Deutsches Mädchen IRIS LAAS Mannequin KRISTINE UPESLEJA Türkischer Junge ALI ABA TOPBAŞ/CAFER AZBAK Chor: AYLA ALGAN TUNCEL KURTIZ KERIM AFŞAR ŞENER ŞEN ALI HAYDAR CILASUN SUAVI EREN YEKTA ARMAN SERPIL ŞIMŞEK RÜÇHAN TOLGAY BEATRIS TUNCAY ENGIN AKÇELIK

Komposition und musikalische Leitung ERGÜDER YOLDAŞ Text MACIT KOPER Regie AYLA ALGAN/MACIT KOPER Kostüme ILSE TRÄBING Dramaturgie AYLA ALGAN Regieassistenz STEFFEN WEIHE Bühnenbildassistenz GEORG HEROLD Kostümassistenz ELISABETH LETSCHERT

PREMIERE 15.6.1980

Gastspiele in Essen, Duisburg, Mülheim

Die Szenenfolge, in der aus Istanbul herbeiengagierte Schauspieler neben türkischen Laiendarstellern auftreten, zeichnet in fünfzehn Bildern den Weg einer Gruppe nach, die aus Ostanatolien über Istanbul nach Kreuzberg kommt. In ihrem Mittelpunkt stehen Ayse und Ali, mit deren farbenprächtigem Hochzeitsfest das Stück anhebt. Danach zieht Ali mit den Männern in die Stadt, wo er Arbeit sucht, aber nicht findet. Als ihm zwei Landsleute vom deutschen »Wunderland« vorschwärmen, will er dorthin auswandern. Doch bei der notwendigen ärztlichen Untersuchung wird er für untauglich befunden. Also schickt er seine Frau, die ihm inzwischen gefolgt ist, voraus und reist ihr ohne Arbeits- und Aufenthaltsgenehmigung hinterher. Nach einer langen Odyssee führen ihn die letzten Stationen des Stücks durch die kalte deutsche Wirklichkeit: durch Amtsstube, Fabrik- und Bahnhofshallen. Die Heimat ist weit.

Doch das Stück, das von Agitprop und Musical gleich weit entfernt und am ehesten als moderne Saga zu rubrizieren ist, umfaßt weit mehr als diese Handlung. Die vielen Lieder, die Koper nach Motiven der anatolischen Volksdichtung geschrieben und Yoldas sehr kräftig, stark rhythmisiert und melismenreich, dabei unfolkloristisch instrumentiert hat, vermitteln eine Poesie, in der die Trauer über den Verlust der Heimat und die Entfremdung in der unbehausten Umwelt auch dann noch durchscheinen, wenn die unbändige Spielfreude des Ensembles sie überwunden hat.

Andreas Roßmann, Stuttgarter Zeitung

Verglichen mit den wenigen bisher zustande gekommenen Aufführungen anderer türkischer Theatergruppen in der Stadt, die eher laienhaft kräftiges Volkstheater vor den Familien von Türkisch-Kreuzberg gespielt haben, wirkt der Abend in der Schaubühne wie Repräsentationstheater: kunstfertig und in Ergriffenheit zu konsumieren.

Wolfgang Hammer, Frankfurter Rundschau

Tuncel Kurtiz, Kerim Afşar, Ayla Algan

Meredith Monk

VESSEL

Eine epische Oper

1. Teil: Ouvertüre: Offenes Haus
2. Teil: Handgearbeiteter Berg
3. Teil: Öffentliches Gelände

CHRISTIANE ASTFALCK WILFRIED BOLLENSDORF FRIEDER BUTZMANN EDITH CLEVER SUSANNE FACOMPRÉ ROLAND GRABOWSKI GREGER HANSEN FRED HOLLAND JUTTA LAMPE HANS MADIN SUSANNE MEIERHOFER MEREDITH MONK CHRISTINE OESTERLEIN CHRISTIANE PETERSEN ELKE PETRI GERD-WALTER PRISTINGER JEAN-PAUL RATHS SUSANNE RATKA STEFAN RECK WERNER REHM MECHTILD ROSENGÄRTNER PETER SIMONISCHEK PIA STANIEK ERNST STÖTZNER CHRISTINE VILARDO GERD WAMELING CHRISTHARD ZIMPEL und andere

Regie MEREDITH MONK Mitarbeit LANNY HARRISON/GAIL TURNER Bühne TONY GIOVANETTI/GEORG HEROLD Kostüme MEREDITH MONK/YOSHIO YABARA Musik MEREDITH MONK Regieassistenz RÜDIGER LIST/PAOLO DEL BAGNO Kostümassistenz ELISABETH LETSCHERT Inspizienz MANFRED FENZL Ton KLAUS NEUMANN-OSTERHELD Beleuchtung HORST LEHMANN Maske SIGRID GROPPLER Garderobe PETRA KRAY Requisite KLAUS ARNDT Technische Leitung VOLKER BUTZMANN Statistenführer GERD-WALTER PRISTINGER Produktionsleitung KAYLYNN SULLIVAN Persönlicher Referent DAVID MARK THOMAS

PREMIERE 1. und 2. Teil am 11. 7. 1980, 3. Teil am 13. 7. 1980

Obwohl auf Johannas Rolle als Medium zwischen Gott und Frankreich angespielt wird, stellt man bald fest, daß die Monk-Oper nur sich selber zum Inhalt hat und nichts anderes vorstellt als das Fahrzeug und den Behälter für die Phantasie ihrer Urheberin. Die Fracht ist zierlich, fast möchte man sagen bescheiden, und steht zu dem Aufwand an Transport in keinem Verhältnis. Daß es der sinnfälligen Berliner Bruchlandschaft und des erhabenen Schaubühnen-Ensembles bedurft habe, um das Avantgarde-Rokoko der Meredith Monk in die Tat umzusetzen, kann man sicher nicht ernsthaft behaupten; aber selbstverständlich gewinnt das Spiel durch die pathetische Darbietung und Einbettung ein zusätzliches Volumen.

Die Beimischung der verkitschten Historienzitate – von der Heiligenfigur bis zum Ruinen-Deutschland – gehört nach amerikanischem Verständnis wohl dazu. Wer viel fragt, bekommt hier keine Antwort und führt umsonst die Welten ins Feld, die Meredith Monks transportable Comic-Oper von den Berliner Epen des Regisseurs Klaus Michael Grüber trennen. Wer hingegen glaubt, daß es nur auf die Illusion ankommt, egal wie abgebraucht des Kaisers neue Kleider inzwischen auch sein mögen, wird ungeniert selig.

Sibylle Wirsing, Frankfurter Allgemeine Zeitung

Szenenfoto Anhalter Bahnhof

oben Gerd Wameling, Elke Petri, Christine Oesterlein unten Gerd Wameling, Christiane Petersen, Stefan Reck, Jutta Lampe, Werner Rehm, Christine Oesterlein, Ernst Stötzner, Edith Clever, Elke Petri, Greger Hansen

Antikenprojekt II

DIE ORESTIE DES AISCHYLOS

(458 v. Chr. uraufgeführt)
Prosa-Übersetzung von Peter Stein

1. Teil AGAMEMNON »Der Schlächter wird geschlachtet«

Wächter GERD WAMELING Klytaimestra EDITH CLEVER Herold ROLAND SCHÄFER Agamemnon GUNTER BERGER Kassandra ELKE PETRI Aigisthos PETER FITZ Chor der Ältesten von Argos GUNTER BERGER/PETER FITZ/GREGER HANSEN/HANS MADIN/JEAN-PAUL RATHS/STEFAN RECK/WERNER REHM/UDO SAMEL/ROLAND SCHÄFER/PETER SIMONISCHEK/ERNST STÖTZNER/GERD WAMELING

2. Teil CHOEPHOREN »Der Befreier wird wahnsinnig«

Orestes UDO SAMEL Pylades GREGER HANSEN Elektra TINA ENGEL Klytaimestra EDITH CLEVER Diener WERNER REHM Amme CHRISTINE OESTERLEIN Aigisthos PETER FITZ Chor der Frauen des Hauses TINA ENGEL/JUTTA LAMPE/SUSANNE MEIERHOFER/CHRISTINE OESTERLEIN/CHRISTIANE PETERSEN/ELKE PETRI Chor der Ältesten von Argos GUNTER BERGER/PETER FITZ/HANS MADIN/WILLEM MENNE/JEAN-PAUL RATHS/STEFAN RECK/WERNER REHM/PETER SIMONISCHEK/ERNST STÖTZNER/GERD WAMELING

3. Teil EUMENIDEN »Die Vampire segnen die Stadt«

Pythia CHRISTINE OESTERLEIN Apollon PETER SIMONISCHEK Orestes UDO SAMEL Klytaimestras Schatten EDITH CLEVER Athene JUTTA LAMPE Chor der Erinyen EDITH CLEVER/TINA ENGEL/JUTTA LAMPE/SUSANNE MEIERHOFER/CHRISTINE OESTERLEIN/CHRISTIANE PETERSEN/ELKE PETRI Chor der Richter GUNTER BERGER/PETER FITZ/GREGER HANSEN/HANS MADIN/WILLEM MENNE/JEAN-PAUL RATHS/STEFAN RECK/WERNER REHM/ERNST STÖTZNER/GERD WAMELING

Regie PETER STEIN Bühnenbild KARL-ERNST HERRMANN Kostüme MOIDELE BICKEL Dramaturgische Mitarbeit MARLEEN STOESSEL/DIETER STURM Regieassistenz RÜDIGER LIST/PAOLO DEL BAGNO/JÜRGEN KRUSE Bühnenbildassistenz BERND DAMOVSKY/MANFRED DITTRICH Kostümassistenz DOROTHEA KATZER/YOSHIO YABARA Unter Mitarbeit von GERD KAMINSKI/MIRKA DZAKIS/SABINE BACHMANN

PREMIERE 18. 10. 1980

Gastspiele in Paris, Stuttgart, Caracas, Warschau, Rom, Athen
Dreiteilige MAZ-Aufzeichnung des Theaterstücks von Peter Stein. Eine Regina-Ziegler-Filmproduktion für das ZDF

oben Ensemble, Gastspiel Rom unten Stefan Reck, Ernst Stötzner, Udo Samel, Peter Fitz, Edith Clever, Roland Schäfer, Greger Hansen, Hans Madin, Peter Simonischek, Gerd Wameling, Werner Rehm

Edith Clever, Gunter Berger, Elke Petri, Ensemble

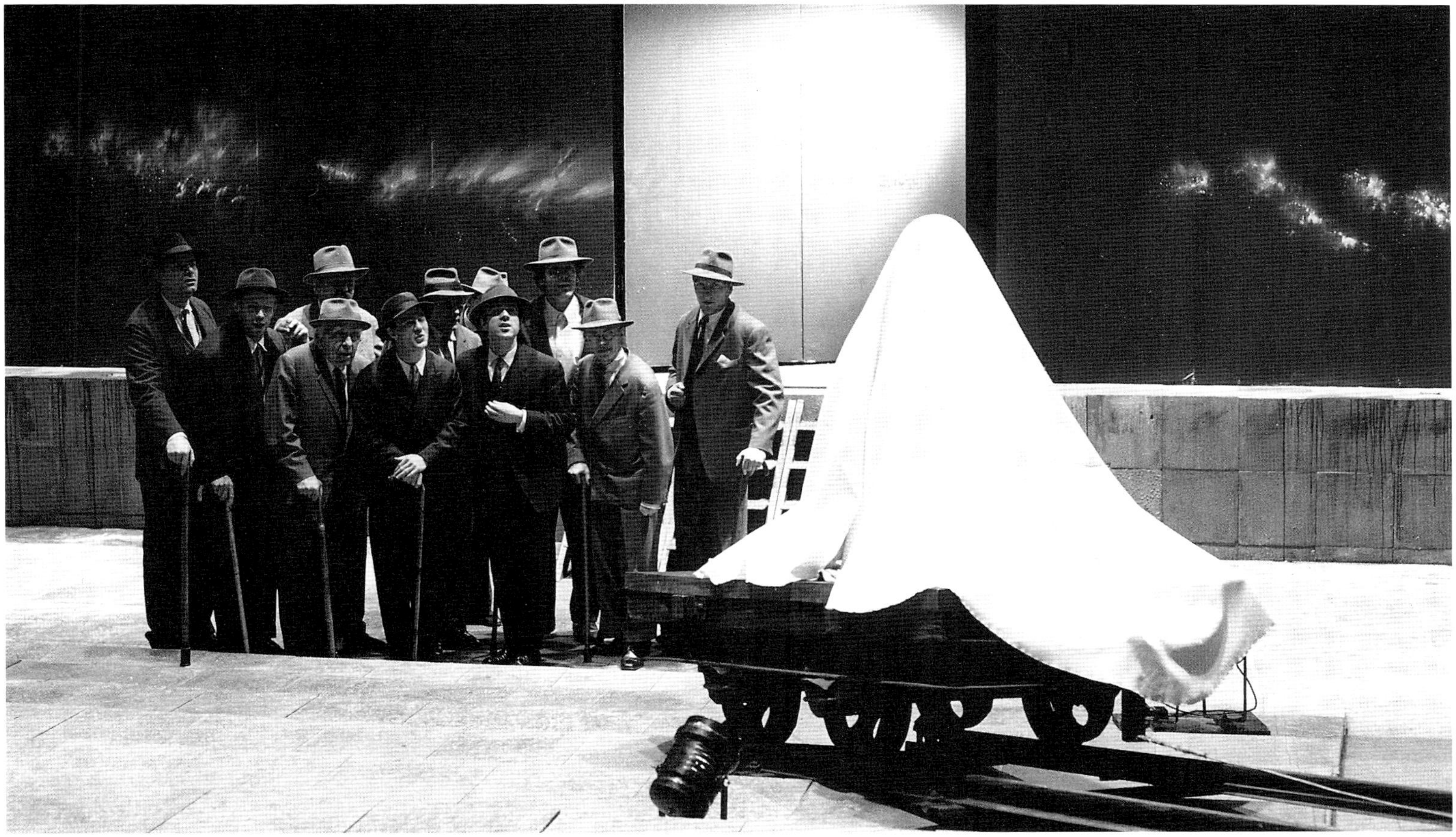

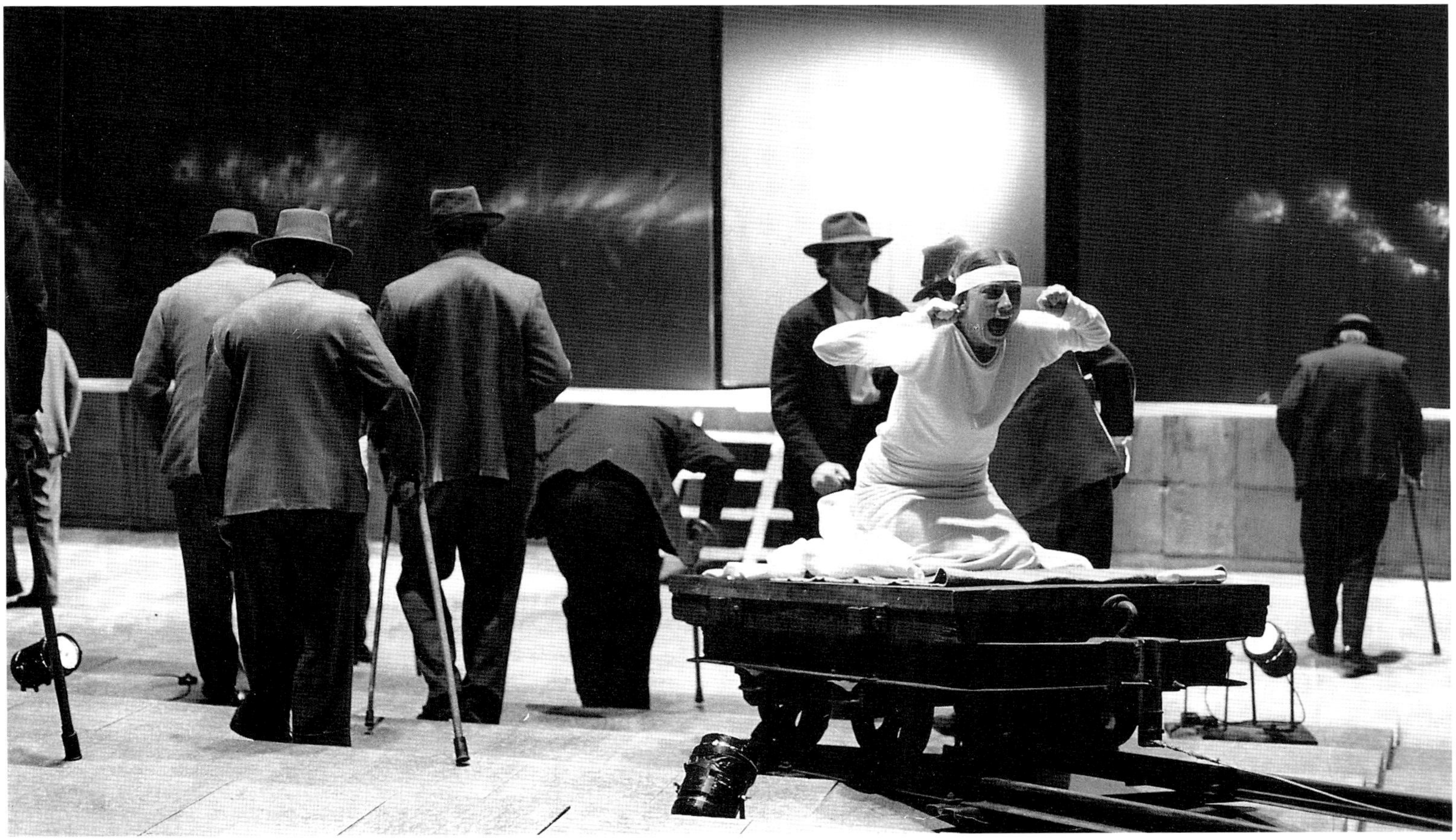

oben Peter Simonischek, Greger Hansen, Hans Madin, Werner Rehm, Udo Samel, Peter Fitz, Gerd Wameling, Stefan Reck, Roland Schäfer, Jean-Paul Raths, Ernst Stötzner, Elke Petri unten Elke Petri, Ensemble

oben Edith Clever, Gunter Berger, Elke Petri, Chor der Ältesten von Argos unten Edith Clever, Gunter Berger, Elke Petri

oben Ernst Stötzner, Werner Rehm, Jean-Paul Raths, Gerd Wameling, Peter Simonischek, Gunter Berger, Elke Petri, Edith Clever, Stefan Reck unten Edith Clever, Gunter Berger, Elke Petri

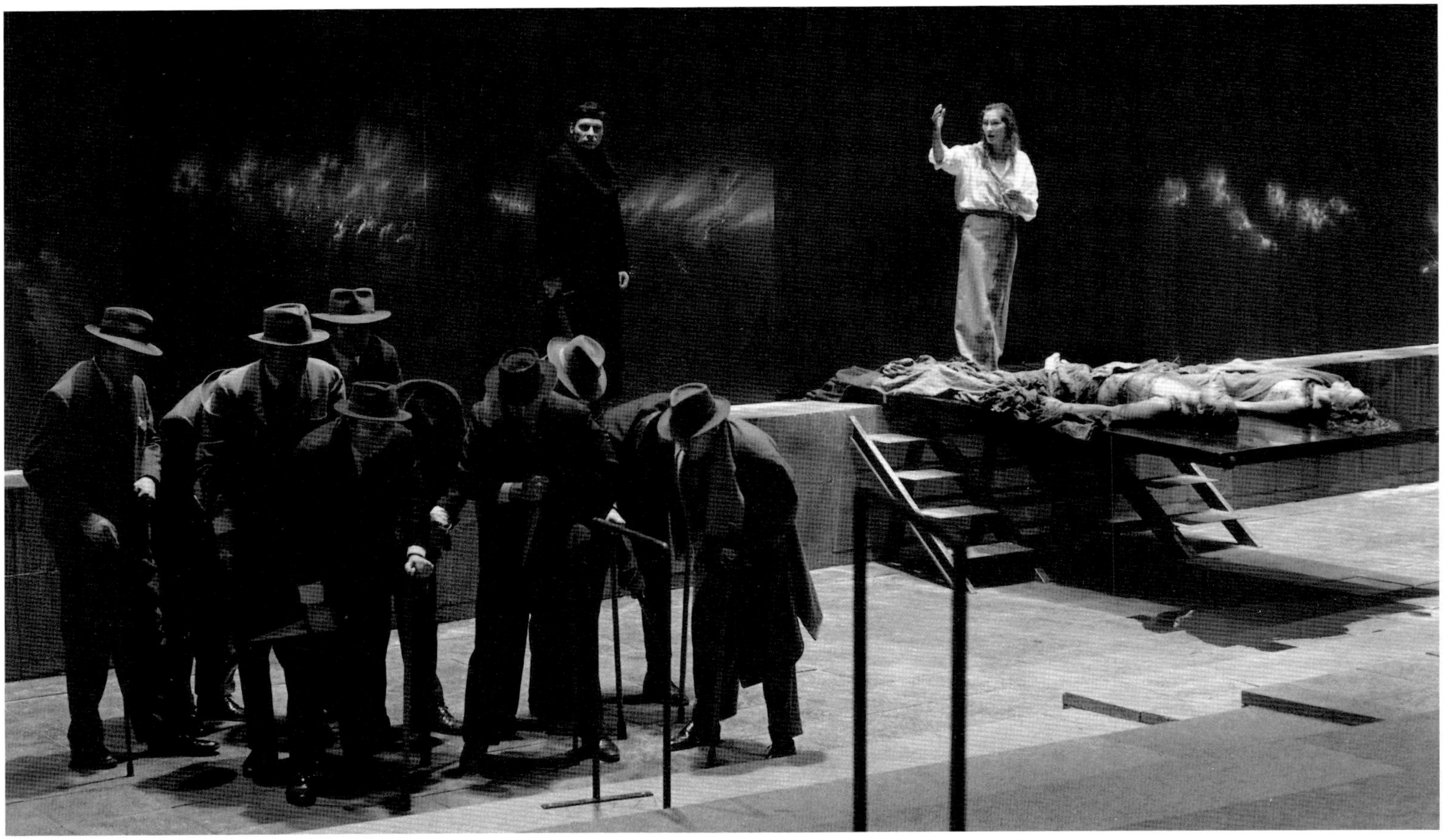

oben Peter Fitz, Edith Clever, Gunter Berger, Elke Petri, Chor der Ältesten von Argos unten Edith Clever, Gunter Berger, Elke Petri

oben Greger Hansen, Tina Engel, Udo Samel, Chor der Frauen des Hauses unten Greger Hansen, Udo Samel, Tina Engel, Chor der Frauen des Hauses

oben Greger Hansen, Udo Samel, Edith Clever unten Udo Samel, Chor der Ältesten von Argos

Udo Samel, Peter Simonischek

oben Udo Samel, Chor der Erinyen unten Chor der Erinyen

Peter Simonischek, Chor der Erinyen

Chor der Erinyen, Gastspiel Athen

oben Peter Simonischek, Jutta Lampe, Udo Samel, Chor der Richter, Chor der Erinyen unten Chor der Richter, Jutta Lampe, Udo Samel, Chor der Erinyen

Chor der Richter, Peter Simonischek, Jutta Lampe, Chor der Erinyen unten Jutta Lampe, Chor der Erinyen, Chor der Richter

Peter Simonischek, Jutta Lampe, Udo Samel, Chor der Richter, Chor der Erinyen

Jutta Lampe

Auf welcher Szene spielte die Tragödie? Peter Stein stellte diese Frage in den Mittelpunkt und führte an einem Modell vor, wie man die Urzelle des europäischen Theaters zu ermitteln versuchte. Nachgebaut wurde der Ort der ersten Aufführung, der flach abfallende Südhang der Akropolis von Athen. Die Mulde hinter dem kleinen Tempel des Dionysos erklärte Stein als exemplarisches Milieu des Naturtheaters. Die Spielfläche wurde aufgeschüttet, das Zuschauerrund auf dem ansteigenden Gelände markiert und mit dem Aufbau einer Szenen-Rückwand, der Eingangsfront zum Atridenhaus, der letzte Schritt zur Bühne des Aischylos vollzogen. Dabei war von der Vereinfachung der wissenschaftlichen Kontroversen zum plausiblen Modell ebenso die Rede wie von den Mühen der Schaubühne auf ihrem Schulweg durch die Bibliotheken der Archäologen und Historiker. Die Wiederherstellung, zu der man schließlich gelangt ist, erschien nun im plastischen Miniaturbild wie ein glücklicher Fund: Keine pompösen Zutaten und pathetischen Mutmaßungen verstellen den Rückblick in die archaische Vergangenheit, um deren schlichte Mittel es Peter Stein zu tun ist.

Die einführende Veranstaltung, die bei freiem Eintritt vor einem dicht besetzten Parkett stattfand, dauerte drei Stunden. Sie war im besten Wortsinn akademisch und gibt in einer Stadt, deren Akademien, Theater und Museen nur noch als Institution der Programmabwicklung funktionierten, über das Thema hinaus zu denken. Die Schaubühne, die mit der Wucht ihrer Arbeit dem mythischen Stoff und der antiken Tragödie auf ein vorbereitetes Publikum treffen will, inszenierte an diesem beschwingten Sonntagmorgen einen Wunschtraum: Berlin, synthetisch wie es ist, als Gedankenspielraum und nicht als Kulturgüterbahnhof.

Sibylle Wirsing, Frankfurter Allgemeine Zeitung

Es geht um die »Orestie« in der Schaubühne. Zu kritisieren ist diese Begebenheit nicht: Versuch mal einen T-34 zu kritisieren, der dich gerade überfährt. Da ist es wohl etwas albern, an der technischen Qualität oder am Quietschen der Ketten zu mäkeln.

Der Spaß der Schaubühnenleute dauerte im Stück knappe zehn Stunden, aber man kann die Teile auch einzeln sehen, und das ist nicht weniger anstrengend. Außerdem bekommt man da weder Suppe noch Saft gratis. Würde man den Achtstundentag für Zuschauer fordern, lachten die Schauspieler. Und was ist mit den Bühnenarbeitern? Waren die Gewerkschaften nicht schon mal weiter? Theater für Arbeiter? In Kreuzberg? Ach, meinen blaugrünen Arsch müßte man Peter Stein um die Ohren hauen.

Wieder einmal war es nicht genug, daß in stundenlanger Hirnwäsche die Widerstandskraft des Zuschauers gebrochen wurde: Seine Mickrigkeit gegenüber der Kunst wurde ihm auch noch nachdrücklich dadurch klargemacht, daß man ihn einfach auf den Boden warf und aufblicken ließ.

In Steins Schaubühne ist alles darauf angelegt, daß man zur Kunst hinaufsehen muß. Kühl ist einkalkuliert, daß man das über 10 Stunden nicht schafft, daß man gelegentlich einnickend gegen den Nebenmann sinkt oder – schlimmer – diszipliniert vor sich hindöst. Dadurch kriegt man natürlich ein schlechtes Gewissen, und am besten macht man's mit einem Jubelruf wieder gut. Da man dazu aber nach dem Ganzen etwas zu schlapp ist, macht man das eben mit ehrerbietigen Diskussionssätzen. Ehrerbietige Diskussionssätze für eine Aufführung, die Höhepunkte hat, aber über weite Strecken trostlos ödes Stadttheater ist, Aufgesagtes, das nach Münster gehört.

Hanna Voss, Konkret

Dann wird der Chor hörbar und man sieht seine Sprecher, alte Männer in grauen Alltagskleidern, mal stehen sie wie eine Gruppe zusammen, sitzen um einen Tisch, später treibt es sie auseinander, sie tasten sich durch die Reihen der Zuschauer, halten Kontakt miteinander über die Köpfe der Sitzenden hinweg oder verfallen ins Selbstgespräch, die Männer sind Gruppe und sie sind Einzelne, sie reden wie mit einer Stimme, aber ihre Stimmen trennen sich auch voneinander, es entstehen komplizierte Satztexturen, Geflechte aus Wörtern, voller Überlagerungen und Irritationen, Verstärkungen und Momenten eines Abgleitens in Altmänner-Gesabber. Über dieses kühn instrumentierte Arrangement von Sprache entwickelt die Aufführung das Bild einer Gesellschaft, ihrer Übereinstimmungen, ihrer widersprüchlichen Vorstellungen und Erwartungen, ihrer Fragen.

Die wahrscheinlich am längsten geprobte Inszenierung der deutschen Bühnengeschichte, eine Art von Dombau des Theaters, hat sich einen übersichtlichen Kanon von Mitteln entwickelt, ein Instrumentarium der Sprachgliederung, des Gestus, der Gedankenführung und der Bewegungsabläufe. Das ist mit einer Konsequenz betrieben worden, die ihren Preis hat. Es gibt durchaus Längen, zum Beispiel scheint der dritte Teil, bis Athene sich durchsetzt, dem Ganzen etwas zu entgleiten. Es wird schwer, sich die Taten, um die es geht, noch präsent zu halten. Andererseits wird man durch Wiederholung und Variation der Ausdruckswerte, auf die Stein das Ensemble gebracht hat, vor allem in den Chorpartien, auch vertrauter mit den theatralischen Signalen.

Peter Iden, Frankfurter Rundschau

Bewahrendes, affirmatives Tragödien-Spiel, die Aischylos-Inszenierung von Peter Stein glich einer Demonstration. Deutschlands gegenwärtig berühmteste Bühne nahm Abstand von aller branchenüblichen Verzierung, Verfremdung, Modernisierung, von allen gesellschaftskritischen oder schicken Umdeutungen. Man wollte mit aller nur denkbaren Kraft und Hingabe die Aussage eines großen Textes bewahren, ohne ihn altmodisch feierlich klassizistischer Poetisierung auszusetzen. Man nahm die Riesen-Mühe auf sich, inhaltsdienlich zu sein. Wo das gelang – und wer so »bar« bezahlt, der läßt auch erkennen, wo er arm ist, während Falschmünzer nie in die Verlegenheit eines Offenbarungseides kommen –, wurde Peter Steins sogenanntes »Antiken-Projekt II« zur großen, immerhin teilweise gelungenen, selbstverständlichen Wiederherstellung verlorengeglaubter, nämlich eitel *verspielter* Maßstäbe! Die Kraft der Tragödie kann ohne Mätzchen, ernst und realistisch aus der Sache selbst geholt werden.

Es ist ein Streit in der Welt, ob der Chor in antiken Tragödien sozusagen ein idealer, beteiligter (hilfloser) Zuschauer sei. Oder ob er gar die Stimme des Dichters verkörpere und poetische Kommentare gebe. Im »Agamemnon« entschied Peter Stein diesen Streit mit bewunderungswürdiger Sicherheit. Der Chor: das sind betroffene, ängstliche, eher unheroische Einzelmenschen, die gemeinsam reagieren – aber nicht *zusammen.* Stein umging die mächtige, immer so bedrohliche Donnermassivität rhythmisch rezitierten Chorklangs, indem er den Chor auflöste, ohne ihn subjektivistisch zu zersplittern. Einer sprach einen wichtigen Satz, dann wiederholten ihn viele, dann äußerten sich wenige, manchmal kam es auch zum kollektiven Schrei! Nur erlebte man nie das so altmodisch wirkende Imponiergehabe riesigen Chorgetöses.

Joachim Kaiser, Süddeutsche Zeitung

Die Inszenierung blieb trotz der verbissen bohrenden Vorstudien über lange Strecken in dumpfer Kunstgewerblichkeit stecken. Statt der archaischen Tragödie wohnte man eher einem düsteren Exerzierreglement bei, einer Mischung aus hochgetrimmtem Stadttheater und Steinschem Kasernenhof.

Hellmuth Karasek, Der Spiegel

Haldun Taner

KEŞANLI ALİ DESTANI
DIE BALLADE VON ALİ AUS KESHAN

AYLA ALGAN KERIM AFŞAR ENGIN AKÇELIK YEKTA ARMAN FETHI BOLER SUAVI EREN NADYA GÜLÜKOĞLU KAYA GÜREL YALÇIN GÜZELCE TUNCEL KURTIZ MICHAEL MAASSEN HAYDAR ÖZKAN ŞENER ŞEN SERPIL ŞIMŞEK BÜLENT TEZCANLI RÜCHAN TOLGAY DILEK TÜRKER BEATRIS TUNCAY MERAY ÜLGEN VE DIĞERLERI UND ANDERE

Regie TUNCEL KURTIZ Bühnenbild KLAUS WEIFFENBACH Kostüme ILSE TRÄBING Musik YALÇIN TURA Musikalische Einrichtung JENS-PETER OSTENDORF Inspizienz GÜNTER MAYER Requisite CHRISTOPH KETTENRING Maske URTE KUSSEROW Beleuchtung UWE DANTZ Tonmeister KLAUS NEUMANN-OSTERHELD Technische Leitung VOLKER BUTZMANN Technische Assistenz FRIEDER MÜLLER Bühnenmeister JOACHIM PETZOLD Gewandmeister ELKE DRÄGER/ERNST SCHNITZLER Malersaal WALTER HEIDENREICH

PREMIERE 30. 11. 1980, Hebbel-Theater

Ein Volks-Musical, immer wieder interpunktiert von ganz ernsthaft oder triftig komisch gesetzten Musikeinlagen. So mühelos volkstümlich, dabei künstlerisch so diskret und zielsicher wird das abgeliefert, daß sogar unsereins, der noch nicht einmal »Bahnhof« auf türkisch verstünde, vor zuschauendem Vergnügen aus dem Häuschen gerät. Das Türken-Publikum ringsum schmachtet ohnehin vor Einverständnis und Theaterglück.

Friedrich Luft, Die Welt

Das Rührstück mit dem folkloristischen Habitus, die Räuberpistole mit der politischen Grundierung, die Klamotte mit Gesang und viel Pulverdampf, der zum Schluß aufwendig ins Publikum wölkt, könnte man auch so verstehen. Aber die Frage, was der theatralische Verschnitt aus Heimat- und Hollywoodfilm, aus gemütlicher Misere und luxuriöser Gesellschaftlichkeit, aus Love-Story, Gangsterballade und Arme-Leute-Pathos für die Türken im Parkett tatsächlich bedeutet, was sie an Süßigkeit und Sozialkritik aus der Vorstellung saugen, läßt sich von außen nicht beantworten.

Sibylle Wirsing, Frankfurter Allgemeine Zeitung

Sema Engin, Haydar Özkan, Yalçain Tura, Şener Şen, Gül Tetikasar, Beatris Tuncay, Kaya Gürel, Fethi Boler, Nadya Gülükoğlu, Yekta Arman, Bülent Tezcanli, Serpil Şimşek, Yalçin Güzelçe, Tuncel Kurtiz, Ayla Algan, Engin Akçelik, Meray Ülgen

Georg Büchner

WOYZECK

Woyzeck PAUL BURIAN Marie GRISCHA HUBER Doktor GUNTER BERGER Hauptmann WERNER REHM Andres UDO SAMEL 1. Tambourmajor PETER SIMONISCHEK 2. Tambourmajor ERNST STÖTZNER 1. Handwerksbursch PETER SIMONISCHEK 2. Handwerksbursch HANS MADIN Jude STEFAN RECK Karl GREGER HANSEN Großmutter JOHANNA HOFER Käthe SUSANNE MEIERHOFER Marktschreier PETER FITZ Esel SUSANNE MEIERHOFER Alter Mann GÖTZ-OLAF RAUSCH Herr GUNTER BERGER Student ERNST STÖTZNER Kinder ASSISE AL-RUBEI/ BETTINA GRÜHN/ANDREA HORN/ASTRID KÖPKE Soldaten STEFAN RECK/THOMAS KLEIN/STEFAN KOCH/NORBERT MAUK/HENRY WALTER Bandonion-Solist KARL ORIWOHL

Regie MICHAEL KÖNIG Bühnenbild KARL-ERNST HERRMANN Kostüme MOIDELE BICKEL Dramaturgie JÖRG GRONIUS Regieassistenz WOLF SANDER-DANNINGER Bühnenbildassistenz BERND DAMOVSKY Kostümbildassistenz ANDREA SCHMIDT-FUTTERER Musikalische Beratung KARL ORIWOHL/JÜRGEN H. TRABER Unter Mitarbeit von GERD KAMINSKI Inspizienz GÜNTER MAYER Souffleuse ELVIRA BACH Technische Leitung VOLKER BUTZMANN Beleuchtung WOLF-RÜDIGER WILD Bühnenmeister WILFRIED ENZIAN Requisite CHRISTOPH KETTENRING Maske URTE KUSSEROW Bühnenmalerei WALTER HEIDENREICH

PREMIERE 14. 2. 1981, Hebbel-Theater

Dies ist eine Inszenierung, die sich zu Tode gedacht hat. Und das hängt nicht bloß mit dem – offensichtlichen – Defizit an Können bei vielen Schauspielern zusammen, sondern schlimmer, entscheidender noch mit der Verweigerung jeder Geste eines aktiven Mitleidens, ja jeder kreatürlichen Regung, soweit sie den ganzen Menschen ergreift und nicht bloß durch den Text verlautbar wird. König setzt auf Pausen und erzeugt Löcher, er will bedeutend sein, und löst die Dialoge und Monologe in lauter Sprichworte, letzte Worte auf, gleich als sei Büchner der Nachhilfe bedürftig. Man erkennt alles wieder und es geht einen nichts an.

Roland H. Wiegenstein, Frankfurter Rundschau

Deutlicher als der Berliner »Woyzeck«-Regisseur Michael König kann man oben und unten nicht verwechseln. »Es ist alles eins«, sagt Marie, wenn sie Woyzeck die Treue bricht. Wie ihre Geschichte später zeigt, setzt sie in diesem Augenblick alles aufs Spiel! Es ist ihr Elend, das ihre Gefühle groß macht. Sie spielt nicht mit ihnen, sondern befolgt sie radikal. Michael König zeigt nur, was uns von dieser Radikalität geblieben ist: Ausgelassenheit, Exaltation, Spleen.

Michael Königs »Woyzeck« gehört zu den überflüssigen Stunden. Nicht überflüssig ist es, zu sagen, daß eine solche Aufführung von der Schaubühne nicht zu verantworten ist.

Helmut Schödel, Die Zeit

oben Paul Burian unten Ernst Stötzner, Greger Hansen, Paul Burian, Udo Samel, Grischa Huber, Peter Simonischek, Susanne Meierhofer, Gunter Berger

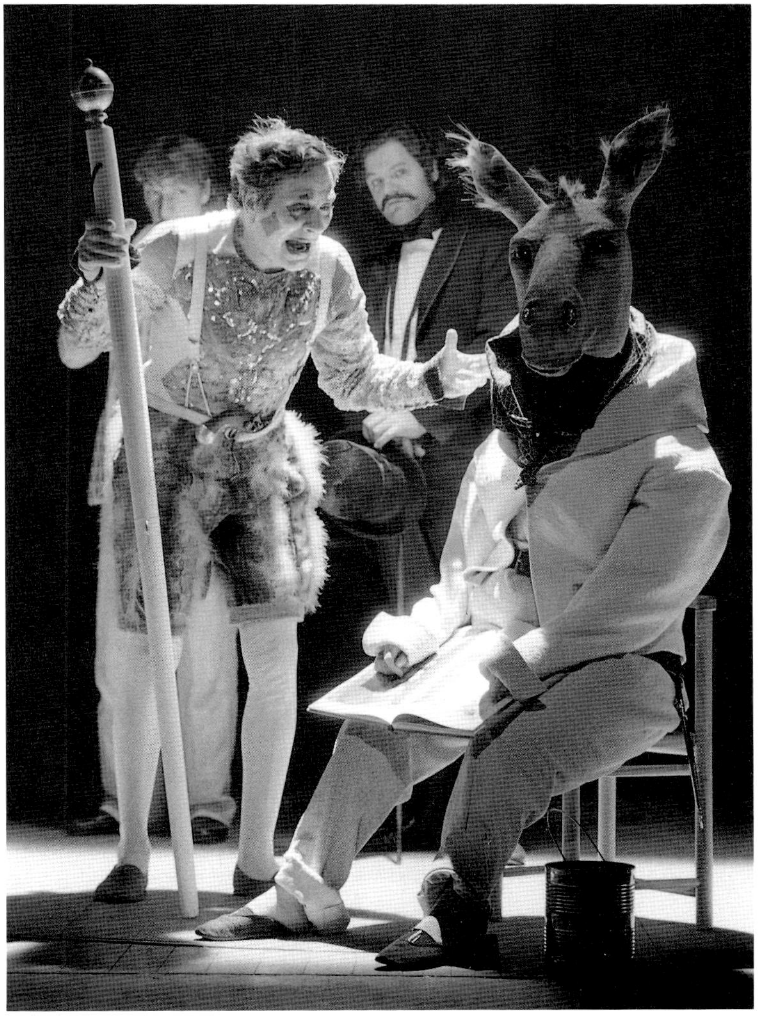

oben Johanna Hofer unten links Ernst Stötzner, Peter Fitz, Gunter Berger, Susanne Meierhofer unten rechts Grischa Huber

Nigel Williams

KLASSEN FEIND

Bearbeitet von Jürgen Kruse und Peter Stein
unter Benutzung der Übersetzung von Astrid Fischer-Windorf und August Zirner

Bernd Engel, genannt Angel GREGER HANSEN Norbert Pichler, genannt Pickel STEFAN RECK Erwin Klose, genannt Koloss JEAN-PAUL RATHS Wolfgang Volkmann, genannt Vollmond UDO SAMEL Ernst Fitzlaff, genannt Fetzer ERNST STÖTZNER Ahmed Kitapçi, genannt Kebab TAYFUN BADEMSOY Lehrer MICHAEL MAASSEN

Regie PETER STEIN Co-Regie JÜRGEN KRUSE Bühnenbild KARL-ERNST HERRMANN Bühnenbildassistenz BERND DAMOVSKY Kostüme DOROTHEA KATZER Kostümbildassistenz ANDREA SCHMIDT-FUTTERER Inspizienz MANFRED FENZL Souffleuse ELVIRA BACH Technische Leitung VOLKER BUTZMANN Assistent der Technischen Leitung FRIEDRICH-KARL MÜLLER Beleuchtung UWE DANTZ Requisite URSULA KNISPEL Ton KLAUS NEUMANN-OSTERHELD Maske URTE KUSSEROW

PREMIERE 23. 4. 1981, Deutsche Erstaufführung

Gastspiele in Belgrad, Guanajuato, Mexico-City, Amsterdam, Parma, Wien
Spielfilm von Peter Stein. Eine Coproduktion der Regina Ziegler Filmproduktion mit der Schaubühne und dem SFB/WDR

oben Stefan Reck, Jean-Paul Raths   unten Udo Samel, Ernst Stötzner

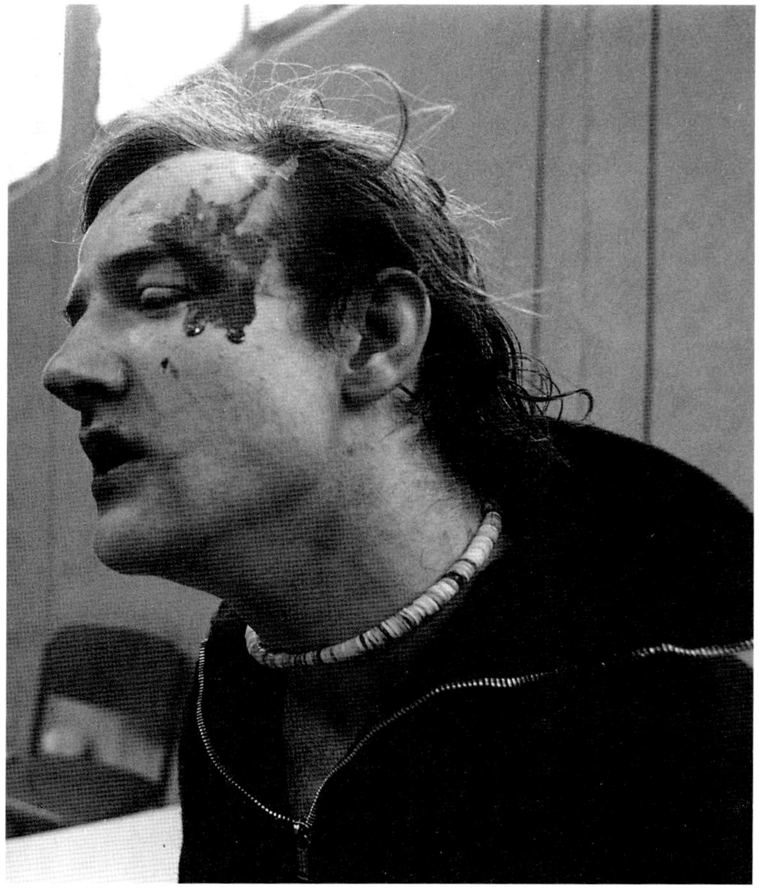

oben links Stefan Reck oben rechts Udo Samel unten Stefan Reck, Ernst Stötzner

oben links Udo Samel oben rechts Jean-Paul Raths unten links Tayfun Bademsoy unten rechts Greger Hansen

Greger Hansen, Stefan Reck, Udo Samel, Ernst Stötzner

Jean-Paul Raths, Tayfun Bademsoy

Nie zerfällt Steins Inszenierung in naturalistische, subjektivistische Einzelbeschreibungen; nie aber auch ordnet sie sich zum großen, plakativen Gruppenbild. Sie verliert sich nicht in sentimentale Kleinigkeiten und sie interessiert sich nicht für die großen ästhetischen Lösungen; sie psychologisiert die Gewalt nicht und choreographiert sie nicht. Sie schwindelt weder moralisch noch ästhetisch – von der progressiven Sozialschnulze ist dieser Schaubühnen-Abend so weit entfernt wie von einer Kreuzberger West-Side-Story.

Steins Inszenierung agitiert nicht und lamentiert nicht, sie recherchiert. Und obwohl Stein wahrscheinlich länger recherchiert hat als sämtliche deutschen Leitartikler zusammen, kommt er doch zu keinem ideologischen Ergebnis. Die Aufführung muß nicht, was linkes Theater oft so schwer erträglich macht, dauernd ihre Sympathie mit den Unterdrückten demonstrieren. Steins unbestechliche Abneigung gegen jedes einfache, flache Menschenbild ist viel wirksamer als es die theatralisch ausgestellte Zuneigung zu den Figuren wäre. Steins überwältigende Kunstfertigkeit bedeutet auch eine Fähigkeit, zu differenzieren – die ästhetische Qualität der Aufführung ist eine moralische, und beides zusammen eine politische.

Man hat dem Theater am Halleschen Ufer oft seinen Monumentalismus vorgeworfen, seine Pedanterie und seinen Perfektionismus, seine Kunst-Feierlichkeit. Wer sich wünscht, daß die Schaubühne ein Theater in Berlin ist, nicht nur eines in der Theatergeschichte, daß sie ihre Arbeit nicht nur den großen Texten widmet, sondern auch den aktuellen Konflikten, der muß ein Stück wie »Klassen Feind« akzeptieren. Man sollte nicht warten, bis Aischylos und Shakespeare kommen, um ein Stück über Kreuzberg zu schreiben.

Viele Formen der Gewalt hat man in der Aufführung gesehen: häßliche und heitere Gewalt, Brutalität und Slapstick, theatralische und sentimentale Gewalt, kindlichen Jähzorn und männlichen Sadismus. Bei der Schlägerei, der grausamsten Szene, sieht man noch eines: daß Gewalt auch der letzte, extremste Ausdruck von Trauer sein kann. Einen Blick hinaus ins Freie gibt es nicht.

Benjamin Henrichs, Die Zeit

Peter Steins Inszenierung ist ästhetische Gipfelkunst, wie man sie sich vollendeter nicht wünschen kann. Die dreieinhalb Stunden verstreichen ohne eine leere Minute. Man sieht das faszinierende Drama einer langsam schwellenden und sich immer komprimierter stauenden Kraft bis hin zur kolossalen Explosion. Der steigende Emotionsdruck treibt die Einzelgänger zu artistischen Höchstleistungen, drängt die Spieler auf einen Haufen, scheucht sie quer über die Bühne in die Ecke, gibt dann einen Augenblick lang nach, sinkt, fällt und sammelt sich neu mit verdoppelter Vehemenz, läßt Puls und Atem fliegen, stockt, pendelt sich auf einer maximalen Höhe ein und hat, ehe er sich im Chaos entfesselt, die sechs Glieder der Gruppe so rasend mit- und gegeneinander bewegt, daß einem selbst beim Zuschauen die Luft wegbleibt: welch ein Wunderwerk der choreographischen Phantasie und inszenatorischen Ökonomie beim Bändigen und Entlassen der Elemente!

Die jungen Männer schonen sich nicht. Zum Spiel ihrer Kräfte gehört, die Spannung zwischen Bühne und Parkett unfehlbar fördernd, eine rituelle Kraftsprache, deren Hauptwörter – Arsch, Fotze, Ficken und einige wenige mehr – sich sowohl untereinander beliebig zum Kompositum verbinden als auch mit der stehenden Vorsilbe »Scheiß« dergestalt kombinieren lassen, daß aus dem beschränkten Grundvokabular eine beträchtliche Ausdrucksfülle hervorgeht. Zur Sprachentfaltung gesellen sich Witz und Geistesgegenwart. Die Solo-Nummern der Akteure sind ebenso wie die Dialoge und die voll orchestrierten Sechserdebatten mit einer pointierten Jargonkomik so kompetent ausgestattet und mit der sprichwörtlichen Berliner Schnauze so fachkundig durchsetzt, daß sich im perfekt tristen Klassenraum, dem Bühnenbild von Karl-Ernst Herrmann, die intellektuelle mit der physischen Schlagfertigkeit zu einer klassischen Harmonie vereint. Alles sitzt wie angegossen. Hieb- und stichfester kann eine sozialakrobatische Modenschau nicht sein wollen; eleganter als diese harten Männer und häßlichen Mannequins das Leid der Welt tragen, läßt es sich nicht ausstellen, so gerissen wie die Schaubühnen-Inszenierung wird uns kein anderes Theater das fremde Elend schmackhaft machen, und nirgendwo sonst können wir luxuriöser als hier dem Schauder frönen: unsere Großstadtjugend – was für ein Raubtier!

Greger Hansen als der possenhafte Sexprotz mit den Allüren eines alternden Strichjungen, Stefan Reck als verschwiemelter Hockenbleiber und Motzer, Jean-Paul Raths als ein zwergischer Zornickel mit dem bösen Blick und im Handumdrehen mit dem gezückten Taschenmesser. Udo Samel und Ernst Stötzner als die beiden Klassenchefs, der besonnene Anführer und der hysterische Aufrührer – sie alle können uns bis hin zur Mordlust und Tobsucht glauben machen, was irgend sie wollen. Selbst die Schweißtropfen auf der Stirn nimmt man ihnen als echte Kunstperlen ab. Aber wie hoch, weit und schnell sie auch springen, über den Schatten, den der Regisseur zwischen ihre Aktionen und ihre Virtuosität gelegt hat, kommt keiner hinweg. Die Figuren sind lachhaft menschenähnliche Kingkongs, die Gorillasprache quillt in Blasen aus den Mündern heraus, und das Theater ist Theater.

Sibylle Wirsing, Frankfurter Allgemeine Zeitung

Kampf in der Klasse, Klassenkampf bis aufs Messer. Man hat wahrlich in eine Hölle geblickt, und man hat es so getan, daß sicher keine Lösung gegeben wäre. Aber viel Schrecknis, immer wieder einen sonderbar zärtlichen Humor und eine große Verzweiflung hat man erfahren.

Der Beifall und die Betroffenheit waren am Ende gewaltig.

Friedrich Luft, Berliner Morgenpost

Das ist wohl das Ordinärste, Widerwärtigste, Brutalste, Nihilistischste und zugleich Gemeingefährlichste, was man uns heutzutage vorsetzen kann. Gefährlich deshalb, weil es im radikalstmöglichen Sinne eben das verherrlicht, wogegen Öffentlichkeit, Polizei und Presse seit Jahren Sturm laufen: den Terror, den Horror halbstarker, permanent gewalttätiger, zerstörerischer »No-future«-Scheusale, Rowdys übelster Art, Vandalen ohne Sinn und Verstand. Wenn es wenigstens als abschreckendes Beispiel inszeniert wäre!

Aber nein, es ist reine Propaganda für den schrankenlosen, rohesten Satanismus einer Handvoll schäbiger Rotzbuben, die auch noch »die« Jugend von heute repräsentieren sollen und dies erschreckenderweise anscheinend sogar tun, denn gerade das jugendliche Publikum johlte und pfiff am Ende vor lauter Begeisterung über ihr furchtbares eigenes Negativbild, das denkende Menschen zum Weinen, zu tödlicher Resignation, ja zu absoluter Verzweiflung bringt.

Diesen total fatal-destruktiven, qualvollen Abend bestreiten sechs von Stein ausgesuchte Laien, deren Namen nichts zur Sache tut, und die »sich selbst« spielen, gewiß auf ihre Weise mit vollem, kraftlackelhaftem Einsatz.

»No future«? Wenn die Macher der »future« so sind wie hier, mit nervtötender, ekelerregender Emphase geschildert, so möchte man wirklich lieber keine mehr haben.

RUK, Wiener Zeitung

SAİT FAİK ABASIYANIK / ORHAN VELİ KANIK

Zwei Erneuerer der türkischen Literatur des 20. Jahrhunderts
Vorgestellt von Kerim Afşar

Musik KEMAL HAYRETTIN AKDEMIR Piano MUSTAFA ÖZHAN Regieassistenz STEFAN SCHERSCH / SUAVI EREN

PREMIERE 3. 5. 1981, Hebbel-Theater

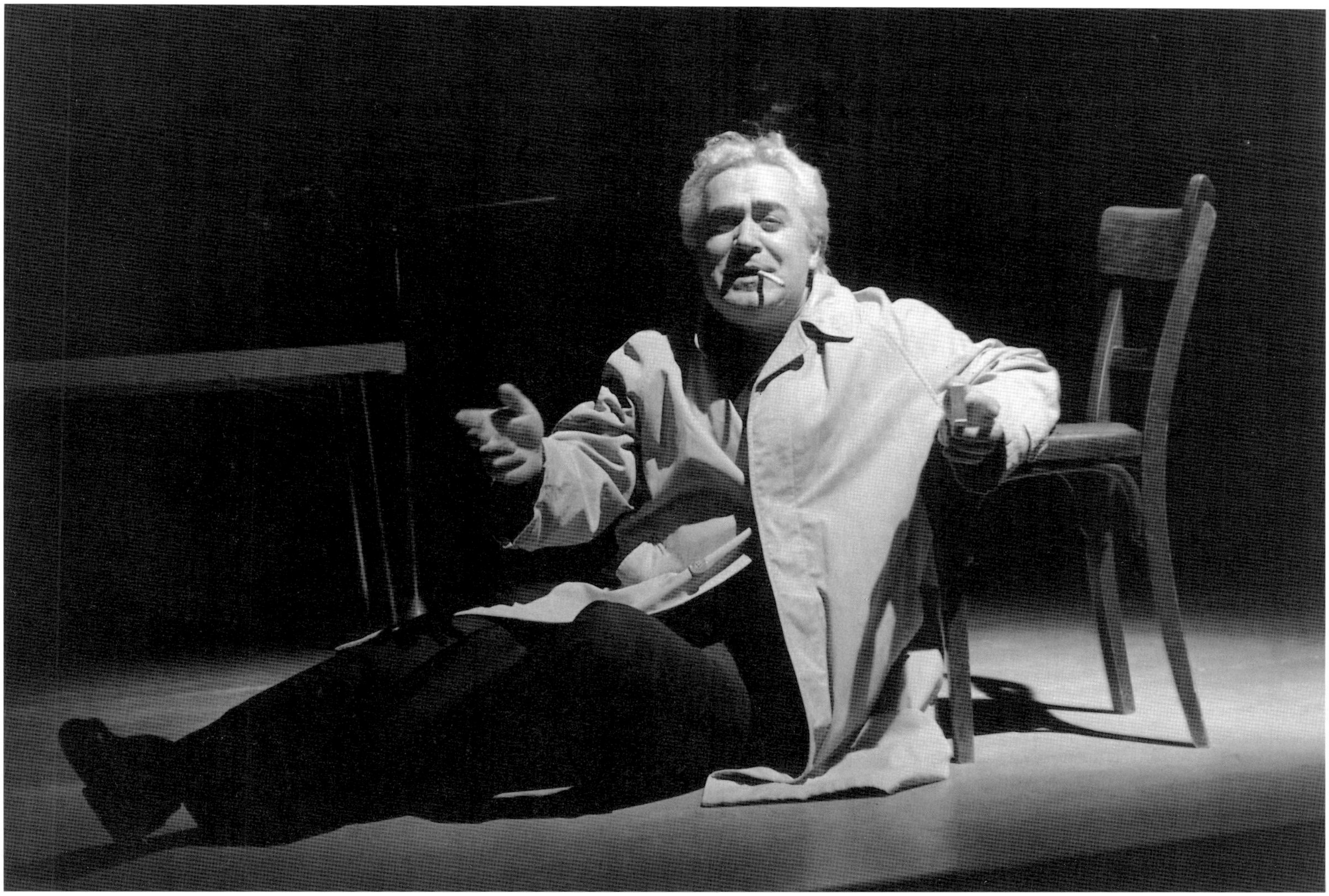

Kerim Afşar

KELOĞLAN

Evvel zaman içinde – Es war einmal

Keloğlan Balık ŞENER ŞEN Anne Alkarısı AYLA ALGAN 1. Anlatıcı Helvacı Leblebici ENGIN AKÇELIK 2. Anlatıcı Kuş Dedikoducu Kadin SERPIL ŞIMSEK 3. Anlatıcı Şekerci Tellak YEKTA ARMAN 4. Anlatıcı Bohçacı BEATRIS TUNCAY Müzisyen BÜLENT TEZCANLI

Regie MERAY ÜLGEN Kostüme ISOLDE HAHN Bühnenbild BERND DAMOVSKY Regieassistenz SERPIL ŞIMŞEK/STEFAN SCHERSCH Kostümassistenz ELISABETH LETSCHERT Bühnenbildassistenz MARION SCHÜTT Text AYLA ALGAN/MERAY ÜLGEN

PREMIERE 7. 5. 1981

Gastpiel in Mannheim

Eine reine Freude auch für den Sprachunkundigen ist die neue Produktion der türkischen Gruppe an der Schaubühne, mit der zum erstenmal Kinder (ab 4 Jahren) angesprochen werden. Das Märchen von Keloğlan, dem Taugenichts, der davon träumt, daß ihm alles zufällt, hat realistischen Hintergrund und pädagogische Absicht. Mit märchenhaften Bildern, vielen witzigen Einfällen, hübschen Zaubereien, die als leicht durchschaubare Bühnentricks präsentiert werden, erfährt nicht nur der pfiffige Junge im Stück, daß man für sein Glück etwas tun muß.

Ortrut Egelkraut, Volksblatt Berlin

Serpil Simşek, Beatris Tuncay, Şener Şen, Ayla Algan, Engin Akçelik, Yekta Arman

»DAĞLAR ILE TAŞLAR ILE«
»MIT BERGEN MIT STEINEN«

Ayla Algan singt Yunus Emre, Pir Sultan Abdal

Nachdichtungen und Randtexte GISELA KRAFT

Gesang AYLA ALGAN Deutsche Sprecher EDITH CLEVER/ELKE PETRI Saz ALI ALTINMEŞE Yaylı Tambur MEHMET NURETTIN KALAYCIOĞLU Darbuka, Davul BÜLENT TEZCANLI Szenische Einrichtung FRED BERNDT Ton KLAUS NEUMANN-OSTERHELD

PREMIERE 9. 5. 1981

Gastspiele in Duisburg, Recklinghausen, Mülheim, Köln

Die überlieferten Dichtungen des orientalischen Mystikers, die die Gottes- und die Menschenliebe sinnend umkreisen, bilden den ersten Teil eines neuen türkisch-deutschen Kulturprojekts in der Schaubühne am Halleschen Ufer, in der das Fremde auf einmal nicht mehr fremd ist, weil es als Kunst die Grenzen überspringt. Es wird uns nahegebracht durch den Vortrag, im Klang alter Volksinstrumente, in der poetischen Übertragung (gelesen von einer sanften Edith Clever und einer kämpferischen Elke Petri) und durch die Begleittexte, die Gisela Kraft, am ehrwürdigen Buchpult hokkend, vorliest. »Mit Bergen, mit Steinen« heißt die wundersame Präsentation, der die Zuhörer, Türken und Deutsche, mit der gleichen ergriffenen Freude zuhören, geeint durch den Zauber der poetischen Botschaften, hörig einer Zauberin die Ayla Algan heißt.

M. C. K., Berliner Morgenpost

Edith Clever, Bülent Tezcanli, Ali Altinmeşe, Ayla Algan, Mehmet Nurettin Kalaycioğlu, Ayla Algan, Elke Petri

Franz Xaver Kroetz

NICHT FISCH NICHT FLEISCH

Helga CHRISTIANE PETERSEN Emmi TINA ENGEL Hermann MICHAEL KÖNIG Edgar PETER SIMONISCHEK

Regie PETER STEIN Bühnenbild KARL-ERNST HERRMANN Kostümbild MOIDELE BICKEL Regieassistenz RÜDIGER LIST Bühnenbildassistenz BERND DAMOVSKY Kostümbildassistenz ANGELIKA HUHN/ANDREA SCHMIDT-FUTTERER Inspizienz GÜNTER MAYER Souffleuse LINA SCHNEIDER Beleuchtung WOLF-RÜDIGER WILD Ton KLAUS NEUMANN-OSTERHELD Requisite CHRISTOPH KETTENRING Maske URTE KUSSEROW Technische Leitung VOLKER BUTZMANN

PREMIERE 3. 6. 1981

Gastspiel in Stockholm

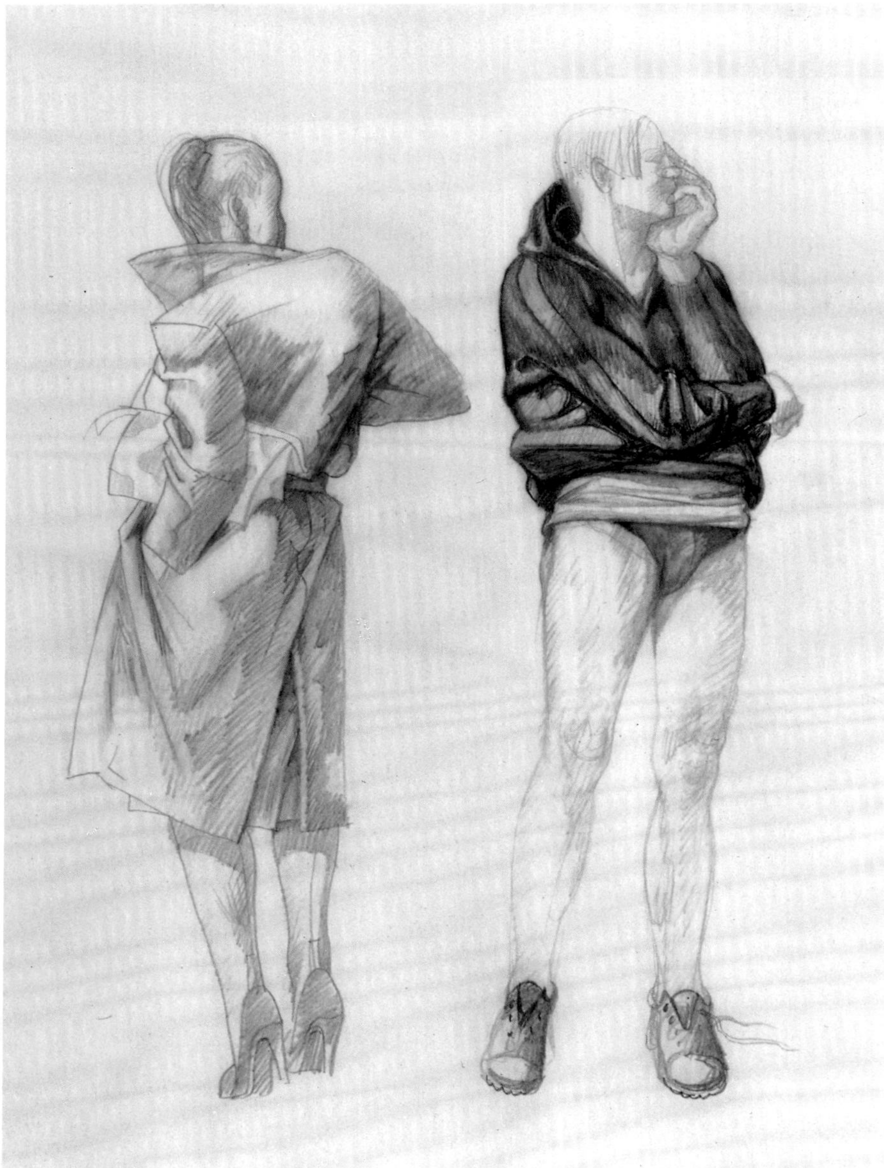

oben Peter Simonischek, Michael König unten Michael König, Peter Simonischek

Peter Stein setzt alles daran, wenigstens noch der Psychen habhaft zu werden und die seelischen Situationen dingfest zu machen. Indessen verplätschern die Dialoge, die er resolut beim Wort nimmt, nun erst recht in einer seelenlosen Redseligkeit. Gewiß, die alten Tricks von Stückeschreibern funktionieren auch bei dieser Aufführung, die kurzen Sequenzen, bei denen zwei Menschen mit ein paar Sätzen hin und her als die Ungeheuer-Brut unserer brutalen Zeit denunziert werden. Aber die Repetition der Pseudoerkenntnis, daß der Mensch als des Menschen Wolf so tierisch wie kein anderes Tier sei, hilft dem Abend nicht weiter und schon gar nicht vorwärts.

Wenn zum Schluß auf Steins Bühne eine hell erleuchtete Zwergenküche aus den Kulissen hervorrollt und sich die vier Menschen darin wie in einem Käfig, einem Aquarium oder Vogelbauer, verstört ducken und zusammenkauern, hat nichts anderes stattgefunden als der Beweis, daß der Regisseur seinen eigenen Tiefsinn zwar in das Stück hineingeheimnissen, aber nicht mehr daraus hervorzaubern konnte. So endet die Partie zwischen ihm und dem Dramatiker mit einer höchst unbefriedigenden wechselseitigen Überfremdung – nicht Kroetz und nicht Stein, nicht Fisch und nicht Fleisch.

Sibylle Wirsing, Frankfurter Allgemeine Zeitung

Steins Inszenierung ist in ihrem ersten Teil ziemlich trocken, breit, die Dunkelheit lähmt die Aufmerksamkeit, man bringt für die Kümmernisse dieser so redselig gewordenen Kroetz-Figuren nur ein allenfalls gebremstes Interesse auf. Wirklich spannend ist eigentlich nur die alptraumhafte Schlußsequenz, als hätte Stein an diesem Stück gerade das gereizt, was dieser Autor sich bei anderen entliehen hat, beim späten Bond etwa. Zudem bringt Steins Ge-

Tina Engel, Michael König, Charlotte Schwab, Peter Simonischek

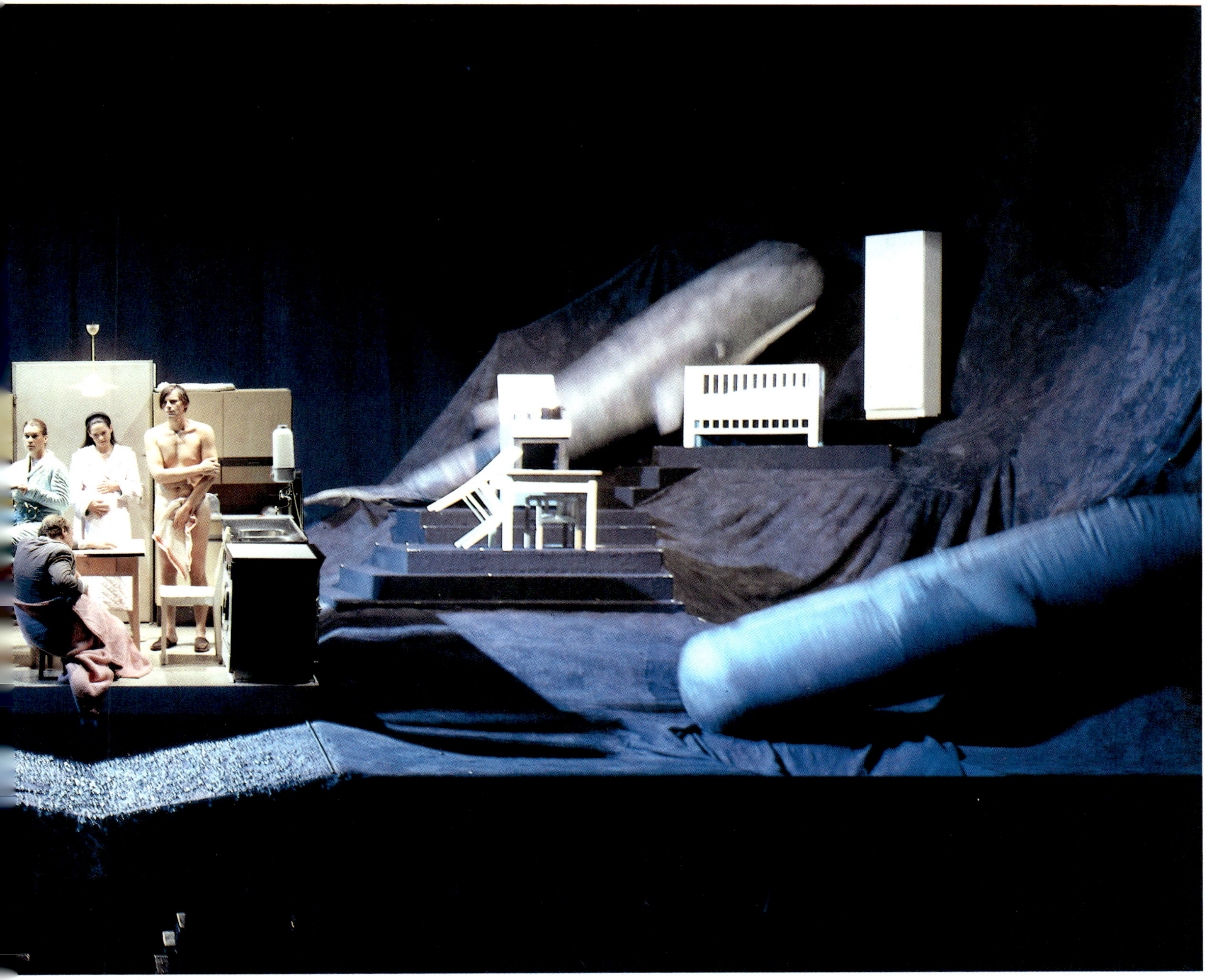

wichtung der Rollen, seine Akzentuierung der »Stationen« ein Resultat hervor, das einigermaßen überraschend ist: Kroetz erscheint darin als ein Autor, der einer verschwärmt-konservativen Aussteiger-Mentalität Recht gibt gegenüber einer gewerkschaftlichen Interessenvertretung, die (angesichts der Situation in der Wirklichkeit und selbst in ihrer technokratischen Beschränktheit) weiterführt als die sentimentale Klage um verlorene Werte und das Preislied auf den einsamen Wolf, der sich selbst genug ist.

Das fast stumme Schlußbild schließlich, in dem die beiden gescheiterten »Helden« zurückkriechen in die Nestwärme, gerät so nicht zum Signal dafür, wie schwierig Probleme sein können, sondern zur Evokation einer heilen Welt, der Bankrott der Aufklärung wird verklärt wie nur je in einer Illustrierten-Schnulze. Womöglich ist Stein dem »neuen Kroetz« damit wirklich auf die Spur gekommen – aber wenn der so ist, warum muß man ihn dann spielen, statt ihn der Jungen Union zu überlassen? War am Ende Peter Stein darauf aus, die Geschichte der Schaubühne zu dementieren, probehalber, nebenbei, nur so? Wollte er zeigen, daß er auch ein im Kern (aus Hilflosigkeit, aus Anpassung?) »reaktionäres« Stück inszenieren kann – an dieser Schaubühne?

Roland H. Wiegenstein, Frankfurter Rundschau

Kroetz predigt nicht mehr. Er stellt dar, eine kleine Menschengruppe, eigentlich eine glückliche, in neuer Konstellation, Not und Ratlosigkeit. Kroetz, früher eher schreibend auf lehrhafte Weise wie Brecht – jetzt zeigt er uns Menschen, fast so wie Gerhart Hauptmann sie zeigt. Kein Patentrezept mehr. Kroetz ist freier. Das Dilemma seiner Menschen ist echter, ist glaubwürdiger geworden.

Peter Stein hat das in seiner schauspielerisch hochbesetzten Aufführung wunderbar inszeniert und verdeutlicht. Man lacht oft. Man spürt glücklich Männerfreundschaft. Man versteht die eigentlich unartikulierten Menschen genau. Christiane Petersen, Tina Engel, Michael König und vor allem der grandiose Peter Simonischek treffen den Ton eines intelligent gehobenen Proletariats genau. Karl-Ernst Herrmann hat eine optisch eindringliche Bühne gebaut.

Aber Peter Stein, scheint es, will dem Ende dieses Stückes nicht ganz trauen. Er zieht es inszenatorisch hoch. Er durchwirkt es mit kroetzfremder Theaterphantastik. Stein fährt fast, will es scheinen, dem Autor, der zu schnellen Lösungen nicht bereit ist, kritisch etwas über den Mund. So trübselig und kalt arrangiert Stein die offene Schlußszene in der traurigen Küche.

Aber der Griff in eine realistisch fatale Gegenwart – und eine Fragestellung, eine vital schreckliche, sind gelungen. Ein erstaunliches Stück. Ein hochinteressanter Theaterabend. Die Arbeitswelt ist endlich wieder auf der Szene.

Friedrich Luft, Berliner Morgenpost

Tina Engel, Michael König, Christiane Petersen, Peter Simonischek

Başar Sabuncu

IŞGAL / BESETZT

Die wunderbaren Abenteuer des »Glücklichen Arbeiters Memet Ali«

Memet Ali (Bauarbeiter) ŞENER ŞEN Recep (Bauarbeiter) TAYFUN BADEMSOY Ömer (Bauarbeiter) SUAVI EREN Osman (Bauarbeiter) BÜLENT TEZCANLI Kalfa (Polier) FETHI BOLER Hatçe (Memet Alis Frau) SERPIL ŞIMŞEK Esen (Fotomodell u. Maskenbildnerin) SERPIL ŞIMŞEK Hamit (Aufsichtsrat der Bank) MERAY ÜLGEN Kürkçü (Pelzhändler) KAYA GÜREL Erhan (Bankangestellter) YALÇIN GÜZELCE Şükriye (Beamtenfrau) BEATRIS TUNCAY Frau am Balkon BEATRIS TUNCAY Alber (Chef der Werbeagentur) KERIM AFŞAR Haluk (Texter der Werbeagentur) YEKTA ARMAN Fotograf KAYA GÜREL 1. Feuerwehrmann HAYDAR ÖZKAN 2. Feuerwehrmann YALÇIN GÜZELCE Feuerwehrhauptmann KAYA GÜREL Bauunternehmer KAYA GÜREL Rebii (Chefredakteur) ENGIN AKÇELIK Handan (Journalistin) AYLA ALGAN Fernsehreporterin BEATRIS TUNCAY Fotoassistent HAYDAR ÖZKAN Beyefendi (Passant) KAYA GÜREL Zeitungsjunge HAYDAR ÖZKAN

Regie BAŞAR SABUNCU Regie-Assistenz STEFAN SCHERSCH Bühnenbild BERND DAMOVSKY Bühnenbild-Assistenz MARION SCHÜTT Kostüme BRIGITTE ABEL/ISOLDE HAHN Inspizienz GÜNTER MAYER/MANFRED FENZL Ton KLAUS NEUMANN-OSTERHELD/JOACHIM SCHMIDT Beleuchtung UWE DANTZ Maske URTE KUSSEROW Requisite GEORG HEROLD/GERD WERNER Gewandmeister ELKE DRAEGER/ERNST SCHNITZLER Technische Leitung VOLKER BUTZMANN Bühnenmeister MARTIN SEEGER Malersaal WALTER HEIDENREICH

PREMIERE 6. 6. 1981 im Hof des Hebbel-Theaters

Nicht erst mit seinem grotesken, deutlichen Schluß ist das Stück, das den Abstand zwischen den Bedürfnissen der Mehrheit und den Konsumangeboten einer Minderheit immer wieder aufzeigt und kritisch durchmißt und – unter der sorgfältigen Regie des Autors – von einem großen Ensemble sehr direkt, prall und behende gespielt wird, in Kreuzberg angekommen – im doppelten Wortsinn.

Andreas Rossmann, Stuttgarter Zeitung

Şener Şen, Meray Ülgen, Kerim Afşar, Engin Akçelik, Ayla Algan, Tayfun Bademsoy, Yalçin Güzelçe, Basar Sabuncu, Bülent Tezcanli, Suavi Eren

Dritter Teil

SCHAUBÜHNE AM LEHNINER PLATZ
1981–1987

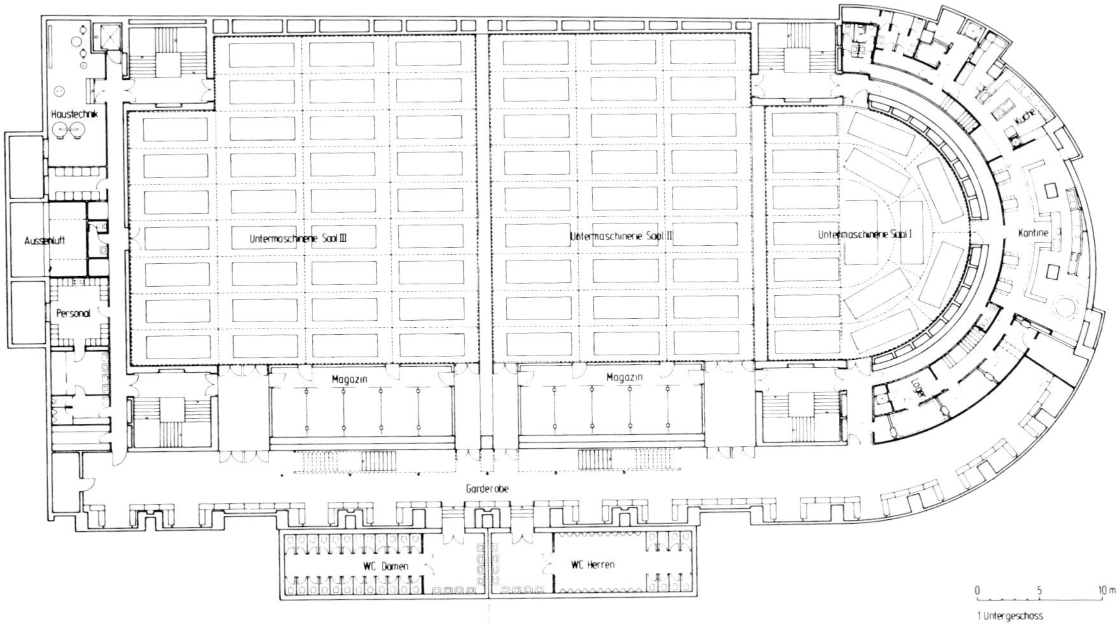

Grundriß 1. Untergeschoß

Lageplan des gesamten Bauvorhabens

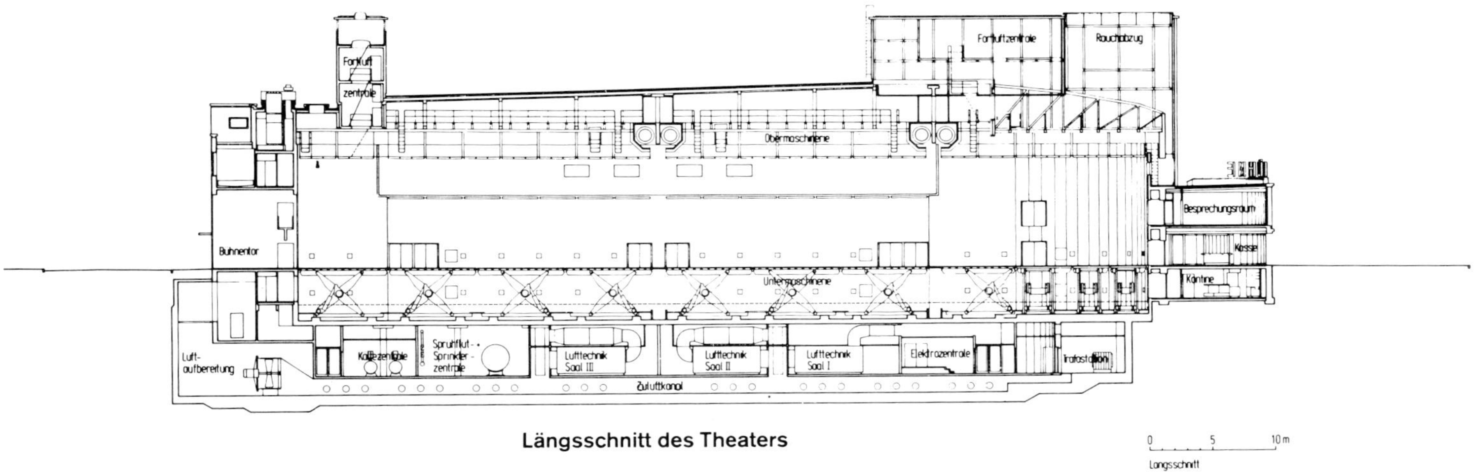

Längsschnitt des Theaters

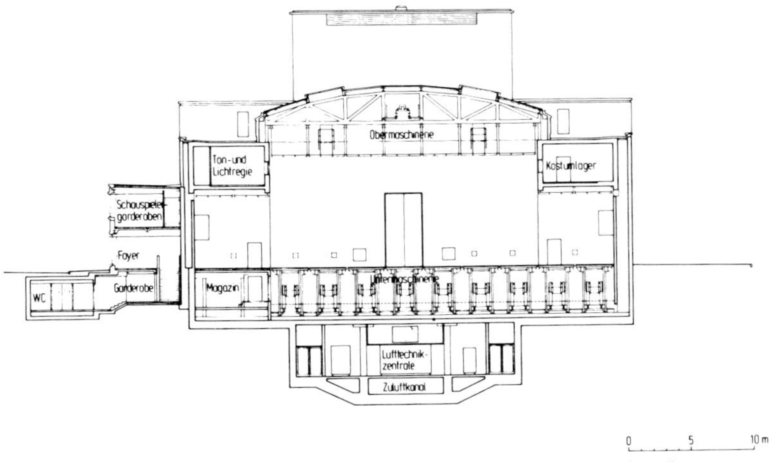

Querschnitt durch das Theater

Die Schaubühne hatte ihren Stil gefunden und glorreich etabliert. Die politisch engagierten Intentionen des stürmischen Anfangs drängten zurück. Der Stil Peter Steins war und ist sichtbar keine Fortführung des politischen Theaters im Sinne Erwin Piscators. Stein ist eher der legitime Nachfahre des jungen Max Reinhardt. Theater wird bildlich faßbar. Theater gewinnt träumerisch-intelligente Qualitäten. So präzis, so sauber, so phantasie- und erfindungsreich war seit Reinhardts Anfängen in unserer Sprache nicht mehr gespielt worden.

Der Ruhm der Truppe wuchs fast beängstigend. Mit ihr durfte Klaus-Michael Grüber, der Mystiker der neudeutschen Regie, seine gewaltigen, oft wuchernden Inventionen wagen. Der Text, den er spielte, schwand unter seinen wilden, krassen, schönen Erfindungen oft ganz weg. Er ließ in Messehallen, in verfallenen Hotelruinen spielen, im weiten Olympiastadion in kalter Nacht sogar eine Hölderlin-Collage *(Winterreise)*. Es schien oft Wahnsinn zu sein, hatte aber Methode.

Stein ließ ebenfalls an ungebundenen Außenstellen Theater machen und verließ den murksigen Spielsaal am Halleschen Ufer. *Shakespeares Memory* fand an zwei erschöpfenden Abenden in einem leerstehenden Filmstudio an der Havel in Spandau statt. Das war eine fast über die Kräfte gehende Anstrengung, für den Zuschauer eine Bildungswanderung durch Shakespeares Leben, seinen Geist, den Geist seines Zeitalters und seinen Dichterkosmos. Vergleichbares hatte es zuvor nicht gegeben.

Gorkis *Sommergäste* war bisher die gelungenste Inkarnation dieses Theaters. Da war man am Kreuzberg wieder zu Hause. Gorkis müde, mitleidsvolle, absterbende Welt wurde nie so greifbar, so schweifend, so genau dargestellt wie da. Der Ruhm der Truppe wuchs.

Die Schaubühne geriet in ihre zweite Phase: sie wurde zur Institution. Sie erhält hohe Subventionen. Die Aufrührer und Neuerer sind so etwas wie ein Werbeschlager für Berlin geworden. Für sie ist uns plötzlich nichts zu teuer.

Die Truppe profitiert davon – und leidet unter der allgemeinen Akklamation. Viele ihrer besten Kräfte haben sich von der Schaubühne getrennt. Viele, die sie einst in höchste Himmel hoben, beginnen an ihrer Reputation zu sägen. Zehn Jahre Erfolg nimmt man übel.

Die Berliner Schickeria beginnt nachgerade zu maulen. Sicher, die tapfere Schaubühnen-Compagnie ist in der Krise. Sie hat Mißerfolge gehabt, wenn sie neue, junge Regisseure ausprobierte. Sie mußte sich im Faktischen einrichten. Es gibt schon Stimmen, die ihre Auflösung anraten: der alte Dampf sei doch ohnehin schon raus.

Nichts törichter als das. Dieses Theater ist von allen, die wir in Deutschland kennen, wenn nicht in Europa, noch immer das verwandlungsreichste und phantasievollste. Seine Kräfte sind noch lange nicht ausgeschöpft. Die Epoche der ersten Verblüffung und Verzückung ist vorbei. Die Jünglinge der Schaubühne gehen jetzt in ihr Mannesalter. Talent (und zum Teil fraglos auch Genie) ist genug da. Es geht weiter.

Friedrich Luft, Vogue 1979

Das politische Spektakel, das man in Berlin schon gekommen glaubte, als der Regisseur Peter Stein und seine Schauspieler 1970 in die Schaubühne am Halleschen Ufer einzogen, hat erst später unter dem Schauspieldirektor Claus Peymann in Stuttgart stattgefunden. Peymann verlieh seinem Theater nicht nur äußerlich einen revolutionärrepublikanischen Anstrich. Hier stand kämpferischer Witz dafür ein, daß es für Zeitgenossen vom Schlage des Ministerpräsidenten Filbinger nichts zu lachen gab. Peter Stein, den die Berliner Regierung mit allen Mitteln an die Stadt zu binden versucht, hat vom politischen Aktualitäten-Theater frühzeitig Abstand genommen. Auf seiner Bühne wird die Szene eher zum Mysterium als kahl zum Tribunal. Schließlich haben sich auch die Berliner Kulturpolitiker ihre Staatlichen Schauspielbühnen nicht unter Peymanns Leitung vorstellen wollen. Mit einem Theater, das seine kritischen Impulse derart sublimiert wie die Schaubühne am Halleschen Ufer, läßt sich hingegen leben.

Der Name der erfolgreichen Truppe, der sich mit demjenigen der bescheidenen Kreuzberger Unterkunft verbunden hat, wird demnächst ein Anachronismus sein. Bereits 1975 teilte Peter Stein mit, daß die Schaubühne von dem Experiment, als das sie angefangen hatte, zur Institution fortschreiten müsse, aber in eine neue Phase nur angemessen etabliert oder überhaupt nicht eintreten könne. Das war ein Ultimatum. Nun soll das Achtzig-Millionen-Theater, das am oberen Kurfürstendamm auf Senatskosten für die Schaubühne gebaut wird und dem Ensemble einen staatstheatralischen Rang beimißt, die Kontinuität gewährleisten.

Während der Übergangszeit, die man am alten Ort nahe dem Gleisdreieck mit reduzierten Kräften gerade noch aushält, hallen die Flüsterstimmen laut wider. Aber die Prognosen, die das aufwendige Zukunftshaus noch vor seiner Vollendung unter die Fehlinvestitionen der Berliner Bautätigkeit einreihen möchten, besagen über die Chancen einer nächsten Schaubühnen-Ära womöglich weniger als über die zurückliegende Epoche. Die großen Inszenierungen dieses Theaters sind von Mal zu Mal von der kritischen Befürchtung begleitet worden, daß darüber kein Schritt mehr hinausführen könne, jedenfalls kein Fortschritt. Das »Antikenprojekt« und das Projekt Shakespeare, die »Sommergäste« nach Gorki, die »Winterreise« nach Hölderlins »Hyperion« und schließlich die Aufführung der Gesellschaftsstücke von Botho Strauß wären demnach ebensogut eine Grat- und Gipfelwanderung wie eine Abfolge von Endstationen gewesen.

Das Experiment Schaubühne entwickelte in dem Jahrzehnt, in dem rundum an den Theatern alle Mittel recht waren, um die klassischen Maßstäbe der Kritik durch experimentelle Sensationen außer Kraft zu setzen, eine neue Hochschätzung des Originals. Während die allgemeine Bemühung darauf abzielte, die Dramatik in eine schockierende Fremdheit zu treiben und mit den Konventionen die historischen Zusammenhänge zu zerschlagen, fragte die Schaubühne nach den originalen Situationen.

Das Lehrstück, das die Schaubühne durch die Jahre hindurch inszeniert hat, handelt von einer hochempfindlichen Gesellschaft, die, mit unseren modernen Problemen gut vertraut, keine andere war als Peter Steins Team selber. Die Truppe, die mit politischem Elan und avantgardistischem Ehrgeiz angetreten war, hat mit immer aufwendigeren Beispielen dargestellt, daß die Selbstverwirklichung die wahre Kunst ist.

Sybille Wirsing, Frankfurter Allgemeine Zeitung 1980

Pierre Carlet Chamblain de Marivaux

DER STREIT

Deutsch von Peter Stein und Stephen Tree

Hermiane JUTTA LAMPE   Prinz GERD WAMELING   Mesrou MICHAEL MAASSEN   Carise TINA ENGEL   Eglé SUSANNE MEIERHOFER   Azor GREGER HANSEN   Adine UTA MÜLLER-FRANK   Mesrin STEFAN RECK   Meslis ERNST STÖTZNER   Dina ISABELLA MAMATIS

Regie PETER STEIN   Assistenz STEPHEN TREE   Inspizienz HANS KUSNIK   Souffleuse IRINA BAHR/ISOLDE FRIEDL   Beleuchtung UWE DANTZ   Ton KLAUS NEUMAN-OSTERHELD   Requisite KLAUS ARNDT/URSULA KNISPEL   Maske URTE KUSSEROW   Technische Leitung VOLKER BUTZMANN   Technische Assistenz FRIEDER MÜLLER   Technische Ausführung HELMUT POSPICH

Fernsehaufzeichnung für den SWF

DIE AUFRICHTIGEN

Deutsch von Felix Prader

Marquise JUTTA LAMPE   Dorante MICHAEL MAASSEN   Araminte ELKE PETRI   Ergaste PETER SIMONISCHEK   Lisette TINA ENGEL   Frontin GERD WAMELING

Regie FELIX PRADER   Assistenz ANNETTE ROSENFELD   Dramaturgie DIETER STURM   Bühnenbild MANFRED DITTRICH   Assistenz MARC DEGGELLER   Kostüme ILSE TRÄBING   Assistenz ANGELIKA HUHN

PREMIERE 3.11.1981

So erklärt Stein das Stück, in jedem Moment intelligent und einsehbar; es ist ein Inszenieren in Lektionen und Exempeln: die analytische Aufführung einer analytischen Komödie, eine Veranstaltung von preußischer Anmut, weit weg vom animalischen Zauber und Schrecken, den Chéreau in Marivaux entdeckte (oder dem Marivaux aufzwang).

Ein großer, strenger Gegenentwurf aber ist Steins Inszenierung nicht geworden. Zu lieb und blaß und unerheblich sind seine jungen Schauspieler geblieben, etwas Lustspielhaftes, Singspielhaftes, Kokettes geriet in viele Szenen – so, als führte man »Cosi fan tutte«, auf, nur eben leider ohne Mozarts Musik.

Eine Entdeckung ist schon Steins Marivaux nicht, Praders Marivaux ist eine Beerdigung: eine Inszenierung, die ihre Figuren abgeschrieben und begraben hat, bevor sie mit ihnen das Stück beginnt.

Benjamin Henrichs, Die Zeit

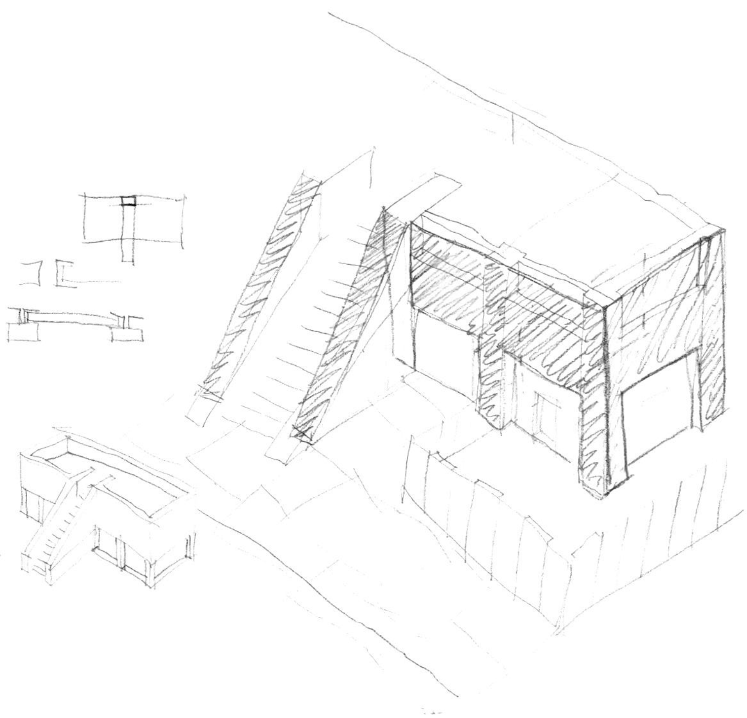

Greger Hansen, Michael Maassen, Susanne Meierhofer, Tina Engel, Jutta Lampe, Gerd Wameling

oben Michael Maassen, Stefan Reck, Tina Engel, Susanne Meierhofer, Jutta Lampe, Gerd Wameling unten Jutta Lampe, Gerd Wameling, Schloß Charlottenburg

oben Greger Hansen, Susanne Meierhofer unten links Tina Engel, Uta Müller-Frank unten rechts Stefan Reck, Greger Hansen

Gerd Wameling, Jutta Lampe

Tina Engel, Jutta Lampe

oben links Jutta Lampe, Peter Simonischek oben rechts Gerd Wameling, Tina Engel unten links Jutta Lampe, Michael Maassen unten rechts Jutta Lampe, Elke Petri

Bruce Myers nach An-ski

DER DIBBUK

Deutsch von Urs Bihler, Miriam Goldschmidt und Hans Jürg Kupper

Mit URS BIHLER und MIRIAM GOLDSCHMIDT

Regie MIRIAM GOLDSCHMIDT Mitarbeit VÉRONIQUE SCHOLER Gesangs- und Sprechtechnik MIRKA DZAKIS Inspizienz MANFRED FENZL Requisite URSULA KNISPEL Beleuchtung WOLFGANG GOEBBEL Technische Leitung VOLKER BUTZMANN Technische Assistenz HELMUT SCHOLZ

PREMIERE 24. 11. 1981

Gastspiele in Bonn, Wien, Lüneburg, Basel, Zürich, München, Bochum, Parma, Jerusalem, Freiburg, Kassel, Frankfurt, Hamburg, Konstanz, Salzburg

Peinlicher ist nie eine Vorstellung gewesen an diesem Theater.

Roland H. Wiegenstein, Frankfurter Rundschau

Miriam Goldschmidt spielt den »Dibbuk« – sie weiß, was sie tut. Daß sie gegen Ende mit ihren wilden Schreckensgrimassen und Schmerzensgebärden manchmal aussieht wie Frankenstein, der den Laokoon spielt, ändert nichts daran: ein großer Augenblick für das Theater.

Benjamin Henrichs, Die Zeit

Miriam Goldschmidt, Urs Bihler

Meray Ülgen
SCHLAU – ESEL

Holzfäller MERAY ÜLGEN Esel ENGIN AKÇELIK 1. Erzähler, Yoghurtverkäufer SUAVI EREN 2. Erzähler, Eisverkäufer YEKTA ARMAN 3. Erzähler, Gemüsefrau SERPIL ŞIMŞEK 4. Erzähler, Blumenfrau BEATRIS TUNCAY Musiker BÜLENT TEZCANLI

Regie MERAY ÜLGEN Bühne BERND DAMOVSKY Kostüme MOIDELE BICKEL Kostümassistenz GABRIELE MENZEFRICKE

PREMIERE 8. 12. 1981

Gastspiele in Duisburg, Recklinghausen, Mülheim, Köln, Remscheid, Wesel

Die Türken, unter der Anleitung von Meray Ülgen, führen die hübsche Eselei mit der Moral vom Mißbrauch der Macht ohne jedes Bühnenbild, mit wenig Requisiten, aber vielen wunderbaren Einfällen vor, und die Schaubühnen-Stütze Moidele Bickel hat sie allesamt in hinreißende Märchenkostüme gesteckt – eine gelungene Mischung von folkloristischen Einschlägen und reicher Phantasie, wie Kinder sie beim Märchenlesen entwickeln.

Inge Bongers, Volksblatt Berlin

Suavi Eren, Yekta Arman, Serpil Şimşele, Beatris Tuncay, Bülent Tezcanli, Meray Ülgen

Ingeborg Bachmann
TEXTE

Sprecher CHRISTINE OESTERLEIN GERD WAMELING Elektroakustik CHRISTIAN VENGHAUS Orgel RENATE WIRTH

PREMIERE 10. 12. 1981

Gastspiel in Stuttgart

Ein elektronisch gesteuertes Requiem für die 1973 gestorbene, im Bad verbrannte Klagenfurter Dichterin, deren Nachruhm in der Stille wächst. Aus dem in vier Bänden gesammelten Werk (»unter Verwendung von Musik aus ›Tristan‹ von Hans Werner Henze«) ist eine Inszenierung entstanden, die eigentlich ein Hörspiel ist. Akustische Effekte wie Echo, allmähliche Tonausblendung, Wiederholungsraster und die ständige Überschneidung von Band- und lebendigen Stimmen scheinen wie aus den Bachmann-Hörspiel-Jahren heraufgeholt.

Der gute Sprecher Wameling gerät aus dem Abstand des Anfangs mehr und mehr in enthusiastische Beteiligung; Christine Oesterlein wird immer leiser. Sie lebt unerwartet auf, befreit sich, als sie mit dem monologischen Prosatext »Undine geht« in die Rolle hineinwachsen darf, die sich die Autorin als ein poetisches Psychogramm der eigenen mittelmeerischen Nixennatur geschrieben hat. Jetzt bewegt sich die Sprecherin in der Auseinandersetzung mit den Männern (»Ihr Menschen, ihr Ungeheuer«) rings um die Zuschauerreihen aufwärts und gegenüber langsam wieder abwärts, hält inne und redet diese im Halbdunkel sich ihr zuwendenden Hörer an – plötzlich ist da Theater.

Hedwig Rohde, Der Tagesspiegel

Gerd Wameling, Renate Wirth, Christian Venghaus, Christine Oesterlein

Ernst Barlach

DER BLAUE BOLL

Drama

Gutsbesitzer Boll WOLF REDL Seine Frau NIKOLA WEISSE Grete Grüntal MARTINA KRAUEL Ihr Mann GUNTER BERGER Otto Prunkhorst WERNER REHM Schuster Holtfreter WILLEM MENNE Uhrmacher Virgin VOLKER MOSEBACH Bürgermeister NIKOL VOIGTLÄNDER Elias MATHIAS GNÄDINGER Seine Frau Doris CHRISTINE OESTERLEIN Ein Herr JOCHEN TOVOTE Frau Unk ELKE PETRI Gäste HANS MADIN/RUDOLF CLASEN/GERHARD STRAUS-JOACHIMSTHAL Kutscher Saugwurm HERBERT SCHWARZ Wehdig VOLKER MOSEBACH Pipelow GÜNTHER WERNER Bürger RUDOLF HONNETTE/HANS KRAUSE/ERWIN KRÜLL/RUDOLF-FRIEDRICH PINZ/KARL-HEINZ ZUBEIL

Inszenierung FRANK-PATRICK STECKEL Bühnenbild SUSANNE RASCHIG Kostüme und Plastik CLARISSA S. BRUHN Musik FRITZ WEISSE Bandonionsolist KARL ORIWOHL Dramaturgie WOLFGANG WIENS Regieassistenz LUKAS HEMMLEB Bühnenbildassistenz BERND DAMOVSKY Kostümbildassistenz ANDREA SCHMIDT-FUTTERER Dramaturgische Mitarbeit VICTOR FARIAS Gesangs- und Sprechtechnik MIRKA DZAKIS Tanz MICHEL BENJAMIN Inspizienz MANFRED FENZL Souffleuse SYLVIA MÜLLER Beleuchtung WOLFGANG GOEBBEL Ton KLAUS NEUMANN-OSTERHELD Requisite CHRISTOPH KETTENRING Maske URTE KUSSEORW Technische Leitung VOLKER BUTZMANN Technische Assistenz MARTIN SEEGER

PREMIERE 21.12.1981

Es gibt Schwachstellen im Spiel, aber die Dichte des Ganzen greift mühelos darüber hinweg. Es gibt aber auch etwas ganz Besonderes: die Grete Grüntal – in Vornotizen Barlachs: »Proletin«, »Hexe von Parum«, in der »Götterblut kreist« – der jungen Martina Krauel. Sie bietet die größte Schauspieler-Leistung, die ich seit Jahren sah. Sie gibt sich psychisch und physisch ganz aus und bleibt doch ökonomisch, beherrscht, im Aufbau der Szene.

Sie läßt die Hölle erleben, jede Hölle, die Feueröfen, Gaskammern, in die Kinder geworfen werden. Ich glaube nicht, daß ich das vergessen werde in der nächsten Zeit.

Claus-Henning Bachmann, Basler Zeitung

Die Figuren, wie sie aus sich herauswollen, geraten immer wieder in ein spitzweghaftes Milieu hinein. Die Provinz bricht nicht auf – nicht himmelssüchtig nach oben, nicht höllenwütig nach unten –, sondern bleibt mit ihren Anwandlungen von Spleen und Wahn brav auf den Bürgersteigen ohne doppelten Boden. Ein biedermeierliches Genre hat sich gleich anfangs breitgemacht. Sein Techtelmechtel mit der guten Laune des Publikums, dem Regie-Humor, den Charakter-Chargen und dem Einmaleins der Typen ist allzu gemütlich, als daß der Aufschwung noch groß gelingen könnte. Da man sich auf Steckels Bühne sofort zu Hause fühlen darf, eingebettet ins pittoreske Städtchen, in die Nestwärme und in den mecklenburgischen Tonfall, rafft man sich später, wenn die Schauspieler mit den Ekstasen loslegen, kaum noch zu einem Befremden auf.

Mit Ausbrüchen in die gewaltsame Schauspielerei ist der Aufführung nicht zu helfen gewesen. Die Inbrunst stammt aus der großen Mimenkiste, die Steckel weit aufreißt, während das Stück selber wie zugenagelt ist. Denn Frank-Patrick Steckels Inszenierung, fände sie nicht an so einem exponierten Theater statt, würde irgendwo sonst sicher nicht auffallen. Sie gehört dorthin, wo der Regisseur sie angesiedelt hat – in die barlachlose, flache Provinz.

Sybille Wirsing, Frankfurter Allgemeine Zeitung

oben Gunter Berger, Nikol Voigtländer, Wolf Redl, Nikola Weiße unten Bühnenbild

Martina Krauel, Wolf Redl, Nikola Weiße

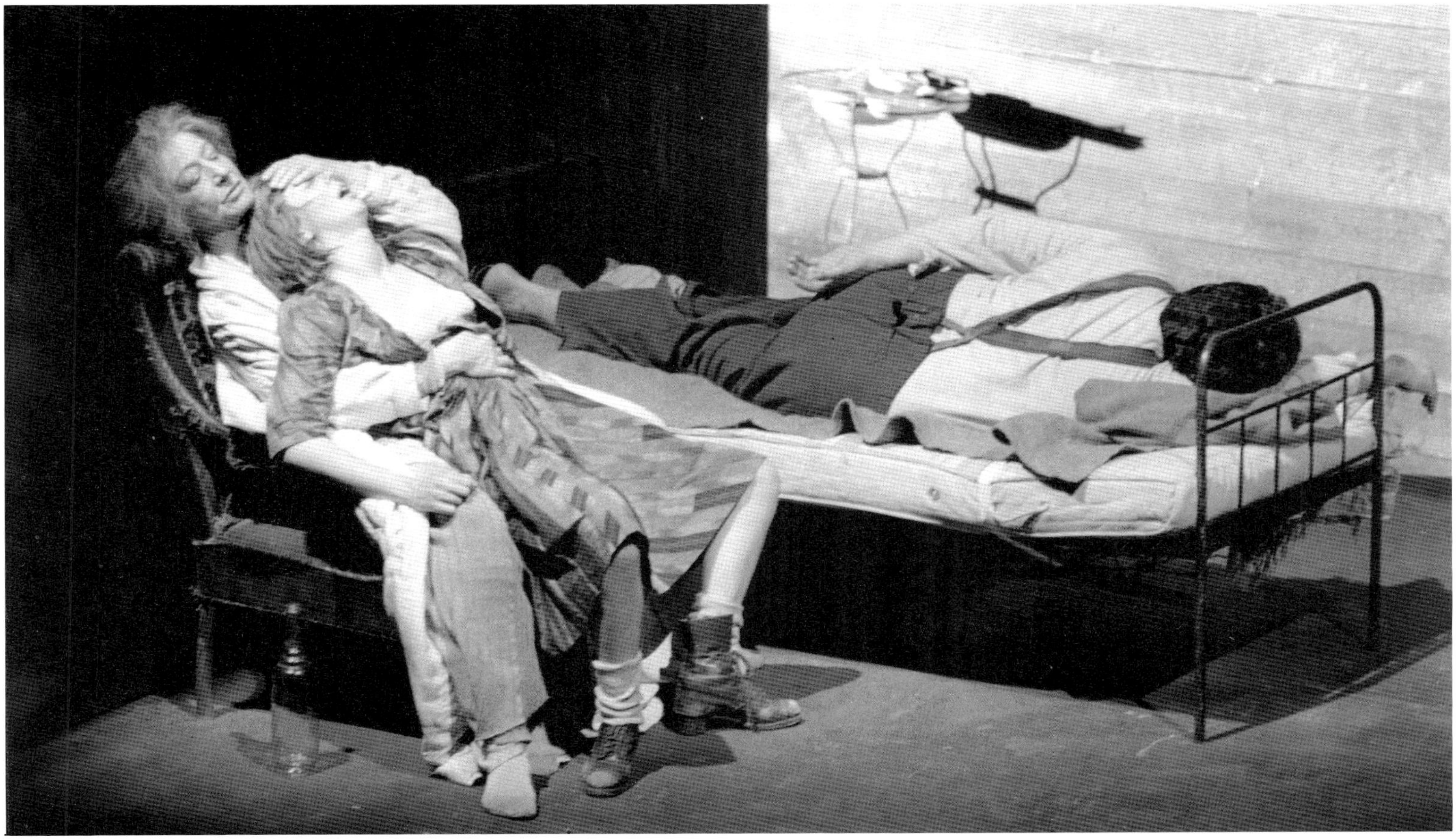

oben Christine Oesterlein, Martina Krauel, Mathias Gnädinger unten Nikola Weiße, Werner Rehm, Wolf Redl, Jochen Tovote, Günther Werner, Herbert Schwarz

Samuel Beckett

OHIO IMPROMPTU

Deutsch von Erika und Elmar Tophoven

PETER FITZ OTTO SANDER

Eingerichtet von CHRISTIAN BERTRAM

PREMIERE 8. 2. 1982, Deutsche Erstaufführung

Gastspiele in Bonn, Hof, Wien, Amsterdam

Die Ewigkeit gähnt uns an. »Ohio Impromptu« wird auch in hundert oder hundert mal hundert Jahren noch dort zu finden sein, wo es Beckett hingesetzt hat. In seinem unverrückbaren Zustand. Denn das einzige Instrument, dessen sich das Beckett-Stück bedient, ist der Schauspieler-Sklave, also der Mensch in seiner möglichst perfekten Unterwürfigkeit. Wie soll sich an ihm zwischen heute und dermaleinst etwas ändern? Die Erschütterung, die Otto Sander und Peter Fitz bei der deutschen Erstaufführung von »Ohio Impromptu« an der Berliner Schaubühne hervorrufen, betrifft diese Frage. Es ist an diesem Beckett-Abend wohl am ehesten geboten, den Atem anzuhalten. Wäre es nur konzentriertes Virtuosentum, was man hier sieht, so könnte man es sich noch allenfalls gemütlich machen. Aber die Virtuosen bewähren sich auf den Höhen ihrer Artistik als Seelendarsteller sondergleichen. Sie erreichen die Grenze, wo die Physis ganz und gar durchsichtig geworden ist und sich dem Zuschauer der Blick in die körperlosen Bereiche unserer Existenz auftut.

Sybille Wirsing, Frankfurter Allgemeine Zeitung

Otto Sander, Peter Fitz

Eduardo De Filippo

DIE KUNST DER KOMÖDIE

Deutsch von Richard Hey

Seine Exzellenz De Caro WERNER REHM   Giacomo Franci GERD WAMELING   Veronesi JEAN-PAUL RATHS/MICHAEL KÖNIG   Oreste Campese WOLF REDL   Quinto Bassetti PAUL BURIAN   Padre Salvati GUNTER BERGER   Lucia Petrella ELKE PETRI   Girolamo Pica HANS MADIN   Ein Gebirgler MATHIAS GNÄDINGER   Seine Frau CHRISTINE OESTERLEIN   Der Küster JOCHEN TOVOTE

Regie FRED BERNDT   Bühnenbild KARL-ERNST HERRMANN   Kostüme ANNETTE SCHAAD   Dramaturgie JÖRG GRONIUS   Regieassistenz ANNETTE ROSENFELD   Bühnenbildassistenz FRIEDERIKE ZU RANTZAU   Kostümbildassistenz DOROTHÉE UHRMACHER   Inspizienz MANFRED FENZL   Souffleuse ISOLDE FRIEDL   Beleuchtung UWE DANTZ   Ton KLAUS NEUMANN-OSTERHELD   Requisite URSULA KNISPEL   Maske URTE KUSSEROW   Technische Leitung VOLKER BUTZMANN   Technische Assistenz FRIEDER MÜLLER   Bühnenmalerei HANS REINDL/WALTER HEIDENREICH

PREMIERE 10.4.1982

Gastspiele in Hamburg, Leverkusen
Fernsehaufzeichnung für den NDR

Eduardo De Filippo hat in den sechziger Jahren »Die Kunst der Komödie« den italienischen Verhältnissen genau auf den Leib geschrieben, sie aber zugleich mit einer kecken Schraubenumdrehung auf eine Theaterebene katapultiert, auf der die Bretter nicht einfach den Boden der Wirklichkeit stellvertreten sollen. Der Trick, mit dem er die Bühne zwischen Sein und Schein anberaumt, stammt von Pirandello, dessen doppelbödiges Modellstück »Sechs Personen suchen einen Autor« auch pflichtschuldig zitiert wird, wenngleich mit einiger Frechheit. Selbstverständlich hat der gebildete Präfekt die Pirandello-Assoziation bei der Hand, um den drohenden Theatermenschen doch wenigstens als einen Plagiator zu entlarven. Der aber pariert den Tiefschlag hochgemut: »Nicht doch, Exzellenz. Wenn ich Ihnen meine Schauspieler herschicken sollte, dann werden nicht Personen auf der Suche nach einem Autor erscheinen, sondern Schauspieler auf der Suche nach einer Autorität.« Die Leute kommen tatsächlich. Es sind der Arzt und der Priester, der Apotheker und die Lehrerin, genauso, wie solche Berufsrepräsentanten im Buch stehen und sich auch im Rollen-Repertoire der Schauspieler befinden. Aber sie führen derart haarsträubende Leidens- und Lebensgeschichten mit sich, daß es beim besten Willen nicht möglich ist, zu entscheiden, wer hier wem spottet – das Theater dem Leben oder dieses dem Theater.

Mit den Leidenschaften, die allenthalben hervorbrechen, wird nicht gespaßt. Die Leute, die der Präfekt an diesem ersten Tag seiner Amtswaltung empfängt, sind unverkennbar allesamt schwere Fälle – Ernstfälle, kein Zweifel. Und dabei erübrigt sich dann die Frage, ob er durch die Realität oder ein realistisches Theater in die Nöte des Ortes eingewiesen worden ist. So nah können die Wirklichkeit und die Kunst der Komödie einander kommen.

Sibylle Wirsing, Frankfurter Allgemeine Zeitung

»Die Kunst der Komödie«, Vorhang

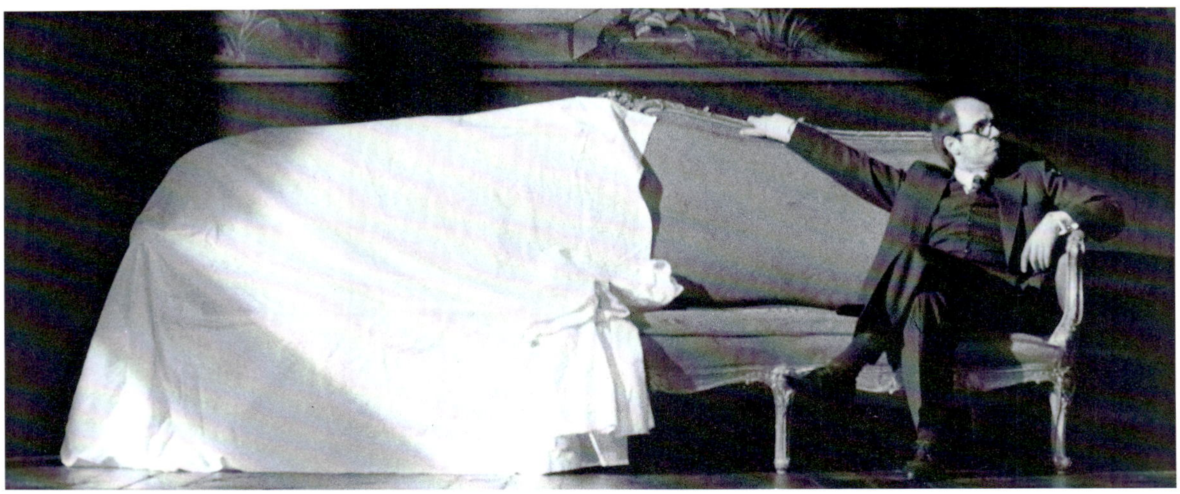

oben Wolf Redl, Werner Rehm unten Gerd Wameling

Gunter Berger, Werner Rehm

Wolf Redl

Güngör Dilmen

KURBAN / DAS OPFER

Zehra AYLA ALGAN Mahmut KERIM AFŞAR Mahmuts und Zehras Kinder: Murat ÖMER TÜRER Zeynep ÖZLEM AKÇELIK Gülsüm GÜL TETIKASAR Mirza, Gülsüms Bruder ENGIN AKÇELIK Dorfvorsteher MERAY ÜLGEN Halime DILEK TÜRKER Frauen aus dem Dorf Karacaören HÜRDEM GÜREL/SERPIL ŞIMŞEK/BEATRIS TUNCAY Männer aus dem Dorf von Mirza YEKTA ARMAN/SUAVI EREN Musiker SÜLEYMAN ALNITEMIZ/BÜLENT TEZCANLI

Regie BEKLAN ALGAN Regieassistenz SUAVI EREN Bühnenbild GEORG HEROLD Kostüme GISELA STORCH Kostümassistenz MARGARETA RINNER/DORIS KALBITZ Requisite KLAUS ARNDT Maske URTE KUSSEROW Beleuchtung WOLFGANG GÖBBEL Technische Leitung VOLKER BUTZMANN Technische Assistenz FRIEDER MÜLLER

PREMIERE 14. 5. 1982

Gastspiel in Stockholm

Im Mittelpunkt des Geschehens steht Zehra, Mutter zweier Kinder und sozusagen die Tragödin, deren Ehemann Mahmut die junge Gülsüm als Zweitfrau nehmen will. Der Handel mit dem zukünftigen Schwiegervater ist perfekt, nur Zehra ist nicht gewillt, die Erniedrigung hinzunehmen und Gülsüm nach der Hochzeit in ihr Haus einziehen zu lassen. Nach zahlreichen vorhergegangenen Versuchen, ihren Mann umzustimmen, schreitet sie am Ende in Anlehnung an die Medea zur letzten verzweifelten Tat, indem sie sich und ihre Kinder tötet.

Die eindringliche und symbolstarke Inszenierung – auf einem Gerüst im Hintergrund thront ein Frauenleib ohne Kopf – weist immer wieder auf die traditionell untergeordnete Stellung und den niedrigeren Wert der Frau in Anatolien hin.

Das düstere Ende der Tragödie, in deren Verlauf sich nach wie vor auch Parallelen zu männlichen Verhaltensweisen in unserer Gegenwart ziehen lassen, ist jedoch nicht unbedingt dazu angetan, Mut zu machen.

Marion Wieselhuber, Volksblatt Berlin

links Beatris Tuncay, Ayla Algan, Serpil Şimşek rechts Dilek Türker, Ayla Algan, Serpil Şimşek, Gül Tetikasar, Beatris Tuncay

William Shakespeare

ROMEO UND JULIA

Textfassung nach August Wilhelm Schlegel und Johann Joachim Eschenburg

Escalus, Fürst von Verona JEAN-PAUL RATHS Graf Paris, Verwandter des Fürsten TAYFUN BADEMSOY Häupter zweier Häuser, welche in Zwist miteinander sind: Montague WILLEM MENNE Capulet UDO SAMEL Romeo, Montagues Sohn STEFAN RECK Mercutio, Verwandter des Fürsten und Romeos Freund ERNST STÖTZNER Benvolio, Montagues Neffe und Romeos Freund GREGER HANSEN Tybalt, Neffe der Gräfin Capulet PETER SIMONISCHEK Bruder Lorenzo, ein Franziskaner URS BIHLER Bruder Johannes, von demselben Orden UDO SAMEL Balthasar, Romeos Diener ERNST STÖTZNER Bediente Capulets: Simson URS BIHLER Gregorio TAYFUN BADEMSOY Abraham, Bedienter Montagues ERNST STÖTZNER Peter JEAN-PAUL RATHS Drei Musikanten GREGER HANSEN / WILLEM MENNE / ERNST STÖTZNER Apotheker WILLEM MENNE Gräfin Montague CHRISTIANE PETERSEN Gräfin Capulet SUSANNE MEIERHOFER Julia, Capulets Tochter CHRISTIANE PETERSEN Julias Amme MARTINA KRAUEL Bürger von Verona ALLE

Regie JÜRGEN KRUSE Bühnenbild BERND DAMOVSKY Kostüme DOROTHEA KATZER Regieassistenz GÜNTER GERSTNER Kostümassistenz ANGELIKA HUHN Einstudierung der Fechtszenen KLAUS FIGGE / RENE RAMSER Musikalische Beratung BERNHARD RÖSER Musikalische Einstudierung MIRKA DZAKIS Virginal Music BERNHARD RÖSER Inspizienz MANFRED FENZL Souffleuse UTA RACHOW Beleuchtung WOLFGANG GÖBBEL Ton KLAUS NEUMANN-OSTERHELD Requisite CHRISTOPH KETTENRING Maske URTE KUSSEROW / CORNELIA WENTZEL Technische Leitung VOLKER BUTZMANN Technische Assistenz FRIEDER MÜLLER

PREMIERE 25. 5. 1982, Garage, Brandenburgische Straße 30

Statt der Tragödie »Romeo und Julia« (und der Komödie) ein Abend zum Schmunzeln und Schmachten und Seufzen. Ein Shakespeare ohne Sinn, Leiden und Leidenschaften und deshalb ohne alle Komik. Theater als die Kunst der Verkleinerung: »Romeo und Julia« oder Liebeskummer lohnt sich nicht.

Benjamin Henrichs, Die Zeit

Christiane Petersen, Stefan Reck

Botho Strauß

KALLDEWEY, FARCE

Der Mann OTTO SANDER   Die Frau EDITH CLEVER   K JUTTA LAMPE   M MIRIAM GOLDSCHMIDT   Zweiter Mann UDO SAMEL   Kellner/Chef ERNST STÖTZNER   Ein Mädchen KRISTINE UPESLEJA

Regie LUC BONDY   Bühnenbild KARL-ERNST HERRMANN   Kostüme MOIDELE BICKEL/ANDREA SCHMIDT-FUTTERER   Dramaturgie DIETER STURM   Regieassistenz LUKAS HEMMLEB   Bühnenbildassistenz FRIEDERIKE ZU RANTZAU   Inspizienz HANS KUSNIK   Souffleuse SYLVIA MÜLLER   Requisite SIBYLLE HASSING   Maske URTE KUSSEROW   Ton KLAUS NEUMANN-OSTERHELD   Beleuchtung WOLFGANG GÖBBEL   Technische Leitung VOLKER BUTZMANN   Technische Assistenz HELMUT SCHOLZ

PREMIERE 19. 6. 1982

Gastspiel in Düsseldorf
Fernsehaufzeichnung für den SFB

oben Edith Clever, Miriam Goldschmidt, Jutta Lampe unten Jutta Lampe, Miriam Goldschmidt, Edith Clever

oben Otto Sander unten Jutta Lampe, Edith Clever, Miriam Goldschmidt

Jutta Lampe, Otto Sander, Miriam Goldschmidt, Edith Clever

Miriam Goldschmidt, Jutta Lampe, Udo Samel, Otto Sander

Edith Clever

oben Edith Clever unten Otto Sander, Edith Clever, Miriam Goldschmidt, Jutta Lampe

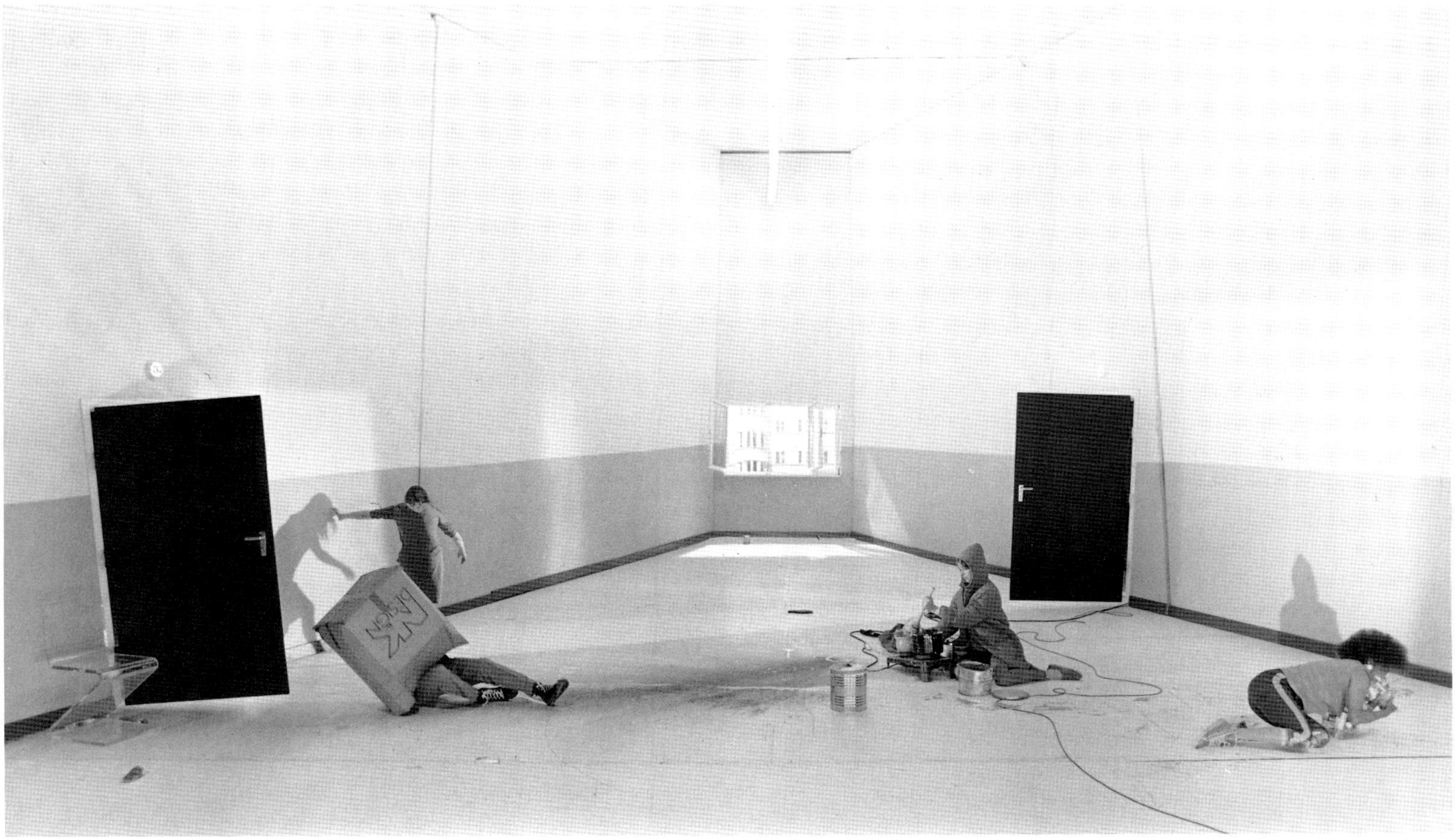

oben Jutta Lampe, Otto Sander, Edith Clever, Miriam Goldschmidt unten Otto Sander, Edith Clever, Jutta Lampe, Miriam Goldschmidt

Jutta Lampe, Edith Clever

Jutta Lampe

Dieser Orpheus aus der Welt der Angestellten ist zugleich ein Fossil (darum beweint man ihn) und ein Gespenst mit Zukunft (das macht uns erschrecken). Bondys Inszenierung hat Strauß' Stück das Äußerste an Spaß abgefordert, was möglich ist – es wird viel gelacht in dieser Aufführung, von einem Publikum, das sich so entlastet – und auch das Äußerste an Wirklichkeit und Bedeutung. Die Wirklichkeit hält es aus, die Bedeutung nicht. Die Cleverness des letzten Aktes spricht am Ende gegen ihn, so genau braucht man es nicht mehr zu sagen. Dort, wo Strauß vor den Konsequenzen dessen zurückschreckt, was er angerichtet hat, ist die Inszenierung wie sein Text: feige – also wahr. Dort wo ihre Aggressionen sich äußern dürfen, etwa in der unbarmherzigen Szene der Zerreißung des Mannes, nimmt sie Strauß beim Wort und wird so erschreckend, wie es heute Farcen eher sein können als Tragödien. Bondy geht genauer um mit diesem Stück als Rudolph. Das ergibt eine weit spannendere Inszenierung, einen Zuwachs an theatralischer Richtigkeit, belegt den Rang des Autors – und auch seine Ausflüchte – da wird ihm nichts geschenkt, und wo er sich artig versteckt, wird er an den Haaren herbeigezogen.

Je mehr diese Inszenierung darauf besteht, daß alles nur Theater sei, um so wahrer und betreffender ist sie. Und käme doch, der richtigen Konzeption zum Trotz, kaum über die Rampe, hätte Bondy nicht diese Schauspieler, die auf Risiko setzen, auch wo ihr Autor es meidet.

Roland H. Wiegenstein, Frankfurter Rundschau

Der Abend wird so schrecklich, wie er dauernd zynisch unterhält, wie er am Ende denn doch wie eine Art Hilferuf aus der allgemeinen Sprachverwirrung sich anhören mag. Strauß zaubert dauernd am Rande des totalen Schreckens.

Die Schaubühne hat mit dieser Strauß-Präsentation einen neuen großen Abend. Er dauert in Luc Bondys wunderbar verwirrender (und ständig klärender) Regie wieder vier Stunden. Da wird keine Minute zu lang. Karl-Ernst Herrmann hat die saugend fahlen Bühnenbilder entworfen, Wohnstätten für zutiefst Unbehauste, Höhlen und Höllen der kalten Verdammnis.

Otto Sander, dieser präzise Schauspieler des begreiflich Unfaßbaren, ist in das Ensemble zurückgekehrt. Er brilliert in allen Gangarten und verschrobenen Sphären des Schrecklichen. Edith Clever spielt, nicht weniger artistisch souverän, die Figur der schweifend Liebenden, der ständig Verunsicherten, der hilflosen und rabiaten Frau nicht weniger grandios und belustigend tragisch. Jutta Lampe und die dunkelhäutige Miriam Goldschmidt sind die profanen, schmutzigen, scheußlichen, einfallsreichen und immer wieder trübselig erheiternden Figuren des weiblichen Chors, der die beiden Liebenden tolldreist oder grausam umspielt. Udo Samel ist der glatt verschwindende Kalldewey. Die Mannschaft agiert brillant. Eine Farce wird einsichtig gemacht. Der Erfolg war enorm.

Friedrich Luft, Die Welt

Bei Bondy wurde die Farce (wie bei Strauß) zum Thema. Erst Luc Bondys Inszenierung hat dieses Stück entdeckt, vielleicht sogar erfunden. Bondys vierstündige »Kalldewey«-Inszenierung: ein großer Augenblick, eine Sternstunde des Theaters.

Eine Farce ist auf psychologische Wahrscheinlichkeit nicht angelegt. Was Bondy an »Kalldewey Farce« interessiert: die Psychologie. Denn die Folgen der Farce treffen nicht das Theater, sondern die Wirklichkeit.

Nach einer trostlosen Spielzeit ist Luc Bondys wunderbare Botho-Strauß-Regie auch wegen der Schauspielkunst seines Ensembles mehr als nur der Höhepunkt einer Saison. Es ist, als ob ein Spuk zu Ende wäre.

Helmut Schödel, Die Zeit

Der Seelendrama-Psychofarce zieht Luc Bondy so zart wie möglich und so hart wie nötig die doppelten Böden ein. Seine schillernde Realität, das banale Grauen samt den phantasmagorischen Auswüchsen beginnt schlank mit der Typenbeschreibung.

Dreimal hat der Bühnenbildner Karl-Ernst Herrmann den Raum völlig neu geschnitten: zunächst eine ansteigende Doppelszene für das Lokal und das untraute Heim; dann für das Mittelstück eine luftige Mansarde, die sich sozusagen im Querformat über die Bühne erstreckt, und schließlich für das Finale einen Klinik-Korridor, der auf das Fenster im Hintergrund, die Ansicht nach draußenhin schräg und spitz zuläuft. Ohne Platznot kann sich nun eine Regie entfalten, die Bondy mit fürsorglicher Noblesse den Schaubühnen-Schauspielern zu Füßen legt. Ihnen gehört der Abend, sie sollen zeigen, was das Botho-Strauß-Stück am Kurfürstendamm sein kann: Theater für einen Boulevard, ein Weltrang-Theater, wie es derzeit zwischen Berlin und New York vielleicht nur diesem Ensemble möglich ist.

Der Mittelsatz, dem Tempo nach ein Allegro con brio, stellt uns die vier Schicksalsgefährten in einer schwer streßgefährdeten Harmonie vor. Man ist in eine psychoanalytische Kur eingetreten, hat sich auf eine flotte Bürgerlichkeit herabgestimmt und geht wie auf Zehenspitzen. Der angesponnene Seelenfrieden muß vor jeder Belastung gehütet werden.

Selbstverständlich wird alles schieflaufen. Was der strizzihafte Fremdling, der sich in den Kreis der Vertrauten eingeschlichen hat, hier eigentlich will und soll, fragt man sich wechselseitig zu spät: Unvermittelt zerbricht an seiner Un-Person, die Udo Samel mit einer unheimlichen Stillvergnügtheit ausstattet, das scheinheilige Quartettspiel. Die Fetzen fliegen, die Schreie gellen, die Ängste überschlagen sich, und Edith Clevers Koloraturen der Verzweiflung giecksen über dem Ungemach. Das Schaubühnen-Ensemble legt diese Turbulenz mit realistischer Könnerschaft auf die Bretter und läßt dabei ahnen, daß der Boden unter den Füßen hohl ist. Die Wirklichkeit hat eine schwere Macke, vibriert ins gespenstische Terrain hinüber und macht es glaubwürdig, daß der Unbekannte namens Kalldewey ebenso spurlos verschwindet, wie er sich ungebeten eingefunden hatte.

Im dritten Durchgang, dem das Stück nur noch ein fragmentarisches Sammelsurium haarsträubender Einfälle unterlegt, entläßt der Regisseur seine tapferen Akteure in eine riesige Clownerie. Jetzt darf mit dem Entsetzen Scherz getrieben werden. Gleichwohl läuft das Trauerspiel unterhalb der Klamotte mit. Die Szene ist der Flur in einer Nervenheilanstalt, wohin die Hoffnung auf einen wundertätigen Therapeuten die vier Schwerbeschädigten gelockt hat.

Irgendwo muß dem Treiben dann freilich ein Ende gesetzt werden, zu welchem Zweck der Autor zwei Schlüsse zur Wahl anbietet. Die Schaubühne hört mit einer Orgie auf, bei der man sich, Kochen und Backen spielend, im Teig wälzt und dann unvermutet aus der infantilen Lust in eine totenhafte Ernüchterung stürzt. Les jeux sont faits – nichts geht mehr. Das »Ich liebe dich«, das Sander noch einmal wie eine kaputte Zauberformel an die Clever wendet, erlischt mit dem Licht auf der Bühne und geht im Beifallssturm des Parketts unter.

Sibylle Wirsing, Frankfurter Allgemeine Zeitung

Meray Ülgen

SÜNNET DÜĞÜNÜ

(Das Beschneidungsfest des Sohnes von Karagöz)

ENGIN AKÇELIK   YEKTA ARMAN   TORON KARACAOĞLU   SERPIL ŞIMŞEK   BÜLENT TEZCANLI   MERAY ÜLGEN   SENIH ÜNDEĞER

Regie MERAY ÜLGEN   Bühnenbild und Kostüme DORIS KALBITZ   Tänze TORON KARACAOĞLU

PREMIERE 18. 9. 1982

Gastspiele in Wuppertal, Bochum, Köln, Hannover, Amsterdam, Nürnberg

Wer die Augen und die Ohren aufsperrt, dem wird es kaum etwas ausmachen, daß das neue Stück »Für Menschen ab fünf Jahren« in der Schaubühne am Lehniner Platz vorwiegend in türkischer Sprache vorgeführt wird. Denn die türkische Theatergruppe des Hauses hat ja schon einige Kunst darin entwickelt, durch Gesten, Kostüme und bewußt simple Art der Darstellung Geschichten ohne viele Worte zu erzählen. Und außerdem wird das Allernotwendigste dann eben doch in Deutsch gesprochen – für die »Ausländer«, wie's ein Darsteller augenzwinkernd erläutert. Denn hier sehen sich die Berliner Junioren plötzlich einmal in die Lage versetzt, den türkischen Nachbarn zu fragen: »Was hat er gesagt?«

Inge Bongers, Der Nord-Berliner

Toron Karacaoğlu, Serpil Şimşek, Senih Ündeger, Meray Ülgen, Yekta Arman, Engin Akçelik, Bülent Tezcanli

Alexander N. Ostrowskij

WALD

Komödie in fünf Akten
Deutsche Fassung von Frank-Patrick Steckel

Raíssa Páwlowna Gurmýschskaja, Witwe, Anfang fünfzig, sehr reiche Gutsbesitzerin, schlicht gekleidet, fast wie in Trauer, hat ständig die Geldkassette zur Hand NIKOLA WEISSE   Axínja Danílowna (Axjúscha), ihre weitläufige Verwandte, ein armes Mädchen, etwa zwanzig, sauber aber ärmlich gekleidet, wenig besser als ein Stubenmädchen MARTINA KRAUEL   Jewgénij Apollónytsch Milónow, etwa fünfundvierzig, glatt frisiert, ausgesucht gekleidet, rosa Halsbinde, reicher Nachbar der Gurmýschskaja CHRISTIAN FIEDLER   Uár Kiríllytsch Bodájew, etwa sechzig, ausgedienter Kavallerist, ergraut, kurzgeschnittenes Haar, mächtiger Schnurr- und Backenbart, im schwarzen, hochgeschlossenen Rock mit Kreuzen und Medaillen, Krückstock in der Hand, schwerhörig, reicher Nachbar der Gurmýschskaja GÜNTER LAMPE   Iwán Petrówitsch Wosmibrátow, Kaufmann und Holzhändler WOLF REDL   Pjotr, sein Sohn VOLKER SCHMIDT   Alexéj Sergéjewitsch Bulánow, ein junger Mann, der das Gymnasium nicht beendet hat URS BIHLER   Karp, Lakai der Gurmýschskaja HANS MADIN   Ulíta, Haushälterin (Beschließerin, Schlüsselmamsell) MONIKA HANSEN   Terjónka, Laufbursche bei Wosmibrátow BÖRRES WEIFFENBACH/THIMO BUTZMANN   Gennádij Nestschastlívtsew, Provinzschauspieler ohne Engagement, Wanderer zu Fuß MATHIAS GNÄDINGER   Arkádij Stschastlívtsew, Provinzschauspieler ohne Engagement, Wanderer zu Fuß JOCHEN TOVOTE

Regie FRANK-PATRICK STECKEL   Bühnenbild JOHANNES SCHÜTZ   Kostüme JOACHIM HERZOG   Dramaturgische Mitarbeit VICTOR FARIAS   Regieassistenz HELLMUT REINKE   Bühnenbildassistenz GERD HERR   Kostümassistenz BETTINA WALTER   Souffleuse ISOLDE FRIEDL   Inspizienz GÜNTER MAYER   Requisite SIBYLLE HASSING   Maske URTE KUSSEROW   Beleuchtung WOLFGANG GÖBBEL   Bühnenmeister MICHAEL DUKKER   Technische Leitung VOLKER BUTZMANN

PREMIERE 23. 10. 1982

oben Hans Madin, Urs Bihler, Volker Schmidt, Wolf Redl, Jochen Tovote, Mathias Gnädinger unten Nikola Weiße

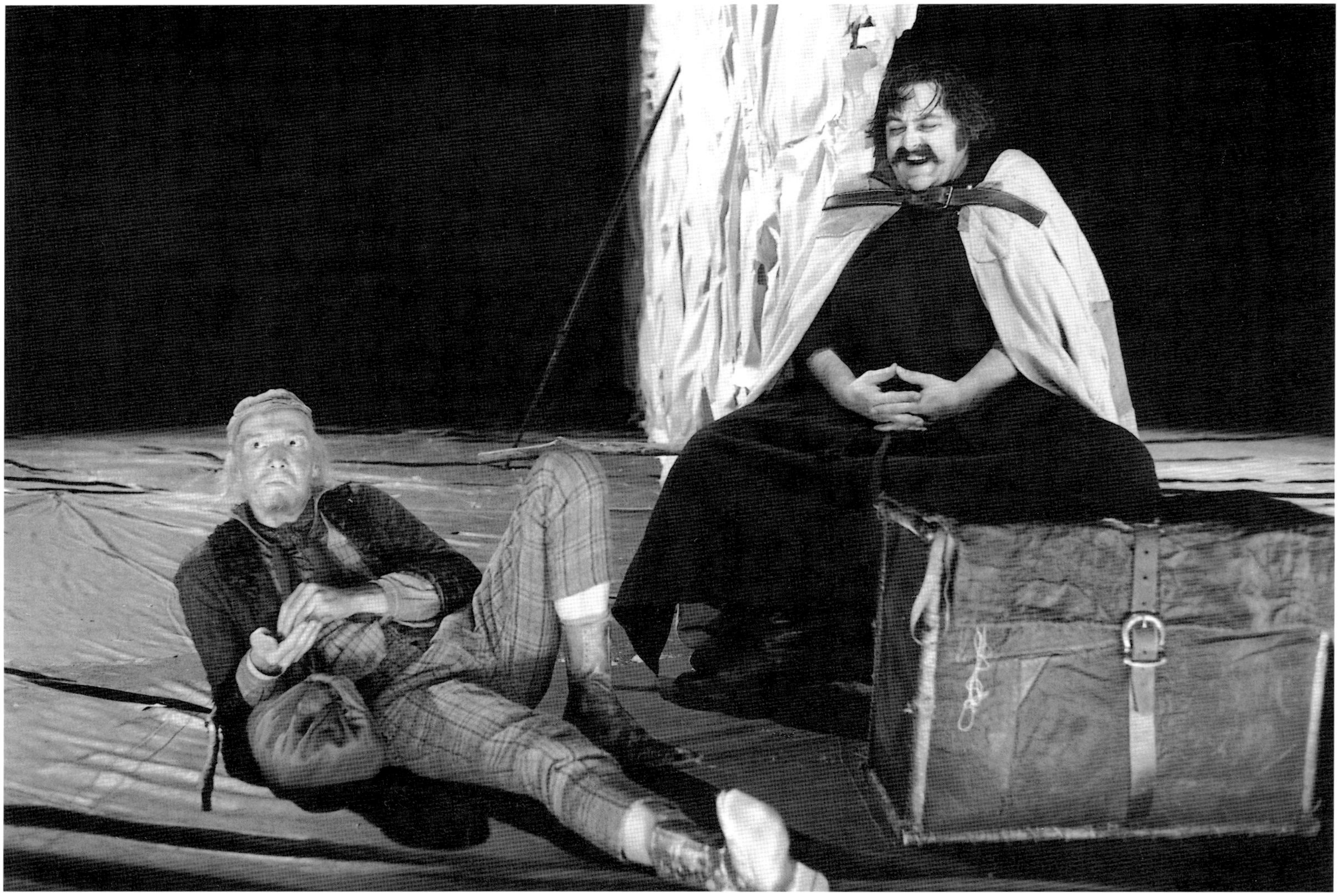

Jochen Tovote, Mathias Gnädinger

Zu den vielen denkwürdigen Aufführungen, die uns die »Schaubühne« in den letzten, immerhin schon zehn Jahren schenkte, gehört diese nicht. Sie nähert sich dem klassischen russischen Komödienautor nicht mit neuer Neugier. Kein Augenblick wird ein frischer Blick auf Ostrowskijs Komödienwelt geworfen.

Der lange Abend ist darstellerisch keinen Augenblick besonders schmackhaft oder einprägsam. Die Besetzung zeigt, sogar in den Hauptrollen, peinliche Leerstellen. Das ist man bei dieser Truppe wahrlich nicht gewohnt. Es schmerzt hier etwas. Die Inszenierung im Ganzen ist von einer eher provinziellen Betulichkeit. Sie ist ereignislos. Sie wirkt fußgängerisch. Stadttheater am Lehniner Platz. Das hatten wir, gottlob, an dieser Stelle bisher nicht. Hier kann das gar nicht genügen.

Unter Frank-Patrick Steckels sämiger Regieführung kommt der Zeitenbruch, der hier beschrieben ist, beklagt und immer wieder verlacht wird, zu keiner Deutlichkeit. Die Rolle der alten Gutsbesitzerin bleibt ganz leer, wird in ihrem komischen Rückzugsgefecht gar nicht genutzt. In ihrer verstockten Umwelt kann nur Hans Madin, als ein alter Diener, tragikomisch werden. Er trifft den Ton einer alten, stürzenden Welt eigentlich ganz allein.

Friedrich Luft, Berliner Morgenpost

Dem Irrtum, daß eine satirische Komödie desto kräftiger nachgesalzen werden kann, je schärfer der Autor sie gepfeffert hat, erliegt Steckel aber nicht nur bei dem Scharteken-Personal. Auch die beiden Idealfiguren, zwei verkrachte Wanderschausteller am Bettelstab, denen Ostrowskij großmütig erlaubt, das Drama über weite Strecken zu usurpieren, liefert die Inszenierung an die platte Komik aus. Mathias Gnädinger muß als der tragische Heldendarsteller unentwegt so röhren, als befinde man sich einerlei im fünften Akt eines Trauerspiels von Schiller oder Kotzebue. Und sein Trabant, den sich der Dramatiker als professionellen und entsprechend verbitterten Spaßmacher gedacht hat, wird zum Schrecken des Abends – Jochen Tovote, der mit seinem Aussehen einer ausgemergelten Jungfer nichts anderes als den Trieb zur nervtötenden Zickenhaftigkeit verbindet.

Sibylle Wirsing, Frankfurter Allgemeine Zeitung

William Shakespeare

HAMLET

Deutsch von August Wilhelm Schlegel
Einige Passagen in Prosa folgen der Übertragung von Johann Joachim Eschenburg

Hamlet, Sohn des vorigen und Neffe des gegenwärtigen Königs BRUNO GANZ Claudius, König von Dänemark PETER FITZ Der Geist von Hamlets Vater JOCHEN TOVOTE Gertrud, Königin von Dänemark, Hamlets Mutter EDITH CLEVER Polonius, Oberkämmerer WERNER REHM Laertes, Sohn des Polonius WILLEM MENNE Ophelia, Tochter des Polonius JUTTA LAMPE Horatio, Hamlets Freund GUNTER BERGER Hamlets ehemalige Schulfreunde: Rosenkranz GERD WAMELING Güldenstern UDO SAMEL Erster Schauspieler BERNHARD MINETTI Gesandte, nach Norwegen beauftragt: Voltimand MICHAEL MAASSEN Cornelius STEFAN RECK Osrick, ein Höfling PAUL BURIAN Edelleute der Wache: Marcellus URS BIHLER Bernardo ERNST STÖTZNER Francisco STEFAN RECK Reinhold, Diener des Polonius GREGER HANSEN Schauspieler GREGER HANSEN/PAUL BURIAN/STEFAN RECK/ERNST STÖTZNER Fortinbras, Prinz von Norwegen PETER SIMONISCHEK Norwegischer Hauptmann ERNST STÖTZNER Edelmann MICHAEL MAASSEN Priester URS BIHLER Totengräber WOLF REDL Dörfler GREGER HANSEN Matrose MATHIAS GNÄDINGER Bote JOCHEN TOVOTE Englischer Gesandter ERNST STÖTZNER

Regie KLAUS MICHAEL GRÜBER Co-Regie DIETER STURM Mitarbeit ELLEN HAMMER Bühne GILLES AILLAUD Kostüme MOIDELE BICKEL/ANDREA SCHMIDT-FUTTERER Einstudierung der Fechtszenen KLAUS FIGGE Regieassistenz ANNETTE ROSENFELD/LUKAS HEMMLEB Bühnenbildassistenz BERND DAMOVSKY Kostümassistenz ANGEKLIKA HUHN Inspizienz HANS KUSNIK Souffleuse SYLVIA MÜLLER Requisite HELMUT OPITZ/CHRISTIAN SAMEIT/MAREN STÖSSINGER Maske URTE KUSSEROW/CORNELIA WENTZEL Ton GABRIELE KRONENBERG/PETER STRICKER Beleuchtung WOLFGANG GÖBBEL/RAINER LANGER/PETER BREITMEIER Einstudierung der Lieder MIRKA DZAKIS Fechttraining RENÉ RAMSER Technische Leitung VOLKER BUTZMANN Assistenz HELMUT SCHOLZ Bühnenmalerei WALTER HEIDENREICH/JOSÉ HUGO SERNA Gewandmeister ELKE DRÄGER/ERNST SCHNITZLER

PREMIERE 11. 12. 1982

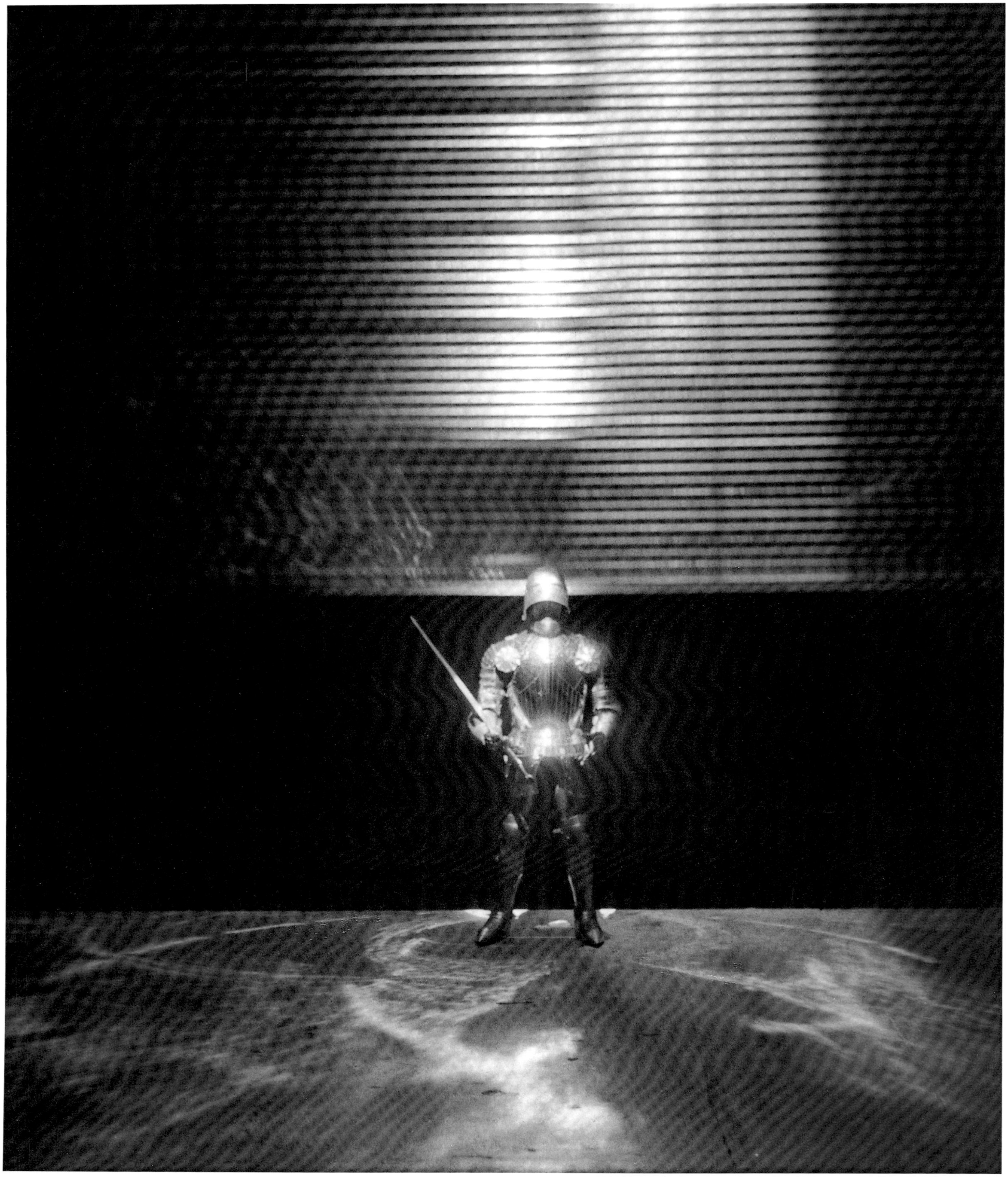

Jochen Tovote

Bruno Ganz

oben Werner Rehm, Edith Clever, Peter Fitz, Bruno Ganz, Ensemble unten Werner Rehm, Paul Burian, Bruno Ganz, Ernst Stötzner, Stefan Reck, Greger Hansen, Bernhard Minetti, Gerd Wameling, Udo Samel

oben Ernst Stötzner, Stefan Reck, Bernhard Minetti, Peter Fitz, Paul Burian, Edith Clever, Greger Hansen unten Bruno Ganz, Ernst Stötzner, Gerd Wameling, Udo Samel

Jutta Lampe, Bruno Ganz

Edith Clever, Bruno Ganz

»Wende«, das ist das Wort, mit dem die tagtägliche Talfahrt in dem Muff der Fünfziger Jahre verbrämt wird. So hatte ich das hohle Wort von der Wende zwar im Ohr, als ich nach Berlin zur Schaubühne fuhr, um den Grüberschen »Hamlet« zu sehen – dachte aber dort (wo sonst?) davor sicher zu sein. Die sechs Stunden einer akademischen Übung, bei der Shakespeares Text in das gewaltige Halbrund des Mendelsohn-Baus verhaucht wurde, während Scheinwerfer Lichtschneisen in die heraldischen Standbilder schnitten, wirkten steril, machten traurig und stumpf, später aggressiv.

Mit einer gewissen Trauer erinnerte man sich daran, was Klaus Michael Grüber diesem Theater früher zugemutet und nicht nur diesem Theater gewonnen hatte. Ihn nun als Vollstrecker eines monumentalen Leichenfestes für Shakespeare zu sehen, einer hochbesetzten, lediglich durch Zufall ins Innere verlegten Freilichtaufführung à la Wunsiedel, schmerzte. Macht nichts, dachte man. Auch Grüber kann scheitern. Er hat sich von dem Akademismus anstecken lassen, mit dem Schaubühne sich schon früher an Shakespeare versucht hatte, um die rüde quietschlebendige, respektlose, grobe Theatralik zu vermeiden, mit der sich Zadek in den siebziger Jahren Shakespeare genähert hatte. Statt Shakespeare mit der Komplizenschaft von probenden Theaterleuten, mit der Anarchie freigesetzter, herbeiimprovisierter Einfälle zu suchen, hatte ja die Schaubühne, imponierend und ernst, auf das Studium der Elisabethanischen Zeit viel Mühe und Phantasie verwandt und hatte dabei eine gewisse steife Ferne nicht gescheut.

Wenn nun Grüber diesem Sog erlegen sein sollte, wenn er dem Shakespeare-Text vor lauter feierlicher Ehrfurcht keine anderen Einfälle zumutete als gravitätische Auftritte und Abgänge und geschmerzt veraltete Theaterposen – nun gut. Man mochte das als Holzweg empfinden oder nicht.

Wie erstaunt aber war ich, als die Kollegen (jedenfalls viele von ihnen) die Schaubühneninszenierung des »Hamlet« benutzten, um ihrerseits eifrig an jener Wende teilzuhaben, die es nicht gab, die Kohl und Genscher aber nicht müde werden zu versprechen?

»Leben – ein Ritual zum Tod« hieß die Überschrift, und die Kritik hob an: »Das Schwierigste jetzt, nach Lage der Dinge, sind die neuen Ansätze.« »Die Ideologien«, so sagt Iden mit Kohl, seien »verbraucht«. Nur nicht die blödeste aller Ideologien, daß das Leben ein Ritual zum Tod ist? Der »Hamlet« mag ein Kriminalstück, einen Mutter-Sohn-Konflikt, die Analyse eines verrotteten Staates, Überlegungen zur jähen und verzögerten Tat enthalten. Er mag von einem fetten Parasiten, von einem wehleidigen Muttersöhnchen, dem ersten Menschen der Neuzeit, einem Renaissance-Prinzen, der von des Gedankens Blässe angekränkelt ist, handeln und vieles mehr. Nur *eins* predigt er gewiß nicht (nicht mal in Grübers Inszenierung): daß das Leben nur eine Vorfeier des Todes sei.

Dergleichen haben zuletzt (und nach dem Barock) pubertierende Hitlerjungen geglaubt: Ja die Fahne ist mehr als der Tod.

So raunt sich die Wende herbei.

Daß man für eine Schaubühnenaufführung überhaupt in dieses Horn stoßen kann, ist freilich neu.

Hellmuth Karasek, Hamlet oder die Wende, Theater heute

Zum ersten Mal benützt die neue Schaubühne am Lehniner Platz die riesige Beton-Apsis von Mendelsohns Bau: das steinerne, von Türen, Mauerlöchern durchbrochene Halbrund, welches das Theater zum Kurfürstendamm hin abschließt. Ein leerer, grauer Raum, einer unbewohnten, unbewohnbaren Festung ähnlich. Die Erde, sagt Hamlet, ist ein kahler Fels. Doch über dem düsteren Steingehäuse läßt der Bühnenbildner Gilles Aillaud einen Sternenhimmel leuchten – aus hundert kleinen blauen Scheinwerferlämpchen. Wie am Ende der Welt steht die leere Burg von Helsinör, wie am Anfang des Weltraums. In der Ferne hört man das Geschrei von Möwen.

Es ist auf Grübers Bühne nicht zu sehen, was die Figuren gegeneinander aufbringen könnte. Nicht Verfeindete sind sie, sondern in Trauer Verbündete. Die politischen Affären scheinen erledigt, die erotischen Leidenschaften aufgebraucht zu sein – schon ehe das Stück beginnt.

Claudius und Gertrud haben (aus Liebe?) Hamlets Vater ermordet. Der Preis für ihren Gewaltakt ist eine unheilbare Melancholie. Starr stehen sie nebeneinander, als posierten sie für einen Maler, als würden sie von ihren herrlichen Königs-Kostümen erstickt. Sie sind schuldig – aber ihre Schuld hat keine Bedeutung mehr, nicht einmal für Hamlet, der doch Rache üben soll. Es herrscht jene klare, abgründige Ruhe (eine Ruhe voller Gedanken und ohne Hoffnung), die in Shakespeares Königsdramen erst nach allen blutigen Massakern eintritt. Shakespeares »Hamlet« (und Grübers »Hamlet« noch mehr) ist ein Königsdrama nach dem Ende aller Königsdramen.

Von den Figuren ist Ophelia (Jutta Lampe) die verlorenste. Grüber stellt sie in winzige Lichträume, an den Rand der nachtschwarzen Bühne. Manchmal auch irrt sie durchs völlige Dunkel – niemand, nicht einmal ein Scheinwerfer, folgt ihr dann noch. Manchmal spielt sie auf einer Laute, ein paar Akkorde nur, kläglich, schön. Sie steht auf der Bühne, gebeugt, gekrümmt, wie im Schmerz erstarrt; sie spricht in einem leeren, zerbrochenen Klageton. Ein Mensch, der im Klagen alt geworden ist und aus dem Klagen eine Kunst gemacht hat, einen schwierigen Gesang. »Wahnsinnig« muß diese Ophelia nicht mehr werden – ihr eingesperrter Gram muß sich nur noch befreien.

Hamlet (Bruno Ganz) ist der Mittelpunkt und das Ende dieser Welt. Der berühmteste und beste Schauspieler seiner Generation spielt die berühmteste Rolle der Weltliteratur – nach vielen Jahren fern vom Theater. Das Spektakel, die Sensation findet nicht statt. Ganz macht überhaupt keinen Versuch, die Figur zu erklären oder ins Geheimnis zu versenken; er reißt die Rolle nicht an sich, wie ein gieriger Virtuose es täte, sondern nähert sich ihr mit äußerster Liebe und äußerster Vorsicht. Wenn er den Wahnsinnigen spielt, ist sein Wahnsinn kein Theaterereignis, sondern die vollkommene Vernunft. Und Hamlets Vernunft ist die vollkommenene, die fast verrückte Trauer.

Wie Ganz verhalten sich alle Schauspieler zu Shakespeares Text und Schlegels Übersetzung. Kein Geschrei, kein Rennen, kein Theaterdampf. Das Sprechen, mit leisen, wie schwebenden Stimmen, wird manchmal zur unbegreiflichen Verbindung von Sinn und Klang, Nachdenken und Musizieren. Die Schauspieler benehmen sich nicht wie Schauspieler, sondern wie Archäologen: mit äußerster Behutsamkeit suchen sie nach dem Text, halten ihn, wie ein kostbares Fundstück, vorsichtig ans Licht.

Eine große Nacht- und Trauermusik ist Grübers »Hamlet«. Man kann ruhig sagen: eine Andacht (wenn man nicht vergißt, daß das Wort »Andacht« das Wort »Denken« enthält). So behaupten sich die winzigen Figuren doch gegen die Steinmassen der Bühne – die Welt ein kahler Fels, darin »das Meisterwerk, der Mensch«.

Wer nun behauptet, Grüber habe den kompletten »Hamlet« inszeniert, hat die Aufführung nicht gesehen. Grübers vollständigste Inszenierung ist auch seine unvollkommenste, weit mehr noch als der »Faust« ein gigantisches Fragment, eine Hamletruine. Lächerlich nun, die Aufführung ideologisch zu feiern (als Wiederkehr der »Werktreue«), lächerlich, sie ideologisch zu verdammen (als neues Signal für die »Wende«). Grüber hat versucht, woran gerade er nur scheitern kann: ein Stück ganz zu erzählen – dabei ist ihm das Theater, sein Theater zerbrochen.

Benjamin Henrichs, Die Zeit

Nâzim Hikmet

FERHAD İLE ŞİRİN / FERHAD UND SCHİRİN

Musik BÜLENT TEZCANLI / SAIM UĞURSAY Mehmene Banu BEATRIS TUNCAY Vesir ORHAN GÜNER Amme SERPIL ŞIMŞEK Serwinas SEMAH GÖKGÖZ Schirin AYŞE EMEL MESÇI Ein Unbekannter BARIŞ EREN Oberbaumeister KAMURAN TANFER Derwisch ALI BERKTAY Bechsad TUNCEL KURTIZ Scherif MAHMUT GÖKGÖZ Ferhad RAGIP YAVUZ Derwische ALI BERKTAY / MAHMUT GÖKGÖZ / SEMAH GÖKGÖZ / SERPIL INANÇ / TUNCEL KURTIZ / SERPIL ŞIMŞEK / KAMURAN TANFER / BÜLENT TEZCANLI / SAIM UĞURSAY

Regie TUNCEL KURTIZ Regieassistenz MAHMUT GÖKGÖZ / ALI BERKTAY Bühnenbild GEORG HEROLD Kostüme GISELA STORCH Kostümassistenz DORIS KALBITZ Beleuchtung WOLFGANG GÖBBEL Maske URTE KUSSEROW Gewandmeisterin LUISE EBERSBACH Requisite SYBILLE HASSING Malersaal HANS REINDL / WALTER HEIDENREICH Technische Leitung VOLKER BUTZMANN Technische Assistenz HELMUT SCHOLZ / MARTIN SCHERFFIG Produktionsleitung REINHARD STEIDLE

PREMIERE 23.4.1983

Gastspiele in Essen, Iserlohn, Stuttgart, Kiel, Hamburg, Stockholm

Die neue Premiere, »Ferhad und Schirin«, ein orientalisches Märchen und zugleich gesellschaftspolitisches Lehrstück von Nazim Hikmet, ist eine – für Deutsche wie Türken gleichermaßen – krampfige Geduldsprobe: einfach in der Handlung, langatmig abstrakt in den (türkischen) Dialogen. Die Inszenierung ist wohl wenig geeignet, Deutsche und Türken in Scharen anzulocken und trotz der – diesmal umgekehrten – sprachlichen Barrieren einander näherzubringen.

Hikmet schrieb »Ferhad und Schirin« 1947 in der Haftanstalt Bursa. Das Stück, gefühlvoll aufbereitet, ist sehr mystisch, und die eintönige Musik der Derwische als Untermalung wirkt faszinierend. Was sich aber da vor einer Tausend-und-einer-Nacht-Kulisse abspielt, ist dem Regisseur Tuncel Kurtiz, der sonst in Schweden arbeitet, etwas langweilig geraten. Da schwingt zuviel Pathos mit. Und da auch viele Türken wenig begeistert waren von der Inszenierung, ist es fraglich, ob es gelingen wird, in den nächsten Aufführungen »das türkische Volksschauspiel von neuem ins Leben zu rufen mit Elementen der Kunstgattungen Musik, Tanz, Miniaturenmalerei, Pantomime und bildender Kunst«. Zweifellos hervorzuheben sind die Leistungen der Schauspieler. Und weder die Schaubühne noch die türkischen Theatermacher sollten sich nun entmutigen lassen, sollten vielmehr weiterexperimentieren.

Volker Skierka, Süddeutsche Zeitung

Beatris Tuncay, Ayşe Emel Mesçi

Jean Genet

DIE NEGER

Clownerie
Deutsch von Peter Stein

Die Neger: Ville de Saint-Nazaire ERNST STÖTZNER Village PETER SIMONISCHEK Archibald WERNER REHM Diouf MICHAEL MAASSEN Vertu JUTTA LAMPE Bobo CHRISTIANE PETERSEN Félicité MIRIAM GOLDSCHMIDT Neige MARTINA KRAUEL Der Hofstaat: Die Königin ELKE PETRI Der Kammerdiener JOCHEN TOVOTE Der Gouverneur GUNTER BERGER Der Richter UDO SAMEL Der Missionar MATHIAS GNÄDINGER

Regie PETER STEIN Bühne KARL-ERNST HERRMANN Kostüme MOIDELE BICKEL Dramaturgie DIETER STURM Regieassistenz LUKAS HEMMLEB/ANNETTE ROSENFELD Bühnenbildassistenz BERND DAMOVSKY/FRIEDERIKE ZU RANTZAU Kostümassistenz BETTINA WALTER Mitarbeit: Gesang MIRKA DZAKIS Tanz ELSA WOLLIASTON Rhythmus MARK DEPOND Improvisation LANNY HARRISON Walzer RALF SCHEBEL Musik-Gruppe »Galan Tama« AZIZ N'DIAYE, NINA M'BARECH, ROBERT F. GUION Inspizienz GÜNTER MAYER Souffleuse ISOLDE FRIEDL Requisite SIBYLLE HASSING/ELISABETH TENBIEG Maske URTE KUSSEROW/SIGRID GROPPLER/RENATE WELLERSHAUSEN/ CORNELIA WENTZEL/RENATE WETZEL Gewandmeister ELKE DRAEGER/ERNST SCHNITZLER Technische Leitung VOLKER BUTZMANN Beleuchtung WOLFGANG GÖBBEL/KONRAD LINDENBERG Ton GABRIELE KRONENBERG/PETER STRICKER Technische Assistenz MARTIN SCHERFFIG

PREMIERE 18. 6. 1983

Gastspiele in Paris, Brüssel

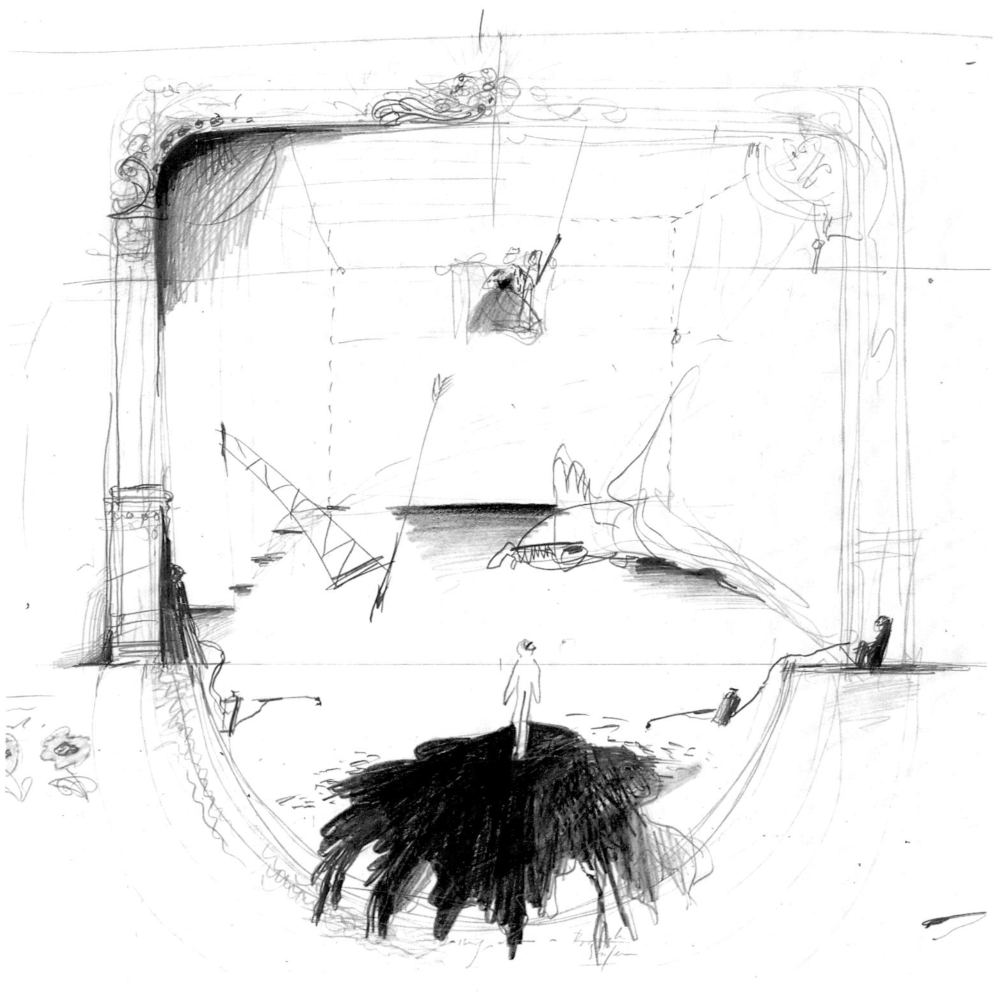

Kein Drama. Ein Spiel mit der Sprache. Ein langer, mühevoller Marsch durch eine Wüste von Wörtern, über ein Gebirge von Metaphern. Vielleicht könnte man den Text konzertant aufführen, wie eine endlose, ferne Liturgie. Oder sich an Genets Vorschlag halten: »In welchem Ton rezitieren? Nun, die französischen Tragöden, und vor allem die Tragödinnen, nachahmen. Damit zusätzlich Talent verbinden.«

Steins Inszenierung benutzt den Text als Spielmaterial für ein hitziges Sprech- und Körpertheater, sie psychologisiert und pathetisiert ihn; sie entdeckt keine neue Sprache, keinen unerhörten Gesang, sondern rekapituliert, was man sich zwischen »Klassen Feind« und »Orestie«, zwischen aggressivem Kammerspiel und großer Tragödie über die Jahre hin angeeignet, erarbeitet hat. Das Theater macht Theater – und so wird aus Genets Gesang ein unendliches Gerede. Es fehlt der Inszenierung der Haß und auch die Heiterkeit – vom politischen Skandal ist sie so weit entfernt wie von der Clownerie. Es herrscht Windstille im Theater. Die Aufführung entfaltet (was richtig ist) eine gleichsam koloniale Pracht; von Afrikas Wut, Afrikas Elend berichtet nur das Programmheft. Mit ihrer in keiner Sekunde nachlassenden, gnadenlosen Intensität und Ausführlichkeit verwandelt sie das Theaterfest in eine heroische, nur mit Heroismus zu überstehende Strapaze. Wer gerade in München Ariane Mnouchkines Shakespeare-Inszenierungen gesehen hat, ihre zeremonielle Pracht, ihren artistischen Wahnwitz, dem kommen die Schaubühnen-Rituale und -ekstasen dann doch eher wie eine deutsche Wertarbeit vor, ein Produkt aus Fleiß und Schweiß.

Stein setzt ein, was er kann: die kritische Vernunft, die phantasievolle Imitation, die penible Recherche – die bewundernswerte Kunstfertigkeit und die wunderbare Klugheit der Schaubühne ist auch an diesem Abend in jedem Augenblick zu spüren. Genets Geheimnis nicht. Nur wenn die einzige farbige Schauspielerin, wenn Miriam Goldschmidt auftritt, ist aller Zauber sofort da. Ihr Sprechen ist kein akademisches Rezitieren, sondern ein groteskes Krähen und ein feierlicher Gesang zugleich. Sie imitiert keine Figur, sie vergrößert ihre Figur ins Monumentale. In ihren Bewegungen ist eine tiefe Müdigkeit und ein heftiger Aufruhr. Sie ist Königin, Hexe und Clown des Abends.

Es gibt viel zu sehen, viel zu lernen, viel zu bewundern an diesem Abend. Und dennoch ahnt man am Ende, daß der Tote, den die Aufführung feiert, Jean Genet selber ist. Bobo, die Negerin, hatte prophetisch gesagt: »Wir haben einen alten Zauberkünstler gefunden, er war in Elend und Vergessenheit geraten. Wir haben ihn eingewickelt und eingesargt.«

Oder ist auch das schon wieder eine Lüge? In Peter Steins neuer Übersetzung des Stücks nämlich ist aus dem »alten Zauberkünstler« ein »alter Schlagersänger« geworden. Das wird Genet gefallen.

Benjamin Henrichs, Die Zeit

Miriam Goldschmidt, Jutta Lampe, Christiane Petersen, Martina Krauel

Ensemble

Elke Petri, Jutta Lampe

oben Gunter Berger, Jochen Tovote, Mathias Gnädinger, Udo Samel, Elke Petri unten Gunter Berger, Jochen Tovote, Elke Petri, Udo Samel, Mathias Gnädinger

Man versteht: Diese »Zeremonie« ist eine Metapher für das Theater selber (das einst aus der Zeremonie entstanden ist), sie zelebriert, zugleich darunter leidend, die Schwierigkeiten, Illusion herzustellen und auszuhalten, Schwierigkeit, eine Geschichte zu erfinden und mit Geschichte zu leben, sich eine Rolle zu denken, die Rolle anzunehmen und schließlich: die Rolle zu sein. Die schwarzen Figuren halten fest an dem Gedanken, Verwandelte eines Spiels vorzuführen, und doch ist ihr Vertrauen nicht unerschütterlich, manchmal verzagen sie, treten heraus aus dem »Gebilde von nichts und Worten« (Genet), eine andere Realität als die ihrer Darbietung beschäftigt sie dann, ein Aufstand, ein Verrat, eine Hinrichtung, vor dem Anprall des Tages ist das Spiel nun schwer zu schützen, fast aufgegeben wird es einmal, da geht das Licht auch im Zuschauerraum an – wenn schon die nur störend eingreifenden Zuschauer des Hofstaats keine Hilfe sind, vielleicht ist Rat bei dem »richtigen« Publikum?

In diesen Szenen der Rat- und Mutlosigkeit oft, in diesen Eindrücken des Elends, das der Erscheinung von Theater (bei allem Glück, auch) immer vorausgeht und sie lange begleitet, lassen die Schauspieler sich aber dennoch nicht nur hilflos wegtreiben. Plötzliche, scharfe Verdeutlichungen bilden Strukturen der Orientierung, Haltepunkte gegen das Verschwimmen der Texte (in der kühlen, klaren Übersetzung, die Stein selbst erstellt hat). Rehm und Peter Simonischek, Jutta Lampe und Martina Krauel, Miriam Goldschmidt (eine Farbige von Natur), Ernst Stötzner, Michael Maassen und Christiane Petersen – sie haben alle solche Augenblicke, in denen die Szenen sich spannen, Energien des Widerstands spürbar werden, eines Widerstands gegen den Verlust der Zeremonie und der Tragödie; und des Lebens.

Das Problem, das sich dabei mehr und mehr herausbildet, ist das der Unmittelbarkeit: Wie wäre, statt des verzögernden Redens, der vielen Brüche und Spiegelungen, unmittelbares Handeln, wie wäre die Tat noch möglich? Etwa zur Mitte der gut dreistündigen Aufführung steigt der Hofstaat von seiner Höhe herab und begibt sich in die direkte Konfrontation mit den Spielern der Zeremonie. (Formal wird aus der vertikalen Gliederung der Szene eine horizontale.) Die Herrschenden wollen die Schwarzen strafen, werden aber, einer nach dem anderen, von diesen »zur Hölle geschickt« (Genet). Dieses Abschlachten der Unterdrücker (freilich immer noch innerhalb des Rituals) – ist das nun der Akt der Befreiung vom Druck der Selbst-Reflexionen und von der Qual der Rollen?

Oder ist nur in der Liebe jene Unmittelbarkeit wieder zu haben? Wie in allen Stücken Genets ist auch in »Die Neger« eine Liebesgeschichte enthalten. Peter Simonischek und Jutta Lampe spielen das Paar, das die letzten Worte hat. Aber gegen seine Gebärden der Zärtlichkeit zweifelt sie: »Alle Männer sind wie du: sie imitieren. Kannst du nicht etwas anderes erfinden?« Was die Zeremonie bestimmt hatte, der Verlust der Tat in der Anstrengung ihrer Imitation, das reicht noch bis in den Augenblick der Liebe. Ist denn gar keine Aussicht, auf eine neue Sprache, auf ein neues, von seiner Vorgeschichte befreites, wieder unmittelbares Leben? Genet schließt mit dem leisen Versprechen der Frau: »Ich werde dir helfen.« Das jedenfalls, soviel.

Dann weitet sich die Bühne nach hinten zu einem Schlußbild, in

Jochen Tovote, Mathias Gnädinger, Udo Samel, Elke Petri, Gunter Berger

dem Realität und Theater sich wieder trennen. In einer riesigen Vergrößerung erscheint das Kartenbild des Kontinents Afrika an der Rückwand, die äußeren Konturen und die Ländergrenzen sind leuchtende Linien. Davor, zwischen vielen weißen Prunksärgen, bewegen sich die Schauspieler tanzend zu der Musik des Menuetts aus Mozarts »Don Giovanni«, zurückgekehrt in die Rituale der weißen Kultur. Klein sind die Theaterpersonen unter dem Bild des fernen Erdteils. Das ist er wieder: der ewige Abstand.

Peter Iden, Frankfurter Rundschau

Ensemble

Pierre Henri Cami

DRAMEN AUS DEM TÄGLICHEN LEBEN

café-concert

MERET BECKER URS BIHLER PAUL BURIAN THIMO BUTZMANN TINA ENGEL PETER FITZ MATTHIAS GEHRT GREGER HANSEN MONIKA HANSEN HANS MADIN SUSANNE MEIERHOFER WILLEM MENNE CHRISTINE OESTERLEIN STEFAN RECK CAROLINE REDL WOLF REDL OTTO SANDER LIBGART SCHWARZ WOLFGANG SECK GERD WAMELING BÖRRES WEIFFENBACH NIKOLA WEISSE GÜNTHER WERNER

Regie PETER FITZ/WOLF REDL/OTTO SANDER/LUC BONDY/ELLEN HAMMER Bühne KARL-ERNST HERRMANN Kostüme ANDREA SCHMIDT-FUTTERER Musik PETER FISCHER Dramaturgie STEPHEN TREE Übersetzungen STEPHEN TREE/PETER KRUMME Regieassistenz HELLMUT REINKE Bühnenbildassistenz BERND DAMOVSKY/FRIEDERIKE ZU RANTZAU Kostümassistenz DOROTHÉE UHRMACHER Choreographie des Stepptanzes LISA LICCINI Am Piano GREGER HANSEN Inspizienz HANS KUSNIK Souffleuse SYLVIA MÜLLER Requisite MAREN STÖSSINGER/CHRISTIAN SAMEIT Maske URTE KUSSEROW/CORNELIA WENTZEL Ton GABRIELE KRONENBERG/JOACHIM SCHRÖDER Beleuchtung MARKUS MIESCH/WOLFGANG GÖBBEL/KONRAD LINDENBERG Gewandmeisterin ELKE DRAEGER Bühnenmalerei WALTER HEIDENREICH/HANS REINDL Technische Leitung VOLKER BUTZMANN Technische Assistenz MARTIN SCHERFFIG/HELMUT SCHOLZ

PREMIERE 29. 9. 1983

oben links Greger Hansen, Urs Bihler, Willem Menne oben rechts Paul Burian, Urs Bihler mitte links Paul Burian, Willem Menne, Christine Oesterlein mitte rechts Urs Bihler, Tina Engel unten links Peter Fitz, Tina Engel unten rechts Ensemble

oben Libgart Schwarz, Paul Burian, Greger Hansen, Willem Menne unten Stefan Reck, Wolf Redl

Gerd Wameling, Urs Bihler, Wolfgang Seck, Willem Menne, Günther Werner, Peter Fitz, Libgart Schwarz

Lauter Possen. Lauter irrsinnig einfallsreiche und turbulente Absurditäten. Am Ende öffnen sich alle vier Bühnen, vorn, hinten, links und rechts. Jetzt sind wir am Nordpol. Die Groteske spielt im Eis, die Bühne ist übersät von albernen Pinguinen, in deren Mitte der nun gefrorene Schwachsinn nach Art Camis sich austoben darf. Vom Lachen selig geschwächt, verläßt man das fidele Café-Haus, diese anheimelnde Irrenanstalt.

Das ist durchweg entzückend. Und wie schön, daß die Schaubühnen-Leute denn doch nicht immer nur nach den Sternen greifen: Sie huldigen, wie früher schon mit einem unvergessenen Courteline-Abend, mit gleicher Kunst und gleichem Eifer dem sinnvollen Quatsch, der hochintelligenten Darbietung des Absurden. Ein hierorts bislang unbekannter Klassiker des Absurden wurde endlich angemessen entdeckt: Cami.

»Dramen aus dem täglichen Leben« nennt die Schaubühne diese geradezu perfid zwerchfellschädigende, ständig urkünstlerische und intelligente Veranstaltung. Das ist hoffentlich wieder ironisch gemeint. Sonst wehe uns!

Friedrich Luft, Die Welt

Das hört sich alles ziemlich schwachsinnig an, und als Triumph des Schwachsinns hat sich die Schaubühne das alles auch ausgedacht. Sie hat weder an Rotwein, weder an Kostümen, Schauspielern und Masken noch an Bühnenbildern und Gags gespart, um die Minidramen im großen Stile herzurichten. Hinzurichten?

Natürlich zeigt die Schaubühne, daß sie auch einen solchen Studentenulk gewissermaßen promoviert zelebrieren kann. Was man jedoch beim Anschauen der grellen Miniaturen hofft, daß nämlich ihre knallige Komik und ihr deftiger Unsinn auf einmal unheimliche Löcher in die Wirklichkeit reißen, die den strudelnden Sog zumindest einer auslaufenden Badewanne erzeugen, das stellt sich nur selten ein.

Etwa wenn Libgart Schwarz mit aller gebotenen Vernünftelei den Unterschied zwischen Schein und Sein erst behauptet, dann widerlegt, schließlich sich ihm ergibt, dann wird dieser Nonsens-Vortrag zu einer Gehirnakrobatik, die geradewegs zum Rande des Wahnsinns führt. Man merkt, daß Komik nur das letzte verzweifelte Lachen sein kann, hinter dem das Nichts gähnt.

In der Schaubühne gähnte statt dessen manches Mal der Zuschauer, wenn allzu offensichtlich sein kindlicher mit seinem kindischen Sinn verwechselt wurde.

Hellmuth Karasek, Der Spiegel

Camis Figuren sind fragil, sie vertragen den staatstheaterhaften Zugriff nicht, sie sind immer ein wenig schmutzig, also bekommt ihnen die reinliche Darstellung deutscher Provenienz so wenig, wie die trotzige Behauptung, dies sei nun komisch.

Zwischen den Lachern macht sich Langeweile breit, geprobte Anarchie ist keine mehr. So hat die Geschichte der Schaubühne, in der noch der leiseste Humor auf seine gesellschaftliche Verbindlichkeit befragt wurde, die tapferen Streiter für Cami eingeholt, die können nicht mehr aus ihrer Kunst-Haut, ihr Präparator hat sie zu gut ausgestopft.

Roland H. Wiegenstein, Frankfurter Rundschau

Greger Hansen, Willem Menne

SEVDALI BULUT / DIE VERLIEBTE WOLKE

Nach einer Erzählung von Nâzım Hikmet
Für die Bühne bearbeitet von Orhan Güner

Derwisch BÜLENT TEZCANLI Kara Seyfi BARIŞ EREN Ayşe BEATRIS TUNCAY Taube YEKTA ARMAN Dornbusch/Schlange SERPIL ŞIMŞEK Wolke ORHAN GÜNER Erzähler MIRIAM GOLDSCHMIDT / URS BIHLER

Regie MIRIAM GOLDSCHMIDT Kostüme MOIDELE BICKEL / GABRIELE MENZEFRICKE Technische Leitung VOLKER BUTZMANN / HELMUT SCHOLZ Beleuchtung KONRAD LINDENBERG Requisite HELMUT OPITZ Gewandmeisterin ELKE DRAEGER Projektleitung REINHARD STEIDLE

PREMIERE 8. 10. 1983

Gastspiele in Frankfurt, Stockholm

In der Inszenierung gewinnen jede Bewegung, jedes Detail eine »sprechende« Einfachheit und Klarheit; das Spiel mit Puppen, die Gags und Slapstick-Momente sind immer richtig, die Situation kommentierend, eingesetzt. Die Leichtigkeit, die so schwer herzustellen ist – sie schwebt wie die verliebte Wolke über die Bühne und erfüllt den fast leeren Raum mit märchenhaftem Zauber. Neben dem ästhetischen Reiz hat diese Konzentration der Mittel zusätzlich einen praktischen Gewinn: mit »Sevdali Bulut« kann das Ensemble überall auftreten.

Wolfgang Hammer, Frankfurter Rundschau

Serpil Şimşek, Bariş Eren, Bülent Tezcanli

Meredith Monk / Ping Chong

THE GAMES

(Erinnerung an heute)

Game Master GERD WAMELING Game Players (in der Reihenfolge der Auftritte) WILLEM MENNE / ELKE PETRI / GREGER HANSEN / HEIKE FALKENBERG / CHRISTINE OESTERLEIN Chor IMKE BUCHHOLZ / DENISE GORZELANNY / VERA KAMARYT / ANGIE PEREZ / SUSANNE RATKA / SEBASTIAN CRAMER / HEIKKO DEUTSCHMANN / WAYNE E. HANKIN / HERBERT TRATTNIGG / HARTMUT VOLLE Musiker WAYNE E. HANKIN / HEIKKO DEUTSCHMANN

Regie MEREDITH MONK / PING CHONG Mitarbeit GAIL TURNER Musik MEREDITH MONK Text PING CHONG Bühne YOSHIO YABARA / FRIEDERIKE ZU RANTZAU Kostüme YOSHIO YABARA Regieassistenz ANNETTE ROSENFELD Mitarbeit Bühne GABRIELE MENZEFRICKE Mitarbeit Kostüme GIOIA RASPÉ / DOROTHÉE UHRMACHER Bewegungstraining GAIL TURNER Entwurf der Diapositive PING CHONG Photographien RUTH WALZ Stimmen auf Tonband ANNETTE ROSENFELD / ERNST STÖTZNER Inspizienz GÜNTER MAYER Ton CHRISTIAN VENGHAUS / JOACHIM SCHRÖDER Beleuchtung MARKUS MIESCH Maske SIGRID GROPPLER / URTE KUSSEROW Requisite ELISABETH TENBIEG Gewandmeisterin ELKE DRAEGER Bühnenmalerei WALTER HEIDENREICH Dekoration NORBERT HAHN Technische Leitung VOLKER BUTZMANN Technische Assistenz HELMUT SCHOLZ

PREMIERE 28. 11. 1983

Obwohl »Games« sich darum bemüht, die Ambivalenz menschlichen Spiels dadurch noch zu steigern, daß die Menschen ihre irdische Existenz im Stück bereits »verspielt« haben, gerät die Aufführung viel zu arglos und oberflächlich, um ihrem anspruchsvollen Thema gerecht zu werden. Zwar gibt es, verkörpert durch Gerd Wameling, einen tückischen Spielleiter, der immer wieder seine Macht mißbraucht und willkürlich Sieger und Besiegte bestimmt. Zwar versuchen die Spieler verschiedentlich, ihre individuelle Lage durch Betrug oder Protest zu verbessern. Doch eine gleichnishafte Metaphorik, die über den jeweiligen Spielansatz hinausweist und zur Klärung existenzieller Fragen beiträgt, entsteht nicht: Frühzeitig verliert sich die Aufführung in selbstgenügsamer, in ihren Mitteln sattsam bekannte Spielastik, die um so unangenehmer berührt, als gleichzeitig eine verquaste Ideologie verkündet wird, die bestenfalls als Orakel eines Hintertreppen-Gurus passieren könnte.

Arno Paul, Zitty

Gerd Wameling, Christine Oesterlein, Elke Petri, Greger Hansen, Heike Falkenberg, Willem Menne, Chor

Ensemble

Anton P. Tschechow

DREI SCHWESTERN

Drama in 4 Akten
Deutsch von Gudrun Düwel

Andrej Sergejewitsch Prosorow PETER SIMONISCHEK Seine Schwestern: Olga EDITH CLEVER Mascha JUTTA LAMPE Irina CORINNA KIRCHHOFF Fjodor Iljitsch Kulygin, Maschas Mann, Gymnasiallehrer WERNER REHM Natalja Iwanowna, Andrejs Braut, später seine Frau TINA ENGEL Alexander Ignatjewitsch Werschinin, Oberstleutnant, Batteriechef OTTO SANDER Iwan Romanowitsch Tschebutykin, Militärarzt WOLF REDL Baron Nikolai Lwowitsch Tusenbach, Oberleutnant ERNST STÖTZNER Wassili Wassiljewitsch Soljony, Stabshauptmann ROLAND SCHÄFER Alexej Petrowitsch Fedotik, Leutnant JOCHEN TOVOTE Wladimir Karlowitsch Rode, Leutnant NIKOLAUS DUTSCH Anfissa, Kinderfrau JOHANNA HOFER Ferapont, Bote des Semstwo HANS MADIN Stubenmädchen URSULA STAMPFLI

Regie PETER STEIN Bühne KARL-ERNST HERRMANN Kostüme MOIDELE BICKEL Dramaturgie DIETER STURM Musik PETER FISCHER Regieassistenz FRANK ARNOLD/HELLMUT REINKE Bühnenbildassistenz GERD HERR Kostümassistenz ANDREA SCHMIDT-FUTTERER Inspizienz HANS KUSNIK Souffleuse ISOLDE FRIEDL Requisite SYBILLE HASSING/HELMUT OPITZ Maske URTE KUSSEROW/CORNELIA WENTZEL Beleuchtung WOLFGANG GÖBBEL/KONRAD LINDENBERG/MARKUS MIESCH Ton GABRIELE KRONENBERG/PETER STRICKER Gewandmeister ELKE DRÄGER/JÜRGEN FISCHER Bühnenmalerei WALTER HEIDENREICH Technische Leitung VOLKER BUTZMANN Technische Assistenz MARTIN SCHERFFIG

PREMIERE 4. 2. 1984

MAZ-Aufzeichnung von Peter Stein. Eine Regina Ziegler Filmproduktion für das ZDF

Corinna Kirchhoff, Jutta Lampe

oben Jochen Tovote, Nikolaus Dutsch, Ensemble unten Ernst Stötzner

Jutta Lampe, Otto Sander, Wolf Redl, Nikolaus Dutsch, Corinna Kirchhoff, Jochen Tovote

Jutta Lampe, Otto Sander, Edith Clever, Werner Rehm, Roland Schäfer, Nikolaus Dutsch

Corinna Kirchhoff, Ernst Stötzner, Jochen Tovote, Tina Engel, Peter Simonischek, Wolf Redl

Jutta Lampe

Corinna Kirchhoff, Edith Clever

oben Otto Sander, Edith Clever links unten Jutta Lampe, Wolf Redl

unten rechts Otto Sander, Jutta Lampe

Corinna Kirchhoff, Edith Clever, Jutta Lampe

Corinna Kirchhoff, Jutta Lampe, Edith Clever

In ihrer Darstellung der Irina, die am sehnsüchtigsten fort will aus der Provinzstadt in ein wirkliches Leben (nach Moskau), den Baron Tusenbach (Ernst Stötzner, der im letzten Akt für die lastende Todesahnung des jungen Mannes zarte, fast spröde Töne findet) will sie heiraten, obwohl sie ihn nicht liebt, dennoch die Chance der Veränderung sieht, eine Aussicht, die sich nicht erfüllt, weil der Mann im Duell getötet wird – in dieser Darstellung des Mädchens durch Corinna Kirchhoff ist die ganze Tragödie des Stücks beschlossen, das Tschechow eine Komödie genannt hat. Die Rührung, die von der Schauspielerin ausgeht, darf man sich glauben, muß sich nicht schämen dafür. In ihrem Spiel ist Scheu und Direktheit und Geheimnis, eine Begabung zur Stille und zum Ausbruch des Temperaments – und immer, das vor allem, Einlassung auf die Worte und Bewegungen der anderen.

Bei aller Unordnung – die szenischen Arrangements bleiben präzise, ordentlich. Steins Schwierigkeit: auch Abwege behalten bei ihm oft den Charakter der festen Bahn, eine Angst vor dem Verlust der Übersicht. Schließlich stehen alle in einer Reihe, hören auf den magischen Ton eines gelben Brummkreisels.

Der zweite Akt bleibt im Halbdunkel, aber der Blick auf die Einzelnen, die kommen und gehen, verschärft sich; ihr Leiden, ihre Hoffnungen, flackernd beleuchtet. Der dritte Akt: eine unruhige Nacht, im Ort hat es gebrannt, die Katastrophe draußen – ein Spiegel der Fragen, Zweifel, Verzweiflung, für die den Menschen keine Antwort wird. Vom ersten bis zu diesem dritten Bild: ein Weg in die Enge. Für den Zerfall der Hoffnungen wird das Bild im vierten Akt dann weit und herrlich. Links das Haus, nun von außen, abblätternde Farbe. Die Allee mit den mächtigen Bäumen, Herbstlaub auf dem Boden, in der Ferne Licht auf einer milden Landschaft, Es riecht nach Wald und Fluß. Pathos der Natur. Dieses ausführliche Bühnenbild verselbständigt sich hier nicht, weil die Beständigkeit von Natur als Gegensetzung zur Unruhe der Herzen hier zum Thema wird, durch die alten Bäume werde man immer teilhaben am Leben, sagt einer. »Wie schön müßte das Leben sein unter ihnen.« Aber Abschied ist in der Luft, die Offiziere verlassen die Stadt, die Mädchen bleiben, aneinandergeschmiegt. Olga: »Warum wir leben, warum wir leiden... Wenn wir's nur wüßten«, dreimal wiederholt sie die Frage. Dieses letzte Bild der Aufführung, die herbstliche Allee und das Land in der Weite, die Menschen und wie sie voneinander sich abwenden und einander sich zukehren, die Trennungen und das Hoffen darüber hinaus – kaum jemand wird der wehen Schmerzstimmung der Eindrücke sich entziehen können. Und für einen Augenblick ist auch die Frage danach, was und wo denn das Glück sei, dann doch beantwortet: in diesem Theater.

Indes, das genügt nicht für länger. Der Trost aus den vielen kostbaren Schönheiten, manchmal sogar: den Wundern dieser Aufführung – ist es wirklich der einzige, den das Theater noch geben kann? Aus aller Welt waren sie zur Premiere gekommen und mußten es nicht bereuen. Eine Herausforderung aber, sich der Welt zu stellen, ist der Abend nicht. Es sei denn, seine Schönheit wäre auch seine Provokation.

Peter Iden, Frankfurter Rundschau

Alltäglichkeit und mythischer Zauber – noch in keiner Tschechow-Inszenierung war beides so nah beieinander, so unzertrennlich wie in Peter Steins Inszenierung der »Drei Schwestern« an der Berliner Schaubühne.

Zwei Akte lang passiert beinahe nichts – es sind zwei der spannendsten Theaterstunden seit langem. Zu dem müßigen ideologischen Streit, ob Tschechows Stücke nun Komödien sind oder Tragödien (oder wahre Tragikomödien) liefert Stein keinen Beitrag. Er vergießt keine Tränen über die Figuren und macht sich nicht lustig über sie, sondern schaut ihnen erst einmal lange bei ihrem Treiben zu.

Man erlebt an der Schaubühne diesmal also nicht gleich den schweren, theaterhistorischen Zugriff auf ein Stück, auch nicht die neue (oder ganz alte) Tschechow-Interpretation, sondern ein Wunder der Leichtigkeit. Als habe Stein auf ein meisterliches (dabei nie auftrumpfendes, wie müheloses) Stück mit nichts als meisterlichem (scheinbar mühelosem) Handwerk antworten wollen.

Es grassiert ein entsetzlicher Müßiggang. Doch nie unterschlägt Stein den Doppelsinn der Situation. Es gibt viel Leere und Langeweile, aber eigentlich fühlt sich niemand wirklich unwohl dabei – wenigstens nicht an einem schönen Frühsommermorgen. Daß immer dieselben Leute immer dieselben Gespräche führen, ist nicht nur lähmend – es herrscht eine angenehme Vertrautheit, ja Routine des Umgangs miteinander, man hat das Zusammenspiel gelernt. Das Stück beschreibt und beklagt das nutzlose Vergehen der Zeit, aber es hält die Zeit auch noch einmal an – für die kurze Ewigkeit eines Frühlingstages im ersten, eines Fastnachtabends im zweiten Akt.

Ach, man möchte all unsere schwitzenden, schwerfüßigen deutschen Regiekünstler auf eine Wallfahrt nach Berlin schicken. Es müßte ihnen in dieser Aufführung Hören und Sehen aufgehen. Wie Stein mehr als zehn Schauspieler gleichzeitig führen kann. Wie er eine Szene vom Salon in das Nebenzimmer verlagert, wie er mit der Leere eines Raumes spielt und mit dem Menschengedränge. Wie bei jedem Bild Vordergrund und Hintergrund immer dieselbe Schärfe haben, die Szenen nie auseinanderfallen in Solistik und Statisterie, Drama und Nebensache.

Und wie die Schaubühnenschauspieler sprechen: in einem schwebenden Parlando, ganz alltäglich und vollkommen musikalisch, von der geläufigen Glätte des Salonstücks genausoweit entfernt wie von lyrischer Innigkeit und tieferer Bedeutung. Wie da jeder den Ton und die Bewegung des anderen aufzunehmen scheint, wie sich alle Einzelheiten zu einem großen Gruppenbild, einem Gesellschaftspanorama zusammenfügen (und zu einer großen Komposition) – das erinnert an den »Tasso«, die »Sommergäste«, das »Fegefeuer«, die größten Stunden der Schaubühne. Es ist ein vielstimmiges Wunderwerk: die Schule der Polyphonie, die Kunst der Fuge, das Wohltemperierte Theater.

Benjamin Henrichs, Die Zeit

Mich provoziert, deutlich und derb gesagt, die bewußtlos-schöne, die sentimentale Oberflächlichkeit, die metiersichere Glätte und Gefälligkeit dieser Aufführung. Sie ist »werktreu« aus Unvermögen zur entschiedenen Deutungsart und Gestaltungsweise. Die für sie Verantwortlichen zeigen keine Position in dieser Gegenwart, keine Perspektive von heute auf das alte Werk, das sie deshalb nur zeit- und ortslos, realitätsblind, als »gekonntes« Theater zelebrieren. Totes Theater.

Imitiert wird die Bühnenbildkunst des historistischen Illusionismus, ohne einen Millimeter Distanz zum Nachgeahmten. Tschechows Werk wird unter der Glasglocke seiner Entstehungszeit eingesargt. Totes Theater.

Alle bewegen sich über die Bühne wie Leute, die es nicht gelernt haben, sich über eine Bühne zu bewegen, wie sollten sie auch. Sie sind sinnlos-teure Zutaten. Die Aufführung ist eine Herausforderung: zur Augen- und Hirnträgheit.

Henning Rischbieter, Theater heute

1001 NACHT

Sämtliche Erzählungen
Von Anfang bis Ende in Fortsetzungen vorgelesen von Libgart Schwarz
Deutsch von Enno Littmann und Gustav Weil

BEGINN 5.2.1984

Libgart Schwarz hat einen hellen, gleichmäßigen Erzählton angenommen, durchsetzt mit kleinen Pausen, die ihre ersten sechs Geschichten auch in sich gliedern. In den Text eingebaute Verse der Volksweisheit – »Das Leben der Alten ward zur Richtschnur für die Späteren« – heben sich kaum ab. Man wird ganz allmählich in einen Strom aus menschlich-übermenschlichen Schicksalen hineingezogen, die sich alle ähneln. Sie laufen nach schnell vertrauten Regeln und Zauberriten ab und scheinen immer wieder altbekannt. Denn nicht nur Hauffs Märchen entstammen orientalischen Traditionen, auch in unseren eigenen Volksmärchen ist Morgenländisches mit aufgehoben. Eine witzige Tierfabel wie die von dem Stier und dem Esel hat noch Lafontaine zum Vorbild gedient.

Bedrohung und Verzweiflung bleiben bei Libgart Schwarz ganz im Erzählton, der etwas von abgeklärter Weisheit gewinnt. Die Zuhörer verhalten sich still mit gespitzten Ohren; vielleicht einschläfernde Wirkung gehört ja zum Scheherazade-Mythos.

Hedwig Rohde, Der Tagesspiegel

Anton P. Tschechow

AN DER GROSSEN STRASSE

Eine dramatische Skizze
Deutsch von Peter Urban

Tichon Jewstignejew, Inhaber einer Schenke an der Großen Straße MATHIAS GNÄDINGER Semjon Sergejewitsch Borzow, ruinierter Gutsbesitzer WILLEM MENNE Marja Jegorowna, seine Frau LIBGART SCHWARZ Sawwa, alter Pilger URS BIHLER Wallfahrerinnen: Nasarowna CHRISTINE OESTERLEIN Jefimowna MARTINA KRAUEL Wallfahrer GREGER HANSEN Pilger MARTIN BRANDT Fedja, Wanderarbeiter GERD DAVID Jegor Merik, Landstreicher UDO SAMEL Kusma, Durchreisender PAUL BURIAN Postkutscher HANS LEHMANN Kutscher der Borzowa GREGER HANSEN Wallfahrer, Viehtreiber, Wanderer NINA WILL/JEZY MILTON/HEINZ MITTELSTAEDT/WOLFGANG SECK

Regie KLAUS MICHAEL GRÜBER Bühne GILLES AILLAUD Kostüme DAGMAR NIEFIND Regiemitarbeit ELLEN HAMMER Regieassistenz ANNETTE ROSENFELD Bühnenbildassistenz FRIEDERIKE ZU RANTZAU Kostümassistenz DOROTHÉE UHRMACHER Inspizienz GÜNTER MAYER Souffleuse SYLVIA MÜLLER Requisite CHRISTIAN SAMEIT/MAREN STÖSSINGER Maske CORNELIA WENTZEL/RENATE WETZEL Beleuchtung KONRAD LINDENBERG Ton JOACHIM SCHRÖDER Gewandmeister ELKE DRÄGER/JÜRGEN FISCHER Technische Leitung VOLKER BUTZMANN Technische Assistenz HELMUT SCHOLZ Bühnenmeister PETER WOYTOWITZ

PREMIERE 14. 2. 1984, Probebühne Cuvrystraße

Gastspiele in Paris, Brüssel, Madrid

Probebühne

Die Inszenierungen, die der Regisseur Klaus Michael Grüber in West-Berlin gemacht hat, ergeben stückweise eine Landkarte der Stadt. Die politischen Architekturen und der psychische Überbau werden sichtbar; das Olympia-Stadion im Westend oder die Mauer am Potsdamer Platz.

Grüber hat sich mit einigen Schaubühnen-Schauspielern auf die Probebühne nach Kreuzberg zurückgezogen, um fern vom Palastbetrieb des weltberühmten Theaters den Einakter »An der großen Straße« von Anton Tschechow einzustudieren. Die Vorstellungen finden hier an Ort und Stelle statt. Der Zuschauerraum ist nackt wie ein Betsaal, das Podium lang und schmal wie ein Korridor und die weiße Wand dahinter übersät mit wunden Punkten.

Grüber hat eine Stille inszeniert, die haltbarer ist, als das Gewitter irgend erschütternd sein kann. Sie bildet den vibrierenden Resonanzboden für Tschechows Melodramolett aus, das von dem unglücklichsten Ehemann aller Zeiten handelt.

Zwei Stunden verbraucht der Regisseur, um den Einakter so zu präparieren, daß man zwischen körperlicher Theaterwirklichkeit und theatralischer Metaphysik nicht mehr unterscheiden kann. Seine Akteure hat er diesem Vexierspiel kompromißlos unterworfen. Sie müssen, wie sie gehen und stehen, sitzen oder liegen, zugleich Menschen und Geister sein. Diese schwierige Aufgabe leisten sie mit unterschiedlichem Glück und Geschick.

Sollte man aber zwischendurch meinen wollen, alles sei nur ein leerer Wahn, so treten einem die Einzelheiten mit ihrer vollen, langwierig ausgearbeiteten Genauigkeit warnend vor Augen. Was sie anmahnen, ist keine ungeteilte Anteilnahme, aber jedenfalls die Achtung vor Grübers Kreuzberger Rückzug. Von jener anderen Tschechow-Gesellschaft, die drüben im Haupthaus in Peter Steins »Drei Schwestern«-Inszenierung mit den Gefühlen lärmt, unterscheiden sich die Pilger durch ihren stillschweigenden Verzicht auf jede persönliche Anbiederung. Hier gibt es ein asketisches Regie-Konzept, das aus dem Getümmel in die Einsamkeit führt.

Sibylle Wirsing, Frankfurter Allgemeine

Natürlich ist solche von Frömmigkeit in den Stillstand getriebene Weise zu leben nichts, was sich auf der Bühne von selbst verstünde: Grüber hat es mit den Schauspielern höchst künstlich, kalkuliert hergestellt. Das Genrebild wird zum baren Rätsel, der Atem geht nur noch flach in dieser Aufführung, sie bewegt sich zu auf einen Fluchtpunkt, in dem Bewegungslosigkeit und Versenkung dasselbe sein könnten. Dem haben sich die Darsteller anbequemt, nur Willem Menne als Borzow »macht« manchmal zuviel, während es Udo Samel gelingt, die Aggressivität des Merik, die ja immerhin so notorisch sein muß, daß sich der Wirt dazu herbeiläßt, dem Landstreicher die Stiefel auszuziehen, als eine von der Umgebung zum Schweigen gebrachte zu zeigen, da ist kein Platz mehr für Ausbrüche von Haß und Gewalt: Donner und Blitz hat der Himmel übernommen.

Keine »Interpretation« erklärt diese Séance, deren Sog man sich schwer entziehen kann. Und doch muß man fragen, was einen so eminenten Regisseur wie Klaus Michael Grüber dazu gebracht haben kann, ausgerechnet diese frühe Arbeit von Tschechow zu inszenieren, welches künstlerische Interesse ihn angetrieben hat: die Herstellung eines schönen, mäßig bewegten Bildes, eines eindrucksvollen Exerzitiums für Schauspieler allein kann es doch nicht gewesen sein.

Roland H. Wiegenstein, Frankfurter Rundschau

Heinz Mittelstaedt, Wolfgang Seck, Willem Menne, Greger Hansen, Jezy Milton, Martina Krauel, Nina Will, Mathias Gnädinger, Urs Bihler, Christine Oesterlein, Gerd David, Martin Brandt

Heinz Mittelstaedt, Wolfgang Seck, Udo Samel, Greger Hansen, Jezy Milton, Martina Krauel, Nina Will

Willem Menne, Mathias Gnädinger, Urs Bihler, Christine Oesterlein, Gerd David, Martin Brandt

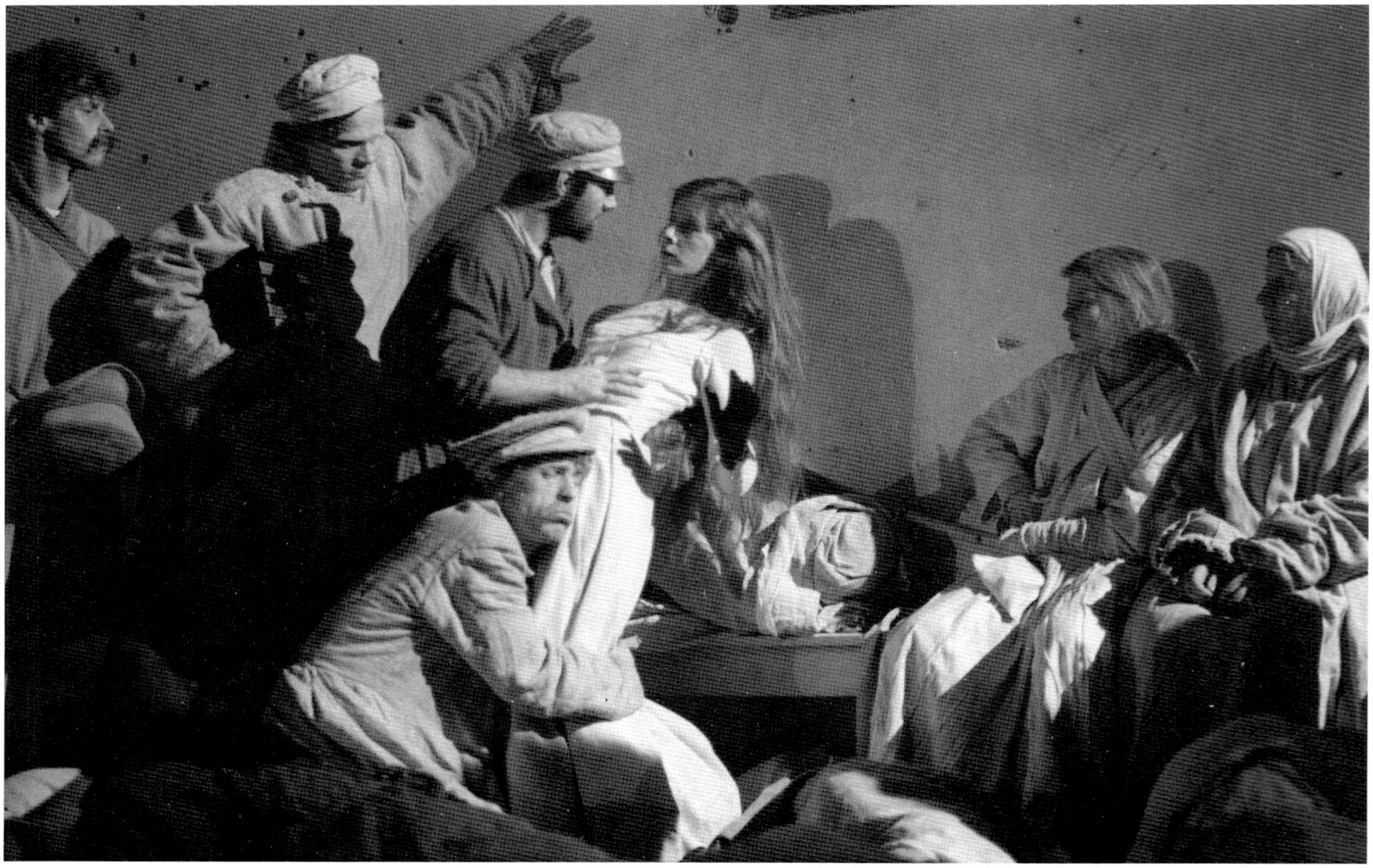

oben Jezy Milton, Nina Will, Gerd David, Mathias Gnädinger, Paul Burian, Udo Samel, Heinz Mittelstaedt, Urs Bihler unten Greger Hansen, Gerd David, Udo Samel, Willem Menne, Libgart Schwarz, Martina Krauel, Nina Will

KÜCÜK KARA BALIK
DER KLEINE SCHWARZE FISCH

Nach einer Erzählung von Samad Beranghi für die Bühne bearbeitet von Orhan Güner

YEKTA ARMAN BARIŞ EREN ORHAN GÜNER YALÇIN GÜZELCE SERPIL ŞIMŞEK BÜLENT TEZCANLI BEATRIS TUNCAY

Regie TUNCEL KURTIZ Bühnenbild HORST VOGELGESANG Kostüme GABRIELE MENZEFRICKE

PREMIERE 15.2.1984

»Kücük kara balik« ist Zaubertheater, das mit spielerischen Mitteln die Kinder zum Sprachenlernen und so zur Integration motiviert. Es ist zugleich ein Theater, das die Machtverhältnisse zwischen Herr und Diener und zwischen Mann und Frau anprangert – jedoch nicht auf aggressive, sondern auf sehr versöhnliche Weise.

»Die Welt ist rund« – das ist der Symbolsatz des »Alten«, als er dem »kleinen schwarzen Fisch« die Welt erklärt. »Die Welt ist flach« ist die Meinung der oberflächlich denkenden Gegenseite. Der große Fluß ist Sinnbild für das Menschsein, die Kämpfe der großen und kleinen Fische untereinander und gegen den Pelikan sind Sinnbild für Sozialverhalten.

Die Mischung der theatralischen Mittel und die revueartige Szenenfolge fesseln die Zuschauer ans Bühnengeschehen. Ein didaktisches Kindertheater, das sinnenfroh notwendige Inhalte vermittelt, ohne propagandistisch zu sein.

Christiane Kluth, Spandauer Volksblatt

Der kleine schwarze Fisch ist eine sehr sensible Erzählung von Samad Behranghi, der die Inszenierung leider nicht gerecht wird. Daß es nicht an den Schauspielern liegen kann, zeigen die früheren Stücke vom Beschneidungsfest und dem Schlauen Esel, die weitaus besser und phantasievoller waren.

Constanze Suhr, Die Tageszeitung, Berlin

Tuncel Kurtiz, Orhan Güner, Yalçin Güzelçe, Beatris Tuncay, Bülent Tezcanli, Yekta Arman, Sepil Şimşek, Bariş Eren

István Eörsi

DAS VERHÖR

Aus dem Ungarischen von Hans-Henning Paetzke unter Mitarbeit von Hans Skirecki

Károla Balla, Strafgefangener ERNST STÖTZNER Sándor Horetzky, Strafgefangener PAUL BURIAN Kálmán Kolosy, Strafgefangener WILLEM MENNE István Koplár, Strafgefangener WOLF REDL Ferenc Fóti, Oberstleutnant, Gefängniskommandant WERNER REHM Józsee Sajtos, Major, sein Stellvertreter GUNTER BERGER Zelle-Zelle, Aufseher im Rang eines Wachtmeisters MICHAEL MAASSEN Friseur, der auch Sanitäter ist FRANK ARNOLD Der kleine Staatsanwalt KARL-HEINZ TITTELBACH Zwei Schergen PETER BORTOLI / WILHELM OTT

Regie GEORGE TABORI Bühnenbild und Kostüme MARIETTA EGGMANN Musik KLAUS BUHLERT Regieassistenz FRANK ARNOLD Bühnenbildassistenz HEIKE SCHEELE / MARION STROHSCHEIN Kostümassistenz GERHARD GOLLNHOFER Inspizienz HANS KUSNIK Souffleuse REGINA KRONEBERG Requisite SIBYLLE HASSING / MAREN STÖSSINGER Maske URTE KUSSEROW Beleuchtung WOLFGANG GÖBBEL Ton PETER STRICKER / CHRISTIAN VENGHAUS Gewandmeister JÜRGEN FISCHER Verantwortlich für das Kostümwesen LUISE EBERSBACH Bühnenmalerei WALTER HEIDENREICH Technische Leitung VOLKER BUTZMANN Technische Assistenz MARTIN SCHERFFIG Bühnenmeister MICHAEL DUKKER / DIETER MAYERLE

Regiefassung der Schaubühne am Lehniner Platz

PREMIERE 5. 10. 1984, Uraufführung

Das Publikum blickt auf ein Wintermärchen und weiß nicht, ob es lachen oder heulen soll.

Wend Kässens, Basler Zeitung

Das Stück und die Inszenierung meinen, daß man sich nur auf die historischen Ereignisse oder eigenen Erlebnisse zu verlassen braucht, um politisches Theater zu machen. Ein solches Vertrauen in die Autorität des Stoffes tappt unkritisch und unpolitisch daneben. Denn es ist blind.

Sibylle Wirsing, Frankfurter Allgemeine Zeitung

Michael Maassen, Gunter Berger, Ensemble

Wolf Redl, Werner Rehm

Botho Strauß

DER PARK

Helen LIBGART SCHWARZ   Georg PETER SIMONISCHEK   Helma MARTINA KRAUEL   Wolf ROLAND SCHÄFER   Titania JUTTA LAMPE   Oberon BRUNO GANZ   Erstling MATHIAS GNÄDINGER   Höfling GERD WAMELING   Cyprian WALTER SCHMIDINGER   Schwarzer Junge AZIZ N'DIAYE   Mädchen CORINNA KIRCHHOFF   1. Junge MAX WIGGER   2. Junge HEIKKO DEUTSCHMANN   3. Junge STEPHAN SAMUEL   Der Sohn UDO SAMEL   Tod JOCHEN TOVOTE   1. Mann GREGER HANSEN   2. Mann JOCHEN TOVOTE   3. Mann WALTER SCHMIDINGER   Kaffeehausmusikant GREGER HANSEN

Regie PETER STEIN   Bühne KARL-ERNST HERRMANN   Mitarbeit BERND DAMOVSKY   Kostüme MOIDELE BICKEL/ANDREA SCHMIDT-FUTTERER   Dramaturgie DIETER STURM   Musik PETER FISCHER   Regieassistenz HELLMUT REINKE/ANNETTE ROSENFELD   Bühnenbildassistenz FRIEDERIKE ZU RANTZAU/VASSILIOS VENERIS   Kostümassistenz DOROTHÉE UHRMACHER   Musikalische Mitarbeit GABRIELE KRONENBERG/CHRISTOPH WEBER   Inspizienz GÜNTER MAYER   Souffleuse ISOLDE FRIEDL   Requisite HELMUT OPITZ/HANS THIEMANN/GERHARD VOLL   Maske URTE KUSSEROW/CORNELIA WENTZEL   Beleuchtung MARKUS MIESCH   Ton GABRIELE KRONENBERG   Gewandmeister ELKE DRÄGER/JÜRGEN FISCHER/LUISE EBERSBACH   Bühnenmalerei WALTER HEIDENREICH   Technische Leitung VOLKER BUTZMANN   Technische Assistenz HELMUT SCHOLZ   Bühnenmeister UWE ARSAND/HORST JESCHKE

PREMIERE 4. 11. 1984

MAZ-Aufzeichnung von Peter Stein. Eine Regina Ziegler Filmproduktion für das ZDF

Jutta Lampe, Bruno Ganz

oben Walter Schmidinger, Jutta Lampe unten Max Wigger, Corinna Kirchhoff, Jutta Lampe, Stephan Samuel, Heikko Deutschmann

oben Peter Simonischek, Libgart Schwarz, Roland Schäfer, Martina Krauel unten Aziz N'Diaye

Udo Samel, Jutta Lampe

Corinna Kirchhoff, Ensemble

Libgart Schwarz, Jochen Tovote

Bei Stein ist der Park auch ein geheimnisvolles Reich der Töne. Die Akustik ist so wichtig wie das Bühnenbild. Ständig liegt die Wildnis im Kampf mit den Geräuschen der Zivilisation: Martinshörner von Rettungswagen und Polizeisirenen. Ein Hubschrauber fliegt auf uns zu. Dann wieder vibriert die Luft vor magischen Tönen. Autolärm. Und dann schon wieder der Trompetenton des Elefanten, eine ganz besondere Art von Sirenengesang. Wer ihm folgt, läßt unsere Zivilisation hinter sich, kommt raus aus Deutschland. Aber wohin? Nach Neuseeland? In einen Sommernachtstraum?

Wer ist denn das auf einmal? Ein grauhaariger Mann mit grauem Sakko und einer grauen Hose, die ihm zu kurz und zu weit ist. Ein farbloser Spießbürger, der sich an einer Zigarette festhält, ein Subalterner unter tausend. Man rätselt, findet keine weitere Männerrolle auf der Besetzungsliste. Hat Stein eine Figur dazuerfunden? Aber dann erkennt man ihn doch. Das ist Bruno Ganz. Oberon, der eine Szene zuvor aus seiner Vampirhaut schlüpfte.

Die Wandlungen sind eine Bürde, aber auch die Größe dieses Stücks. Zum Beispiel: das Verblassen des Traums und seines Verwandten, des Mythos, zum grauen Alltag der Bundesrepublik. Statt einer steigenden hat dieses Stück eine abfallende Spannungskurve. Im Verlauf des Dramas werden alle Künstler und Vampire von unserer Angestelltengesellschaft besiegt. Schon nach dem dritten von insgesamt fünf Akten steht es eins zu null für die Bundesrepublik, gegen Transsylvanien. Der große Entwurf, der Sommernachtstraum, zerfällt in lauter Einzelteile, in Stückwerk. Erst finden die Beziehungskonflikte zwischen zwei deutschen Pärchen, ihre langweiligen Dreiecksverhältnisse, ihre Liebesgeschäfte in einem ganz schmalen Bühnenausschnitt statt, vom schwarzen Vorhang eng begrenzt. Bald aber nehmen sie die ganze Bühne ein, gibt es nur noch die Geschichten dieser Paare, denen Titania und Oberon inzwischen ähneln, und die Jugendlichen im Park, die sich immer wieder zu einer lärmenden Punkband formieren. Statt der Liebespaare, statt des erotischen Deliriums: die Sex Pistols. Stein hat diese Desillusionierung, diese szenischen Reste, diese bundesrepublikanischen Splitter, in die das Stück vorsätzlich zerfällt, gnadenlos inszeniert. Auch das ist Katharsis. Wer den »Park« sieht, tut Buße: Abbitte einer Gesellschaft, die den Sommernachtstraum verraten hat.

Natürlich ist dieser Abend auch Jutta Lampes Triumph. Einen langen Weg hat sie zurückgelegt von einer mädchenhaften Titania über die Wilde im blutigen Kostüm bis zur bürgerlich anständigen Ehefrau im langen weißen Kleid mit Sonnenhut. So trifft sie den in einen Kleinbürger verwandelten Oberon im Park-Café.

Im letzten Bild ist sie schon um die siebzig, ein zittriges Mütterchen, das mit ihrem Sohn auf einer schmalen Terrasse in der Sonne Kaffee trinkt. Dahinter, ein paar Stufen tiefer, ist ein Salon mit einer Glaswand zum Park. Es hallt auf der Terrasse, wenn man spricht. Der Sohn (Udo Samel), mit Stierfüßen, Hörnern und ein paar tierischen Attitüden, hat Sorgen. Titania feiert Silberhochzeit. Aber von 28 geladenen Gästen sind nur fünf gekommen. Auf einem Trapez fährt der Tod durch den Raum. Während Samel seine behaarten Hufe durch minimale Bewegungen immer wieder in Szene setzt (sein Schlußmonolog ist ein letztes schauspielerisches Glanzstück dieser Inszenierung), erinnert er sich, wie die verpfuschte Feier (gewesen) sein könnte: »Ja, ich küßte sie im Schutze der Menge. Das ist das Paradies, mein Sohn, sagte sie. Ja, sagte ich, das ist das Paradies, Mama.«

Der Park ist hin, die Herzen auch. Winzig am Ende: die Hoffnung.

Helmut Schödel, Die Zeit

Strauß' eminent ehrgeiziger Versuch, einen »Sommernachtstraum« von heute zu schreiben, ist gescheitert, gescheitert zunächst am Autor selbst, die paar eingestreuten Shakespeare-Verse machen seinen eigenen Text hoffnungslos klein, der so unentschieden zwischen planvoll vergifteter Alltagssprache, falscher Poesie und einer bloß vorgeblichen Nüchternheit schwankt.

An der Schaubühne hat Peter Stein das mit einer schon sklavischen Aufmerksamkeit für den Autor und seine Regieanweisungen inszeniert, was unter anderem auch bedeutet, daß Karl-Ernst Herrmann geradezu gigantische Bühnenbilder und Umbausituationen erfinden mußte, da ist selbst ihm die Luft ausgegangen. Nur in den vielen Dutzend märchenhaften Kostümen von Moidele Bikkel lebt etwas von der schönen Utopie, die Strauß nicht geschrieben, Stein nicht inszeniert hat. Ich habe diesen großen Regisseur noch nie so unsicher in seinen theatralischen Mitteln erlebt, so ausführlich, gar langweilig. Wo nur energische Striche und eine gewisse Komödienleichtigkeit das Stück vielleicht retten könnten, wird an der Schaubühne schweres Theater zelebriert, das sich nur für seltene Momente aus der Banalität des Tiefsinns zu befreien vermag, das aber lange Stunden peinigend wirkt. Daß die Aufführung nicht vollends zur Horror-Show verkam, zu einer grotesken Parodie auf eine »Werktreue«, die noch jeden Flattersatz als heiligen Text mißversteht, das verdankt sich nur einigen Schauspielern, die die verunglückte Chose mit all der Kunst lebendig zu machen suchten, über die sie verfügen. So Walter Schmidinger als homosexueller Bildhauer Cyprian, wie Strauß seine Puck-Version nennt. Durch schiere Professionalität, durch das Ausspielen all seiner stupenden Mittel und durch Inständigkeit hielt er der Rolle alle Zweideutigkeit fern, machte sie betreffend, da stand eine Figur auf der Bühne, die Strauß' Vorlage weit hinter sich ließ.

Roland H. Wiegenstein, SFB

Hatte man bis jetzt Straußens amüsierende Theatertechnik ausgebeutet und Nummern- und Schauspielertheater auf die Bretter gelegt, so widerfuhr nun endlich diesem Stück, das doch zu Zweidrittel schlechthin großartig ist, was Fabel und Konflikt, was aber auch seine lyrische Schwingatmosphäre anlangt, die ihm gebührende Bühnengerechtigkeit.

Für Schadenfreude ist in der poetischen Gerechtigkeit des Botho Strauß gar kein Raum, da kommen die Frauen nicht schlechter weg als die Männer, kriegen die Götter so wenig die Kurve wie die Menschen. Es fallen keine Bezichtigungen in diesem Sommernachtstraum vom Ende des 20. Jahrhunderts. Strauß zeigt in einem typisierten Sittengemälde den Eros, die Liebe von heute. Es gibt nichts anderes, sagt er, als die Verwirrungen, die ich euch hier zeige, aber damit ist eben noch niemand denunziert, das Positive ist nicht irgendeine Utopie der Liebe, auf die der Autor hinweist – das wäre Kitsch –, das Positive ist der Mensch als solcher, alle Figuren, von Titania und Oberon, dem Götterpaar, angefangen über den alternden homosexuellen Künstler Cyprian, der aus dem Shakespeareschen Puck geworden ist, bis zu den Paaren, ob sie nun aus der hetero- oder homosexuellen Mittelklasse stammen oder aus der Punkerjugend, die ein waches Problem haben, die Sexualität, alle Figuren bleiben Sympathieträger, nur schrecklich verkorkst. Vielleicht sind die Männer, nach dem Willen von Botho Strauß noch etwas verkorkster, da sie in seinen Theaterstücken ausschließlich über ihren Beruf definiert werden, während die Frauen sich ein Stück Privatheit reservieren konnten, das ihnen gewissermaßen mehr authentische Schrägheit, nicht nur die Normaldeformation von der Stange erlaubt.

Caroline Neubaur, SWF/BR

Harold Pinter

DIE GEBURTSTAGSFEIER

Neu durchgesehene Fassung nach der Übersetzung von Willy H. Thiem

Petey RICHARD BEEK   Meg CHRISTINE OESTERLEIN   Stanley ROLAND SCHÄFER   Lulu TINA ENGEL   Goldberg GUNTER BERGER   McCann UDO SAMEL

Regie JÜRGEN KRUSE   Bühne BERND DAMOVSKY   Kostüme CARITAS DE WIT   Regieassistenz HELLMUT REINKE   Kostümassistenz GERHARD GOLLNHOFER   Inspizienz GÜNTER MAYER   Souffleuse ISOLDE FRIEDL   Requisite SIBYLLE HASSING   Maske URTE KUSSEROW   Beleuchtung KONRAD LINDENBERG   Ton CHRISTIAN VENGHAUS/JOACHIM SCHRÖDER   Für das Kostümwesen verantwortlich LUISE EBERSBACH   Bühnenmalerei WALTER HEIDENREICH   Technische Leitung VOLKER BUTZMANN   Technische Assistenz HELMUT SCHOLZ   Bühnenmeister MICHAEL DUKKER

PREMIERE 6. 2. 1985

Wenn die Schaubühne das Stück, das auch in Berlin nicht neu ist, noch einmal aufgreift, erwartet man selbstverständlich, daß seine Haltbarkeit geprüft werden soll. Wie lustig ist der Spaß von damals geblieben – was gibt er heute her? Aber das illustre Theater hat längst die Erfahrung gemacht, daß kritische Inspektionen weniger ersprießlich sind als der schonende Umgang. Aus der Eintracht zwischen dem Text und der Regie erwachsen die wirksamen Bühnenfeste. In diesem Sinn benutzt nun auch Jürgen Kruse alle erprobten Mittel, um den Augenschein einer inneren und äußeren Konsequenz herzustellen. Bei seinem redlichen Ungeschick hat er jedoch die kosmetische Verjüngungsspritze vergessen. Wie ein reiner Tor vertraut er allein auf den Zauber der Wirklichkeitsillusion. Dabei kommt die häßliche Wahrheit an den Tag, daß Pinters Null-Realität genauso ältlich geworden ist wie der realistische Schaubühnen-Manierismus. Ohne Tricks und Bluffs ziehen beide nicht mehr richtig. Eine solche Entlarvung war sicher nicht geplant. Aber da sie passiert ist, muß man ihr ins Gesicht sehen.

Sibylle Wirsing, Frankfurter Allgemeine

Gunter Berger, Udo Samel, Roland Schäfer

oben Richard Beek, Christine Oesterlein, Roland Schäfer unten Tina Engel, Roland Schäfer

Maurice Maeterlinck

DER EINDRINGLING

Fassung der Schaubühne unter Verwendung der Übersetzungen von Stefan Gross und Friedrich von Oppeln-Bronikowski

Der Großvater (er ist blind) WERNER REHM Der Vater JOCHEN TOVOTE Der Onkel URS BIHLER Die drei Töchter ELKE PETRI/MARTINA KRAUEL/URSULA STAMPFLI Die barmherzige Schwester INGEBORG SCHERER Die Dienerin JOHANNA KARL-LORY

INTERIEUR

Im Garten: Der Alte HANS MADIN Der Fremde GREGER HANSEN Enkelinnen des Alten: Marie MARTINA KRAUEL Marthe URSULA STAMPFLI Ein Bauer NIKOLAUS DUTSCH Die Menge URS BIHLER/MATTHIAS GEHRT/HELMUT HAUCH/MARGRET HEIDEN/GÜNTER HERZEL/ROLAND HESSE/JOHANNA KARL-LORY/REGINA KRONEBERG/INGEBORG SCHERER/DIETRICH SOMMER/HARALD TOEWE/JOCHEN TOVOTE/CORNELIA WENTZEL/RENATE WETZEL/WERNER-MICHAEL WINZER Im Haus: Stumme Personen: Der Vater WERNER REHM Die Mutter ELKE PETRI Die zwei Töchter KARIN KAPER/CAROLINE REDL

DIE BLINDEN

Der Priester WERNER-MICHAEL WINZER Erster Blindgeborener JOCHEN TOVOTE Zweiter Blindgeborener GREGER HANSEN Dritter Blindgeborener URS BIHLER Der älteste Blinde HANS MADIN Der fünfte Blinde WERNER REHM Der sechste Blinde NIKOLAUS DUTSCH Drei betende Frauen MARGRET HEIDEN/JOHANNA KARL-LORY/INGEBORG SCHERER Die älteste Blinde ELKE PETRI Eine junge Blinde MARTINA KRAUEL Eine verrückte Blinde URSULA STAMPFLI Baßklarinette GÖTZ HOFFMANN

Regie WOLF REDL Bühne WOLF REDL/FRIEDERIKE ZU RANTZAU Kostüme ANDREA SCHMIDT-FUTTERER Musik und Tonmontage PETER FISCHER Dramaturgie KLAUS METZGER Regieassistenz MATTHIAS GEHRT Kostümassistenz EVA DESSECKER/DOROTHÉE URHMACHER/GERHARD GOLLNHOFER Bewegung FRANK FREY Inspizienz GÜNTER MAYER Souffleuse BEATRIX FELDMANN/REGINA KRONEBERG Requisite MAREN STÖSSINGER Maske SIGRID GROPPLER/URTE KUSSEROW/RENATE WELLERSHAUSEN/CORNELIA WENTZEL/RENATE WETZEL Beleuchtung MARKUS MIESCH Ton GABRIELE KRONENBERG/BERND-ULRICH KNOTHE/CHRISTIAN VENGHAUS Gewandmeister ELKE DRÄGER/JÜRGEN FISCHER Garderobe LUISE EBERSBACH Bühnenmalerei WALTER HEIDENREICH Technische Leitung VOLKER BUTZMANN Technische Assistenz HELMUT SCHOLZ Bühnenmeister PETER WOYTOWITZ

PREMIERE 19.3.1985

Ist das alles noch wirksam? Kaum! Zu oft wittert man beziehungsbedeutenden Kitsch. Die Dialoge tropfen. Oft sind sie von honighafter Süße, meist aber für heutige Ohren unversehens kitschig. Maeterlincks sämige Sprache würde, wenn aus heutigem Anlaß gesprochen, kaum ungestraft erklingen. Die Effekte der unverhohlenen Wehmut muten uns, auch wo sie sicher ehrlich waren, halb komisch an. Manch altes Märchen endet so wie diese drei heimlichen, todesverzückten, kleinen Theaterstücke.

Ein theatergeschichtliches Kuriositäten-Kabinett hat sich geöffnet. Wehmut und Innigkeit von vorgestern wurden, wenn die Bühne hier je hell werden durfte, sichtbar. Man verläßt mit einem Nachgeschmack von innigem Jugendstil die kleine sonderliche Übung. Man sah Theater, das nur immer, oft sicher geschmackvoll, süßlich auf der Zunge zergeht. Der Eindruck bleibt historisch interessant, bestenfalls – heute betreffend nicht.

Dabei hat Wolf Redl, Schauspieler und zuweilen schon Regisseur an der Schaubühne, die drei trügerisch-glitzernden Dramoletts durchaus ansehnlich und mit plausibel rückgewandtem Geschmack inszeniert. Er läßt eindringlich im Dunkeln munkeln. Er hat sich von Friederike zu Rantzau drei wollüstig-schöne Bühnenbilder bauen lassen, läßt seine Spieler, wie hier sicher nötig ist, immer wieder vom elegischen Kothurn heruntertönen.

Der Eindruck bleibt bei allem inszenatorischen Feinsinn schließlich doch so süß wie fade und total vergangen.

Friedrich Luft, Berliner Morgenpost

Eine Rettung des Dramatikers Maeterlinck ist Wolf Redl, ist den durchweg präzisen Schauspielern wirklich nicht geglückt, die Begründung dafür, daß es gerade diese Stücke sein mußten, mißlang ebenso, es sei denn, man wolle auf die weitverbreitete Neigung zu mystischen Sensationen verweisen, die die neuen Sekten blühen macht. Und das wäre angesichts der eigenen Geschichte der Schaubühne denn doch eine fatale Begründung, in jedem Sinn.

Zu entdecken war ein Regisseur, dem man gern wiederbegegnete, mit anderen womöglich weniger düsteren Arbeiten. Und erinnern wird man sich an dieses Licht an der Grenze zur tiefen, tiefen Dunkelheit.

Roland H. Wiegenstein, Frankfurter Rundschau

oben Elke Petri, Ursula Stampfli, Martina Krauel, Urs Bihler unten links Greger Hansen, Hans Madin, Caroline Redl, Karin Kaper, Elke Petri, Werner Rehm unten rechts Ensemble

Pierre Carlet de Chamblain de Marivaux

TRIUMPH DER LIEBE

Deutsch von Gerda Scheffel

Leonida, Prinzessin von Sparta, unter dem Namen Phokion JUTTA LAMPE Corinna, Vertraute von Leonida, unter dem Namen Hermidas CORINNA KIRCHHOFF Hermokrates, Philosoph THOMAS HOLTZMANN Leontine, Schwester von Hermokrates LIBGART SCHWARZ Agis, Sohn von Cleomenes, erzogen von Hermokrates und Leontine ERNST STÖTZNER Dimas, Gärtner bei Hermokrates MATHIAS GNÄDINGER Arlequin, Diener bei Hermokrates PAUL BURIAN

Regie LUC BONDY Bühne KARL-ERNST HERRMANN Kostüme MOIDELE BICKEL Dramaturgie DIETER STURM Musik PETER FISCHER Regieassistenz ANNETTE ROSENFELD Bühnenbildassistenz THOMAS LORENZ/VASSILIOS VENERIS Kostümassistenz DOROTHÉE UHRMACHER Inspizienz HANS KUSNIK Souffleuse ISOLDE FRIEDL Requisite SYBILLE HASSING/HELMUT OPITZ Maske URTE KUSSEROW/CORNELIA WENTZEL Beleuchtung WOLFGANG GÖBBEL/FERDINAND ZNAJEWSKI Ton GABRIELE KRONENBERG/PETER STRICKER Gewandmeister ELKE DRÄGER/JÜRGEN FISCHER Garderobe LUISE EBERSBACH Bühnenmalerei WALTER HEIDENREICH Technische Leitung VOLKER BUTZMANN Technische Assistenz DIETER VOGELGESANG Bühnenmeister UWE ARSAND

PREMIERE 11.5.1985

Gastspiele in Wien, Amsterdam
Theaterverfilmung von Luc Bondy. Eine Regina Ziegler Filmproduktion für das ZDF

Libgart Schwarz, Jutta Lampe

Libgart Schwarz, Jutta Lampe

Jutta Lampe, Thomas Holtzmann

oben Libgart Schwarz, Jutta Lampe, Ernst Stötzner, Corinna Kirchhoff, Thomas Holtzmann unten Libgart Schwarz, Thomas Holtzmann, Jutta Lampe

Ernst Stötzner, Jutta Lampe

Schauplatz der Handlung ist ein Park – wie immer bei Marivaux ein vor der Welt verborgener, verwunschener Ort, ein Fluchtort, ein Exil. Hier leben, hierhin geflohen sind der Philosoph Hermokrates und seine Schwester Leontine. Zwei Leute, für die der Herbst des Lebens begonnen hat, ohne daß sie je einen Sommer hatten. Sie haben einander nämlich ein Leben in Sittsamkeit und Strenge geschworen, fern den Lockungen der Liebe und damit auch den Zwängen der Lüge. Zwei Leute, die möglicherweise alle Stücke von Marivaux gelesen und daraus die richtige Konsequenz gezogen haben.

In ihrer Obhut haben die beiden grimmigen Puritaner einen jungen Prinzen, dessen Familie gewaltsam vom Thron vertrieben wurde. Sie meinen, den Knaben vor den Anschlägen der herrschenden Prinzessin (Leonida von Sparta!) schützen zu müssen.

Die Prinzessin aber, so Marivaux' gewagte Konstruktion, hat im Wald den jungen Prinzen gesehen – lesend, Gipfel der Verlockung. Wie ein Shakespeare-Mädchen entbrennt sie sofort in Leidenschaft, zieht sich Männerkleider an, beschließt, den Prinzen aus seinem Versteck zu entführen, den Todfeind zu ihrem Geliebten und Gemahl zu machen und so die alte Blutfehde zu beenden.

Da die Prinzessin weiß, daß der gestrenge Philosoph jeden Eindringling sofort aus seinem Garten Eden hinauswerfen wird, mutet sie sich eine haarsträubende Intrige zu: Sie will den glühenden Verehrer gleich dreier Menschen spielen, will den Prinzen, den Philosophen und die Schwester Leontine gleichzeitig in sich verliebt machen.

Der Versuch gelingt. Triumph der Liebe. Doch es ist ein fürchterlicher, vernichtender Sieg. Ein Triumph der Liebe über die Menschen – mindestens zwei von ihnen bleiben als Opfer des Experiments zurück, besiegt, verstümmelt. Hermokrates und Leontine haben alle Stücke von Marivaux gelesen, nur leider das eine nicht, in dem sie selber auftreten und untergehen.

Bondys Inszenierung zeigt die hohe Kultur der Figur, nicht aber den animalischen Furor, der sie treibt; nicht die sexuellen Energien, die sich in Marivaux' erotischen Wortgeplänkeln verbergen, verbergen müssen. Ein unerbittliches Stück wird so manchmal auf die allerschönste Weise kostbar verzärtelt.

Die Aufführung ist ein Triumph. Ein Triumph der Empfindsamkeit mehr als einer der (sengenden, brennenden) Liebe.

Benjamin Henrichs, Die Zeit

Bondys Sache ist die schönheitsverliebte Eleganz, die so erst sich freisetzen läßt, wenn man darauf verzichtet, Köpfe und Gemüter auch durch Disharmonien daran zu erinnern, daß die Wirklichkeit anders ist als das Theater: dies hier bleibt bei sich selbst, genügt sich selbst, ist mit sich im Einklang.

Und bliebe also müßig, wirklich so schön wie unnütz wie eine kostbare Spieluhr, gäbe es da nicht ein Wunder: die Leonida von Jutta Lampe. In der Hosenrolle versammelt sie energisch-zielbewußt und zugleich vollendet natürlich alles, was je ein Mozartscher Cherubin sein kann, spielt sie auch die Viola mit, knabenhaft androgyn und zugleich immer liebende Frau, also auch Vorschein der Minna von Barnhelm. Wie sie von Szene zu Szene sich tiefer verstrickt in das, was sie anrichtet, wie sie in der Enthüllungsszene des letzten Aktes ganz allein auf der künstlichen Insel steht (das Wasser im Teich ist abgelassen, nur welke Blätter liegen auf seinem nassen Boden), verloren, schutzlos, besiegt von ihren eigenen Gefühlen, wie darin dann alle schelmischen, überlegenen, virtuos Lügen ersinnenden, rabulistisch argumentierenden und hingerissen leidenschaftlichen Spielzüge der Figur durchlässig werden, für einen Menschen, dem das Spiel schrecklich geworden ist, wie allein durch sie der Bitterstoff der Wirklichkeit doch noch in die Kunstwelt Marivaux', Bondys, Herrmanns einbricht, diese transzendiert – ich wüßte nicht, wo ich derlei in den letzten Jahren auf dem Theater gesehen hätte.

Eine Schauspielerin, die schier alles kann, die souverän über ihre Mittel verfügt, begibt sich da des Schutzes, den diese Mittel auch bedeuten. Es ist ihr Triumph und sie kostet ihn nicht aus. Wenn die halbrunde Hecke sich zum vollen Kreis schließt, steht sie allein davor, hinter sich das weiße Hochzeitskleid, das Leontine gehören sollte: eine zage Geste, ein Ausdruck der Trauer, der Erschöpfung auch und wir wissen es wieder, ein für allemal: Bittermandeln, die man zur Würze edler Torten benutzt – sie enthalten Blausäure.

Dem ziemt eine tiefe Verneigung, Reverenz vor einer großen Frau und Schauspielerin: vor Jutta Lampe, deren Humanität alle Unverbindlichkeiten abweist.

Roland H. Wiegenstein, Frankfurter Rundschau

Die Berliner Schaubühne am Kurfürstendamm veranstaltet unter dem Titel »Der Triumph der Liebe« unter anderem eine Bücherverbrennung. Der Regisseur Luc Bondy schiebt die Tat, die den Täter denunziert, einem geschätzten Philosophen in die Schuhe. Der heißt Hermokrates, und sein Schöpfer ist der französische Komödien-Autor Marivaux.

Die Sache will es, daß der weltflüchtige Denker von einer Frau heimgesucht wird, die mit derselben Leichtigkeit Herzen bricht, wie andere Disteln köpfen. Im Stück macht sie den weisen Mann zum Narren und zieht sich am Schluß aus der Affäre, indem sie den elenden Toren ermuntert, sich an seinen Verstand zu halten. In der Schaubühnen-Inszenierung ist Hermokrates von Anfang an ein alter Esel, der nicht weiß, wie ihm geschieht, und der für das, was er tut, nicht bürgen kann. Wenn ihn sein entflammtes Gefühl zum Autodafé der Bibliothek verleitet, so hat der Autor damit nichts zu tun. Der Vergleich zwischen brennender Liebe und brennenden Büchern trifft allein den Regisseur, der ihn traf.

Das Kunststück, das sich reinen Herzens an der Berliner Inszenierung bewundern läßt, ist die Verkehrung des grandiosen Präzisionsmechanismus zur schillernden Schnulze. Darüber hinaus gibt es wenig zu rühmen. Der knarrende und knurrende Thomas Holtzmann macht aus dem Philosophen Hermokrates einen Knochen ohne Mark, und Ernst Stötzner spielt den blassen Agis als reine Null. Die Dienerschaft (Corinna Kirchhoff, Mathias Gnädinger und Paul Burian) liefert die Chargen ab, die von ihnen verlangt werden, und Libgart Schwarz schlägt als die alte Jungfer rabiat mit den Flügeln. Sie möchte, wie man wohl ahnt, aus der neckischen Veranstaltung ausbrechen und eine echte Krähe sein. Aber der Regisseur duldet keine Extratour und führt sein schäkerndes Spiel mit Glanz und Gloria zum Sieg. Am Ende schließt sich die Taxuswand vor einer Überwältigung, die vom Publikum bei der Premiere so stürmisch bejubelt wurde, daß der Boden dröhnte und die Wände bebten.

Sibylle Wirsing, Frankfurter Allgemeine Zeitung

ICH HABE MITGEDACHT

Eine Geschichte Adolf Eichmanns

Zusammengetragen und erzählt von Michael Maassen

Mitarbeit BEATRIX FELDMANN Kostüm GERHARD GOLLNHOFER Beleuchtung KONRAD LINDENBERG Requisite GERHARD VOLL Technische Assistenz HELMUT SCHOLZ

PREMIERE 24. 5. 1985, Probebühne Cuvrystraße

Gastspiel in Zürich

Maassens Darstellung macht die Figur Eichmanns so banal wie möglich und gerade darum fürchterlich. Monströs ist nicht er, monströs waren die Befehle und monströs war die Bereitschaft, ihnen zu folgen. Das hat mit Theater nur insofern etwas zu tun, als die Vermittlung dieses Eindrucks und der beunruhigenden Einsichten daraus, von einem klugen, genauen Schauspieler ermöglicht wurde. Eine verstörende Erfahrung, die bis in die Träume reicht.

Roland H. Wiegenstein, Frankfurter Rundschau

Michael Maassen

William Shakespeare

KÖNIG LEAR

Deutsch nach der Übertragung von Wolf Graf Baudissin

Lear, König von Britannien BERNHARD MINETTI König von Frankreich ERNST STÖTZNER Herzog von Burgund NIKOLAUS DUTSCH Herzog von Cornwall MATHIAS GNÄDINGER Herzog von Albanien JOCHEN TOVOTE Graf von Kent WERNER REHM Graf von Gloster PETER ROGGISCH Edgar, Glosters Sohn BRANKO SAMAROVSKI Edmund, Glosters Bastard ROLAND SCHÄFER Der Narr DAVID BENNENT Oswald, Gonerils Haushofmeister URS BIHLER Ein Edelmann GÜNTER FISCHER Curan, ein Höfling GREGER HANSEN Ein Arzt MARTIN BRANDT Ein alter Mann, Glosters Pächter GÜNTHER WERNER Ein Hauptmann JÜRGEN SCHMID Ein Herold GREGER HANSEN Gefolge und Bediente MARK BLEZINGER/ JEZY MILTON/WOLFGANG SECK/WERNER-MICHAEL WINZER Lears Töchter: Goneril LIBGART SCHWARZ Regan CORINNA KIRCHHOFF Cordelia MARTINA KRAUEL

Inszenierung KLAUS MICHAEL GRÜBER Mitarbeit ELLEN HAMMER Bühne GILLES AILLAUD Kostüme DAGMAR NIEFIND Dramaturgie DIETER STURM Regieassistenz HELLMUT REINKE Bühnenassistenz VASSILIOS VENERIS Kostümassistenz BETTINA WALTER Inspizienz GÜNTER MAYER Souffleuse REGINA KRONEBERG Requisite MAREN STÖSSINGER/HANS THIEMANN Maske URTE KUSSEROW Beleuchtung WOLFGANG GÖBBEL Ton JOACHIM SCHRÖDER Gewandmeister ELKE DRÄGER/JÜRGEN FISCHER Leiterin des Kostümwesens LUISE EBERSBACH Bühnenmalerei WALTER HEIDENREICH Technische Leitung VOLKER BUTZMANN Technische Assistenz HARALD STÜHRENBERG Bühnenmeister HARALD EDLER/PETER WOYTOWITZ

PREMIERE 9. 7. 1985

Gastspiel in Paris

Es entstand der unabweisbare Eindruck von »Stadttheater«. Jener Welt also, die so erhaben das Pappschwert zückt oder so gekonnt sich in die Arme sinkt, daß man sich gegen ein derartiges Übermaß an Kunst nur mit Gelächter wehren kann. Als am Schluß *en masse* gestorben wurde, kam unfreiwillige Komik auf; der Stiefel war vergiftet.

Minetti als Lear, das war die (zugegeben: wunderbare) Tautologie zwischen Mensch und Rolle; Alter und Einsamkeit, ein Bettler als König, ein Narr als Weiser, ein unvergängliches Zeichen der Vergänglichkeit.

Hellmuth Karasek, Der Spiegel

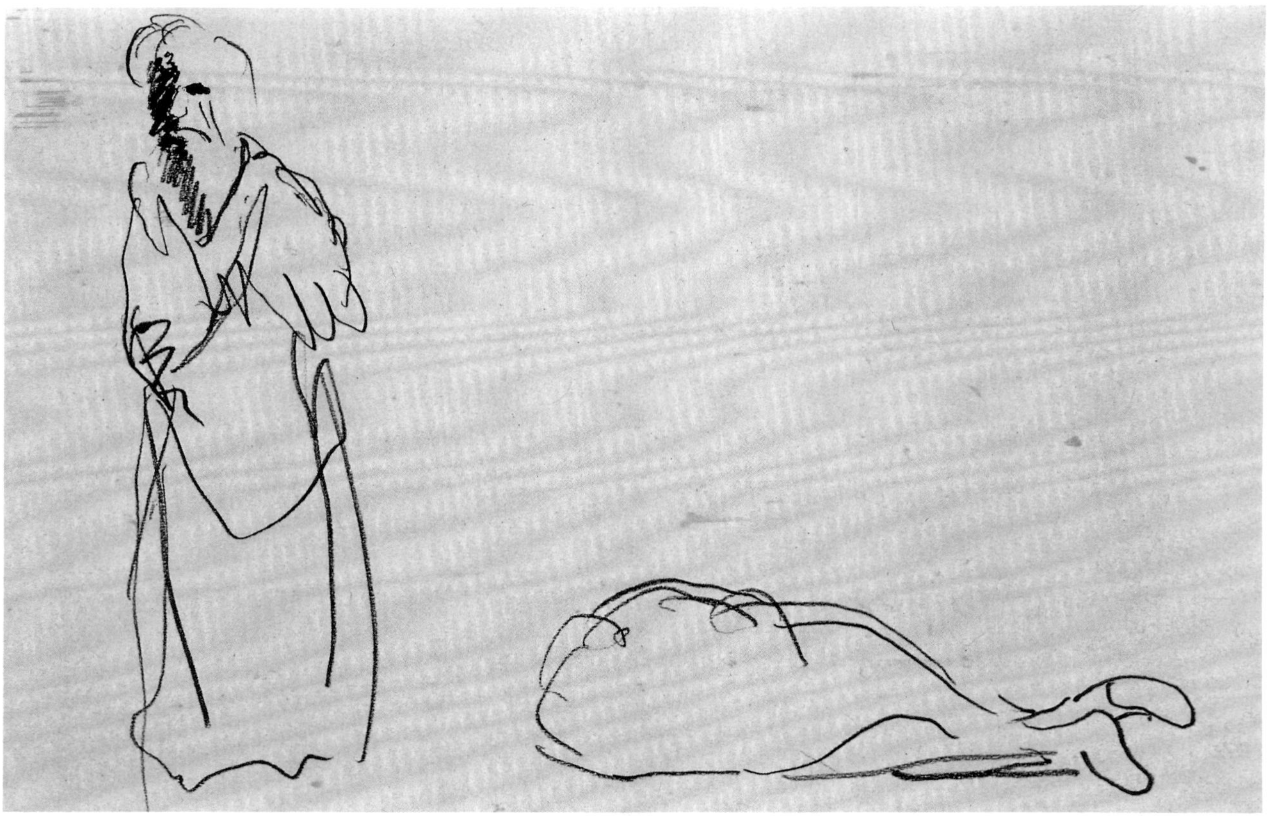

Bernhard Minetti

Bernhard Minetti, David Bennent

Branko Samarovski, Peter Roggisch

Die Abstände zwischen den Figuren, die Höfe der Einsamkeit um einen jeden, die halbdunkle, kalte Leere der Welt – das läßt Bernhard Minetti viel Raum für seine Fähigkeit, uns aus einem Text die Eindrücke von Farbe, Bewegung, Turbulenz, also die Erfahrung von Leben, zu gewinnen. Es ist ein Grundgedanke dieser Aufführung, daß das Drama nicht äußerlich, sondern nur in den Menschen sich ereignen und vollziehen könne und auch dann nur in der Arbeit des Erinnerns, lediglich in den Wörtern, die sie vorbringen, teilt sich davon vielleicht etwas mit – wer also Wirklichkeit haben will, muß auf die Wörter hören. Die Wörter des Lear von Shakespeare beschreiben zuerst sein Vertrauen (bei aller Torheit des freiwilligen Austritts aus der Macht), dann seine Überraschung angesichts der Undankbarkeit der Töchter, die Enttäuschung, später das Leiden und das Begreifen der Welt, schließlich vor der Leiche Cordelias, sind es Wörter der Klage. Minetti indes ist schon früh ein Sterbender, die Kraft seines Königs ist früh verfallen, er zeigt einen, in dem der Tod schon ist von Anfang an, nicht: ein Reifwerden für das Ende.

Peter Iden, Frankfurter Rundschau

Branko Samarovski, Bernhard Minetti, Peter Roggisch

oben Urs Bihler, Bernhard Minetti, Libgart Schwarz, Corinna Kirchhoff unten Peter Roggisch, Branko Samarovski

Botho Strauß

DIE FREMDENFÜHRERIN

Die Fremdenführerin CORINNA KIRCHHOFF Der Lehrer BRUNO GANZ Ein junger Mann STEPHAN MAEDER sowie LUCIA LAMBERTINI INGEBORG MUND-HELLER JUNIAN MAUN

Regie LUC BONDY Bühnenbild DIETER HACKER/KARL-ERNST HERRMANN Kostüme SUSANNE RASCHIG Dramaturgie DIETER STURM Musik und Tonmontage HANS PETER KUHN/CHRISTIAN VENGHAUS Regieassistenz MARK BLEZINGER/MATTHIAS GEHRT Bühnenbildassistenz VASSILIOS VENERIS Kostümassistenz MIRIAM EICH Inspizienz HANS KUSNIK Souffleuse REGINA KRONEBERG Requisite GERHARD VOLL Maske URTE KUSSEROW Beleuchtung WOLFGANG GÖBBEL Ton BERND SCHÖNHAAR Gewandmeister ELKE DRÄGER/JÜRGEN FISCHER Leitung Garderobe und Fundus LUISE EBERSBACH Malersaal WALTER HEIDENREICH/HANS-DIETER WOHLMANN Technische Leitung VOLKER BUTZMANN Technische Assistenz DIETER VOGELGESANG Bühnenmeister UWE ARSAND

PREMIERE 15.2.1986

Bruno Ganz und Corinna Kirchhoff füllen die Geschichte, die viele gängige Verhaltensmuster zitiert, mit soviel Wirklichkeit an, daß beinahe jeder Satz, jede Bewegung zum Ereignis wird. Der merkwürdig verhangene, wehmütige Wirklichkeitssinn, der Bruno Ganz seit seinen Anfängen auszeichnet, befähigt ihn hier zur Darstellung eines Mannes, der alle Gefühlslagen zwischen Selbstgewißheit und Selbstverlust, Leichtigkeit und niederziehender Schwere, Lust und Enttäuschung, Verlangen und Verzweiflung vor Augen führt. Ganz ist frei von dem Manierismus, der ihn in den letzten Jahren manchmal zu gefährden schien, er verhilft der Figur zu einer Realität, die fast keine Spur des Hergestellten mehr zeigt.

Für Corinna Kirchhoff muß das Zusammenspiel mit Bruno Ganz eine unerhörte Herausforderung gewesen sein. Kristines Wirklichkeitsgefühl ist ja von anderer Art, ihre Attitüden sind (weil ihr Leben soviel jünger ist) häufig eher übernommene, man kann in einzelnen Situationen sehen, wie sie sich gleichsam selbst erst zusammenfügt – die Schauspielerin erfaßt die Rolle aus der unruhigen Anstrengung der Kristine, sich eine Form und Kontur zu gewinnen, dauernd in der Auseinandersetzung mit einem Temperament, das dem Spontanen, Heftigen, momentgebundener Ausschließlichkeit zuneigt.

Bondy treibt die beiden Zug um Zug aufeinander zu. Für den zweiten Teil hat der Maler Dieter Hacker, assistiert von dem Bühnenbildner Herrmann, nach dem gelbschwarzen Stadionoval und dem gläsernen Bungalow des ersten Akts, eines seiner Bildmotive, die schwellende Rundform eines Hügels, auf die Bühne gebaut, darin die Öffnung einer oft gleißend hell ausgeleuchteten Höhle – dort sind die beiden ohne Fluchtweg, alle ihre Wörter und Bewegungen prallen sofort auf die des anderen, werden umgesetzt und zurückgegeben, es ist das dichteste, explosivste Zusammenspiel, das sich auf einer Bühne überhaupt denken läßt.

Die Aufführung ist durchtränkt von dem Verlangen, dem Verzicht, den Vollmundigkeiten und den vernünftelnden Verzagtheiten dieser Jahre. Sie spielt in einer griechischen Ferne: Aber das ist unsere Fremde.

Peter Iden, Frankfurter Rundschau

Corinna Kirchhoff, Bruno Ganz

Corinna Kirchhoff

Bruno Ganz

Zwischen Bruno Ganz und Corinna Kirchhoff entstand zuwenig Affekt, Haß, Eros, Lüge. Die Rolle des Lehrers ist, im Grunde, schwächer, sie ist eindimensionaler als die facettenreiche Figur des Mädchens. Doch Bruno Ganz gab dem Martin ein Moment von überzeugender Finsternis, gemischt mit edel denkendem Philosophenpathos, das auch gespreizte Sätze plausibel machte. Nur die brutale Wut dessen, der sich genarrt fühlt und gern Sicherheit hätte, wirkte aufgesetzt, wirkte eher mythologisch außen-gelenkt als individuell hervorgebracht.

Von der wunderschönen, balletteusenhaft schlanken und präsenten Corinna Kirchhoff hoffte ich *einen Augenblick,* dieses faszinierende Geschöpf könne für Berlin eine neue Elisabeth Bergner werden. Aber wirklich nur einen Augenblick. Denn die Schauspielerin fand nie die ruhige Selbstverständlichkeit eines Typus oder Rätsels. Sie gab immer nur Haltungen, zuviel Lachen, Schluchzen, affektgeladene Betonungen. Lauter bemerkenswerte Mittel ohne merkbare Mitte.

Weil allzu formuliert übers Innenleben gesprochen wurde, verflüchtigte sich dasselbe. So geriet, leider, die beabsichtigte Geschichte einer Beziehung zum Trauerspiel des hohen Tons.

Joachim Kaiser, Süddeutsche Zeitung

Corinna Kirchhoff, Bruno Ganz

Corinna Kirchhoff, Bruno Ganz

PHAIDON NACH PLATON

Spielfassung der Schaubühne am Lehniner Platz unter Verwendung der Schleiermacherschen Übersetzung

WOLF REDL JOCHEN TOVOTE

Inszenierung und Bild WOLF REDL Kostüme DOROTHÉE UHRMACHER Dramaturgie KLAUS-RÜDIGER WÖHRMANN Regieassistenz ALEXANDER SCHRÖDER Inspizienz GÜNTER MAYER Souffleuse REGINA GROEGER Requisite HELMUT OPITZ Maske ROSEMARIE FREIBERG Kostümhospitanz MONA KUSCHEL/ALMUT ZYDRA Beleuchtung KONRAD LINDENBERG/HARALD GERNIG Ton BERND-ULRICH KNOTHE/JOACHIM SCHRÖDER Gewandmeister WERNER BRACHMANN Leitung Garderobe und Fundus LUISE EBERSBACH Bühnenmalerei WALTER HEIDENREICH/HANS-DIETER WOHLMANN Technische Leitung VOLKER BUTZMANN Technische Assistenz HARALD STÜHRENBERG

PREMIERE 23.2.1986, Probebühne Cuvrystraße

Redl trägt die Weisheit nicht dick auf, er läßt Sokrates' listigen Humor zu, er macht das Nachdenken körperlich erfahrbar, er ist klug und zart bescheiden. Und er vergißt nie die Distanz, die zwischen uns und diesem Text liegt: Er will ihn uns nahebringen, zum eigenen Nachdenken verführen.

Da waltet ein Ernst, der der Kunst, dem Theater noch anderes ansinnt als das »Entertainment«, als den Glanz des »Spiels«, da wird, auf eine Weise, die des Paradigmenwechsels sich bewußt ist, dem die Treue gehalten, was einmal am Beginn der Arbeit dieses Theaters gestanden hat: der Versuch, mit theatralischen Mitteln an der Veränderung der Gesellschaft mitzuarbeiten. Daß das auch theatralisch »aufgeht«, daß es Redl gelungen ist, sein Interesse an dem alten Text als ein dringendes darzustellen, das macht den Rang dieser Inszenierung aus...

Roland H. Wiegenstein, Frankfurter Rundschau

Wolf Redl und seine Inszenierung begleiten den Philosophen eher in den Tod, als daß sie mit ihm den Ausweg aus der Angst beschritten. Die souveräne Möglichkeit, er habe sich und seinen Vertrauten die Stunde vor dem auferlegten Selbstmord mit einem Gedankenspiel vertrieben, das jeden faszinieren mußte, weil keiner die unlösbare Aufgabe verkennen konnte, wird von den Schaubühnen-Leuten nicht verwirklicht. Sie meinen offenbar oder möchten jedenfalls das Publikum glauben machen, daß es der Runde im Gefängnis beim bevorstehenden Abschied darum gegangen sei, schnell noch letzte metaphysische Fragen klarzustellen. Dabei gerät das nächstliegende Problem aus dem Blickfeld: wie man sich verhalten soll, wenn einem der Tod sicherer ist als alles andere.

Sibylle Wirsing, Frankfurter Allgemeine Zeitung

Wolf Redl, Jochen Tovote

Alexander N. Ostrowskij

EIN HEISSES HERZ

Komödie in fünf Akten
Fassung der Schaubühne aufgrund der Übertragung von Günter Jäniche

Pawlin Pawlinytsch Kuroslèpow, angesehener Kaufmann BRANKO SAMAROVSKI Matrjòna Charitònowna, seine Frau MIRIAM GOLDSCHMIDT Paràscha, seine Tochter aus erster Ehe IMOGEN KOGGE Narkiss, Angestellter in Kuroslèpows Haus ROLAND SCHÄFER Gawrìlo, Angestellter in Kuroslèpows Geschäft SYLVESTER GROTH Wasja Schustry, Sohn eines kürzlich ruinierten Kaufmanns ERNST STÖTZNER Silan, entfernter Verwandter Kuroslèpows, Hausknecht URS BIHLER Serapiòn Mardarjitsch Gradobòjew, Stadthauptmann WERNER REHM Sìdorenko, Polizist GÜNTER FISCHER Shigùnow, Polizist ROLF MAUTZ Aristàrch, Kleinbürger GERD WAMELING Taràch Taràssytsch Chlỳnow, reicher Unternehmer UDO SAMEL Ein Herr mit großem Schnurrbart PETER SIMONISCHEK Ein Sänger AXEL REICHARDT sowie NINA WILL STEPHAN MAEDER JEZY MILTON DIETER DOST MARIO SCHÖNER DETLEF SEIDENZAHL MONA VOLLMER HANS SCHEITHAUER

Regie LUC BONDY Bühnenbild RICARDO CAVALLO Mitarbeit INA PEICHL Kostüme MOIDELE BICKEL Musik und musikalische Einrichtung PETER FISCHER/CHRISTOPH WEBER Dramaturgie DIETER STURM Regieassistenz MARK BLEZINGER/MATTHIAS GEHRT Bühnenbildassistenz VASSILIOS VENERIS/VERA DOBROSCHKE Kostümassistenz EVA DESSECKER/GERHARD GOLLNHOFER Inspizienz GÜNTER MAYER Souffleuse ISOLDE FRIEDL Gesangs- und Stimmbildung MARCELLA REHM Requisite SIBYLLE HASSING/MAREN STÖSSINGER Maske URTE KUSSEROW Beleuchtung WOLFGANG GÖBBEL Ton MICHAEL GOTTFRIED/BERND-ULRICH KNOTHE Gewandmeister ELKE DRÄGER/WERNER BRACHMANN Leitung Garderobe und Fundus LUISE EBERSBACH Malerei und Plastik WALTER HEIDENREICH/JOSÉ HUGO SERNA/RAFAEL SERRANO-PRIETO/HANS-DIETER WOHLMANN Technische Leitung VOLKER BUTZMANN Technische Assistenz DIETER VOGELGESANG Bühnenmeister MICHAEL DUKKER

PREMIERE 6.9.1986

oben Branko Samarovski, Urs Bihler unten Miriam Goldschmidt, Sylvester Groth, Imogen Kogge

oben Gerd Wameling, Rolf Mautz, Urs Bihler, Werner Rehm, Günter Fischer unten Rolf Mautz, Udo Samel, Jezy Milton, Günter Fischer, Ernst Stötzner, Imogen Kogge, Dieter Dost, Peter Simonischek, Stephan Maeder, Axel Reichardt

Peter Simonischek, Branko Samarovski, Udo Samel

Werner Rehm

Branko Samarovski, Peter Simonischek, Udo Samel

Vom Ensemble der Schaubühne ist, neben dem zwischen Leiden an und in der Zeit, fieberhafter Trance und höherer Wahrheit schwankenden Samarovski, Imogen Kogge, das aufbrausende leidenschaftliche, dann wundersam souveräne, selbstbewußte, auch ein wenig trotzig bleibende heiße Herz, hervorzuheben. Im vielschichtigen, gelegentlich verblüffend simpel veranschaulichenden Ambiente von Cavallo führte Bondy seine Darsteller subtil in ein Reich zwischen Traum und Wirklichkeit.

Hanna Niederdorfer, Bayernkurier

Bondys Anteil an dieser Arbeit kann man am besten an der distanzierten Neugier erkennen, die er den Figuren entgegenbringt, dem Interesse an der Versuchsanordnung, in der Menschen bloß Objekte sind, und an ein paar szenischen Erfindungen, die das eher kleine Stück in eine metaphysische Dimension treiben sollen. Die kritische Schärfe, die Ostrowskis Stück auch hat, wird meist ins Märchenhafte oder sanft Komische aufgelöst: Das Sittenbild war nicht des Regisseurs vordringliche Sorge.

Es ist Bondy auch nicht gelungen, die verschiedenen Figuren auf einheitlichen Stil zu verpflichten; da spielt jeder seinen Part recht unbekümmert um die anderen, mal mehr, mal weniger russisch (Urs Bihler als Faktotum liefert gleich einen ganzen Tolstoi mit, und er tut es schön). Nur wo die »alten« Schaubühnendarsteller von früheren Erfahrungen zehren, ergibt sich so etwas wie ein Ensemblespiel. Dabei hat beinah jeder sich seine Rolle gescheit mit genauen Details ausgeschmückt. Nur: Es geht nicht zusammen, oder doch nur szenenweise. Immer wieder macht die Breite der Darstellung, macht das langsame Grundtempo all die intelligent ausgedachten Effekte wirkungslos; vor allem in den beiden ersten Akten langweilt man sich sterblich. Und fragt sich also, warum es denn gerade dieser Ostrowski sein und warum ausgerechnet der Denkspieler Luc Bondy ihn inszenieren mußte (oder wollte). Man muß die Aufführung wohl zu den antiquarischen des berühmten Instituts rechnen.

Roland H. Wiegenstein, Rheinischer Merkur

Wir sehen eine Inszenierung, die ihrem Bühnenbild gehorsam folgt: ein Theater in Wasserfarben. Zwei Stunden lang, bis zur sehr späten Pause, findet die Aufführung keinen Ort, keine Melodie, keine Spannung des Erzählens. Alles ist brav gespielt, aber es lockt nicht, bannt nicht, hart gesagt: interessiert nicht. So vieles ist ordentlich inszeniert, so weniges außer der Ordnung.

Bondys Theater schwebt diesmal nicht, es schlurft; es ist nicht leicht, sondern behäbig; eine zähe Langsamkeit herrscht, nicht der Langsamkeits-Zauber der wahren Märchen. Als sei in vielen Monaten harter Probenarbeit alle Lebendigkeit und Schärfe aus der Aufführung herausprobiert worden. Bondy steckt manche schöne Lichter an – aber einen genialen Funken hat diese Inszenierung lange Zeit überhaupt nicht.

Benjamin Henrichs, Die Zeit

Sylvester Groth, Imogen Kogge

Aischylos

PROMETHEUS, GEFESSELT

Übertragen von Peter Handke

Kratos MATHIAS GNÄDINGER Hephaistos BRANKO SAMAROVSKI Prometheus BRUNO GANZ Die Töchter des Okeanos, der Chor SABINE ANDREAS/RENATE BLEIBTREU/TINA ENGEL/ISABEL KARAJAN/MARTINA KRAUEL/SUSANNE MEIERHOFER/LIBGART SCHWARZ/CHUN MEI TAN Okeanos PETER SIMONISCHEK Io, die Tochter des Inachos ANGELA WINKLER Hermes UDO SAMEL

Inszenierung KLAUS MICHAEL GRÜBER Mitarbeit ELLEN HAMMER Bühne und Kostüme ANTONIO RECALCATI Regieassistenz HELLMUT REINKE/MARK BLEZINGER Bühnenbild- und Kostümassistenz DIETRICH VON GREBMER Inspizienz GÜNTER MAYER Souffleuse ISOLDE FRIEDL Maske URTE KUSSEROW Beleuchtung WOLFGANG GÖBBEL Ton GISBERT LACKNER Gewandmeister ELKE DRÄGER/WILLI BRINGE Leitung Garderobe und Fundus LUISE EBERSBACH Malersaal GERHARD SCHORSCH/HANS-DIETER WOHLMANN Technische Leitung VOLKER BUTZMANN Technische Assistenz KARL-HEINZ MITTELSTÄDT Bühnenmeister UWE ARSAND/DIETER MAYERLE

BERLINER PREMIERE 27.9. 1986, Messehalle 10.2

Libgart Schwarz, Bruno Ganz

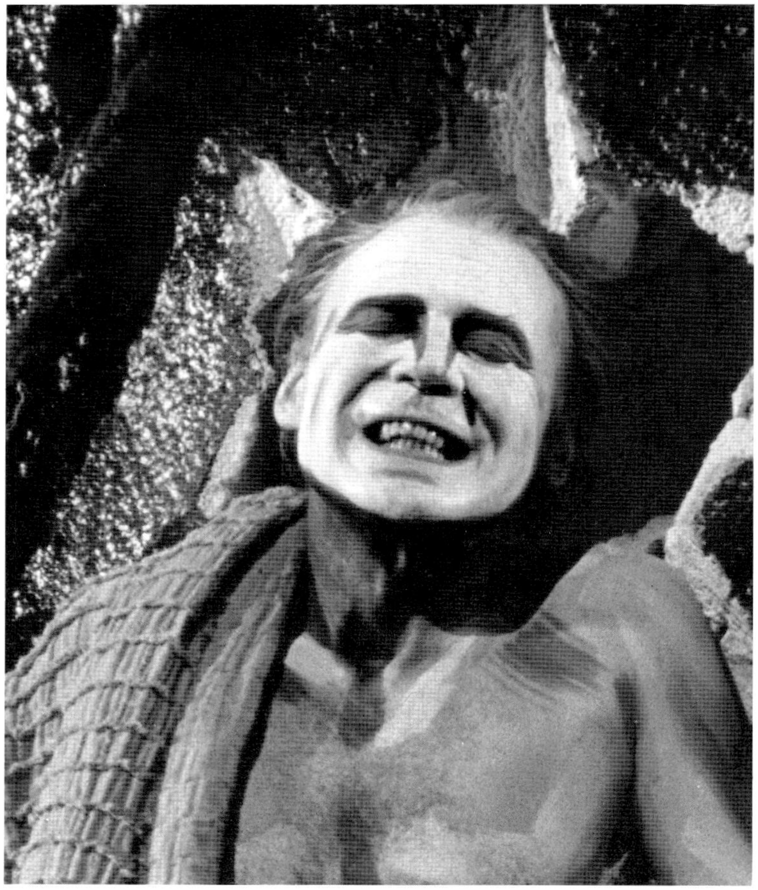

Bruno Ganz

Dies ist kultisches Theater – oder das war es zu seiner Entstehung. Die alten Griechen sangen ihre Spiele. Sie erlebten sie nicht in klammen Messehallen, sondern unter dem hellen Himmel Homers in einer streng geordneten Gesellschaft. Kein Vergleich zu heute.

Man erblickt die kühne Unternehmung erst mit berechtigtem Zweifel, dann wird man doch immer wieder in die Schluchten uralten Schmerzes gerissen. Man empfindet exemplarisches Urleid. Man ist betroffen.

Friedrich Luft, Berliner Morgenpost

Die Ungeheuerlichkeiten, die Bruno Ganz als Prometheus auf seinem Felsen abgehackt hervorstößt, diese Absage an die Privilegien der Götter, diese Verbrüderung mit den Menschen, sie ertönt meist als Theaterdonner. Nur wo Ganz sich ganz dem kreatürlichen Schmerz überläßt, den auch der gefesselte Gott spürt, wirkt er groß und bewegend. Daß da von Aischylos nicht weniger als eine Revolution vorgedacht wurde, die die Welt in Frage stellt, wie sie war, eine in ihrem Götter-Kosmos und ihrer irdischen Ordnung stabile Gesellschaft, das muß man sich nun dazudenken, es wird nicht mehr theatralisch beglaubigt.

Allein die leidende Io, die die zustechenden Bremsen über den halben Erdkreis verfolgten, entgeht in Angela Winkler der Banalisierung, ihr zarter Leidenston besiegt das konsternierte Unbehagen mit dem Arrangement, wie es nun zu sehen ist, den Stimmen, wie sie nun zu hören sind. Daß die Töchter des Okeanos, die den Chor bilden, vom Schummerlicht in der Halle gnädig in den Schatten gerückt werden, macht sie bedenklich nur, wenn man sie dann laufen, die Position wechseln sieht, da war keine, die mehr zuwege brachte, als eben dies: von einem Ort an den anderen zu kommen, sie huschten, trippelten, stolperten formlos daher. Auch ihre Texte holperten, zumal wenn mehrere die gleichen Worte oder Zeilen zu sprechen hatten, das wirkte dann stellenweise, der große Regisseur möge mir verzeihen, wie die Aufsagerei bemühter Lyceumsschülerinnen, die sich an einem Tragiker versuchen, weil der auf dem Lehrplan steht.

Roland H. Wiegenstein, Frankfurter Rundschau

Angela Winkler

Eugene O'Neill

DER HAARIGE AFFE

Eine Komödie vom Leben einst und jetzt in acht Bildern
Deutsch von Peter Stein

Chor der Heizer, Kapitalisten, Polizisten, Häftlinge, Gewerkschafter und Affen URS BIHLER/ROLAND BLEZINGER/NIKOLAUS DUTSCH/GÜNTER FISCHER/SYLVESTER GROTH/GREGER HANSEN/CHRISTOPH HOFRICHTER/PETER KREMER/STEPHAN MAEDER/ROLF MAUTZ/WERNER REHM/BERNHARD SCHÜTZ/ERNST STÖTZNER/NIKOL VOIGTLÄNDER/GERD WAMELING Chor der Kapitalistinnen CORINNA KIRCHHOFF/IMOGEN KOGGE/CHRISTINE OESTERLEIN/SONJA SCHRAGE/URSULA STAMPFLI/MICHAELA STEIGER/MONA VOLMER Robert Smith, »Yank« ROLAND SCHÄFER Paddy URS BIHLER Long WERNER REHM Mildred Douglas CORINNA KIRCHHOFF Deren Tante CHRISTINE OESTERLEIN Zweiter Ingenieur CHRISTOPH HOFRICHTER Ein Gentleman BERNHARD SCHÜTZ Senator Queen ERNST STÖTZNER Ein Gefängniswärter SYLVESTER GROTH Ein Sekretär der Industrial Workers of the World GERD WAMELING Ein Polizist GÜNTER FISCHER Ein Gorilla NIKOLAUS DUTSCH

Regie PETER STEIN Bühnenbild LUCIO FANTI Kostüme MOIDELE BICKEL Musik PETER FISCHER Dramaturgie DIETER STURM/KLAUS METZGER Regieassistenz MATTHIAS GEHRT/ANTON REY Bühnenbildassistenz PAUL LERCHBAUMER/THOMAS LORENZ Kostümassistenz EVA DESSECKER/HANS THIEMANN/DOROTHÉE UHRMACHER Inspizienz HANS KUSNIK Souffleuse REGINA KRONEBERG Gesangs- und Stimmbildung MARCELLA REHM Requisite SIBYLLE HASSING/HELMUT OPITZ Maske URTE KUSSEROW/ELKE ARNOLD/ROSEMARIE FREIBERG/RENATE WELLERSHAUSEN/CORNELIA WENTZEL/RENATE WETZEL Beleuchtung KONRAD LINDENBERG Ton JOACHIM SCHRÖDER Gewandmeister ELKE DRÄGER/WILLI BRINGE Leitung Garderobe und Fundus LUISE EBERSBACH Malersaal GERHARD SCHORSCH Technische Leitung VOLKER BUTZMANN Werkstättenleitung RAINER RUDOLPH Technische Assistenz DIETER VOGELGESANG Konstruktion P.E. KEMP ENGINEERS LTD., LONDON, ENGLAND/MANFRED MÜHLING Bühnenmeister HELMUT MÜLLER/UWE ARSAND

PREMIERE 9. 11. 1986

Gastspiel in London

oben Nikol Voigtländer, Gerd Wameling, Bernhard Schütz, Urs Bihler, Rolf Mautz, Sylvester Groth, Günter Fischer, Werner Rehm, Roland Schäfer, Stephan Maeder, Roland Blezinger, Nikolaus Dutsch, Ernst Stötzner unten Corinna Kirchhoff, Roland Schäfer

Chor der Heizer

oben links Christoph Hofrichter, Corinna Kirchhoff, Christine Oesterlein oben rechts Roland Schäfer, Ensemble unten links Günter Fischer, Roland Schäfer unten rechts Roland Schäfer, Ensemble

Wenn ein Engel in die Hölle kommt – dann könnte das die Rettung sein oder das Ende der Dinge.

Wir schauen in die Unterwelt eines riesigen Ozeandampfers. Der Maschinenraum. Kohlenstaub hängt wie schwarzer Nebel in der Luft, es ist fast völlig dunkel, nur drei klägliche Glühbirnen geben wenig trübes Licht. Unwirklich breit und abschüssig ist der Raum, drückend niedrig. Und finstere Wesen bevölkern die Finsternis: ungefähr fünfzehn wilde, halbnackte Gesellen, in den Händen riesige Kohlenschaufeln, die Leiber und Gesichter von Ruß geschwärzt, im Schweiße glänzend.

Genau in derselben Sekunde, da im Unterleib des Schiffes das Feuer ausbricht, die Hölle losgeht, beginnt in schwindelnder Höhe ein neues Mysterium. Ein bleiches Fräulein, im weißen, kostbaren Cocktail-Kleid, will hinab zu den Unterirdischen. Während die Männer unten, zunehmend erregt und bacchantisch, das Feuer füttern, sehen wir den langen, mühevollen Abstieg der zierlichen Dame. Die Treppen sind steil, das Abenteuer könnte ihr den Hals brechen. Aber es kommt schlimmer.

Denn als sie endlich den tosenden Feuerkeller erreicht, sieht sie, was sie wohl sehen wollte und was doch ganz anders ist, als es ihre Jungfernphantasien ihr vorgegaukelt haben. Sie sieht den Mann.

Alle Heizer sind bei dem geisterhaften Auftritt erschrocken zurückgewichen, starren die Frau furchtsam-fassungslos an. Nur Yank, der Oberheizer, der Hordenführer, hat von allem nichts gemerkt – rasend schaufelt er weiter, tobt und schwitzt, flucht obszön.

Der wüste Mann und der bleiche, falsche Engel sehen einander ins Gesicht – und erstarren. Yank (Roland Schäfer) hat Mund und Augen aufgerissen, den Arm wie zum tödlichen Schlag erhoben. Mildred (Corinna Kirchhoff) streckt dem Verdammten ihre dürren Arme entgegen, in einer flehentlichen, liebenden Gebärde. Und die Zeit steht still, und Mildred und Yank sind nun auch Achill und Penthesilea, Othello und Desdemona, King Kong und die weiße Frau.

Aber weil wir nicht im Märchen sind, weil diese Hölle, tief unten im Schlund des Dampfers, wirklich ist, gibt es keine Erlösung, macht ein Engel alles nur noch schlimmer.

Das Mädchen zittert, fällt in den Starrkrampf, wird von zwei Stewards gepackt und weggeschleppt. Jetzt, viel zu spät, schleudert der Heizer seine Schaufel, als wolle er den Spuk verscheuchen. Er ist der doppelt Ertappte und Bloßgestellte – die fremde Frau hat seine Niedrigkeit gesehen, und, viel schlimmer noch, seine Liebe. Das Untier ist verwundet, zu Tode; die Schöne ist verschwunden. Das Schiff fährt weiter.

Es ist eine tolle Szene – und wahrlich nicht die einzige des Abends. Peter Steins Rückkehr an die Berliner Schaubühne hat den Gestus einer Überwältigung (ob das Stück und das Publikum, überwältigt beide, dabei noch atmen können, ist eine andere Frage).

Die Aufführung hat drei Hauptakteure: Roland Schäfer, den Titelhelden; Lucio Fanti, den Bühnenbildner. Und den Chor – den Chor der Heizer, Kapitalisten, Polizisten, Häftlinge, Gewerkschafter und Affen. Der Bühnenbildner ist der ingeniöse (manchmal eitle) Machthaber des Abends; der Schauspieler Schäfer der tapfere (und manchmal ohnmächtige) Held. Der Chor aber, die Chöre sind das Glück, der Geniestreich der Aufführung. Nie ist der Regisseur Stein souveräner, kühner, als wenn er Männergruppen inszeniert: die Matrosen in der »Optimistischen Tragödie«, die Halbwüchsigen in Marieluise Fleißers »Fegefeuer in Ingolstadt« und im »Klassenfeind«, den Chor der alten Männer in der »Orestie«.

Wie aus dem Chaos der Körper Form wird, aus der Tobsucht Stille, aus dem Frieden dann wieder Aufruhr – dafür hat Stein ein anscheinend unerschöpfliches Repertoire von Blicken, Gebärden, Arrangements. Und viel mehr als das: Wie kein anderer Regisseur (sagen wir ruhig: auf der Welt) weiß er, wie schmal und verletzbar jener Bezirk ist, der die nackte Gewalt und die Gewalt »Liebe« voneinander trennt.

Daß Yank, der Heizer, die weiße Frau gesehen hat, hat nicht nur ihn verändert. Auch seine rohen Gefährten sind sonderbar bewegt und aufgewühlt – sie spotten über ihren verwundeten Anführer, aber nicht mit bösem Hohn, sondern mit inniger Ironie. Ja, sie beschwichtigen, sie behüten ihn geradezu im Wirbelsturm seiner neuen Gefühle. Jeder möchte jetzt den Erwählten einmal anfassen dürfen; geradezu andächtig berühren sie seine rußigen Hände und Arme. Ein paar Momente lang sind sie die Mitverzauberten. Dann finden sie wieder alles zum Brüllen und Lachen: Gott und Liebe, Recht und Regierung.

Mit O'Neills Stück führt uns die Schaubühne zurück in eine aufgewühlte Epoche (auch des Theaters). Kaum aber anzunehmen, daß dieses Theater (wie verblüffend auch immer rekonstruiert) jetzt auch unsere windstille Epoche aufwühlen kann. Aus dem Theater von gestern (und dem von morgen) wird nicht zwangsläufig ein Theater für heute. Aber das ist Stein vermutlich egal (und vielleicht hat er recht).

Benjamin Henrichs, Die Zeit

Es war wie ein bitterer, weil ungewollter und doch unvermeidbarer Abschied. Etwas ist an ein Ende gekommen – das haben fast alle gespürt an diesem Abend. Eine Claque wollte es nicht wahrhaben, jubelte Peter Stein und den Schauspielern zu, wie verzweifelt, als könnten beschwörende Bravos den Zeitfilm zurückspulen um fünfzehn Jahre, die alte Lust auf Theater und auf die Welt, die von so vielen Aufführungen dieser »Schaubühne« sooft ausging, noch einmal beleben.

Umsonst war das aber. Nicht, weil eine Inszenierung, durch mancherlei Pannen behindert, sich zu ihrem endlich letzten Bild hingequält hatte – das kann an jedem Theater geschehen und war an der »Schaubühne« auch früher schon vorgekommen. Das Lastende an dem Abend von O'Neills »Der haarige Affe« kommt vielmehr aus seinem Mangel an Perspektive, man sieht nur: So kann es mit diesem Theater nicht weitergehen, die Produktion enthält keine entwicklungsfähigen Ansätze, eröffnet keinerlei Aussichten.

Schon bald nach dem Umzug vom Halleschen Ufer in das weiße Haus am Kurfürstendamm hatten sich die Anzeichen vermehrt für eine Tendenz zur Monumentalisierung (und Musealisierung) der Theaterarbeit; die Inszenierungen ließen sich dennoch verteidigen, weil da immer viel Substanz war, viel Gedanken- und Bildkraft.

Ohne von der Gedankenschwäche ablenken zu können, herrschen in der Aufführung die Bilder. Die Schwierigkeit dabei ist jedoch, daß sich die Bilder zwar als solche entfalten, zugleich aber auch verselbständigen. Nach einem Gegenschnitt auf das Oberdeck, wo ein Gespräch mit der Tante des Mädchens (Corinna Kirchhoff) verulkt, sehen wir die Heizer wieder, nun ganz unten, im Kesselraum. Aus fünfzehn Löchern strahlt Feuerbrand, auf Kommando schippen die (aufs künstlichste) verrußten Männer Kohlen in die offenen Schlünde. Das ist eine gewaltige naturalistische Simulation – und eine maßlose theatertechnische Imponiergeste. Was sie bewegt, veranlaßt, vermitteln kann, ist nahe Null.

Die Veranstaltung, die über ihre (übrigens stilistisch auch noch ganz uneinheitliche, unentschiedene) Ausstattung mit Welthaltigkeit prunken will, erstickt an schiefer Simulation.

Das ist es: Nichts mehr von der Welt in diesem Theater. Ein Exkurs irgendwohin, in forciert Apartes. Ohne Verbindung zur Zeit, zu Menschen, zur Gesellschaft.

Peter Iden, Frankfurter Rundschau

Fjodor M. Dostojewski

SCHULD UND SÜHNE

Fassung von Andrzej Wajda
Deutsch von E. K. Rahsin

Porfirij Petrowitsch, Untersuchungsrichter UDO SAMEL Rodion Romanowitsch Raskolnikow STEPHAN BISSMEIER Sonja JUTTA LAMPE Samjotow BERND LUDWIG Rasumichin DIRK NAWROCKI Nikolka STEPHAN MEYER-KOHLHOFF Kleinbürger BRANKO SAMAROVSKI Koch MATHIAS GNÄDINGER

Regie ANDRZEJ WAJDA Bühne und Kostüme KRYSTYNA ZACHWATOWICZ Regieassistenz MARK BLEZINGER/ALEXANDER SCHRÖDER Bühnenbildassistenz VASSILIOS VENERIS Kostümassistenz GERHARD GOLLNHOFER Dolmetscherin JAGODA ENGELBRECHT Inspizienz GÜNTER MAYER Souffleuse ISOLDE FRIEDL Requisite ANGELIKA KÖNIG Maske CORNELIA WENTZEL Beleuchtung WOLFGANG GÖBBEL Gewandmeister ELKE DRÄGER/WILLI BRINGE Leitung Garderobe und Fundus LUISE EBERSBACH Malersaal GERHARD SCHORSCH Technische Leitung VOLKER BUTZMANN Werkstättenleitung RAINER RUDOLPH Technische Assistenz KARL-HEINZ MITTELSTÄDT Bühnenmeister HARALD EDLER

PREMIERE 29. 11. 1986, Probebühne Cuvrystraße

MAZ-Aufzeichnung von Andrzej Wajda. Eine Regina Ziegler Filmproduktion für das ZDF

Stephan Bissmeier, Jutta Lampe

Stephan Bissmeier, Udo Samel

Wajdas Experiment geht voll auf. Der tiefe Sog des denkerischen Dialogs wird offenbar. Jedes Wort lebt gefährlich. Jede Figur atmet. Dostojewskis quälerische Wahrheitssuche teilt sich mit. Das große Denkspiel gewinnt bestürzende Aspekte.

Friedrich Luft, Die Welt

Die Schauspieler müssen so tun, als steckten sie in ihren Rollen, wie beim Sackhüpfen drin; eingenäht in die Situation und in die Typen. Das geht nicht ohne Krampf ab. Es wird gemimt und gekünstelt. Die Balken biegen sich. So viel Echtheit kann nicht wahr sein. Die Nachahmung trägt das russische Wesen, Seele und Gemüt, faustdick auf. Prätention ersetzt den Spürsinn.

Sibylle Wirsing, Frankfurter Allgemeine Zeitung

Udo Samel, Stephan Bissmeier, Stephan Meyer-Kohlhoff

Luigi Pirandello

UNA GIORNATA ... WIE EIN TAG

Drei Einakter
Deutsch von Georg Richert in einer Einrichtung der Schaubühne

CECÈ

Cesare Vivoli, genannt Cecè PETER KREMER   Carlo Squatriglia, Bauunternehmer für öffentliche Arbeiten mit dem Titel Commendatore MATHIAS GNÄDINGER   Nada, eine Halbweltdame IMOGEN KOGGE   Ein Diener VERA ANNA EBEN

DER MANN MIT DER BLUME IM MUND

Der Mann mit der Blume im Mund WERNER REHM   Ein ruhiger Gast MATHIAS GNÄDINGER   Frau IMOGEN KOGGE

ICH TRÄUME – ABER VIELLEICHT AUCH NICHT

Die junge Frau CORINNA KIRCHHOFF   Der Mann im Frack SYLVESTER GROTH   Ein Diener WERNER REHM

Regie LUKAS HEMMLEB   Regie-Mitarbeit bei Cecè ROLAND SCHÄFER   Bühnenbild THOMAS LORENZ   Kostüme DOROTHÉE UHRMACHER   Regieassistenz MATTHIAS GEHRT   Regieassistenz bei Cecè IRENE STEIN   Bühnenbildassistenz VASSILIOS VENERIS   Kostümassistenz BARBARA JÄGER   Wissenschaftliche Mitarbeit WOLFGANG SICHERT   Inspizienz HANS KUSNIK   Souffleuse REGINA KRONEBERG   Requisite SIBYLLE HASSING/MAREN STÖSSINGER   Maske URTE KUSSEROW/RENATE WETZEL   Beleuchtung KONRAD LINDENBERG   Gewandmeister ELKE DRÄGER/WILLI BRINGE   Leitung Garderobe und Fundus LUISE EBERSBACH   Malersaal GERHARD SCHORSCH   Technische Leitung VOLKER BUTZMANN   Werkstättenleitung RAINER RUDOLPH   Technische Assistenz KARL-HEINZ MITTELSTÄDT   Bühnenmeister DIETER MAYERLE

PREMIERE 26. 2. 1987

Corinna Kirchhoff, Sylvester Groth

Imogen Kogge

Eine gelungene Gratwanderung zwischen Sein und Schein, von dem jungen Regisseur Lukas Hemmleb präzis und beeindruckend auf die Bühne gebracht, weit mehr als ein Regie-Erstling. Ein müder, herablassender Beifall zeugte am Kurfürstendamm von einer unglaublichen Arroganz des Publikums. Den Herrschaften fehlte das inszenatorische Fünf-Sterne-Ereignis, anstatt zu honorieren, daß die Förderung des künstlerischen Nachwuchses bei der Schaubühne in guten Händen ist.

Jürgen Werth, Radio DRS – Studio Basel –

Was einen böse macht, ist der acht- und lieblose Umgang mit einem Dramatiker, der, führt man ihn heute auf, der besonderen Hege bedarf. Nein – für die kleinen Piecen selbst gilt das nicht: Denen hat der Jung-Regisseur aus der Schule Peter Steins, Lukas Hemmleb, kein Leids getan; war auch beinahe unmöglich, wo der doch die zum Teil ausführlichen Szenenanweisungen des Autors so sorgsam studiert hat. Und die Schauspieler nutzen noch die schmalsten Entfaltungsmöglichkeiten leichthin zu scharf gezeichneten Augenblicksbildern.

Doch fast nichts ist damit gewonnen.

Die Riesen, ob vom Berge oder von sonstwo, schicken uns hämisch ihre Bastarde, die Zwerge, ins Theater. Nicht nur, erst probeweise, in dieses. In andere ja schon immer.

Karena Niehoff, Süddeutsche Zeitung

Mathias Gnädinger, Werner Rehm

Robert Wilson

DEATH DESTRUCTION & DETROIT II

PAUL BURIAN VERA DOBROSCHKE TINA ENGEL GREGER HANSEN LUCIA HARTPENG MATTHIAS MATUSCHKA NORBERT MAUK JEZY MILTON CHRISTINE OESTERLEIN ELKE PETRI BRANKO SAMAROVSKI UDO SAMEL FELIX SCHNIEDER-HENNINGER LIBGART SCHWARZ PETER SIMONISCHEK ERNST STÖTZNER CHRISTINA UECKERT GERD WAMELING

Regie und Bühnenbild ROBERT WILSON Kostüme MOIDELE BICKEL Mitarbeit Kostüme EVA DESSECKER Choreographie SUZUSHI HANAYAGI Lichteinrichtung HEINRICH BRUNKE Klang- und Musikeinrichtung HANS-PETER KUHN Produktionsleitung und Dramaturgie KLAUS METZGER Akrobatik LAJOS KOVACS Regieassistenz ANN-CHRISTIN ROMMEN / ANTON REY Bühnenbildassistenz PAUL LERCHBAUMER / VERA DOBROSCHKE/THOMAS LORENZ (Workshop) Abendregie BERND SCHMICH Inspizienz GÜNTER MAYER Beleuchtung WOLFGANG GÖBBEL/ ROLAND EDRICH/FERDINAND ZNAJEWSKI Ton BERND SCHÖNHAAR/MARTIN REICHMANN/GUSTAV HOBEL/CASPAR OELSCHLEGEL Requisite HANS THIEMANN/ANGELIKA KÖNIG Maske URTE KUSSEROW Gewandmeister ELKE DRÄGER/WILLI BRINGE Leitung Garderobe und Fundus LUISE EBERSBACH Malersaal GERHARD SCHORSCH/HANS-DIETER WOHLMANN/RAFAEL SERRANO-PRIETO/JOSÉ HUGO SERNA Technische Leitung VOLKER BUTZMANN Werkstättenleitung RAINER RUDOLPH Technische Assistenz HELMUT SCHOLZ/DIETER VOGELGESANG Bühnenmeister MICHAEL DUKKER

PREMIERE 27. 2. 1987

Wilsons Theater prunkt mit Effekten, verwöhnt mit Späßen, wirkt zur gleichen Zeit planlos und überorganisiert. Das Theater trumpft auf und kokettiert, mit Breitwandbildern und Kabarettscherzen; das heißt, es ist mit dem Publikum und der eigenen Wirkung beschäftigt, statt eine Welt für sich selbst zu sein. Und Wilson, der uns immerzu beeindrucken und erlesen unterhalten möchte, hat plötzlich die Diensteifrigkeit eines Entertainers, nicht mehr die Unnahbarkeit des Magiers.

Ein wirkliches Wunder aber (und nicht nur eine ästhetische Großdemonstration) ist Wilsons Theater nur dann, wenn alle Rätselbilder einen zwar nicht logischen, aber doch magischen Zusammenhang haben – wenn sie gemeinsam dahintreiben wie Trümmer in einem großen Fluß (oder Planeten im Weltraum). Wenn der Zuschauer der Lösung aller Rätsel und Mysterien immer ganz nahe ist, ohne sie jemals zu erfahren.

Doch diesmal ist der Zuschauer gar nicht erst aufgebrochen; die Bilder zogen ihn nicht weg, sie drängten sich ihm machtvoll auf. Kaum zu entscheiden, ob »Death Destruction & Detroit II« ein »Gebilde« ist, »das aus seiner eigenen Explosion besteht« (wie Heiner Müller kühn behauptet) oder ein »knackiger, postmoderner Video-clip«, wie *dpa* knackig befindet. Ob Wilson mit seiner sonderbar hektischen surrealistischen Nummernrevue einen Schritt ins auch für ihn Unerforschte getan hat, oder doch nur die Trümmer aus vielen älteren Produktionen noch einmal neuarrangiert hat, clever und bombastisch. Ob das Theater wirklich explodiert oder nur zu glitzerndem Staub zerfällt.

Oder, nochmal anders gesagt: ob »Death Destruction & Detroit II« wirklich das Monumentalwerk ist, das es vorgibt zu sein, oder doch nur Robert Wilsons Notizenbuch, sein Zeichenblock, aufs Ewigkeitsformat vergrößert.

Benjamin Henrichs, Die Zeit

Bob Wilson ist, was niemand je vorhergesehen hat, ist Innovation, ist eine Kraft, die das Theater weitertreibt, ihm Würde, Größe und das Bewußtsein seiner Notwendigkeit gibt – zurückgibt vielleicht.

Reinhardt Stumm, Basler Zeitung

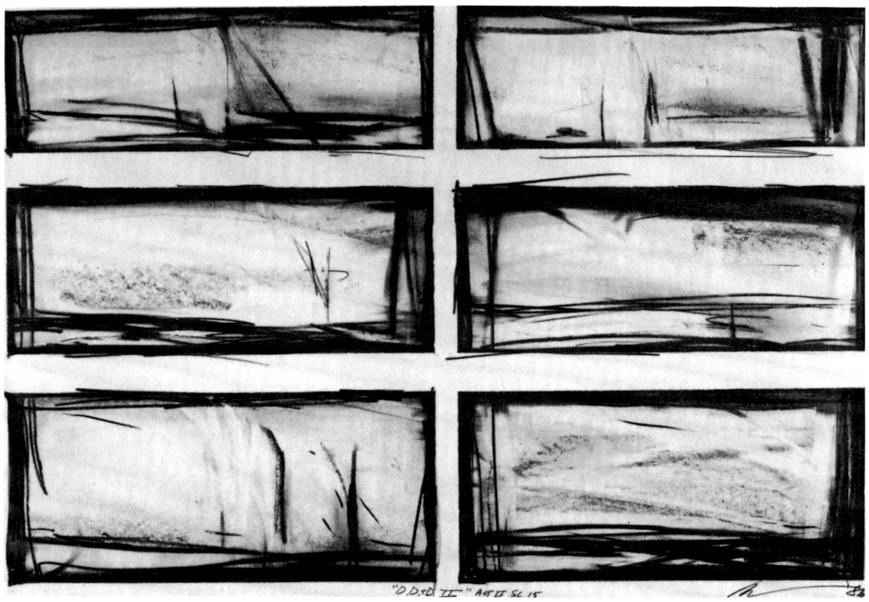

oben Libgart Schwarz, Udo Samel, Gerd Wameling, Elke Petri, Greger Hansen, Peter Simonischek, Branko Samarovski, Tina Engel mitte Greger Hansen unten Peter Simonischek, Tina Engel, Branko Samarovski

oben links Christine Oesterlein oben rechts Ensemble mitte links Elke Petri, Greger Hansen mitte rechts Peter Simonischek, Branko Samarovski unten links Tina Engel, Elke Petri, Gerd Wameling, Paul Burian, Norbert Mauk, Christina Ueckert, Peter Simonischek, Greger Hansen unten rechts Greger Hansen, Peter Simonischek, Elke Petri

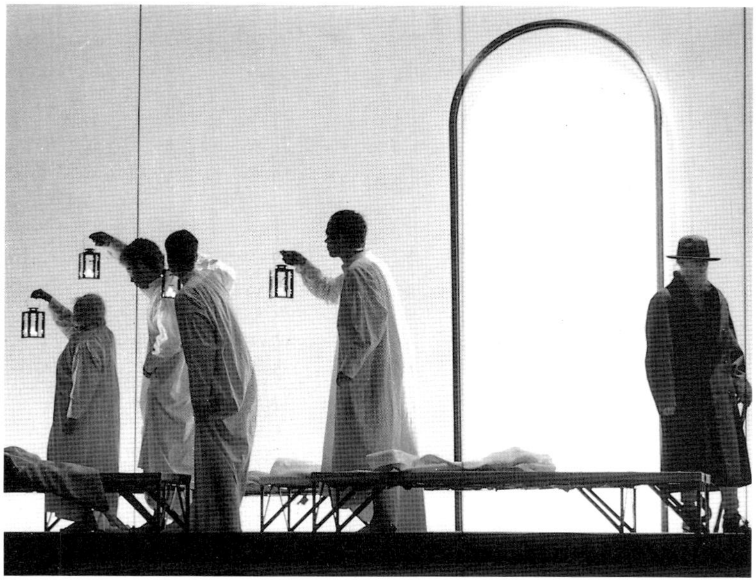

oben links Lucia Hartpeng, Greger Hansen, Christina Ueckert, Matthias Matuschka, Libgart Schwarz oben rechts Peter Simonischek, Elke Petri mitte links Greger Hansen mitte rechts Christine Oesterlein unten links Udo Samel unten rechts Tina Engel, Elke Petri

Sam Shepard

DIE UNSICHTBARE HAND

The Unseen Hand
Deutsch von Klaus Metzger

Blue Morphan BRANKO SAMAROVSKI   Willie (The Space Freak) PAUL BURIAN   Cisco Morphan PETER SIMONISCHEK   The Kid ERNST STÖTZNER
Sycamore Morphan MICHAEL KÖNIG

Regie JÜRGEN KRUSE/ENSEMBLE   Bühnenbild BERND DAMOVSKY   Kostüme CARITAS DE WIT   Dramaturgie KLAUS METZGER   Regieassistenz MATTHIAS GEHRT   Bühnenbildassistenz VERA DOBROSCHKE   Kostümassistenz GERHARD GOLLNHOFER   KFWB-Disc-Jockey RIK DE LISLE   E-Gitarre MICHAEL GOTTFRIED   Inspizienz HANS KUSNIK   Souffleuse REGINA KRONEBERG   Gesangs- und Stimmbildung MARCELLA REHM   Requisite HELMUT OPITZ   Maske URTE KUSSEROW   Licht WOLFGANG GÖBBEL   Ton MICHAEL GOTTFRIED/BERND SCHÖNHAAR/MARTIN EICHBERG   Gewandmeister ELKE DRÄGER/WILLI BRINGE   Leitung Garderobe und Fundus LUISE EBERSBACH Malersaal GERHARD SCHORSCH/HANS-DIETER WOHLMANN   Technische Leitung VOLKER BUTZMANN   Werkstättenleitung RAINER RUDOLPH   Technische Assistenz KARL-HEINZ MITTELSTÄDT   Bühnenmeister DIETER MAYERLE

PREMIERE 28. 5. 1987

Deutschsprachige Erstaufführung

Peter Simonischek

Ernst Stötzner, Branko Samarovski, Michael König, Peter Simonischek, Paul Burian

Dies ist eine Komödie von amerikanischer Seele, mit leichter Hand hingeworfen: Shepard wirbelt die alten Klischees von Wildwestromantik, die neuen von Science-fiction durcheinander, und zwischendurch läßt er seinen College-Boy in neurotischer Emphase eine Liebeserklärung machen, die – »alles von A bis Z in den USA« – sämtliche Versammlungsstätten des Städtchens Azusa aufzählt und schon durch die simple Aufzählung verzweifelt komisch wirkt.

Die Darsteller sind allesamt vorzüglich: Paul Burian als der spinnerte Space-Freak Willie, Ernst Stötzner als der zwischen Wut und Wehleidigkeit hin- und hertaumelnde College-Boy, und Branko Samarovski, Peter Simonischek und Michael König als Morphan-Brothers; besonders diesen dreien zuzuschauen, wie sie die müden alten Revolverhelden noch einmal zu munterem Leben wiedererwecken, ist ein großes Vergnügen.

Wenn Michael Königs Sycamore, zum Schluß an Stelle von Bruder Blue der neue Bewohner des Autowracks, die lebensweise Bilanz seines bewegten Lebens mit leiser, fast ersterbender Stimme gezogen hat, ist nach zwei pausenlosen Stunden eine deutschsprachige Erstaufführung beendet, die für Sam Shepard dank seiner Berliner Interpreten einen bemerkenswerten Erfolg bedeutet.

Günther Grack, Der Tagesspiegel

In der Wüste, an einem Highway, versammeln sich um einen verrotteten alten Chevrolet fünf Männer vor einem in aller Schaubühnenpracht leuchtenden Cinemascope-Himmel: drei Brüder aus früher Western-Zeit, einer hat als fahrender Säufer 120 Jahre überlebt, die andern beiden tauchen als Wiedererweckte aus dem Reich der Toten auf, herausgeholt von einem Space-Freak, der leibhaftig vom Himmel fällt, wo er – Star Wars lassen grüßen – im Nogo-Land einer fernen Galaxie gefangen war. Die »unsichtbare Hand« hat ihn von dort noch immer im quälenden Griff, aus dem ihn die einstigen Eisenbahnräuber samt seinen Leidensgenossen befreien sollen. Der Fünfte im szenischen Bunde ist ein wildgewordener Kid mit heruntergelassenen Hosen; er vertritt jenes Amerika, das in »Easy Rider« die freiheitsdurstigen Außenseiter-Helden abknallt.

Fünf Kunstfiguren aus dem Untergrund der Traumfabriken, aus denen sich vielleicht ein bizarrer kleiner Theaterabend hätte machen lassen. Am Kurfürstendamm zelebriert, geht es daneben.

Rudolph Ganz, Sender Freies Berlin

links Branko Samarovski rechts Paul Burian

Bertolt Brecht

TROMMELN IN DER NACHT

Andreas Kragler SYLVESTER GROTH Anna Balicke CORINNA KIRCHHOFF Karl Balicke, ihr Vater WERNER REHM Amalie Balicke, ihre Mutter CHRISTINE OESTERLEIN Friedrich Murk, ihr Verlobter ROLAND SCHÄFER Babusch, Journalist GERD WAMELING Glubb, der Schnapshändler MATHIAS GNÄDINGER Kellner: Picadillybarmanke/Zibebenmanke, sein Bruder GÜNTER ZSCHÄCKEL Der besoffene Mensch GÜNTER FISCHER Bulltrotter, ein Zeitungskolporteur ROLF MAUTZ Ein Arbeiter/Der Eine DIRK NAWROCKI Laar, ein Bauer/Der Andere PETER KREMER Prostituierte: Auguste IMOGEN KOGGE Marie HELGA PEDROSS Ein Dienstmädchen/Eine Zeitungsfrau CHRISTINE SCHUSTER

Regie HERBERT KÖNIG Bühne SUSANNE THALER Kostüme WILHELMINE BAUER Dramaturgische Beratung WOLFGANG M. SCHWIEDRZIK Musik KURT BÖHM Regieassistenz MARK BLEZINGER Bühnenbildassistenz THOMAS LORENZ Kostümassistenz EVA DESSECKER Dramaturgieassistenz ANTON REY (Mitarbeit SIMONE SCHNEIDER)

PREMIERE 30. 5. 1987

Die ganze Aufmerksamkeit des Regisseurs gilt der Herstellung eines Zeitklimas mit anderen als realistischen Mitteln. So gelingt ihm der Akt, der in der Schnapsdestille spielt, wo man säuft und über den Aufstand räsoniert, der »in den Zeitungen« (gemeint ist das Zeitungsviertel, wo die ersten Kämpfe stattfanden, etwa ums Mosse-Haus) gerade stattfindet.

Diese Mischung aus Nachtasyl und Mauerschau, absolviert hinter einem die ganze Bühne füllenden Tisch, gehört für mich zu den stärksten Theaterszenen der letzten Monate.

Herbert Königs Arbeit ist genau, bescheiden und klug. Dem sind die Schauspieler gefolgt, haben die schwarze Romantik des Stücks durch ihre Arbeit beglaubigt und durchlässig gemacht für neue Fragen. In der wechselvollen Geschichte der Brecht-Inszenierungen gehört diese zu den wichtigen.

Roland H. Wiegenstein, Frankfurter Rundschau

Wäre das Stück nicht von Brecht, hätte man also nicht das literaturgeschichtliche Vergnügen rückwärtsgewandter Prophetie daran – ob es dann auch aufgeführt worden wäre? Man darf es bezweifeln. Das ist aber kein Einwand gegen die professionelle Aufführung, die ruhig und sparsam, keinem Affen Zucker gibt, auch nicht einem zynischen Manipulator Brecht, und ohne ihn deswegen gleich als reinen Aufklärer überbewerten zu wollen. Nachdem klar ist, daß der neurotische Clinch zwischen Kritik und Schaubühne nicht zu lösen ist – die Kritik war überwiegend unfähig, eine Inszenierung von gewaltigem Atem wie den »Haarigen Affen« von Peter Stein überhaupt nur wahrzunehmen –, macht die Schaubühne derzeit das einzig Richtige: sie macht sich unsichtbar, arbeitet sicher und zuverlässig und ohne Getue. Bleibt zu hoffen, daß sie auf diese Weise eines Tages wieder »sichtbar« wird.

Caroline Neubaur, SWF

Corinna Kirchhoff, Roland Schäfer

oben Roland Schäfer, Gerd Wameling, Sylvester Groth, Helga Pedross, Werner Rehm, Günter Zschäckel, Corinna Kirchhoff unten Günter Fischer, Sylvester Groth, Imogen Kogge, Helga Pedross, Günter Zschäckel, Mathias Gnädinger, Rolf Mautz

ANHANG

VERZEICHNIS DER AUFFÜHRUNGEN

VERZEICHNIS DER ABBILDUNGEN

Fotos

Zeichnungen und Entwürfe

Plakate

Wir danken den nachstehend genannten Firmen und Institutionen für ihre finanzielle Unterstützung:

Bank für Gemeinwirtschaft AG, Berlin
Gerriets GmbH, Umkirch/Freiburg
Erwin Krüger KG, Berlin
Georg Neumann GmbH, Berlin
Podest-Bau Kleu GmbH, Wuppertal
Schering AG, Berlin
Stiftung Preussische Seehandlung, Berlin
Treitel + Baschin GmbH, Berlin
Treuarbeit AG, Berlin
Otto Vogel KG, Berlin
Werning Theatertechnik – Theaterbedarf, Recklinghausen

Den Autoren danken wir für die freundliche Genehmigung zum Abdruck der Texte.

CIP-Kurztitelaufnahme der Deutschen Bibliothek
Schaubühne am Halleschen Ufer am Lehniner Platz 1962–1987 /
– Orig.-Ausg. – Frankfurt/M.;
Berlin : Propyläen, 1987.
ISBN 3-549-05766-0
NE: Schaubühne am Lehniner Platz ‹Berlin, West›